KB124814

소녀는 어떻게
어른이 되는가

# 소녀는 어떻게
# 어른이 되는가

레이철 시먼스 / 강나은 옮김

 양철북

ENOUGH AS SHE IS

Copyright ⓒ 2018 by Rachel Simmons
Korean translation copyright ⓒ 2021 by Tin Drum Publishing Ltd.
All rights reserved.
This Korean edition was published by arrangement with
The Ross Yoon Agency through Milkwood Agency.

이 책은 밀크우드 에이전시를 통해 The Ross Yoon Agency와 독점계약하여
㈜양철북출판사에서 펴냈습니다. 저작권법에 따라 한국 내에서 보호를
받는 저작물이므로 무단 전재와 복제를 금합니다.

딸 에스티 Estee 에게

비극적 해석을 멈추도록 돕는 대화
다 딸의 책임은 아니라는 것을 알게 하라
부모 스스로를 규제하라
불확실성을 편안하게 받아들이는 법을 가르치라
내게 있었으면 하는 딸이 아닌 실제 내 딸의 부모가 되라
너 그대로 충분하다

## 10 졸업반의 좌절, 대학 이후의 삶

대학 이후의 삶은 결코 직선이 아니다
좋은 점만 있는 일은 거의 없다
직장은 우리가 통제할 수 없는 변수들로 가득하다
손을 잡아주던 날들이 끝났다
인재들도 복사를 하고 전화를 받는다
모두가 저마다의 방식으로 힘들어한다
마음이 이끄는 다음 단계로

읽어두기

● 국내 번역된 책은 한국어판 제목을 따랐으며, 참고할 수 있도록 *표시
를 했습니다. 다만, 인명 표기는 국내에 소개된 이름과 조금 다르더라
도 국립국어원 기준을 따랐습니다.

●● 각주는 모두 옮긴이가 단 것입니다.

# 들어가며—너 그대로는 안 돼

오늘날 여자아이들은 과거 그 어느 때보다 좋은 시절을 사는 것 같다. 단지 여자이기 때문에 엄마들이 겪었고, 할머니들이 인식하지도 못하며 겪었던 제약들이 더는 없는 세상에서 어른이 된다. 여자아이들은 유리천장을 부수고 셀카를 찍으며 세상을 바꾸는 주역들이다. 지난 20년 동안 나는 그 여자아이들을 가르치고 연구하고 함께 살고 그들의 이야기를 듣는 일을 했다.

하지만 수많은 성취의 표면 아래에서 어딘가 걱정스러운 일들이 벌어지고 있다. 학교 걱정 때문에 불안해 밤에 잠 못 이루는 여자아이들이 있다. 인터넷 홈페이지로 성적 평가 기준을 방과 후에 한 번, 운동 끝나고 한 번, 저녁 먹고 한 번, 자기 전에 한 번, 그러고는 아침에 일어나서도 새로고침 하여 자기 평균 성적이 어떤지 계산하는 어느 고등학교 2학년생처럼 말이다.

시험을 치르고 나면 모여들어 서로 자기가 더 망했다고 경쟁하듯 이야기하는 여자아이들이 있다. 실패를 예상하는 편이 덜 힘들기 때문이다. A-보다 낮은 성적을 받으면 누구도 위로할 수 없는 절망에 빠지는 아이들이 있다. 또 셀카를 올린 다음 계속해서 새로고침 하다가 조회수가 많지 않거나 '좋아요'를 충분히 못 받을까 봐 셀카를 지워버리는 여자아이가 있다. 점심때 너무 많이 먹은 건 아닌지, 의자에 눌린 허벅지가 너무 굵어 보이는 건 아닌지 따위 걱정이 머릿속에서 떠나지 않아 강의에 집중을 못 하는 여자아이도 있다.

오늘날 성취를 위해 달리는 여자아이들과 젊은 여성들 중에는 잔인한 자기 비난과 실패할 거라는 두려움에 정신없이 쫓기는 경우가 너무 많다. 성적표나 자기소개서에선 특별하고 뛰어나지만 실제로는 불안과 버거움을 품고 사는 여성들의 세대를 우리는 기르고 있다. 아무리 열심히 노력해도 자기가 충분히 똑똑하거나 성공하거나 예쁘지 못할 거라고, 충분히 날씬하지도 사랑받지도 재치 있지도 섹시하지도 못할 거라는 기분을 느끼며 사는 여자아이들을 말이다. 이들은 아무리 많은 것을 해내도 자기 그대로는 충분하지 않다고 느낀다. 이 책에서 나는 이러한 우리 딸들을 돕는 법을 이야기할 것이다. 딸들이 무엇이 성공인지를 다시 정의하고, 자신의 가치를 폄하하는 사고방식 없이 그 성공을 건강하게 추구하도록, 이 세상은 종종 건강하지 못해도 딸들은 건강하고 자기답게 살 수 있도록 돕는 법을 이야기할 것이다.

우리 사회는 성공에 관한 해로운 정의를 여자아이들에게 계속해서 던지고, 여자아이들을 속에서부터 좀먹는 스트레스라는 전염병이 퍼지고 있다. 여자아이들과 그들의 학교, 가족은 조용히 정신 건강의 위기에 빠져왔고, 더 나빠지지 않으려면 우리가 경보음을 울려야 한다.

데이터는 충격적이다. 《아이젠》이란 책에서 진 트웽이Jean Twenge가 인용한 '미래 모니터' 설문조사 결과에 따르면 여자아이들에게서 관찰되는 우울증 증상이 2012년에서 2015년 사이에 50퍼센트 증가했고, 이는 남자아이들의 두 배가 넘는다. 한편 200곳 이상의 대학에서 정규 재학생 15만 명이 응답한 UCLA 2015년 연례 대학 협동 리서치 프로그램 설문조사에서 여자 신입생의 불행 지수가 사상 최고로 나타났다. 자주, 또는 가끔 우울함을 느끼는 여학생 수가 남학생의 두 배에 이르렀다. 해야 하는 일이 너무 많아 어찌할 바 모르는 기분을 느끼는 것도 여학생이 남학생의 두 배였다. 이는 15년 전 여학생들과 비교할 때 25퍼센트나 증가한 수치이기도 하다. 그러면서도 또래 사이에서 자기가 가장 경쟁심 강하다고 평가한 학생 수는 남학생이 거의 그대로인 반면 여학생은 거의 15퍼센트 상승했다.

초등학교 5학년에서 고등학교 3학년까지의 여자아이들을 대상으로 하는 전국적인 설문조사, '걸스 인덱스Girls' Index'의 2017년 조사에 따르면 스스로를 '자신감 있다'고 표현하는 여자아이들 수는 중학교 때를 거치며 25퍼센트 이상 줄어든다. 여자아이들의 자신감은 고등학교 1학년 때 바닥을 친 다음 고교 시절이 끝날 때까지 비슷한 수준에 머문다. 높은 성적과 같은 외적 성취는 이 아이들을 구원해주지 않는다. 예를 들면 학점이 4.0이 넘는 아이들은 남들에게 미움받고 싶지 않아서 자기 생각을 말하지 않거나 상대와 뜻이 다르다는 것을 표현하지 않는 경향이 가장 높은 아이들이다. 비영리기관 '우리 경험 결정하기Ruling Our Experiences'의 리사 힌컬먼Lisa Hinkelman 박사가 주도한 이 설문조사는 여자아이들의 자신감이 추락한다는 것, 동시에 외모를 바꾸고 싶은 욕구가 치솟는다는 것을 우리에게 보여준다.

여학생들은 과거 그 어느 때보다 많은 것을 이루어내면서도, 동시에 과거 그 어느 때보다 힘든 시간을 보내고 있다. 그들이 능력이 있다는 것이 자신감이 있다는 뜻은 아니다. 행복하다는 뜻도, 힘든 일에서 잘 회복한다는 뜻도, 스스로를 충분히 가치 있게 여긴다는 뜻도 아니다.

해마다 나는 미국 전역에서 여자아이들 수천 명을 가르친다. 신입생들이 대학 생활에 잘 적응하고 고등학교 시절의 피로를 벗어내도록 돕는 대학 오리엔테이션 프로그램을 진행하고, 스미스 대학의 리더십 개발 전문가로서 여자 대학생들이 회복탄력성과 자기 자비, 자신감을 키우도록 돕는 여러 워크숍을 개발한다. 학기 중에는 대부분 미국 전역의 고등학교와 대학교로 가서 학생들, 학부모들, 교사들과 함께 워크숍을 진행한다. 그리고 뉴욕 휴이트 여자학교에 재직하는 학자로서 나는 여자아이들에 관한 연구를 커리큘럼, 학생 워크숍, 부모 교육에 접목한다.

마치 높은 성적이나 대학 입학이 잘 사는 삶의 증거인 것처럼 많은 보도에서 여자아이들이 승승장구하고 있다고 소리 높였다. 그러나 이제 소위 말하는 '대단한 여자아이' 신화는 버릴 때다. 지금까지 우리는 여자아이들이 어떻게 사는지를 오직 외적 성취라는 기준으로만 판단했다. 하지만 그 아이들이 나에게 자기가 좋은 점수, 높은 성과를 얻기 위해 어떻게 노력하고 왜 노력하는지, 몸과 감정과 정신에 어떤 희생을 감수하는지 이야기하는 것을 들을 때면 '성공'적으로 살고 있다는 생각이 들지 않는다. 저소득층 여자아이들이 건강에 여러 위험을 안고 있다는 점은 오래전부터 알려졌지만, 부유층 청년기 여성들에게서도 건강에 심각한 문제가 있다는 것이 최근 연구를 통해 드러났다. 부유층 주거 지역의 고등학교 여학생들이 담배와 마리화나를 사용하는 비율은 평균의 두 배에 가깝다. 우울증에서 불안, 몸에 대한 수치심에 이르기까지 여러 방면에서 그 어떤 미국 청소년 집단보다도 더 많이 정신 건강 문제를 겪고, 그러면서도 학업 같은 목표를 달성하기 위해 계속해서 스스로를 채찍질하는 것으로 조사되었다.

　여자아이들은 왜 힘든 걸까? 심리학자들이 말하는 '역할 과부하'와 '역할 모순' 때문이다. 한 개인이 수행해야 하는 역할이 지나치게 많이 주어지거나, 한 사람에게 요구되는 역할들이 서로 상충되는 것이다. 둘 다 심한 스트레스를 일으키는 조건으로 알려져 있다. 소위 '걸 파워'의 시대라고 하지만, 우리 사회는 여성의 성공을 말하는 너무나 구시대적인 기준을 버리고 좀 더 진보된 기준으로 그것을 대체하는 데 실패했다. 오히려 안 그래도 지나치게 많은 자질을 기대받았던 여성들의 어깨에 더 많은 것을 얹기만 했다.

　'오늘날 여성들은 전통적으로 남성들의 일이라 여겨진 학업과 직업 면에서도 성공해야 하고, 전통적으로 여성이 갖추어야 한다고 여겨진 미적 기준도 충족시켜야 한다(어머니 되기는 말할 것도 없다)'고 듀크 대학교 수전 로스Susan Roth는 썼다. 여자아이들은 슈퍼 휴먼이 되어야 한다. 즉, 야망 있어야 하고 똑똑해야 하고 의욕 가득해야 하며, 날씬하고 예쁘고 섹시해야 하며, 대인관계도 활발하고 운동도 잘하고 친절해야 하며 모두에게 사랑받아야 한다. 코트니 마틴Courtney Martin이 《완벽한 여자아이들, 굶는 딸들》에서 지적했듯이, 여자아이들이 듣고 자라는 "넌 뭐든 할 수 있어"라는 말은 그들에게 "넌 뭐든 해내야 해"라는 뜻으로 들린다.

'불가능은 없다' 정신이 여자아이들을 정신 건강의 위기로 몰았다. 여자아이들에게 되도록 많은 기회를 주는 데만 초점을 맞춘 노력은 오히려 역효과를 불러온 듯하다. 여자아이들의 우울과 불안, 자신감은 남자아이들과 두 자릿수 차이가 나게 되었다. 한편 2016년 조사에서는 대학 신입생 중에서 자신의 정신 건강 상태가 '평균 이하'라고 판단한 학생의 비율이 가장 높은, 전례 없는 결과가 나왔다. '나는 무엇도 제대로 하는 것이 없다'는 말에 공감하는 청소년의 비율도 2011년 이후 급격히 치솟았다. 24시간 7일 내내 성취를 위해 달리는 우리 문화 속에서 여자아이들은 다른 모든 것을 희생하게 된다. 자존감과 회복탄력성을 키워주는 핵심적인 인간관계까지도.

친밀한 관계 대신 성공을 추구해야 한다는 사고방식을 받아들이면서 청년기 여성들은 행복해질 가능성만 낮아진 것이 아니라, 모순되게도 성공할 수 있는 능력도 위태로워졌다. 성과를 내는 데만 집중하다 보면 건강한 수준의 위험도 감수하지 않게 되고, 창조적이고 독창적으로 무언가를 배워나갈 수도 없게 된다. 용기는 줄어들며, 자기가 누구이고 자기가 정말 중요하게 여기는 가치를 아는 능력도 떨어진다. 이 모든 것이 바로 청년기에 이루어내야 하는 발달과제인데 말이다.

또한 성별 격차의 문제가 있다. 이 격차는 많은 부분 청년기에 더욱 크게 벌어진다. UCLA의 린다 색스Linda Sax는 성별 격차란 여자아이들과 남자아이들의 삶을 구별 짓는 서로 다른 '가치관과 자신감, 포부, 행동양식'이라고 정의한다. 이 차이는 타고나는 것이 아니다. 대부분 아이들이 사회화되는 과정에서 생겨난다. 즉, 교실이 아닌 일상 속에서 또래들, 대중매체, 가족을 통해 받는 비공식적인 교육이 여자아이들은 어떻게 행동하고 어떤 외모를 지녀야 하는지, 어떻게 말해야 하는지 따위의 사회규범을 하나하나 가르친다.

많은 연구가 보여주는 것처럼, 여성은 남성과 다른 식으로 교육받고 양육되기 때문에 행동, 감정, 심지어 생각에서도 남성과 뚜렷한 차이가 생긴다. 이로 인해 청년기라는 발달 과정에서도 남성과 다른 어려움을 겪게 된다.

6세 여자아이들은 같은 나이 남자아이들보다 두 배 더 불안 증상을 보인다. 청소년기가 시작된 뒤에는 여자아이들이 남자 형제들보다 우울을 겪는 비율이 두 배 높다. 또한 또래 남자아이들보다 더 자주 스트레스를 받는다. 잠은 덜 잔다. 운동, 외모, 자기만족을 포함한 여러 분야에서 자신감이 떨어진다.

여자아이들이 겪는 우울의 원인 중 하나는 자신의 사소한 행동까지도 과도하게 고민하는 것인데(수업 때 그 이야기를 했어야 했나? 그 애는 나한테 화가 났을까?), 그로 인해 내적 동기를 잃어버리고 문제해결 능력은 줄어든다. 우울의 또 다른 원인은 수치심이다. 자신이 충분히 가치 있는 사람이 아니라는, 도저히 떨쳐버릴 수 없는 기분이 청년기에 발생해 성인기까지 지속된다. 청년기 후반 무렵에는 스스로에게 품는 자비심의 정도가 다른 어느 청년기 집단보다도 낮은 수준으로 떨어진다.

신체에 변화가 생기는 이 시기에 여성은 심리적으로 불편함을 느끼기도 하고, 자기 몸을 비판적인 눈으로 보기도 한다. 남성의 경우 사춘기가 오면 우리 사회에서 이상적인 신체라 여겨지는 근육량이 높고 지방량은 적은 몸에 저절로 가까워지는 반면, 여성은 평균적으로 체지방이 18킬로그램 증가한다. 주위 사람들 대부분이 여성이라면 날씬한 체형을 가져야 한다고 강요하는 가운데, 실제 자기 몸은 그 이상에서 가차 없이 멀어지는 것이다. 여자아이는 자기를 대상화하고 자기 신체를 감시하게 되는데(나 괜찮아 보이나? 이 뱃살 좀 봐), 이것이 섭식장애, 우울증, 몸에 대한 수치심, 학업 문제, 대인관계 손상, 심지어 대학 캠퍼스에서의 정치적 활동 감소로까지 이어진다. 부유층 여자아이들이 자기 몸에 갖는 불만족은 다른 또래 여자아이들보다 훨씬 높다. 우울과 불안, 공격성을 경험하거나 비행에 빠질 가능성도 더 높다. 또한 남에게 부러움을 느끼는 정도가 그 어떤 청소년 집단보다 높은데, 연구자들은 이것이 '아무리 노력해도 완벽해질 수 없는 답답함'에서 생겨난다고 본다. 연구자들은 이 집단 여자아이들에 관한 연구 결과가 '특히 걱정스럽다'고 입을 모은다.

청년기 여성이 휴대전화를 만지고 있다면 인스타그램이나 스냅챗 같은 시각 플랫폼을 보고 있을 확률이 높다. 신경 써서 연출하고 선택한 사진이나 동영상으로, 흠잡을 데 없는 외모와 활발한 친목 활동을 자랑하는 온라인 속 자기 삶을 만들어야 한다는 압박이 오늘날 젊은 여성들에게 퍼져 있다.

학업성취도가 높은 여자아이의 경우 작은 실패도 자기가 똑똑하지 않다는 증거로 해석하는 비율이 높다. 그런 사고방식으로 인해 건강한 모험을 기피하고 좌절하면 지나치게 상처를 받으며 심지어 커닝과 같은 속임수를 쓰기도 한다. 성적이 오르고 성취가 쌓인 뒤엔 자기가 곧 실체가 들통날 엉터리에 불과하다고 믿는 '가면현상'을 겪을 가능성도 높다.

대학에서 여학생들은 거의 모든 기준에서 자기의 지적 능력이 남학생들보다 낮다고 평가하는 경향이 있다(실제 능력에는 의미 있는 성별 차이가 없음에도 말이다). 여학생이 남학생보다 운동은 덜 하고 상담은 더 받는다. 여자 대학생 네 명 중 한 명은 성적인 추행이나 폭력을 겪는다.

학위를 따고 졸업을 할 때 여학생은 남학생보다 자신감이 낮을 뿐만 아니라, 입학 당시의 자기 자신과 비교해도 자신감이 더 낮다. 2012년에 보스턴 대학이 공개한 데이터에 따르면, 남자 졸업생들은 입학할 때보다 자신감이 증가했지만 여자 졸업생들은 감소했다. 대학 당국자들이 진행한 포커스 그룹 인터뷰에서는 외모를 관리해야 한다는 압박, 훅업• 문화, 숙소에서 받는 스트레스 따위가 원인으로 제시되었다. 대학에서는 예상대로 이 결과에 큰 충격을 받았다. 강의실과 캠퍼스에서 보아오던, 자신감 있게만 보이던 여학생들의 겉모습과는 '전혀 다른' 이야기였기 때문이다.

---

● hookup, 연애하지 않고 성적 접촉만 하는 일.

청년기에 가까워지면서 여성의 자존감이 떨어진다는 점은 오래전부터 알려진 사실이다. 심리학자들은 이를 보편적으로 일어나는 '목소리의 상실'이라고 일컫는데, 대체로 사춘기 직전에 맞이하는 암울한 이정표다. 어렸을 때는 거침없고 기백 있고 단호하고 의견을 굽히지 않았더라도, 이 시기부터 여성으로 사는 데 필요한 보이지 않는 규칙이 내면화되면서 한때 맹렬했던 여자아이들의 목소리가 작아지고 심지어는 없어지기도 한다. '착한 여자아이' 되기의 의미를 배우는 것이다. 즉, 남들을 기쁘게 하고 상냥하게 행동하고 규칙에 따르는 법을 습득한다. 수업 시간에 '나는 ~라고 생각해' 하는 대신 머뭇거리며 '맞는지 모르겠지만……' 하며 말을 꺼내고, '그래!' 대신 '아마도'라고 하며, '나는 그것을 원해'가 '잘 모르겠어'로 바뀐다. 한때 뛰어오르고 당당히 섰던 몸은 안쪽으로 움츠러든다.

　　남들이 좋아하는 사람이 되기 위해서 분노나 실망감 같은 강렬하고 솔직한 감정들을 속에 숨겨둔다. 친절하게 행동해라. 많이 웃어라. 친구 관계를 유지해라. 네 목소리를 버리고, 대신 타인과의 관계를 지켜라. 1990년대에 《오필리아 다시 살리기》 《기로에서의 만남》 같은 책들이 말했듯, 그 결과 여자아이들의 자신감은 낮아지고 완벽해져야만 한다는 생각은 강해진다.

　　지금까지 이 분야 전문가로 일해오면서, 나는 바로 이 점 때문에 여자아이들이 잠재력을 실현하는 게 어려워지는 것이라고 오랫동안 확신했다. 여자아이들이 내면에 있는 '착한 여자아이' 족쇄를 부술 수 있다면, 다시 말해 자기 생각을 말하고 스스로를 내세우고 당당히 제자리를 차지하도록 돕는다면 다

해결될 것이라고 생각했다. 2009년에 나는 《딸 심리학》*에서, '우리 역할은 여자아이들에게 문을 열어주는 것만으로는 부족하다. 그 문을 지나갈 수 있는 자신감을 주어야 한다'고 썼다.

그러나 내 생각이 변했다. 여자아이들에게 '너는 자신감이 더 필요해' 하고 말하는 것은 곧 그 아이들이 고쳐야 할 점, 노력해야 할 점, 나아져야 할 점을 하나 더 지적하는 셈이다. 마찬가지로 여자아이들이 고생하는 이유가 '너무 완벽주의 성향이 있기 때문'이라고 말하는 것은(이 책을 위한 연구 과정 내내 성인들뿐 아니라 여자아이들 스스로도 그렇게 말했다) 그 책임을 여자아이 본인들에게만 돌리고 나머지 모두는 책임에서 벗어나게 하는 지나치게 단순한 접근이다. 이 두 평가 모두 여자아이들이 '자신에게' 문제가 있다고 생각하게 만들지만, 이제 나는 그들이 아니라 우리 문화에 근본적이고 커다란 문제가 있다는 것을 안다. 지난 10년 동안 소셜미디어가 성장하고, 광기 어린 대학 보내기 경쟁이 시작되고, 마른 몸을 지녀야 한다는 압박이 그 어느 때보다 거세지면서, 여자아이들이 따라야 하는 성공의 법칙은 마치 처벌처럼 그들을 옥죈다. 교육자이자 연구자로서 나는 우리 문화의 중요한 영역들이 뿜는 이 해로운 메시지들이 여자아이들만이 겪게 되는 심리 중에서도 가장 여린 부분들과 충돌하여, 그 아이들이 당당하고 진실한 자신으로 성장하는 데 방해가 되는 것을 목격했다.

오늘날, 특히 고등학교 교육이나 부모의 양육 등 4년제 대학에 입학하는 데 필요한 자원이 주어진 여자아이들에게 또 하나의 유해한 거래가 제안되는데, 바로 하나를 얻으려면 하나를 버려야 한다는 사고방식이다. 과거의 여자아이들이 타인과의 좋은 관계를 위해 자기 생각과 감정을 포기했다면, 지금은 또래들보다 더 높은 성과를 위해 그들과의 친밀한 관계를 포기하게 된다. 극히 한정된 외부적 성공 지표들을 얻기 위해서 호기심과 진짜 관심사를 포기한다. 또 자기가 이루어내는 성취가 혼자 가뿐히 해낸 일로 보여야 한다고, 도움을 구하는 것은 능력이 부족한 거라고 배운다. 또래들은 경쟁자이며, 성공이란 모든 분야에서 최고로 잘하는 것이라고 배운다. 한때 사춘기에 접어드는 여자아이들이 '착한 여자아이는 이렇게 해야 한다'는 이야기를 들었다면, 이제는 그에 더해 '슈퍼 걸이 되려면 이렇게 해야 한다'는 이야기까지 듣는다. 이제는 슈퍼 걸이 기본인 셈이다. 그 이하는 아무것도 아닌 것처럼 느껴진다.

2014년에 하버드 대학의 '메이킹 케어링 커먼Making Caring Common' 프로젝트에서 미국 중·고등학생 만 명에게 가장 중요하게 여기는 가치를 꼽아보라고 했다. 80퍼센트 이상이 높은 성취, 혹은 개인의 행복을 꼽았다. 단 20퍼센트만이 타인을 위하는 일이라고 대답했다. 또한 공정함보다 개인의 이익을 더 높은 순위로 꼽았다. 경제 지위의 상승, 독립성, 외적 성공 지표를 중시하며 물질적 부를 행복과 연관 짓는 개인주의 윤리가 미국 가족에 점점 크게 영향을 미치고 있음을 보여주는 연구다.

청년기의 건강한 성장에서 인간관계는 없어선 안 될 부분이다. 아니, 핵심이다. 또래들과 맺는 가깝고 진실한 인간관계는 여자아이들이 새로운 것을 시도하고, 자신을 표현하며, 실패를 이길 수 있는 용기를 준다. 지난 50년 동안 우리는 여자아이들의 정체성 발달이 그들이 맺는 인간관계와 밀접한 연관성을 지닌다는 점을 알고 있었다. 타인들과의 유대를 통해서 여자아이들은 가치관, 목적, 자존감을 발달시킨다. 그것은 여자아이들이 사회화되는 방식 때문이다. 즉, 거의 태어난 직후부터 여자아이들은 남을 돌보고 자신에 대한 남들의 반응과 의견에 크게 의지하도록 교육을 받기 때문이다.

그러나 성공의 새로운 법칙들이 생기면서, 닿기 힘든 이상적인 성취를 추구하느라 여자아이들은 자신에게 가장 자양분이 되는 관계들과 멀어지게 되었다. 경쟁이 두려워서 자기가 지원한 학교가 어디인지 친한 친구에게 말하지 않은 여자아이가 있다. 도서관에서 더 오래 공부하느라 계속해서 점심시간을 놓치는 여자아이가 있다. 명문대에 들어가 부모를 기쁘게 하려고 집에서 수천 킬로미터 떨어진 곳에서 대학 생활을 시작하는 여자아이가 있다. 이들 모두가 야심을 위해 중요한 인간관계를 포기했다. 자신의 건강과 행복으로 이어지는 중요한 통로를 말이다.

2016년, 학생들이 스트레스와 긴장된 또래 관계로 힘들어하던 어느 두 여자고등학교를 연구한 심리학자들은 그 학생들의 행복도가 낮은 원인으로 '직업의 지위와 경제 소득이 곧 행복'이라는 믿음이 만연한 이유를 꼽았다. 같은 메시지를 여자아이들은 부모에게서, 대중매체를 통해서 전달받고 있었다. 그 심리학자들에 따르면 '학업 성취에 대한 심한 압박감'으로 인해 여자아이들은 자신에게 사회적 지지가 되어주는 인간관계를 키우는 능력을 잃고 있었다.

전통적인 심리학에서는 청년기의 목표가 부모에게서 분리되고 홀로 설 수 있음을 증명하는 것이라고 한다. 그러나 나와 다른 학자들의 연구가 그 믿음에 반박하는 결과를 보여준다. 청년기, 특히 여성들의 청년기에는 타인과 유대가 있을 때 스트레스 회복력이 가장 높다. 여자아이들 스스로가 이에 동의한다. 2012년에 광범위한 여러 연구를 통해 고찰한 결과에 따르면, 여자아이들에게는 '또래들과 관계를 유지하는 일이 이겨서 좋은 결과를 얻는 것보다 더 중요하다.'

청년기 자녀들이 부모가 자신을 완전히 내버려두기를 바란다는 생각은 사실이 아니다. 비영리단체 '걸스 리더십Girls Leadership'에서 주최하고 내가 계획을 도운 한 연구의 결과를 보면, 여자 고등학생 중 77퍼센트가 목표를 이루기 위해 가장 먼저 조언을 구하는 사람이 어머니라고 응답했다. 또한 전체의 86퍼센트가 용기를 내는 데 친구보다 부모가 도움이 된다고 응답했다. 대학생들이 더 많은 자율성을 원하면서도, 자기에게 가장 중요한 성인들의 칭찬과 인정을 계속해서 바란다는 결론을 보여주는 연구들도 있다.

'관계 문화 이론Relational-Cultural Theory'의 핵심에 그러한 관점이 있다. 진 베이커 밀러Jean Baker Miller와 아이린 스타이버Irene Stiver, 두 심리학자가 처음으로 정의 내린 관계 문화 이론에 따르면 모든 사람은 자신에게 가장 중요한 인간관계 속에서 성장한다. 그 관계와 분리됨으로써가 아니라. 우리를 성장시키는 관계 속에서 갈등을 다루거나 변화를 감당하는 힘을 키우고, 자신의 생각과 감정을 진실하게 마주하게 된다. 자존감도 자란다. 이 모든 것들로 인해 우리는 점차 성숙하고 어른다운 사람으로 자란다. 관계 문화 이론은 타인과의 분리는 개인을 성장시키지 못하며, 고립이 인간 고난의 가장 큰 원인이라고 주장한다.

지난 10년간 대중매체에서는 젊은 여성들이 그 반대의 방향을 선택한다는 이야기가 많이 다루어졌다. 사회에서 가장 영리한 젊은 여성들이 성공을 추구하느라 관계를 기피한다는 이야기. 〈뉴욕타임스〉에 실린 한 인터뷰에서는 펜실베이니아 대학에 다니는 한 여학생이 젊은 시절에 결혼하는 것이 '야심이 부족하다는 증거이거나 커리어를 포기하는 끔찍한 실수'라고 말했다. 해나 로진Hanna Rosin은 자신의 책《남자의 시대는 끝났다》*에서 대학생 훅업 문화는 지나치게 바쁜 삶에 대한 여성의 기민한 대처로서, 애써 누군가와 진지한 관계를 맺지 않고 직업 이동성을 얻는 방식이라고 말했다. 이런 미디어 속 이야기들을 보면 마치 인간관계가 젊은 여성의 성공에 방해물 같다.

그런데 사실은 그 반대다. 성취에 대한 압박 때문에 여성들이 성장에 필요한 인간관계들에서 떨어져나오는 것이다. 2014년에 사상 처음으로 10대의 스트레스 지수가 성인보다 높다는 결과가 나온 전미 심리학협회 연구를 보면, 전국 청소년의 17퍼센트가 스트레스 때문에 사람 만날 계획을 취소한 적이 있다. 친구와 매일같이 만나서 시간을 함께 보내는 청소년 수가 2000년에서 2015년 사이에 40퍼센트나 떨어졌고, 인간관계에서 자신감이 떨어진 여자아이들 비율은 남자아이들의 두 배였다. 2015년 UCLA의 신입생 설문조사에서는 일주일에 16시간 이상을 친구들과 어울리며 보낸다고 응답한 신입생 수가 지난 10년간 거의 절반으로 줄어들어 겨우 18퍼센트밖에 되지 않았다. 그중에서도 여성들이 친구들과 더 적은 시간을 보내고 있었다.

이 현상의 주범은 소셜미디어다. 세대별 경향을 연구하는 심리학자 진 트웽이의 연구 결과, 소셜미디어에 날마다 접속하면서도 친구들과 직접 만나는 횟수는 그보다 적은 10대들의 경우 '나는 외로울 때가 많다' '나는 소외된 느낌을 자주 받는다' '나는 친구가 더 많았으면 좋겠다는 생각을 자주 한다'는 문장들에 거의 동의한다. 2013년 이후 10대들의 외로움 정도는 꾸준히 증가했고 지금이 사상 최고로 높다는 결과도 나왔다.

*
**

이 사회는 여자아이들에게 '여자아이로 사는 법'을 아주 장기간에 걸쳐 가르친다. 한 초등학교 교장이 나에게 이런 말을 한 적이 있다. "1학년 여자애들이 가득한 교실에서 '여기서 달리기 제일 잘하는 사람?' 하고 물으면 모든 아이들이 손을 들어요. 그런데 5학년 여자애들한테 똑같은 질문을 하잖아요. 그러면 다들 반에서 제일 잘 뛰는 아이를 가리켜요."

그럼 똑같은 질문을 9학년 여학생들에게 한다고 가정해보자. 아마 교실은 그저 고요하기만 할 것이다. 혹여 여러 아이들이 가장 빠른 아이를 지목하면, 지목받은 아이는 아마 작게 웃거나, 아니라고 하거나, 고개를 숙이거나, "그렇게까지 잘 달리

26

진 않아요"라고 할 것이다.

클레어 머수드Claire Messud는 소설 《위층 여자》에서 청소년 여자아이로 사는 일이란 '내가 느끼는 자부심을 드러내거나 내가 역사나 생물학, 프랑스어를 더 잘한다는 것을 드러내면 안 되는 일이다. …… 사람들이 나로 인해 위축되지 않도록, 나를 좋아하도록, 기회 될 때마다 나 자신을 깎아내려야 한다. …… 나를 뚜렷하게 보아서는 안 되는 사람들에게 쓰는 전혀 다른 말 예절을 배워야 한다'고 썼다. 여자아이들을 서서히 휩쓰는 커다란 변화들은 은근하기도 하고 뚜렷하기도 하다. '가면을 아주 정성 들여 빚어내기에, 그 가면이 점차 붙어 피부와 하나가 되어버리고 결국은 벗겨낼 수 없을 지경이 되리라고는 미처 생각하지 못한다.'

우리 중 많은 이들이 여자아이와 남자아이 사이에 차이가 생기는 원인을 논하기를 불편해한다. 그럴 만한 이유가 있다. 수천 년 동안 여성이 남성과 다르다는 믿음은 모든 연령의 여성에 대한 비하와 불공평한 대우를 정당화하는 근거로 이용되었다. 이 점이 부분적인 이유가 되어, 법률적 양성평등을 이루려는 최근의 노력들에는 여성이 남성과 실제로 '같기 때문에' 같게 대우해야 한다는 주장이 포함되어 있었다.

젠더의 차이에 집중하다 보면 그 차이가 실제보다 커 보이는 수가 있다. 모든 것을 감안할 때 여성과 남성은 다른 점보다 비슷한 점이 더 많다. 다른 점을 강조하는 일은, 여성의 삶이 진보하는 데 방해가 되고 여성 잠재력에 대한 잘못된 생각을 심는 해로운 고정관념을 강화할 수 있다.

하지만 당신이 청년기 여성의 부모나 교사라면, 그가 제 남자 형제와는 다르다는 것을 알 것이다. 이 책은 그 차이를 무시하면 이 폭풍우 같은 발달 과정 동안 딸들만이 겪는 특수한 어려움들을 못 보게 되고, 그들을 돕기 위한 가장 효과적인 전략을 놓치고 만다고 말하는 책이다.

나는 여성과 남성이 다르다는 것이 곧 여성의 능력이 남성보다 적다는 뜻이라는 데 반대한다. 그러나 나는 여자아이들이 21세기 청년기의 난관들을 무사히 통과해 완연한 성인이 되기까지, 그들과 그들의 부모에게 특수한 지식과 도움, 인식이 있어야 한다고 주장한다. 이 시기의 딸을 키우고 가르치기 위해서는 그의 건강과 잠재력을 판단할 다른 종류의 성적표가 필요하다.

이 책이 당신에게 주려는 것 두 가지가 있다.

첫째, 언어다. 여자아이들이 직면하는 어려움 중 아주 많은 부분이 뚜렷하게 체험되고는 있으면서도 언어로는 표현되지 않고 있다. 자기가 겪는 일을 표현할 언어가 없다면, 그들은 자기가 혼자라고 생각하게 된다. 더 나쁜 경우 자기 잘못이라고 생각하게 된다. 그러나 그 경험의 정체를, 의미를 알면 변한다. '강박적 고민'을 예로 들어보자. 내가 그것이 무엇인지, 왜 일어나는지를 설명할 때, 이야기를 듣는 여학생들 얼굴에 안도감이 드러난다. 지나치다 싶을 만큼 꼬리에 꼬리를 무는 생각에 빠지는 자기가 미치지 않았다는 것을 깨달은 것이다. 그 행동에 이름이 있고, 그것을 다루기 위해 할 수 있는 일이 있다. 갑자기 변화가 가능해진다.

둘째, 이 책은 당신이 지금 당장 해볼 수 있는 전략을 제안한다. 나는 무엇보다도 교육자다. 나는 연구 결과를 교육과정으로 만들어 사람들이 실제 삶의 기술을 키우도록, 행동하고 생각하는 방식이 바뀌도록 돕는 일에 열정을 쏟는다. 내 워크숍에 참가한다고 상상하면서 이 책의 각 장을 펼쳐보기 바란다. 이 책에는 여자아이들의 자신감이라는 주제에 관해 거의 10년 동안 내가 연구하고 교육한 경험이 담겨 있으며, 나 스스로가 딸을 둔 부모가 되고 나서 쓰는 첫 책이기도 하다.

부모 역할을 하는 것은 제니퍼 시니어Jennifer Senior의 표현처럼 '기쁨 가득한데 재미는 없는' 일이다. 다시 말해, 의미 있는 순간들이 많지만 매일같이 고되고 또 고되어서 점수가 깎이는 일이다. 그리고 흔히 아버지가 아닌 어머니에게 불균형적으로 많은 짐이 주어지는 일이기도 하다. 유아기에서 성인기에 이르는 양육의 전 단계 중에서 자녀의 중학교 시절과 10대 청소년기는 어머니들의 건강과 만족감이 바닥을 치는 때라고, 2016년 수니야 루서Suniya Luthar와 루시아 시시올라Lucia Ciciolla는 연구에서 밝혔다.

여자아이들만 자신감에 상처를 입고 씨름하는 것이 아니다. 지난 20년 동안 어머니와 아버지 모두 양육에 쓰는 시간은 크게 증가했지만 양육자로서 자신감은 아주 낮아졌다. 부모가 양육자로서 자기 직감을 의심하게 된 데는 이유가 있다. 나는 그것이 우리 문화 속 다음과 같은 세 가지 유해한 메시지 때문이라고 생각한다.

1 부모는 자녀의 발달을 완전히 통제할 수 있다

그러지 못한다면 무언가를 잘못하고 있는 것이다

유전도 관계없다. 올바른 양육 책과 강좌에서 좀 배우고 양육 블로그를 정독하면 방법이 다 나온다. 당신이 똑똑하고 열심히 한다면, 당신 아이를 작은 슈퍼 휴먼으로 프로그래밍 할 수 있다. 양육 전문가들이(그렇다, 나도 포함된다) 오늘날 부모들이 갖지 못한 답을 자신들이 가지고 있다고 하니, 그 메시지들을 따라가는 사이 부모들은 자기 내면의 자신감과 권위를 잃었다. 제시카 레이히Jessica Lahey가 《실패라는 선물》에서 주장했듯이, 모든 인간이 가진 직감이었던 양육법은 '공부하고 배워야 하는 기술'이 되었다.


2 당신은 부모로서 결코 충분할 수 없다

부모란 큰 힘이 있는 존재라는 이야기를 듣는데도 (또는 그런 이야기를 듣기 때문에) 우리는 끊임없이 자신이 충분히 좋은 부모가 아닐지 모른다는 두려움에 사로잡힌다. 그 불안 때문에 다른 부모들과 경쟁하고, 다른 부모의 부족함을 자신이 우월하다는 신호로 보기도 하고, 반대로 대단해 보이는 부모를 보며 열등감을 느끼기도 한다. 또한 '언제나 곁에 있고 언제나 도움이 되고 언제나 중요한 것을 일깨워주고 언제나 구해주는' 부모가 되어야 한다는 압박감을 느낀다고 제시카 레이히는 말한다.


3 자녀의 성공이나 실패가 당신을 규정한다

아이가 겪는 기쁨과 좌절을 내 경험처럼 동일시하지 않기란 불가능하고, 그러지 말라고 하는 이가 있다면 부모가 아닐 것이다. 부모들 대부분은 살아가는 내내 자기 관심의 초점, 자원, 마음의 가장 커다란 몫을 자녀에게 쏟을 것이다. 그러나 정도가 지나쳐 부모의 영혼에 훨씬 더 파괴적인 영향을 미치는 사고방식이 있다. 바로 '내 자녀가 어떤 삶을 펼치느냐에 따라서 부모로서, 그리고 사람으로서 자기 가치가 결정된다'는 믿음이다. 이런 잘못된 믿음을 품게 되면 부모인 우리의 자아를 자녀들의 일상 속에 단단히 침투시키게 된다. 또한 아이가 안전하거나 성취를 이루거나 행복을 느끼는 순간을 '내가 양육을 잘했음을 눈으로 확인시켜주는' 증거로 받아들이게 된다고 제시카 레이히는 말한다.

더 나은 부모가 되기 위해, 당신은 당신이 어찌할 수 없는 부분이 늘 있기 마련임을 받아들여야 한다. 딸이 힘들 때 그 원인이 당신에게만 있는 것은 아니다. 부모로서 그럴지 모른다는 두려움이 들 때도 있겠지만 말이다. 그래서 이 책의 첫 부분에서 변화한 우리 문화가 어떻게 여자아이들이 더 큰 난관을 만나는 이유가 되는지 이야기하는 것이다.

나는 이 책에 두 가지 질문을 던지며 접근했다. 딸의 자신 감을 좀먹는 것은 무엇인가? 어려움 앞에서도 딸을 힘 나게 하는 것은 무엇인가? 나는 레시피를 만드는 과정이라고 상상하며 이 작업을 시작했다(우연히도 이 시기에 처음으로 요리를 사랑하게 되기도 했다). 자신감을 요리하는 '재료'를 모으고 싶었다. 이 책은 그 완성된 레시피다. 그리고 각 장이 하나의 재료다. 딸 교육이라는 요리를 성공적으로 해내기 위해서 당신은 딸이 강해지기 위해 필요한 것 못지않게 딸을 괴롭히는 요소들을 분명하게 이해해야 한다. 각 장 앞부분에서는 특정 영역에서 딸이 겪을 수 있는 난관을 소개할 것이고, 그 난관을 잘 통과할 수 있도록 당신이 돕는 방법을 단계적으로 안내할 것이다.

이 책을 쓰기 위해서 나는 청년기 여성 96명을 인터뷰했고 대다수가 15세에서 24세 사이였다. 그래서 나는 책 전체에서 이들을 여자아이, 또는 청년기 여성이라고 부를 것이다. 중산층이며, 학업성취도가 높은 학교에 다녔거나 다니고 있는 여자아이들이 가장 많다. 그중 한 명은 출생 당시 여성으로 분류되었으며 현재는 자신을 논바이너리•로 규정한다. 대부분 나와 일대일로 대화를 진행했다. 학생 대부분 북동부 지역에 있는 대학 세 곳을 다녔는데, 한 곳은 모든 학생이 기숙사에서 생활하는 작은 규모의 엘리트 대학이고, 다른 한 곳은 통학생이 많은 대학이며, 나머지 한 곳은 대규모 주립대학이다. 이 중 두 곳이 여자대학이다. 고등학생 인터뷰 대상자는 동료들에게 소개를 받거나 내 워크숍에서 만난 학생들로, 대체로 북동부 지역 남녀공학 공립학교나 사립학교 학생들이었다. 대학원생 인터뷰도 비슷한 방식으로 성사되었다. 또한 부모, 연구자, 대학과 고등학교 당국자, 학교 상담사로 구성된 성인 총 40명 이상과 인터뷰를 했다. 인터뷰한 여자아이들 3분의 1은 유색인이었다. 인종은 인터뷰에서 당사자가 이야기 속 중요한 요소로 언급했을

• 남성 또는 여성이라는 이분법적 성별 구분에 포함되지 않는 성정체성을 지닌 사람.

때만 밝혔다. 이 여자아이들에 관한 정보가 부록에 실려 있고, 개인정보 보호를 위해 가명을 썼다.

내 책에서 늘 그렇듯이, 나에게 방향을 안내하는 것은 언제나 여자아이들의 목소리다. 내가 이 책을 쓴 2년 동안 이 여자아이들은 스냅챗과 인스타그램을 통해, 또는 내 사무실에 오거나 그들의 기숙사와 학생 식당에서 만나서, 또는 이메일과 영상통화와 문자로 나와 대화를 나누었다. 그들은 내가 틀렸을 때도 지적해주었고, 내가 자신들의 마음을 정확히 들여다보았을 때도 그렇다고 말해주었다. 그들의 이야기를 통해 나는 이 여성들에게 목소리를 내고 리더가 되는 법을 가르치는 것은 그들을 지원하는 방법의 일부일 뿐이라는 것을 알게 되었다. 잘 사는 삶이란 그저 더 많은 걸 하고 더 많이 성취하는 삶이 아니며, 자기 자신에게만 의존하는 삶도 아니다. 자신을 친절하게 대하는 법과 자기 마음을 있는 그대로 응시할 수 있는 기술 역시 똑같이 중요하게 가르쳐야 한다. 그래서 그들이 과도하게 고민하지 않고, 지나친 비극의 렌즈로 자신에게 일어난 일을 해석하지 않으며, 건강한 방식으로 좌절에 대처할 수 있도록 도와야 한다. 우리 사회의 해로운 문화에 반기를 들고, 대입과 취업에서의 경쟁력과 필터로 단점을 지워버린 인스타그램 사진을 합친 것 이상의 성공을 누리도록 도와야 한다. 외적 목표를 적극적으로 추구하는 것lean in뿐만 아니라 내적 행복에도 초점을 맞추어야 한다lean inside.

부모와 학교가 아이들에게 말하는 것과 달리, 경제적 수입과 학업성취만으로는 그들의 행복도, 삶의 만족도도 결정되지 않는다. 물질주의 역시 마찬가지다. 이런 부분에만 초점을 맞추면, 어떤 소득계층에 해당하는가와 관계없이 삶의 만족도가 낮아진다. 가장 중요한 것은 감정의 건강이다. 나는 우리 딸들이 자신을 돌보는 일을 삶의 우선순위에 놓고, 자신에게 중요한 사람들과 관계를 살찌우면서 성공을 위해 노력하는 만큼 필요한 도움도 구하기를 바란다.

여자아이들에게 문제가 되는 것은 성공 그 자체가 아니라, 우리 사회가 그들에게 기대하는 성공 추구의 '방식'이다. 그들이 마땅한 것으로 받아들이는 규칙들, 성취와 좌절 속에서 스스로를 평가하는 시각, 그 결과 생겨나는 습관과 가치관이 문제다. 여자아이들은 첫 아르바이트 일을 하고 첫 리더십 역할을 맡고, 내가 어떤 사람 혹은 무엇이 되고 싶은지를 찾아가고, 어른이 되는 법의 역학을 배우는 청년기에 들어서면서 그러한 습관과 사고방식과 행동을 배운다. 인격이 형성되는 이 시기에 배우는 것들은 평생 지속될지도 모른다. 바로 그렇기에 청년기 후반은 여자아이들이 평생 지속될 건강한 습관을 만들도록 도울 수 있는 적기인 것이다.

여자아이들은 자신을 희생하지 않고도 성공할 수 있어야 한다. 그들이 강한 자의식을 발달시킬 수 있도록 그 도구를 건네줄 책임이 우리에게 있다. 그들이 확신에 차서 '나는 나 자신으로서 충분해'라고 말할 수 있도록 말이다. 우리가 그렇게 하는 데 성공한다면 우리 딸들의 삶은 더 나은 방향으로 바뀔 것이다.

# 1

# 대학 보내는 공장

그 누구보다 나아야 해요.
심지어 나 자신보다도.
── 앨리슨(17세)

중산층 가정에서 태어난 아이들 대다수는 대학이 무엇인지 아는 나이가 될 무렵부터 어느 해로운 시스템 속으로 문을 열고 들어가는데, 나는 이 시스템을 '대학 보내기 공장'이라 부른다. 이 혼란스러운 체계 속에는 불안해하는 부모, 인터넷으로 계속 점검하는 성적, 대학 입학 상담 그리고 '수능 망치면 내 인생은 끝'이라는 공포 따위가 뒤섞여 있다. 학생이 모든 면에서 뛰어나기를 요구하는, 대학에 입학할 자격이 있는 완벽한 종種이 되기를 요구하는 체계다.

이곳의 진 빠지는 경쟁이 추구하는 목표는 단 한 가지다. 바로 대학 합격. 이른 합격이면 더 좋은, 최상위 대학 합격. 이 안에서는 '매우 우수함'에 못 미치는 것은 다 재앙처럼 느껴진다. 야망이 특별히 큰 공동체 안에서는 '헝거 게임 Hunger Game' 사고방식이 생겨나는데, 학생이 (그리고 부모도) 또래 학생들의 성공을 자기에게 위협으로 받아들이는 사고방식이다. 이 시기에 너무 많은 것이 좌우되는 것처럼 느껴진다. '고등학교 때까지 새로운 행성을 발견하지 못하거나 질병 치료제를 개발하지 못한다면 너는 특별하지 않을 뿐 아니라 별 볼 일 없다'는 식의 메시지가 깔려 있는 환경이다. 중학생들조차 자기가 선택한 대학에서 '합격'이나 '불합격' 통보를 받는 순간을 중심으로 삶이 돌아간다는 느낌을 받는다.

이 경기장 속에서 여자아이들은 챔피언들처럼 보인다. 겉으로는 말이다. 지난 10년간 여자아이들과 그들의 부모, 교사를 만나고 연구해온 내가 본 것은 아주 다른 모습이다. 실패에 대한 두려움, 낮은 자신감, 남을 기쁘게 해야 할 것 같은 마음 따위 이 시기 여자아이들이 그렇지 않아도 겪고 있는 어려움들이 대학 입학이라는 과제 때문에 더욱 심각해진다. 대학 입학 스트레스는 여자아이들의 내면, 그중에서도 가장 약한 곳을 파고들어 청년기뿐 아니라 이후로도 건강히 살아가는 데 써야 할 마음의 자원을 좀먹는다. 이번 장에서 나는 대학 보내기 열병의 해로운 영향 중에서도 여자아이들에게 미치는 특수한 영향을 짚어보고, 그중 가장 문제가 되는 영향들을 되도록 덜 받도록 돕는 법을 안내할 것이다.

'삶이 초등학교 시절의 연장이라면 여자아이들이 세상을 지배할 것이다.' 스탠퍼드 대학 교수 캐럴 드웩Carol Dweck의 말이다. 여자아이들은 학교가 제공하는 질서 정연하고 규칙 중심인 환경, 즉 차례를 기다렸다 말해야 하고, 정답을 맞히거나 필기를 깨끗이 하거나 숙제를 제때 내면 칭찬을 받는 교실이라는 환경에서 높은 성취를 보이는 경향이 있다는 의미다. 이것이 아마도 대학에 여학생 수가 많은 이유이자, 여학생들 성적이 더 좋은 이유일 것이다. 문제는 이러한 태도가 오히려 장애물이 되기 쉽다는 점이다. 모든 일을 정답에 들어맞게 하려 할 때 주체할 수 없는 완벽주의나 실패에 대한 지나친 두려움이 생기기 쉽고, 난관을 만난 후 회복하는 힘도 낮을 수 있다.

여자아이들의 이런 면을 '대학 보내기 공장'이 파고든다. 이 교육 체계에 참여하는 동안 여자아이들의 동기와 목적의식, 자존감은 손상되고, 이는 삶에서 오랫동안 영향을 미친다. 내가 대학교에서 만나는 여학생들은 아직 고교 시절의 후유증을 안고 있다. 그 후유증은 대학 시절 내내, 그 이후까지도 그들을 괴

38

롭힌다.

　나는 지난 10년 동안 청년기 여성들에게 대학 보내기 공장의 밑바탕에 있는 가장 해로운 메시지들을 거부하는 법을 가르쳤다. 여기에서 바로 그 내용을 나누려 한다. 그런데 당신이 딸과 이 주제로 대화를 하기 전에 알아둘 점은, 딸이 건강한 정도의 냉소(이건 게임인데 나도 플레이를 해야지), 또는 쏘아붙이는 말(내가 좋은 대학 들어가기를 바라지 않는다고?)로 반응하는 경향이 있다는 점이다. 그렇게 반응한다고 아이들을 탓하면 안 된다. 그것은 나름대로의 자기방어다.

　그래도 대화를 계속해나가라. 설사 당신 말에 동의하지 않더라도 딸의 귀에는 당신의 말이 들릴 것이다. 내가 전국 곳곳의 부모들을 만나 대학 입학 공장 속의 딸을 돕는 법을 알려주면서 처음과 끝에 하는 말이 이것이다. "세상이 딸에게 던지는 해로운 메시지와 딸 사이에 있는 가장 강력한 완충제가 바로 여러분입니다." 학교는 아이 편에서 아이를 지지해주지 않을 것이다. 또래들도 마찬가지다. 부모인 당신의 말은 어쩌면 딸이 접할 수 있는 유일하게 타당한 목소리일지 모른다. 수니야 루서는 도심 빈민가의 부모들이 폭력배들한테서 아이들을 보호하려 애쓰듯 여러분의 아이들을 대학 보내기 공장에서 보호하라고 강조한다.

　"넌 좋은 대학에 갈 수 있어"라는 말로 충분하지 않다. "어느 대학을 가든 넌 행복할 거야"라는 말로도 충분하지 않다. (비록 둘 다 사실일 수 있지만 말이다.) 딸은 자기가 받는 스트레스의 근원을 당신이 이해해주기를 바란다. 그 문제들을 당신

39

이 기꺼이 함께 인식해주기를 바란다.


## 대학 보내기 공장에 깔린 메시지와 영향

1  (메시지) 못하는 게 없는 대단한 아이가 되라 ➡ (결과)
   자신이 가치 있는 존재라는 믿음이 줄어들고 끊임없이
   스트레스를 받는다


'뛰어나야 한다'는 압박을 늘 받는다면 아이는 언제나 자기가
부족하다고 느낄 수밖에 없다. 달려야 하는 경주들이 끝없이
기다리고 있으니 결승선을 통과하는 만족감을 느낄 수 없다.
멈추어 서서 숨을 크게 쉬고 주변 풍경을 둘러볼 수도 없다. 위
로인 듯 경고인 듯 이런 이야기가 들려온다. "다른 애들 모두
더 많은 걸 하고 있어." "대학 입시라는 건 늘 기준이 제멋대로
고 헷갈리고 잔인해." "입학 지원서가 아무리 완벽해 보여도 결
과는 모르는 거야." "지금이 사상 최고로 경쟁이 치열해."
   고등학교 졸업반인 한 여학생은 냉랭하게 내게 말했다.
"모든 사람보다 나아야 해요. 심지어 나 자신보다도요." '나는
충분히 하고 있지 않다'는 심리는 금세 '나는 부족한 사람이다'
는 믿음으로 마음속에 깊이 자리 잡고 만다. 16세 리베카는 내
게 말했다. "저는 항상 저 자신을 냉정하게 평가해요. 마음속 작
은 목소리가 늘 '넌 이것보다 잘할 수 있잖아' 하고 말해요. 그
래서 너무 힘들어요."

자기가 부족하다는 생각을 기본으로 깔고 있을 때, 우리는 지금 지닌 것을 고맙게 느끼기가 어렵다. 16세 릴리는 이렇게 표현했다. "늘 또 다른 것을 가지려고 애쓰고 있으니까 지금 가진 것이 기뻐할 일처럼 안 느껴져요. 늘 나에게 가혹하고 더 해야 한다고 몰아붙이니까 이미 이룬 걸 만족스럽게 여길 수가 없어요."

당신에게는 하나 마나 한 말 같을 수도 있겠지만, 제정신으로 모든 것을 잘하는 사람이란 없고 그걸 추구하는 것도 좋지 않다는 말을 딸은 당신에게서 직접 들을 필요가 있다. 모든 것을 완벽하게 하려는 삶이 딸에게 행복하고 건강한 삶일까? 자신이 가치 있다는 믿음, 호기심과 탐구, 취미생활, 잠 등등 완벽주의 때문에 잃게 되는 것들을 생각해보라. 세상이 딸에게 강요하는 기준들에 당신이 맞서라. 당신이 그 기준들을 거부한다는 것을 딸이 알게 하라.

또 당신의 가족이 중요하게 여기는 가치가 무엇인지를 딸과 곰곰이 생각해보라. 가족이 지금까지 살아온 방식에 깔려있는 사고방식들에 관해 터놓고 이야기해보는 시간을 가지라. 남들보다 앞서나가는 것과 자기 일에서 의미를 찾는 것 중에 우리 가족이 더 중요하게 여기는 것은 무엇인가? 우리 가족은 '성공'의 정의를 어떻게 내리고 있는가? 좋은 인생을 산다는 의미는 무엇인가? 집에서 함께 보내는 시간인가? 믿음? 봉사? 평생의 배움? 여행하고 모험하는 것? 문화적 경험? 관계를 돈독히 쌓아가는 것? 흠잡을 데 없는 성적과 학업 중심의 일과를 추구하면 딸이 선택한 대학에 입학할 수 있을지 모르지만, 그것을 위해 지불하는 비용은 도대체 무엇일까? 가족 안에서 추구하는 가치들을 딸이 바깥세상에서 듣는 가치들과 대조해보라.

날마다 아침밥을 먹을 때처럼 늘 딸과 마주치는 어떤 시간에 함께 고마운 것을 생각해보는 가족 문화를 만들어보라. 간단한 일에 고마움을 표현해보는 것이다. "오늘 나는 해가 뜬 것이 고마워." "나는 내가 건강한 것이 고마워." "오늘 밤에 친한 친구를 만날 수 있어서 감사해." 직접 마주 보고 하기 어렵다면 문자나 전화로도 할 수 있다. 이미 가진 것의 가치를 느낄 때, 구멍 난 독처럼 채워지지 않는 갈망이 완화된다.


2  (메시지) 새로운 모험을 피하라. 실패할 것 같은 일은 특히
   시도하지 말아라 ➡ (결과) 호기심과 탐구심이 줄어들고
   건강한 모험을 피하게 된다

내가 만난 여자아이들은 고등학교는 이미 알고 있는 것을 더 자세히 배우는 시간이었다고 말했다. 다시 말해 새로운 질문을 던질 수 있는 시간이 아니었다는 것이다. 새로운 것을 시도하면 입학사정관들 마음에 들지 않을 내용으로 대입 지원서가 채워지고 만다. 16세 에밀리는 과장하려는 의도 없이 진심으로 내게 이렇게 말했다. "9학년*쯤 되면 삶에서 실험을 하는 시간은 끝나는 거예요. 그때 이미 앞으로 뭘 하며 살고 싶은지를 알

●  우리나라 학제로 중학교 3학년.

42

아야 돼요. 고등학교 시작과 동시에 뭔가를 시작하면 너무 늦으니까요."

새로운 활동을 할 때 아이들 머릿속에는 저절로 이런 질문이 떠오른다. '이 활동이 대입 지원서에서 좋아 보일까?' 그러니까 자기가 정말 그 일을 하고 싶은지, 그 일에 흥미가 있는지 따위는 의미 없는 질문이 되는 것이다. 새로운 것을 탐색하고, 자라고 변해가는 자기 관심사를 들여다보고, 자기가 누구인지 알기 위해서 모험을 해야 할 바로 그 시기에 아이들이 듣는 건 정반대의 메시지다. 안전한 선택을 해라. 분야를 미리 정해서 파고들어라. 정말 좋아하는 일 대신 겉보기에 좋아 보이고 안전하게 느껴지는 일을 해라.

그 결과 건강한 모험을 할 수 있는 마음은 급격히 줄어든다. 모험을 할 수 있는 능력은 우리에게 중요하다. 실패할지도 모르는 일을 시도하고, 알 수 없는 결과를 마주하여 자기가 생각보다 강하고 용감하다는 것을 스스로에게 증명하는 경험은 우리들 자신감의 핵심 재료다. 이것은 근육이기도 하다. 사용하지 않을수록 모험 근육은 쇠퇴하고, 자신감도 따라서 줄어든다.

여자아이들은 이처럼 건강한 위험 감수를 회피할 확률이 높다. 이 분야에서 성별 차이는 뚜렷하다. 150개 연구의 메타분석 결과, 거의 모든 항목에서 여성보다 남성이 위험 감수를 더 편안하게 받아들인다. 그중에서도 가장 차이가 큰 부분은 지적인 위험을 감수하는 일이다.

해나는 고등학교 때 열정적인 운동가로 활동했다. 창조적 글쓰기와 지역 인턴십 활동을 아주 좋아했다.

"하지만 저는 끝없이 초조함을 느꼈어요. 망치면 안 되고 내가 이룰 수 있는 최대한의 성취를 얻어야 한다는 생각 때문에요. 내가 사랑하는 일이지만 그걸 완벽하게 해내야 한다는 압박감이 심했어요. 그래서 탐구하고 즐기는 마음이 사라져버렸어요."

대학 보내기 공장은 학교를 말 그대로 수단으로 만들어버린다. 나는 뉴욕의 한 공립고등학교를 다니며 아이비리그 대학에 조기입학을 지원하고 결과를 기다리던 17세 앨리슨과 이야기를 나누었다. 앨리슨은 뛰어난 성적을 유지해왔지만 대학을 가는 데 필요하다는 점을 빼면 고등학교를 내내 시큰둥한 마음으로 다녔다. 목공이나 시 쓰기처럼 듣고 싶은 수업을 들을 수가 없었다. 그런 희생을 해야 하는 것이 씁쓸했다. 앨리슨은 화난 목소리로 말했다. "저 최상급 대학에 합격이 안 되면 '뭣 때문에 고등학교를 다녔지?' 싶을 거예요. 좋은 대학마저 못 가면 의미가 아예 없어요."

앨리슨에겐 그 모든 과정이 "슬프고 한심하게" 느껴졌다.

대학에 가면 정말 좋아하는 것을 해볼 수 있을 것 같으냐는 내 물음에 앨리슨은 건조하게 웃어버리고는 말했다. "저는 제가 진짜 원하는 걸 배우고 싶어요. 그런데 현실을 보면 초등학교 땐 중학교 공부 잘하려고 열심히 하고, 중학교 가면 또 고등학교 들어가려고 열심히 하고, 고등학교 가면 또 좋은 대학 가려고 열심히 하고, 대학 가면 좋은 직업 얻어서 돈 많이 벌려고 열심히 하고, 그러다 자식 생기면 그 자식들 초등학교 공부 잘하게 해주려고 열심히 하고. 결국 나중에 은퇴했을 때, 그때

나 돼야 삶을 즐길 수 있는 것 같아요."

딸과 나누기 만만치는 않은 주제의 대화다. 딸 처지에서는 자기 대입 지원서가 충분할지 걱정할 수밖에 없다. 하지만 '해야 하는 일'뿐만 아니라 '진심으로 마음이 가는 일'도 추구해야 한다. 평가받기 좋아야 한다는 생각에 삶이 좌지우지된다면 딸은 배움에서, 삶에서 느끼는 기쁨을 빼앗기는 것이다.

모험 대신 성공을 선택해야 한다는 압박을 느끼냐고 딸에게 물어보라. 용기 있게 그렇다고 대답하는 딸이라면 그 처지를 당신이 이해한다는 것을 보여주라. 딸은 대학 보내기 공장에서 성공하기 위해 꼭 필요하다고 생각되는 일들만 하고 있을 가능성이 높다. 계속 질문하라. 어떤 수업을 듣는 이유가 진심으로 좋아서인지, 아니면 들어야 될 것 같아서인지. 좋은 대학 들어가는 일이나 좋은 성적 얻는 일보다 삶에서 더 가치 있게 생각하는 것은 무엇인지.

오늘날 대학 입학처장들은 얕고 넓은 활동들로 채워진 입학 지원서를 점점 더 낮게 평가하고 있다. 스미스 대학의 데브라 셰이버Debra Shaver는 내게 말했다. "아이가 여섯 장씩이나 되는 이력서가 있는 건 좋지 않습니다. 그런 건 우리에게 좋은 인상을 주지 않아요." 여름방학 동안 해낸 다양한 활동에 감흥을 받는 입학사정관은 거의 없다고 말한다. "우리는 특정 분야를 깊게 파고드는 아이들에 주목합니다. 저는 3년 동안 댄스청소위원회 회장이었던 지원자가 눈에 띕니다. 아르바이트를 하고 있는 학생도 좋고요."

2016년에 하버드 대학교의 '메이킹 케어링 커먼' 프로젝트는 대학 신입생 선발 과정에 변화를 일으키고자 2년간의 캠페인을 시작했다. '터닝 더 타이드Turning the Tide'라는 이 캠페인은 학생 선발 기준에서 외적인 성과의 중요성을 줄이고 윤리적인 활동을 우선적으로 살펴보자는 것으로 예일 대학교, 메사추세츠 공과대학교, 케니언 대학교를 포함한 전국 각지의 대학 학장 100명 이상이 참여했다.

대학에 들어가야 한다는 압박이 없다면 딸은 시간을 어떻게 사용할까? 이 주제에 관해 딸과 대화가 잘되었는지를 딸의 행동이나 학업의 급격한 변화에서 확인하려 하기보다는, 장기적으로 마음 가는 분야를 생각해볼 시간을 주고, 가족 공동체의 가치관을 통해서 딸에게 힘을 주는 것이 중요하다.

이런 이야기를 하는 당신을 딸이 위선자라고 부른다면 어떻게 할까? 대학 들어가는 일이 중요하다고 그렇게 강조할 땐 언제고 어떻게 모험을 권유할 수 있냐고 되묻는다면? 정답은 두 가지가 동시에 진실일 수 있다는 것이다. 사회 기준에 따른 성공을 추구하면서도 내 가치를 지키기 위해 무엇을 거부할 것인지도 이야기해볼 수 있다. 이것 아니면 저것이 아니다. 즉, 대학 보내기 공장의 노예 아니면 완전한 대입 거부자여야 하는 것이 아니다. 딸은 영리하게 판단할 수 있다. 규칙을 언제 어떻게 따르고 언제 어떻게 밀어낼 것인지 스스로 결정하는 것이다. 당신의 역할은 대화를 이끌고, 딸과 의견이 다를 때 가끔 입을 다물어주는 것이다. 선뜻 지지할 수 있는 딸의 선택도 있겠지만 이걸 어떻게 존중해야 하나 고민되는 선택도 있을 것이다.

또 한 가지, 당신에겐 부모로서 마음을 바꿀 자격이 있다는 점도 중요하다. 어쩌면 당신은 지금까지 아이를 너무 압박했다는 것을, 대학 보내기 공장의 사고방식을 그대로 따랐다는 것을 깨닫고 이제 바뀌려 할 수도 있다. 그렇다면 딸에게 솔직하게 이야기해도 좋다. 그러면 딸은 더욱 당신을 존중하고 믿을 것이다. 대학 보내기 공장에 저항하기를 당신과 딸이 함께하는 여정으로 삼을 수도 있을 것이다. 자신에게 중요한 가치를 스스로 정의할 때, 당신도 딸도 더 건강하고 자기다운 사람이 될 수 있다는 것을 기억하면서 말이다.

딸이 모험을 선택한다면 상을 주라. 대학 때문이 아니라 그저 관심 있는 과목이라서 어려운 수업을 들으려 한다면 말리지 말라. 어려운 일을 해야 하는데 잘 해내지 못할까 봐 걱정하는 학생에게 나는 이런 질문을 던진다. 그걸 해서 네가 얻는 '최소한의' 이득은 무엇일까? 물론 아이들은 시험 성적에서 A 받기처럼 일반적으로 훌륭하다고 생각되는 결과를 원할 수도 있다. 하지만 그 결과를 얻든 못 얻든 간에 그 경험을 통해 반드시 얻게 되는 최소한의 것은 무엇일까 질문해보자. 새로운 것을 배운다? 시험을 보는 근육이 단련된다? 딸에게 이 물음의 답을 생각해보게 하라. 목표로 하는 성과와 관계없는 어떤 가치를 발견한다면, 딸은 그 성과를 이루지 못해도 결과를 좀 더 건강한 마음으로 마주할 수 있을 것이다.

무엇보다 멀리 내다보라. 오로지 대학 입학만을 시야에 두고 모든 계획의 중심에 대학을 놓기 쉽다. 그 유혹을 물리쳐야 한다. 이 짧은 기간에 한 선택들이 삶에 오랫동안 영향을 미친다. 가시적 성과라는 렌즈로만 보면서 모든 결정을 평가한다면 딸 앞에는 좁게 규정된 삶으로 가는 길이 놓이는 것이며, 그 삶에는 아픈 부작용이 기다리고 있을지도 모른다.

케이시는 19세 때 메인주에 있는 한 학교를 다니면서 세 가지 대학스포츠를 했고 학생회와 민권운동에도 참여했다. 부모가 이혼을 한 뒤 케이시의 어머니는 가까운 마을로 이사를 갔다. 어머니가 "저녁 먹으러 올래?" 하고 묻곤 했는데, 케이시는 활동이 바빠서 거절하곤 했다.

케이시는 내게 말했다. "이제 다시는 꾸준히 집에서 시간을 보낼 수 없어서 죄책감을 느껴요. 그 시간을 다시 찾을 수 있었으면 좋겠어요." 케이시의 어머니는 조금 더 요구하는 게 나았을까? 케이시는 어차피 말을 듣지 않았을지도 모르지만 어머니의 메시지는 전달되었을 것이다. 당신이 강한 입장을 취할 때 아이들은 오랜 시간이 지나서야 그것을 고마워할 수도 있다. 당신도 당시에는 하기 싫었는데 지금에 와서는 부모님이 시켜주어서 고마운 일이 있지 않은가? 딸이 저항할 때는 그런 경우를 생각해보라.


## 3 (메시지) 눈에 보이는 성과를 얻는 것이 배움보다 중요하다 ➡ (결과) 자기의 고유한 동기를 잃게 된다

진실한 자신의 욕구보다 겉보기에 얼마나 좋은가를 기준으로 결정을 내릴 때, 여자아이들은 배움에 꼭 필요한 능력인 자율성을 포기하게 된다. 자율성은 내적 동기의 핵심 재료다. 즉,

'내가 좋아서 배운다'는 마음은 자율성이 있을 때만 가능하다. 전문가들은 자율성이야말로 무언가를 배우는 사람에게 가장 귀중한 자원일 수 있다고 본다. 내적 동기가 있어 배우는 사람들은 배우는 과정에서 어려움을 만나 스트레스를 받아도 더 잘 회복한다. 덜 불안하고 덜 우울하며, 소진되어버리는 기분도 덜 느낀다. 인간관계가 더 좋고 성적도 더 높으며 심리적인 건강 수준도 더 높다. 일부 장점만 꼽아도 이렇게 많다.

배움의 욕구는 감독하는 이 없이 자기 의지대로 배울 수 있는 환경에서 가장 커진다. 상을 주겠다거나 벌로 협박을 한다거나 특정한 칭찬을 하는 것과 같은 외적인 동기유발 요인으로 행동을 좌지우지하려는 사람이 있을 때 우리의 내적인 욕구는 줄어든다.

대니얼 핑크Daniel Pink는 《드라이브: 창조적인 사람들을 움직이는 자발적 동기부여의 힘》*에서 이를 증명하는 가장 유명한 연구 하나를 소개한다. 연구자들은 유치원 아이들을 세 집단으로 나누었다. 첫 번째 집단은 '예정된 상'을 주는 집단으로, 아이들에게 매직펜과 종이로 그림을 그리면 잘했다는 표시로 파란색 리본을 주겠다고 미리 말해놓는다. 두 번째 집단은 '예정되지 않은 상'을 주는 집단으로, 아이들에게 그림을 그리라고만 하고 끝나면 연구자들이 마음 내키는 대로 아이들에게 파란색 리본을 줄 수 있다. 세 번째 집단은 '상이 없는' 집단이다. 이 아이들에게는 그림을 그리고 싶은지 물어보기만 할 뿐, 그림을 그리면 상을 준다고 미리 말하지도 않고 실제로 그림을 그린 뒤에도 상을 주지 않는다.

2주 뒤 교사들은 아이들이 자유롭게 노는 시간에 종이와 매직펜을 내놓았다. '예정되지 않은 상'을 준 집단과 '상이 없는' 집단에 속했던 아이들은 이전과 같은 양으로, 같은 정도의 열의로 그림을 그렸다. 반면에 그림을 그리면 파란 리본을 상으로 주었던 집단의 아이들은 그리기에 흥미도 덜 보였고 실제로 더 적은 시간 동안 그림을 그렸다. 이 집단 아이들은 자율성이 손상된 것이다. 그림을 그릴 것인지 말 것인지 스스로 선택하는 자유가 '상의 제안'이라는 통제를 받아 약화된 것이다.

동기 연구의 선구자인 에드워드 디시 Edward Deci와 리처드 라이언 Richard Ryan 교수는, 상이나 벌로 내적인 동기가 위협받을 때 특히 여자아이들이 영향을 크게 받는다고 말한다. 여자아이들은 이미 어른들에게서 남을 기쁘게 하라는 사회화 교육을 받으며 자라기 때문이다. 그래서 여자아이들은 교사와 부모의 반응에 신경을 더 많이 쓰는 성향이 생겨나 있다. 그리고 통제당하는 기분에 더 민감하게 반응한다.

두 교수에 따르면 여성은 '누군가가 자기를 칭찬하면, 자기가 그 사람을 기쁘게 했다는 증거를 찾으려고 주의를 기울이는' 경향이 있다. 다수의 연구에 따르면 여자아이들은 '앞으로도 계속 높은 수준의 성과를 내달라'는 의미가 깔려 있는 칭찬을 받으면 오히려 성과가 나빠지는 경향이 있다. 또 초등학교 학생들에게 '똑똑하다'거나 '착하다'와 같이 고정된 특징이나 능력을 칭찬했을 때, 여자아이들은 내적인 동기가 약해졌으나 남자아이들은 그렇지 않았다는 연구 결과도 있다. 좋은 성적이나 대학 입학, 경제적인 성공과 같은 '외적인 가치'들을 강조할 때 두 성별 중 특히 여자아이들이 정신 건강에 더 많이 손상을 입으며, 부모가 높은 강도로 비난하며 성과를 강조하는 경우에도 딸이 더 많이 악영향을 받는다는 연구 결과들이 있다.

이러한 결과 중 무엇도 여자아이들이 덜 열심히 한다거나 덜 잘한다는 의미가 아니다. 그러나 온라인 성적표처럼 외적 성과에 초점을 맞추는 모든 학교 방침이 여자아이들에게 더 큰 부담이 될 수 있다는 뜻이다. 교육계에서 최근 온라인 성적표라는 시스템을 널리 이용하면서 학생들, 그리고 주로 학부모들이 학기 중 어느 때나 그 시점까지의 성적 평균을 열람할 수 있다. 성적 상태를 계속 확인할 수 있으니 부모는 자녀가 현재 어느 위치에 있는지를 늘 알 수 있다. 이 시스템 때문에 집착에 가깝도록 자주 성적을 확인하는 아이들이 있을 수 있다. 인터넷에 사진이나 글을 올리고는 '좋아요'를 얼마나 많이 받았는지 끊임없이 휴대전화를 확인할 때와 별반 다르지 않은 초조함으로 말이다.

내슈빌에 있는 하페스 홀이라는 여학교의 교사들이 2016년에 발표한 보고서는 이러한 기술 사용에 의문을 제기하는 내용으로, '학생들이 성적이라는 수치와, 그 수치를 올려야 하는 좁은 목표에 집중할 때 배움의 기쁨은 줄어든다'고 보고한다. 부모가 지속해서 성적을 모니터하면 '여학생들이 모험을 하고' 독립적으로 어려움을 헤쳐나가는 '삶의 공간'이 축소된다. 심지어 완벽주의 경향이 있는, 아주 높은 성적을 내는 아이들에게도 이 시스템은 부담을 줄 수 있다. 이런 아이들은 '자신의 가치와 자기 성적을 동일시하는 경우가 더 많기' 때문이다.

설문조사에서 이 학교 학생들은 자신감을 갖기 가장 힘들어지는 이유로 자신을 남과 비교하는 경향을 꼽았고, 교사들은 인터넷 성적표가 이를 더욱 악화시킬 수 있다고 응답했다. 적어도 여학교 여섯 곳에서 인터넷 성적표에 반대한다는 입장을 밝혔다. 뉴욕에 위치한 여학교 나이팅게일 뱀포드의 교장 폴 버크Paul Burke의 표현에 따르면, 인터넷 성적표는 '학생들이 작가와 같이 자기 배움의 과정을 스스로 써 내려갈 수 있는 기회를 빼앗는다.'

내적 동기가 낮은 경우에 아이는 캐럴 드웩이 이름 붙인 '성과 목표performance goal'를 따를 확률이 높다. 타인에게서 잘한다는 평가를 받고 싶은 바람이 내적 동기보다 더 강하고, 비판을 받거나 실패를 할 가능성은 되도록 피하는 것이다. 예를 들어 '프랑스어 시험에서 A 받기' 같은 것이 성과 목표에 해당한다. 이와 비교해 '배움 목표learning goal'로는 '과거형 시제 숙달하기'를 꼽을 수 있다. 20세인 테니스 영재 제니는 본격적으로 테니스를 했던 기간 내내 성과 목표에 매달렸다고 한다. "(훈련 시간에) 제 머릿속에 들리는 건 '세계 최고의 테니스 선수'라는 말뿐이었어요. '포핸드는 이렇게 치고, 백핸드는 이렇게 친다' 같은 생각은 하지도 않고요." 캐럴 드웩에 따르면 성과 목표를 둔 학생들은 '목표를 고르고 그것을 추구하는 과정 내내 자신의 능력이 어느 정도 수준인지에 집중한다.' 반면에 배움 목표를 추구한다는 것은 어떤 일을 숙달해내고 싶다거나 실력을 쌓고 싶다는 욕구에 따르는 것이다. 캐럴 드웩은 중학생 집단에게 일련의 과학 원리를 가르치는 연구를 했다. 아이들 절반에게는 성과 목표를, 나머지 절반에게는 배움 목표를 정해주었다. 배움 목표가 주어졌던 학생들이 어려운 과제 풀기에서 성적이 더 높았고, 과제를 풀어내려고 더 오랜 시간 노력했으며, 포기하기 전까지 더 많은 해결 방법을 시도해보았다.

성과 목표가 반드시 나쁘다는 뜻은 아니다. 경쟁해서 남보다 잘하고 싶다는 욕망 또한 좋은 동기가 될 수 있다. 하지만 이것이 동기의 거의 대부분을 차지할 때는 좋지 않다. 주디스 하라키에비치Judith Harackiewicz의 연구에 따르면, 우울과 불안, 도전을 피하는 성향과 무력감이 커질 수 있다. 성과 목표를 달성해도 행복해지는 것이 아니라 더욱 불행해지고 타인에게 완벽해 보이려는 노력만 더욱 치열해질 가능성이 있다.

성과 목표가 대학 입시 과정을 지배한다. 아이들은 흔히 이 시절에 '내가 가고 싶은 대학'과 '내가 하고 싶은 일' 사이에 괴리를 느낀다. 한 여학교의 대입 상담교사는 내게 말했다. "이 아이들은 정말로 열심히 노력하면서도 자기가 무엇을 위해 그렇게 노력하는지는 모르는 거나 마찬가지예요. 자기를 몰아붙이고 잠도 충분히 자지 않고 제대로 먹지도 않으면서 노력하는데도, 자기 진짜 관심사가 뭔지, 원하는 게 뭔지 탐색하는 시간은 없어요." 2015년 미국 대학 신입생을 대상으로 한 가장 큰 연례 설문조사 결과에 따르면, 여자아이들 72퍼센트는 대학을 선택하는 과정에서 가장 중요한 요소가 '대학의 학문적 평판'이었다고 답했고 남자아이들 66퍼센트가 같은 답을 했다. 2009년 조사에서는 남자아이들보다 많은 여자아이들이 '부모님이 원해서' 그 대학을 선택했다고 응답했다.

제니와 같이 성과 목표를 가장 중요하게 두면, 배우는 것을 숙달해낼 수 있는 확률은 낮아진다. 제니는 말했다. "제가 꼭 테니스를 좋아한 건 아니에요. '세계 최고의 테니스 선수가 된다는 생각'을 좋아한 거죠. 그런데 바로 그랬기 때문에 세계 최고의 테니스 선수는 결코 될 수 없었어요."

딸이 '해야 하는 것'이 아니라 '하고 싶은 것'에 가까운 목표를 한 학기에 적어도 한 가지는 고르도록 독려하라. 딸이 진심으로 좋아하는 일이 뭔지 스스로 깨닫도록 도우라. 딸이 좋아하는 일은 좀 더 어린 아이의 멘토가 되는 일일 수도 있고 코딩일 수도 있고 패션 공부일 수도 있고 밴드에서 음악을 연주하는 일일 수도 있다. 당신의 독려에 딸은 오히려 "이 수업을 들으면 성적표를 망쳐"라거나 취미 활동을 할 시간 따위 없다는 반응을 보일 수도 있다. 하지만 쉽게 포기하지 말고 계속 노력해보라. 10대들이 지닌 특징 중에 하나는 먼 미래를 내다보는 데 서툰 경우가 대부분이라는 것이다. 그러니 때로는 당신이 꺼어드는 것이 도움이 된다.


4   (메시지) 하나하나 내가 선택할 때 인생을 내 뜻대로
     통제할 수 있다 ➡ (결과) 통제에 관한 잘못된 인식을
     품게 된다. 목표를 달성하는 데 차질이 생기면 지나치게
     자기 잘못이라고 여긴다

많은 것을 성취하는 여자아이들에게 삶은 특별활동, 친목 활동,

인턴 프로그램 따위 가야 할 곳들과 해야 할 일들의 연속이다. 여기에는 삶은 내용뿐 아니라 구조도 중요하다는 믿음이 깔려 있다. 즉, 어느 만큼 점수를 따면 성공한다는 데 그치는 게 아니라 특정 활동을 해야, 특정 수업을 들어야, 특정 스포츠를 해야 성공한다는 생각이 있는 것이다.

여기서 여자아이들은 '네가 무언가를 얼마나 잘하는가 만큼 네 삶의 일정도 중요하다'는 해로운 메시지를 받는다. 열심히 하고 '적절한' 선택들을 하면, 다시 말해 잠을 이만큼 자고 이런 수업을 듣고 이런 클럽의 회장이 되고 이런 봉사활동을 하고 이런 학습계획서를 만들면 네가 원하는 것을 얻을 수 있다는 식의 메시지. 이런 틀에 따라 산다면 삶을 뜻대로 통제하는 것 같은 만족감이 들 수 있지만 궁극적으로 착각이다.

사회학자 배리 슈워츠Barry Schwartz에 따르면, 선택할 것이 많은 사람들은(이를테면 어느 대학을 갈지, 어떤 활동을 할지, 무엇을 전공할지 등등) 그 선택들로 삶을 통제할 수 있다는 환상에 빠질 수 있다고 한다. 그들은 선택권이 있다면 가장 좋은 선택을 할 수도 있어야 한다고 믿는다. 이런 식으로 생각할 때 문제는 삶이라는 배를 운항하다 물이 새는 곳이 있으면 자기 탓이 된다는 점이다. 생각대로 일이 잘 풀리지 않으면 분명 자기가 뭔가를 잘못했기 때문이라는 결론이 나는 것이다. 흔히 우울함과 수치심이 동반된다. 배리 슈워츠는 이러한 자기 파괴적인 사고방식을 '선택의 역설'이라고 부른다.

일정표를 가득 채워놓는다고 해서(가장 극단적인 경우 삶의 지도를 다 짜놓는다고 해서) 반드시 우리가 더 행복해지거나 더 똑똑해지거나, 더 성공하게 되는 것이 아님을 딸에게 상기시키라. 계획이 있는 것과 목표가 있는 것이 서로 다름을 알게 하라. 스탠퍼드 대학 교수 윌리엄 데이먼William Damon은 10대 후반에서 20대 초반 젊은이를 대상으로 한 연구를 통해 '삶이 가장 계획대로 착착 진행 중인 것처럼 보이는 사람들이 가장 심각한 불안을 드러낸다'는 결론을 얻었다.

계획이 완전히 세워져 있으면 앞으로의 삶을 뜻대로 통제할 수 있다는 믿음에 반문을 제기하라. 무언가를 뜻대로 통제할 수 있다고 믿었으나 사실은 그렇지 않았던 적이 있었니? 열심히 노력하고 최선을 다하면서 좋은 결과를 기대했지만 결과가 좋지 못했던 적이 있었어? 그랬다면 그런 경험에서 무엇을 배웠니? 우리들 대부분은 그런 경험에서 겸손과 균형 잡힌 시각을 얻는다. 딸과 이런 대화를 하면서 삶이라는 연극에는 우리 자신보다 더 큰 힘들도 있다는 것을 받아들이도록 도와라. 한편 선택 자체를 잘못할 때도 있다. 딸이 그렇게 한 경우가 있다면 함께 이야기를 나누어보고 무엇을 배웠는지 짚어보라. 실수는 때로 우리가 삶에서 진정으로 무엇을 원하는지 알아낼 수 있는 유일한 방법이다.

어린아이를 키우는 부모들이 많이 듣는 조언 중 하나는, 아이에게 선택권을 주어서 아이가 폭군처럼 굴지 않으면서도 삶을 스스로 통제하는 기분을 느끼게 해주라는 것이다. 피자 먹고 싶니, 파스타 먹고 싶니? 놀이터 갈래, 할머니 댁 갈래? 우리도 이 연습으로 한번 돌아가보자. 딸이 너무 많은 선택을 해야 할 때, 딸이 자기 운명에 대해 지나치게 책임감을 짊어진다는 느낌이 들 때 딸의 선택지를 딱 몇 가지로 줄여보라. 너는 운동이 하고 싶어, 학생회 활동이 하고 싶어? 학보사를 시작해보고 싶어, 아니면 비영리단체를 만들어보고 싶어? 골라봐. 그런데 하나만 골라야 해.

이런 식으로 선택을 제한하는 것은 고등학교 시절에만 가능할 것이다. 그런데 청년기 자녀의 부모는 영웅이 되는 역할이 아니다. 적어도 당장에는 말이다. 딸이 아주 화를 낸다면 당신 탓을 하게 하라. 청소년이 원하지 않는 선택을 해야 할 때 (하지만 마음속 어딘가에서는 필요한 선택임을 인정할 때) 부모를 원망하는 것은 도움이 된다. "아빠가(엄마가) 집에 빨리 오라고 해서" "그 셔츠는 입지 말래" 등등 부모 탓을 하는 것은 효과적인 전략이다.


**5  (메시지) 열정을 다해 하고 싶은 일을 고등학교 때까지는 찾아야 한다 ➡ (결과) 억지로 선택한 열정을 바탕으로 많은 것이 좌지우지되는 큰 결정을 내리게 된다**

지난 10년 동안 점점 널리 퍼진 생각 중 하나는, 학생은 대학에 지원하든 첫 직장에 지원하든 '열정'이 있어야 그 모든 관문을 통과할 수 있다는 생각이다. 그리고 그것은 '앞으로 어떻게 살아갈지를 일찍이 다 파악해야 한다'는 것과 같은 의미가 되었다. 가장 부조리하고 부당한 대입 중심 사고방식의 한 갈래다.

정말로 사랑하는 일을 찾으려면 적어도 두 가지 자원이 필요하다. 마음이 가는 분야를 탐색해볼 수 있는 시간, 그리고 시도해보고 망쳐볼 수도 있는 자유. 바로 우리 아이들이 고등학교 입학과 동시에 빼앗기는 것들이다. 너무나 터무니없는 역설이다. 우리는 아이들을 답이 대학 입학밖에 없는 좁은 길로 몰아서 아이들이 진심으로 좋아하는 일을 찾고 추구하는 능력을 짜부라뜨려 놓으면서, 동시에 진심으로 좋아하는 일을 찾고 추구하라고 그 어느 때보다 강하게 압박하는 것이다.

이상적으로 볼 때 열정을 따라가는 것은 그것을 사랑하기 때문이지, 반드시 잘해서가 아니다. 진정한 열정은 호기심에서, 마음속 타오르는 질문에 답을 찾고 싶은 욕구에서 온다. 나는 얼마나 빨리 달릴 수 있을까? 얼마나 연습을 하면 우리 합창이 듣기 좋아질까? 사람들이 지구온난화에 관심을 가지게 하는 방법은 무엇일까? 이러한 질문들이 우리 가슴속 연료가 된다. 이러한 열정을 느끼려면 그 질문의 답을 아직 모르는 것이 불편하지 않아야 한다. 빵이 잘 팔릴지 알 수 없는 것, 몇 시간이나 연습을 해야 원하는 결과를 얻을지 알 수 없는 것, 내가 정말 빠른지 모르는 것 따위가 말이다.

그러나 대학 입학 공장에서는 그 답을 모르는 것이 '괜찮지 않은' 일이다. 호기심은 살아남을 수 없다. 열정을 품는 데도 규칙이 있기 때문이다. 규칙 첫째, 빨리 찾아야 한다. 청소년기까지 열정 있는 분야를 찾지 못하면 망한 것이라는 메시지가 함축되어 있다. 규칙 둘째, 네가 '사랑하는' 일은 대입 지원서에서 환영받을 뿐 아니라 네가 특출하게 잘하는 일이어야 한다.

이런 열정 찾기 과정에서 많은 여학생들이 실패자라는 기분이 드는 것은 당연하다. 16세 제시카는 열정을 느끼는 분야가 있냐고 묻자 이렇게 답했다. "열정은 고사하고 저녁으로 뭘 먹고 싶은지도 모르겠어요. 시간 대부분을 공부하는 데 쓰니까, 나 자신을 탐색해본다든지 내가 좋아하는 일이나 잘하는 일을 좀 더 알아볼 시간이 없어요."

제시카는 자기가 좋아하는 일이 대학 입학 공장의 공식에 맞지 않는다는 것을 알고 있었다. "저는 테니스를 정말 좋아해요. 그런데 제가 세리나 윌리엄스가 될 건 아니거든요. 그리고 학교에서는 테니스를 배울 방법이 없고요." 주변 300킬로미터 반경에서 열리는 모든 로봇공학대회에 참가하거나 "123가지 수학 수업을 듣는" 또래들을 보며, 제시카는 결국 경영이나 기술처럼 대입 지원서에서 돋보일 것 같은 이런저런 분야를 억지로 시도해보았다. "내가 사랑하는 일이 뭔지를 알아내서 고등학교 때 하고, 대학교 때 전문적으로 공부한 다음 직업을 얻어야 실패자가 되지 않겠다는 생각이 자주 들어요." 한 여고생은 전국적으로 인정받는 코딩 프로그램에 참가하고, 대학 과목 선이수제로 컴퓨터공학 수업도 듣고, 대입 원서에도 자신을 '코더'라고 마케팅했지만, 친구들에게는 컴퓨터공학을 싫어한다고 말했다. "대학 들어가려고 이용하는" 거라고 말이다.

하지만 열정이란 강요해서 생기는 것도, 서둘러서 만들 수 있는 것도 아니다. 억지로 열정을 품으려다가 딸은 자기가 정말로 좋아하는 것을 발견할 기회에서 도리어 멀어질 뿐 아니라, 좋아하는지 확실하지도 않은 일에 소중한 긴 시간을 쏟게 될 수도 있다. 억지로 한 선택이 앞으로 어디에서 공부하고 살고 일할지 같은 다른 여러 선택에 영향을 미칠 수 있고, 딸은 세월이 한참 지나서야 자기가 추구한 열정이 진짜가 아니라 억지였음을 깨달을 수도 있다. 작가이자 블로그 '그로운 앤 플로운 Grown and Flown'의 운영자 리사 헤퍼넌 Lisa Heffernan은 그것을 '가짜 열정이 진짜 열정의 자리를 빼앗는 것'이라고 표현했다.

사랑하는 일이 무엇인지를 찾을 수 있도록 영감을 주고 마음을 고무시키는 것이 아니라 찾으라고 강요한다면, 열정 역시 아이들이 지는 또 하나의 의무, 만족시켜야 할 또 하나의 기대가 될 뿐이다. 자기가 부족하다고 느낄 또 하나의 이유가 되는 것이다. 열정은 자기중심적 성취, 외면적 성취를 위한 도구로 변해 원래의 것과는 반대가 되었다. 또한 여자아이들이 과거보다 더 여러 영역에서 성취하기를 기대받으면서 한 분야에서 전문성을 얻는 일이 더 어려워지는 것도 상황을 악화시킨다. 아이들의 자신감은 또 한 번 낮아진다.

스미스 대학 입학처장 데브라 셰이버는 이렇게 열정을 강요하는 것이 터무니없다고 생각한다. "열정이란 대학에 와서나 아니면 그 이후에 발견하는 겁니다. '열정 있는 학생'을 원한다고 말하는 입학처장들을 볼 때마다 놀랍고 짜증이 납니다. 그런 메시지가 날아오니까 학생들이 안 겪어도 되는 불안을 겪습니다. 열정을 발견하는 것은 자신을 발견하는 여정입니다. 시간이 걸리는 일이라고요."

열정이 찾아오는 때는 사람마다 다르다. 언제 오게 할지 우리가 계획할 수 있는 것이 아니다. 아이에게 열정을 개발해 보라고 하는 것은, 때가 되지도 않은 아기에게 걸어보라고 하는 것이나 마찬가지다. 딸은 시도해보았다가 실패할 것이고, 딸과 당신 둘 다 답답함을 느끼고 낙담할 것이다. 딸이 자기한테 없어서 걱정스러운 것 목록에 열정이 추가될 것이다.

느껴지지 않는 열정을 스스로에게 강요하는 것은, 대학 입시를 위해서 아무 꿈, 아무 열정이라도 하나 만들어내는 것은 당신이 결코 바라지 않는다고 딸에게 일러주라. 열일곱 살까지는 사랑하는 일이 무엇인지를 알아야 한다는 기대가 얼마나 터무니없느냐고 반문하라. 나는 서른 살에 테니스에 빠졌고 마흔 살에 요리에 열정을 느꼈다. 당신에게 열정이 찾아온 때는 언제였나? 딸에게 알려주라. 무언가에 열정을 느끼는 시기가 사람마다 다른 때에 찾아오고, 이것이 지극히 자연스러운 일임을 딸이 실감하게 하라.

그리고 딸이 '목적의식'을 키워갈 수 있도록 도와라. 윌리엄 데이먼은 목적의식이란 '자신에게도 의미 있으면서 자신을 둘러싼 세상에도 좋은 결과를 가져오는 일을 이루려는 마음'이라고 정의했다. 대학 보내기 공장으로 인해 왜곡되기 전 열정의 의미에 가까운 것이 바로 목적의식이다. 봉사나 이타주의와는 다르다. 목적의식을 바탕으로 한 '자기 자신보다 더 큰' 일이 새로운 앱 개발이나 창업일 수도 있다. 중요한 것은 '좋은 성적 얻기'나 '좋은 대학 들어가기' 같은 개인적인 목표 너머를 바라보는 시각이다.

목적의식을 가지고 어떤 일을 한다는 건, 그 일이 왜 자기뿐 아니라 이 세상에도 중요한지를 아는 것이다. 목적의식은 일상 속 목표들을 추구하는 근본적인 이유가 된다. 그러나 윌리엄 데이먼의 조사에 따르면 청년기 아이들의 20퍼센트만이 목적의식을 품었고 목적의식의 가치가 점점 잊혔다. 1967년에는 대학 신입생 86퍼센트가 의미 있는 삶의 철학을 찾는 것을 삶의 핵심 목표 중 하나로 꼽았다. 2004년에는 42퍼센트만이 같은 대답을 했다. 하지만 다행스럽게도 목적의식의 가치가 다시 우리의 의식으로 돌아오고 있는 모양이고, 목적의식을 대학 보내기 공장의 광기를 치료할 해독제로 바라보는 교육자들이 점점 많아지고 있다. 연구에 따르면 목적의식이 있는 성인은 더 자신감 있고 자신을 편안하게 느끼며 자존감도 더 높다. 청년기의 경우도 마찬가지 결과가 나왔다.

'에코잉 그린 재단'에서 진행하는 '목적의식 찾기Work on Purpose'라는 커리큘럼은 10대 후반에서 20대 초반 참가자들이 저마다 목적의식을 찾고 잘하는 일을 알고 의미 있는 직업을 찾도록 돕는다. 이 커리큘럼의 여러 유용한 활동 중 하나는 참가자들에게 다음과 같은 질문을 던져서 답을 고민해보게 하는 것이다.

○ 감동 때문이건 분노 때문이건 대단한 기쁨 때문이건, 당신의 가슴을 빠르게 뛰게 만드는 일이나 생각은 무엇인가요?

○ 평소에 읽는 글은 주로 무엇에 관한 것이며, 가장 흥미를 느끼는 영화와 책, 텔레비전 프로그램은 무엇입니까?

○ '내 사람들'이라고 할 만한 사람들은 누구입니까?

○ 당신이 살고 싶은 세상을 상상한다면 머릿속에 떠오르

는 세 가지 단어는 무엇입니까?

　○ 누군가를 지지하고 나선 적 있나요? 누구를 위해서 그
렇게 하고 싶었나요? 이유는 무엇이었나요?

　○ 해결되기를 간절히 바라는 사회문제나 환경문제는 무
엇입니까?

프로그램에서는 답을 주로 글로 쓰지만, 당신이 적극적인 청자
역할을 해준다면 이 질문들은 대화로도 충분히 활용할 수 있을
것이다.

　윌리엄 데이먼은 어른들에게 아이가 가진 생각이나 신념
을 알고 그것이 필요한 곳이나 그것을 탐구할 기회를 찾아주는
중매쟁이 역할을 하라고 권한다. 이것은 꾸준한 과정 속에서
가능한 것이지 단번에 '아하!' 하는 깨달음으로 이루어지는 경
우는 드물다. 윌리엄 데이먼은 이 과정을 마당에 풀씨를 뿌리
는 일에 빗댄다. '뿌리는 씨앗 중 일부만 싹을 틔우게 마련인데,
뿌릴 땐 어느 씨앗에서 싹이 틀지 전혀 알 수 없다.'

　딸이 자기 하루를 이야기할 때 어떤 일에 신나는 기색
이 있는지 살펴보라. 참여하는 활동이나 듣는 수업, 읽고 있는
책 등등 딸이 얼굴이 환하게 밝아지며 이야기하는 것이 있는
가? 그렇다면 왜 그 일이 좋은지, 너에게 왜 중요한지 물어보
라. 이 세상에 왜 중요한지도 물어보라. 그 일과 관련해서 다음
으로 하고 싶은 일이 있는지 물어보라. 조금 더 깊이 관심을 가
져보는 것은 어떻겠냐는 제안도 해보라(그러나 대입 지원서에
서 '점수 따기 좋을 거라는' 식으로는 말고). 딸이 들었던 강의

를 한 사람이 쓴 책을 사준다든지, 할 만한 자원봉사 활동으로 무엇이 있을지 함께 브레인스토밍을 해준다든지, 당신이 할 수 있는 일이 있을 것이다.

저소득층 여학생들 중에는 자기가 대학에 진학해서 가정 형편을 살릴 수 있다는 목적의식이 아주 강한 경우가 많다. 쿠바에 살다가 뉴잉글랜드로 대학을 온 이자벨은 꿈을 일찍 찾아야 한다고 생각하는 대학 친구들 말에 당황했다. 결국 이자벨은 그 말들을 무시해버리기로 했다. 내가 이자벨에게 어떻게 그런 침착한 마음을 가질 수 있었느냐고 물어보자, 이자벨은 그 이유 중 하나로 자기한테 진정으로 중요한 게 무엇인지 자문한 것을 꼽았다. 무엇보다 "가족의 생계를 지원하는 것이 가장 중요하다"고 이자벨은 확실하게 말했다.


6 (메시지) 모두가 너보다 많이 노력하고 너보다 훌륭하며 너보다 많은 걸 성취한다 ➡ (결과) 모든 면에서 자신감이 부족해지고, 인간관계가 긴장과 경쟁으로 가득해진다

딸은 모두가 자기보다 더 많은 것을 하고 더 나은 존재들이라고 믿게 된다. 또래들이 자기보다 더 오랜 시간 공부하고, 더 좋은 시험 점수와 성적을 받으며, 더 나은 학교에 지원하고, 더 재미있게 지내며, 더 아름답다고 생각한다. 그렇지 않다고 당신이 딸에게 말해보라. 딸은 완고하게, 모르는 소리 좀 하지 말라고 할 것이다.

물론 딸이 믿고 있는 것은 사실이 아니다. 문제는 딸 시각에선 사실처럼 보인다는 것이다. 이처럼 남들보다 자기가 부족하다는 믿음에 시달리면, 남들의 힘든 점은 눈치채지 못하고 그들이 완벽하게만 보인다. 또는 또래들도 힘들다는 것을 알면서도 그걸 중요하게 여기지 않는다. 힘들어도 어쨌건 좋은 성과를 냈다는 점에 주목하기 때문이다. 자기가 하는 어떤 일도 충분하지 않다는 생각에 사로잡히면 주변 사람들이 다 앞서나간다는 환상에 빠지기 쉽다. 이런 생각이 자리 잡으면 여자아이들은 친구들과 자신을 비교하고 경쟁할 수밖에 없다. 그로인해 여자아이들이 맺고 있는 가장 가깝고 친밀한 관계가 흔들리기도 한다.

18세 마야는 나에게 이렇게 썼다. "가장 친한 친구들이 가장 강력한 경쟁 상대가 될 수도 있어요. 친구들을 입시 상담사나 개인 트레이너 같은 눈으로 평가하기 시작하는 거예요. 그 아이들의 성적, 몸매, 옷…… 조건 없이 지지해 주기보다는 경쟁심을 느끼는 거죠. 서로를 아끼는 탄탄한 우정도 있을 수 있지만 경쟁의 요소는 늘 존재해요." 여자아이들은 서로를 있는 그대로 보는 것이 아니라, 우리 문화가 여자아이들에게 냉혹하게 요구하는 조건들을 렌즈로 끼고 보기 시작하는 것이다.

"제 주변 모든 아이들이 비교를 하고 있어요." 19세 케일라는 말했다. 모두가 경영학과 우등생인 기숙사 케일라네 층에는 긴장이 감돈다. "옆방에 사는 학생을 좋아해도 그 학생을 이기고 싶은 거예요. 결국에는 내가 다른 아이들보다 우수하기를 바라는 거죠." 이러한 경쟁이 아이들의 관계를 좀먹을 때 분한 감정이 생기고, 심지어는 피해망상까지 생길 수 있다. 여자 대학생들은 같은 과목을 전공하는 친구를 사귀는 것이 어렵다고 말한다. "가끔은 서로가 좋은 결과를 축하해주기 힘들 때가 있거든요." 한 대학교 2학년 학생이 내게 한 말이다. 그리고 그 학생과 같은 수업을 듣는 친구는 전공이 전혀 다른 친구를 사귀는 편이 낫다고 말했다. "그 친구는 우리 전공 수업에서 좋은 결과를 얻었다는 게 무슨 뜻인지도 모르거든요!" 이 말에 친구들은 공감하며 웃었다.

16세 릴리가 설명해주었다. "제가 제 어떤 부분을 편안하게 받아들일 수 없거나 자신감이 부족할 때 기분이 나아지려고 쓰는 방법 중 하나가 남을 깎아내리다시피 하고 만족하는 거예요. 어떻게든 이기적으로 다른 사람들보다 내가 나은 점을 생각하거나, 나아지려고 해요. 그러다 보면 결국 누군가를 못되게 대할 수도 있어요."

리베카는 아주 우애 깊은 고등학교 친구들이 있었지만, 그 친구들이 대학 보내기 공장 속으로 깊이 빠져들면서 사이가 멀어지기 시작했다. 내가 다른 아이들보다 못한지도 모른다는 두려움은 사실 가장 솔직하게 털어놓고 싶은 마음이었음에도 리베카는 그 마음을 아이들에게 숨기기 시작했다. 이제 리베카는 친구들이 좋은 결과를 얻을 때 자기가 열등하다는 생각이 든다. 가장 가까운 친구 중 하나인 메건이 "모든 것을 다 차지한다"고 느낀다. "그 애가 상이란 상을 다 받아요. 그걸 보면서 제가 너무 하찮게 느껴져요. 왜 나는 그 상들을 못 받을까? 메건이 잘한다는 이유로 내가 실패자가 될 것 같은 기분이 들어요."

66

실력 있는 상대와 학업 경쟁을 하는 것 자체는 나쁜 일은 아니다. 문제가 되는 것은, 그 때문에 감정이 상하고 인간관계가 다치는 경우다. 그런 일이 너무 자주 일어난다. 2017년 걸스 인덱스에서 5학년에서 12학년까지의 여학생 41퍼센트가 다른 여자아이들을 믿지 않는다고 대답했다. 76퍼센트가 여자아이들 대부분이 경쟁 관계에 있다고 대답했다. 여자아이들은 자라면서 어떻게든 착해야 한다고 교육받기 때문에 기본적으로 완전히 솔직하게 감정을 드러내기가 쉽지 않다. 특히 경쟁심이나 질투처럼 '착한 아이답지 않은' 감정이 든다는 건 터놓고 말하기가 더 어렵다. 많은 여자아이들이 생존을 위해서 감정을 숨기게 되고, 감정은 속에만 묻혀 있게 된다. 그래서 속앓이를 하고 분통이 터지며 외로움을 느낀다. 여기에 소수만이 성공할 수 있다는 생각으로 불안을 느끼는 우리 문화까지 더해져, 이 아이들 사이의 인간관계가 위험에 처한다.

당신이 할 수 있는 일이 두 가지가 있다.

첫 번째는 인간관계와 경쟁을 분리해야 좋은 경쟁이 가능해짐을 딸이 분명히 이해하도록 돕는 것이다. 달리 말하면 친구가 학업이나 다른 분야에서 얼마나 잘하고 있는지가 내가 그 친구를 얼마나 믿고 좋아하는지에 영향을 미치지 않아야 한다. 이를 알고 있을 때 우정을 지킬 수 있을 뿐 아니라 기본적으로 모든 경쟁을 올바른 방식으로 바라볼 수 있다. 만일 부모가 딸에게 경쟁을 개인적인 감정과 결부시키도록 부추긴다면, 딸은 훗날 직장에서도 경쟁에 같은 방식으로 접근할 수 있고, 거기엔 위험한 부작용이 따를 수 있다.

두 번째로 인간관계의 소중한 의미를 딸에게 상기시키는 것이다. 여자들끼리 서로 돕는 게 중요하다는 것이 당신의 가족이 공유하는 믿음이라면, 그것을 소리 내어 말할 때다. 다른 여자아이들을 위협적인 경쟁 상대로 바라보도록 부추기는 우리 사회의 메시지가 얼마나 해로운지 지적하고, 지금까지 당신을 사회적으로나 직업, 경제, 정신적으로 도와주었던 모든 여성들과의 우정 이야기를 들려주라. 당신과 친한 친구 중에 딸이 좋아하는 친구가 있다면 함께 앉아서 그 우정으로 어려움을 극복했던 때를 이야기해주라. 대학 입시란 딸에게 가장 치열한 경쟁의 시기일 수 있지만, 이때 원칙이 있는 경쟁에 관해 배운다면 훗날까지 딸에게 도움이 될 것이다.

딸이 어떤 친구와 자기를 비교하며 열등감을 느낀다면 딸이 그 감정을 받아들일 수 있도록, 공감하는 마음으로 함께 노력해보라. 딸의 불안을 인정하고, 그 감정이 반드시 개인이 부족해서 오는 것이 아니라 대학 보내기 공장의 부작용이라는 점을 딸이 뚜렷이 이해하게 하라. 하지만 딸이 그 친구와 관계를 지키고 싶어 한다면(그러지 말아야 할 숨은 사연이 없는 한 그 관계는 지켜야 한다) 부정적인 감정들을 느끼는 자기 마음을 마주하고, 친구에게 터놓고 이야기해보기를 권유하라. 당신에게도 내면의 두려움을 친구에게 고백한 뒤 그러길 잘했다고 생각한 경험이 있다면 딸에게 이야기해주라. 딸이 그 친구와 대화하기를 계속해서 피한다면, 혼자 삼킨 감정과 응어리에 그 우정이 잠식되어 버릴지도 모른다.

# 대학 보내기 공장에 저항하기

"전 언제나 착한 애였어요. 숙제도 하고 성적도 좋고 운동도 좀 하고 부모님 말씀도 잘 들었어요." 해외 기숙학교에서 2학년을 한 번 더 다니고 있던 18세 나탈리아는 얼마 전 내게 말했다. "마음속 동기가 사라져버린 것 같았어요. 이대로 있다가는 결국 저다움을 잃어버릴 것 같더라고요."

나탈리아의 부모는 딸이 수입이 안정적인 변호사나 의사가 되기를 바라며 압박했고, 나탈리아는 늘 패션 분야의 저널리즘에 큰 열정이 있었다. 부모에게 저항하면서 나탈리아의 마음은 죄책감으로 가득 찼다. "저한텐 없는 게 없어요. 좋은 가족이 있고 좋은 경제적 받침이 있고 학교 성적도 좋으니까, 저는 전혀 불만을 드러낼 수 없어요. 가진 것에 감사할 줄 모르는 것처럼 보이고 싶지 않았어요. 그렇지만 이 문제가 너무나 괴로웠어요."

나탈리아는 감정을 숨기려고 엄청난 노력을 했고 감정이 나와버릴까 봐 너무 두려웠다. 결국에는 감정을 자신에게서 분리하기 시작했다. 더는 감정을 느끼지 않으려고 노력했다. "무엇에도 별다른 반응을 하지 않게 됐어요. 그랬더니 엄마는 자꾸 '웃을 수는 있니?' 하고 물으셨어요."

길을 잃고 있다는 걸 깨달았을 때, 나탈리아는 비로소 지금까지 자신의 욕구 대신 부모의 욕구를 품고 살았음이 보이기 시작했다. 나탈리아는 피아노 치는 것을 썩 좋아하지 않았다. 엄마가 좋아했다. 문학창작대회에 나가는 것을 썩 좋아하지 않

69

았다. 아빠가 좋아했다.

나탈리아는 그때까지 자기가 무엇도 딱히 잘하지 못한다는 생각에서 오는 괴로움을 비밀처럼 품고 살았다. 그러나 자기가 하는 일마다 그저 그랬던 이유가 실제로 잠재력이 부족해서가 아니라 정말 원해서 했던 적이 없기 때문임을 문득 깨달았다. "관심이 없으니까 동기가 없었던 거예요. 제가 잘하는 건 오로지 시키는 대로 배우고 하는 것이었으니까요."

나탈리아는 '용기 훈련소' 프로그램에 참가했다. 여자아이들이 도전하고 싶은 건강한 모험을 찾고 실행하도록 돕기 위해 내가 만든 4주짜리 프로그램이다. "저 자신을 위해 싸우고 싶었어요." 나탈리아는 부모님에게 맞서 진실을 이야기할 결심에 찼다. 그 목표에 다가가기 위해 매주 시도할 수 있는 작은 모험들을 정하고 하나하나 실행했다. 또 용기 훈련소에서 저마다 정한 위험을 감수하고 모험을 시도하는 또래들과 함께 시도에 성공했는지, 혹은 시도 자체를 해보았는지 따위를 편하게 이야기 나누는 것이 무척 즐거웠다. 남들보다 뛰어나지 않아도 된다는 허가를 처음으로 받은 나탈리아는 자유로움을 느꼈다.

준비가 되었다는 판단이 들자 나탈리아는 부모님에게 전화를 해 의대나 법대에 가지 않을 거라고 말했다. 부모님은 예상대로 화를 냈다. 아버지는 예술 분야에서 성공하는 일은 드물다고 경고했다. 분개한 어머니는 나탈리아에게 막말을 했다. 그런 일을 할 수 있을 만큼 너는 특별하지 않다고. 나탈리아는 울었지만 버텼다. 나중에 나탈리아는 내게 말했다. "내가 용감하다고 느꼈어요. 이 문제를 솔직하게 말하겠다고 성숙한 결정

70

을 했으니까요. 더는 숨기지 않았기 때문에 저는 더 나은 사람이 되었어요. 부모님이 보시기엔 두려운 일이더라도 저는 제 길을 스스로 찾고 싶었어요."

그 뒤로도 고통스러운 대화가 몇 번 더 있었지만 나탈리아는 과거 그 어느 때보다 행복해졌다. "훨씬 더 여유로워졌고 기분이 좋아요. 전보다 농담도 많이 하는 것 같아요. 더 즐겁게 살고 싶은 것 같아요." 나탈리아는 자신을 찾아가고 있었다.

용기 훈련소에서 나탈리아는 앞으로도 자신에게 반복할 질문들을 생각해냈다. "내가 하는 일이 나에게 의미 있는가? 즐거운가? 이 시간을 다른 데 써야 한다고 내 마음이 속삭이는가? 내 인생을 바꿔야 한다고 내 마음이 속삭이는가?"

나탈리아가 용기 훈련소에서 가장 좋아한 활동 가운데 하나는 '나는 사랑해' 연습으로, 내가 불교도 심리학자 테라 브라크Tara Brach에게서 배운 방법이다. 나는 나탈리아를 파트너와 마주 보게 앉힌 채, 타이머를 맞춰두고 1분 동안 계속해서 자기가 사랑하는 것을 생각나는 대로 말하게 했다. "나는 개를 사랑해. 나는 달리기를 사랑해. 치즈를 사랑해……." 파트너는 가만히 들어주고 1분이 지나면 역할을 바꾼다. 이 활동을 하면서 나탈리아는 자기가 가장 가치 있게 생각하는 것들을 다시금 떠올렸고, 자기다움이 사라져버리는 것 같아 불안하던 마음은 점차 안정되었다. 당신도 딸과 이 연습을 해보라. 해보고 놀란 점이 무엇인지, 흥미로운 점은 무엇인지 이야기를 나누어보라. 사랑하는 일을 생각해내기가 어려웠니? 얼마나 자주 그 일을 하니? 좋아하는 일들을 어떻게 하면 일상에 더 포함시킬 수 있을까?

**⁂**

나는 오리엔테이션 프로그램을 진행할 때마다 마지막에 졸업식을 한다. 그때 스피커로 〈위풍당당 행진곡〉을 크게 틀어놓는다. 그곳에 모인 아이들은 오리엔테이션에 참가했음을 증명하는 수료증을 받는다는 것은 알지만 거기에 무엇이 적혀 있는지는 모른다.

첫 번째 수료자의 이름을 부르기 전에 나는 그럴듯하게 만든 수료증의 제목을 읽는다. 바로 '실패 면허증'이다. 하는 일마다 잘해야 한다는 부담을 버림으로써 삶의 새 장을 시작할 권리를 주는 면허증.

실패 면허증
고등학교의 버거운 과제들을 모두 영예롭게 완수하였으니 당신은 지금부터 영원히 인간관계, 연애, 우정, 이메일, 문자, 수업, 특별활동, 그 밖에 대학과 관련된 어떤 선택이나 결정을 망치거나 죽 쑤거나 실패해도 된다는 허가를 받았으며, 그렇게 해도 여전히 소중한 존재이며 끝내주게 멋진 사람이라는 승인을 받았습니다.

학생들은 웃는다. 그러고는 저마다 그 면허증을 가지고 새 기숙사 방으로 가서 벽에 건다. 실패 면허의 의미를 한 번 더 강조하려고 일부러 망가진 액자 안에 넣어서 걸어둔 학생도 있었다. 모든 여자아이들에게 '실패 면허증'이 필요하다. 당신의 딸에게도 주는 것을 잊지 말라.

72

# 2

# 청년기 여성에게
# 소셜미디어란

소셜미디어는 모두에게 내가
어떤 사람인지, 어떤 여자아이인지를
보여줄 수 있는 방법이에요.
사람들 눈에 비치는 나라는 새로운
정체성이 생겨나죠.
—— 마야(18세)

마야가 아침에 알람을 끄고 반쯤 뜬 눈으로 제일 먼저 살펴보는 것은 바로 휴대전화다. 학교로 가는 버스에서도 보고, 수업 시간과 쉬는 시간에도 휴대전화 속 여섯 개의 서로 다른 계정을 오간다. 밤이면 옷을 벗고 샤워 물을 틀어놓은 채 오들오들 떨면서도 샤워커튼을 열고 들어가기 직전까지 변기에 앉아 메시지를 쓸 때가 많다.

소셜미디어의 시각 플랫폼을 청년기 여성들은 아주 활발하게 사용한다. 자기 모습, 친구들 모습, 무엇을 먹고 어디로 가는지 무엇을 하는지 사진으로 동영상으로 올린다. 2016년 인스타그램의 4억 명 사용자 가운데 58퍼센트가 여성이었고, 10대 사용자의 경우 여성이 남성보다 훨씬 많았다. 스냅챗에서도 역시 10대 사용자 비율이 여성이 남성보다 두 자릿수 차이로 높았다. 청년기 여성들이 남성들보다 문자메시지를 더 많이 주고받고 사진을 더 많이 올리며 팔로워와 온라인 친구가 더 많다.

내가 열정적으로 하는 일 중 하나는 10대, 20대 여성들이 온라인으로 하는 활동을 관찰하여 그 활동의 의미를 부모와 교사들에게 해석해주고, 그 여성들과 부모들이 온라인 세상을 사는 일의 어려움을 잘 헤쳐나갈 수 있도록 돕는 커리큘럼을 만드는 일이다. 나는 오랜 시간 스냅챗과 인스타그램에 머무르며 거기에 신나는 토요일 밤의 한순간과 잊지 못할 휴가, 신경 써서 고른 셀카가 올라오는 것을 본다. 잘 모르는 사람이 곁에서 보기엔 젊은 여성들이 친구들과 끊임없이 소통하기 위해 소셜미디어를 이용하는 것 같다. 이 판단에 따른다면 부모가 딸에게 가르칠 것은 디지털 세상에서 교양 있는 시민이 되는 법일

테다.

하지만 빠르게 움직이는 이 이야기에서 그것은 단지 한 부분일 뿐이다. 지난 몇 년간 소셜미디어는 여자아이들이 완벽한 모습을 보여주기 위해 애쓰는 커다란 무대가 되었다. 여자아이들이 소셜미디어라는 불꽃에 나방처럼 날아드는 것은 소통하고 싶은 욕구 때문만은 아니다. 성취하고 싶고, 자신의 성취를 보여주고 싶은 욕구 때문이다. 그리고 바로 그 점 때문에 소셜미디어는 그들의 자신감과 자존감을 오히려 떨어뜨릴 수 있다.

오늘날 여자아이들에게 소셜미디어는 그 안에서 애쓰고 성취하고 자신을 타인들과 비교해야 하는, 열심히 노력해야 하는 또 하나의 환경이다. 마야는 내게 말했다. "제가 아는 여자애 대부분은 인스타그램이나 스냅챗, 페이스북을 '나는 아름다워, 나는 멋져'라고 세상에 말하기 위해서 써요. 모두에게 자기가 어떤 사람인지, 어떤 여자아이인지를 보여줄 수 있는 방법이에요. '사람들 눈에 비치는 나'라는 새로운 정체성이 생겨나죠."

문제는 인터넷의 주된 특징 중 하나가 완벽한 자신을 보여주고 싶은 우리의 공허한 욕구를 반영하고 더 강화시킨다는 것이다. 실제 삶에서도 그러하듯이 인터넷 세상에도 반드시 나보다 날씬하고 더 잘나가는 사람이 있고, 더 좋은 인간관계에 더 많은 친구가 있고 더 재미있는 걸 하는 사람들이 있기 마련이다. 그리고 사실, 인터넷 이미지는 쉽게 조작이 가능해 남들이 실제보다 더욱 화려해 보일 수 있다는 점 때문에 더 아플 수 있다. 아무리 '좋아요'를 많이 받아도 늘 하나 더 받아야 한다고 생각한다면 언제나 부족한 셈이다. 그래서 소셜미디어를 이용할 때마다 자신이 그 어떤 면에서도 충분하지 못하다고 느끼는 여자아이들이 많다. 그 마음은 결코 채워질 수 없는 우물과 같다.

멋을 내고 찍은 자기 모습에서부터 일을 하며 즐거웠던 한 순간, 또 토요일 밤 뉴욕에서 추억 만들기까지 다양한 모습들이 담겨 있는 탈라의 소셜미디어 포스팅을 보며 나는 감탄을 내뱉었다. 그러자 한때 내 학생이었던 23세 탈라는 이렇게 말했다.

"전 소셜미디어가 싫어요."

"싫다고?"

"(기자 일을 하면서) 제가 쓴 기사 하나가 인터넷에서 유명해졌어요. 잘된 일이죠. 그런데 한 이틀 동안은 기분이 좋았는데 그 후론 그것보다 대단한 일을 어떻게 해내지? 하는 생각이 드는 거예요. 페이스북에서 그 기사보다 '좋아요' 수를 두 배 더 받으려면 어떻게 해야 할까? 하는 생각 같은 게요."

여자아이들은 어릴 때부터 남을 기쁘게 해야 하고, 자기 행동에 대해서 남의 의견을 물어야 하고, 일도 잘하면서 외모도 아름다워야 한다고 교육받는다. 그런데 소셜미디어는 바로 그렇게 할 때 보상이 돌아오는 세계다. 그러니 여자아이들은 그 세계 속으로 소리도 없이 빠져들어 간다. 하지만 소셜미디어를 비난하는 것은 옳은 전략이 아니다. 여자아이들에게 오직 불안만을 주었다면 인터넷은 오래전에 망했을 것이다. 교육 자문 애나 호마윤Ana Homayoun은 《소셜미디어 웰니스》에서 이렇게 썼다. '소셜미디어를 좋은 것 아니면 나쁜 것으로 단정하는 것은 바람직하지 않다. 우리는 소셜미디어를 서로 연결되고

소통하는 새로운 기회를 제공하는 언어이자 변화한 문화로서 바라보아야 한다.'

인터넷에서 배우는 것들을 통해 여자아이들은 자신의 목적의식과 정치적 정체성에 눈을 뜰 수 있다. 또래들을 움직이게 하고 영감을 주어 사회운동에 참여하게 만드는 데도 매일같이 소셜미디어가 사용된다. 인스타그램과 잡지 〈세븐틴〉이 2016년에 함께 진행한 인터넷 바이럴 캠페인이 있는데, #완벽하게_나_자신PerfectlyMe이라는 해시태그를 달고 저마다 우리 몸을 긍정적으로 바라보고 자존감을 키울 수 있는 내용을 인터넷에 올리는 운동이었다. 혼자라고 느끼고 아무에게도 이해받지 못한다고 느낄 때, 인터넷이 복도나 교실에서는 만날 수 없는 것을 계속해서 제공한다. 딸에게 필요한 것은 소셜미디어 자체가 나쁘다는 비난이 아니라, 우리가 소셜미디어를 사용하는 방식과 가치 매기는 방식을 비판적으로 바라보게 할 수 있는 대화다.

지금까지 소셜미디어 사용을 우리의 행복이나 우울증과 연관시켜 바라보는 여러 연구가 있었지만 뚜렷한 결론을 얻지 못했다. 그 연구들에서 그보다 더 설득력 있게 두드러진 점은, 10대와 20대 젊은이들이 소셜미디어를 사용하는 방식과 소셜미디어를 통한 소통의 질이 그들의 정신 건강에 영향을 미친다는 것이다. 이번 장에서는 인터넷 세상에 보여주는 내 모습에 대한 부담이 점점 커지는 오늘날, 딸이 균형 잡힌 태도로, 자신을 존중하며, 비판적인 시각을 갖고 소셜미디어 세상을 여행하도록 돕는 법을 안내하려 한다.

# 소셜미디어가 여자아이들을 유혹하는 법:
# 다 내 뜻대로 만들 수 있다는 환상

내 삶이 다른 사람 눈에 어떻게 보이는지를
내가 결정한다

지난 10년간 뉴미디어 폭발이 일어나면서 오늘날 여자아이들
에게는 자기 어머니가 전혀 경험하지 못한 새로운 종류의 사회
적 '일거리'가 생겼다. 침대 위나 학교 복도의 카펫에서 진동하
는 휴대전화 옆에서, 여자아이는 노트북을 무릎에 올리고 앉아
손가락으로 또 하나의 페르소나를 만들어낸다. 솜씨 좋게 필터
를 조정해 여드름을 옅게 만들고 몸을 더 마르게 만들고, 거기
에다 재치 있으면서도 쉽게 쓴 것 같은, 생각나는 대로 툭 던진
것처럼 보이는 한마디를 써넣으려고 고심한다. 20세인 알렉시
스는 나에게 이렇게 털어놓았다. "압박을 느껴요. 완벽하게 보
여야 하고 그럴듯한 뭔가를 하고 있어야 하고 예쁜 샐러드를
먹어야 하고, 그 모든 걸 사진으로 찍어야 한다는 압박. 그 사진
들이 내가 이렇게 멋진 인생을 산다는 걸 보여주는 큰 그림의
조각들이에요."

청년기 여성들은 평균적으로 하루에 6시간을 뉴미디어
에 사용한다. 거의 가상공간에서 아르바이트 하나를 하는 거
나 다름없다. 심리학자 진 트웽이는 1995년에서 2012년 사이
에 태어나 인터넷 없는 세상을 겪어보지 않은 세대를 아이젠
iGen 세대라고 부른다. 그의 보고에 따르면 2006년의 12학년
보다 2015년의 12학년이 인터넷에서 두 배 정도 시간을 보냈

다. 2017년에 청소년 500명 이상을 대상으로 조사했을 때는 전체 청소년의 4분의 3가량이 아이폰을 소유했다. 하지만 (같은 시간 동안 인터넷을 사용하는) 남자아이들이 대부분 온라인 게임을 하거나 좋아하는 팀에 관한 글을 올린다면, 여자아이들은 주로 다른 목표를 추구한다. 스마트폰이 탄생하면서 여자아이들은 번성한 사회자본의 시장으로 들어가게 되었다. 그곳에서는 자기를 실제보다 더 예쁘게, 더 섹시하게, 더 똑똑하게, 더 능력 있게, 더 사교적이게, 더 행복하게, 더 인기 있게 만들 수 있다. 여기에 드는 노력은 만만치 않다. 알렉시스는 이렇게 표현했다. "뭘 하든 인스타그램에 올려야 돼요. 사진을 편집해야 되고, 올리는(다시 말해, 내가 잘 나온) 사진은 태그를 다 달아야 되고 잘 안 나온 사진은 태그를 빼야 돼요. 정말 큰 수고예요."

하지만 그 수고로 얻는 것이 너무 달콤하다. 인터넷 인맥들은 내가 얼마나 잠을 못 잤는지, 새벽 2시에 얼마나 많이 먹었는지 따위는 알지 못한다. 여자아이들은 자기 삶의 홍보 전문가가 된다. 비비언은 미국에서 태어나고 피지에서 자랐으며 미국으로 돌아와 북동부 지역 큰 공립대학에 다니는 20세 여학생이다. 학대를 겪었고 몸에 대한 수치심으로 힘들었던 피지에서의 삶을 비비언의 미국 친구들은 전혀 모른다. 작년 한 해동안 비비언은 페미니즘을 만났고 정치의식이 생겼으며, 미국에서 성공해야겠다는 결심이 생겼다. 이제 목표는 언제나 되고 싶었던 강하고 멋진 여자가 되는 것이다. 그런데 그 목표를 품고 나니 비비언은 자신의 여린 면을 남들 앞에서 숨기게 되었다. 자신을 도와주려 할지도 모르는 친구들과 교수들에게도 말이다. 또한 소셜미디어를 통해 또래들과 경쟁을 했다. "실제로는 아무것도 안 하고 있으면서 근사한 풍경 사진을 찍어서 올리는 거죠."

사람들이 멋진 인생이라고 생각할 법한 근사한 사진을 찍어야 한다는 생각이 계속 들어요. 사람들에게 '내가 너보다 낫다. 내가 (지금) 있는 곳에서 나는 너보다 낫다'고 보여주어야 한다는 생각이요. 우리 인생이 다른 사람들 인생보다, 우리가 안 좋아하는 사람들보다, 고등학교 동창들과 고향 사람들보다 여하튼 더 낫다는 걸 보여주기 위해서 우리가 얼마나 노력을 하는지 모르겠어요.

비비언은 그렇게 노력하는 것이 "뒤처지지 않기 위해서"라고 말했다.

20세기에는 식기세척기나 세탁기 같은 새로운 기기가 가장 고역이었던 몇몇 집안일에서 여성들을 벗어나게 해주었다. 기술이 발달하면서 여성들은 돌려받은 시간으로 집 밖에서 직장 일과 같은 새로운 사회적 역할을 할 수 있었다. 오늘날에도 젊은 여성들은 기술의 도움을 받아 여성으로 사는 일의 어려움 중 한 가지를 감당한다. 과거의 어려움과는 다르지만 여성의 삶을 제약한다는 점에서는 마찬가지인 그 어려움은 바로 역할 과부하다. 소셜미디어를 통해서 여자아이들은 피곤할 정도로 다양하게 자신의 역할을 보여준다. 운동을 잘하는 아이, 공부를 잘하는 아이, 예쁜 아이, 즐겁게 파티하는 아이, 좋은 친구가 있는 아이 등등 여자아이의 성공적인 삶이 무엇인지에 대한 오늘날의 새로운 규칙에 맞는 역할들을 하루 24시간 안에도 다양하게 수행한다.

마야는 하루에 일어난 일들을 비디오와 사진 몽타주로 보여줄 수 있는 어플리케이션인 스냅챗을 전략적으로 이용해 자신의 다양한 면모를 자랑했는데, 이를 해내는 것은 인터넷으로 빙글빙글 곡예 춤을 추는 것 같았다고 한다. "공부를 하는 토요일 저녁 6시 반쯤에 방금 쓴 논문과 저 자신을 올려요. 그리고 밤 11시쯤이면 어느 파티에 가서 술잔에 탁구공 넣기 게임을 하고 있는 제 사진을 올려요. 다음 날엔 브런치를 먹는 사진으로 가족들과 단란한 시간을 보내는 제 모습을 보여줘요. 그러면 스냅챗에서 그 사진과 동영상이 지속되는 24시간 동안 모두에게 똑똑하기도, 멋지기도 한 모습들을 다 보여줄 수 있어요."

마치 힘들이지 않고 만든 것처럼 보이는 일상의 콜라주다. "그러니까 만일 자기가 멋진 여자아이, 섹시한 여자아이, 똑똑한 여자아이라는 기준들을 다 충족시킨다면 그 다양한 역할들을 하는 자신의 모습을 다 조합해서 보여줄 수 있는 대단한 기회가 있는 거죠. 모두가 보는 공간에서요. 착한 여자애, 나쁜 여자애, 귀여운 여자애, 섹시한 여자애, 똑똑한 여자애 같은 다양한 역할을 하는 모습을 보여줄 수 있는 무대를 소셜미디어가 제공하는 거예요."

이미 지나칠 만큼 할 일이 많고 잠이 부족해도 자신의 온라인 명성과 브랜드를 만들려고 노력하게 만드는 소셜미디어의 유혹적인 제안은 이것이다. '너의 다양한 모습을 보여주어라. 그것도 다양한 장소에서. 클릭 몇 번이면 끝이다.' 마야는 이렇게 말했다. "저는 페이스북 친구가 2천 명 있어요. 그 사람들과 다 잘 알고 절친하냐고요? 절대로 아니죠. 그렇지만 엄청난 숫자잖아요. 하나의 세상과도 같아요. 그리고 그 세상에 어떤 모습의 나를 보여줄지를 내가 선택할 수 있어요." 청년기의 특징은 삶을 스스로 통제할 수 없다는 느낌이 강해지는 것인데, 이때 소셜미디어가 구원자처럼 등장한다. 너의 아바타를 통제하라. 그러면 아마 너의 삶도 네 뜻대로 통제할 수 있을 것이다.

내 겉모습이 남들 눈에 어떻게 보일지를
내가 통제할 수 있다

인터넷이 있기 전에 젊은 여성들은 메이크업과 운동, 패션, 머리 모양, 다이어트로 자기 몸을 통제하라고 배웠다. 오늘날 여자아이들은 또 하나의 교육을 더 받는다. 자신의 소셜미디어에서 매일같이 일어나는 셀카 미인대회를 훑음으로써 말이다. 인터넷은 우리 외모를 실제보다 낫게 바꾸어 보여줄 수 있다. 필요한 것은 몇 가지 어플리케이션과 사진이 잘 나오는 렌즈 각도, 그리고 시간이다.

비비언의 가까운 친구는 새로 한 문신을 찍은 사진을 인스타그램에 올리는 데 두 시간이 걸렸다고 한다. 그 친구는 과체중이지만 훨씬 날씬하게 보이는 사진 찍기 각도를 찾았다. 비비언은 말했다. "그 애가 자기 몸을 그렇게 달라 보이게 만드는 거, 정말 어떻게 하는 건지 모르겠어요. 정말 놀랐어요. 우리는 우리가 완벽한 삶을 살고 있다고 말해주는 완벽한 사진을 찍으려고 정말 많은 시간을 투자해요." 인스타그램으로 인해 또래들의 자존감이 변했기에 비비언은 인스타그램이 싫다고 했다. "남의 시선을 의식하는 상태로 서로 경쟁하는 방법을 배우는 셈이에요. 누가 더 예쁜가, 누가 더 나은 사람인가, 누구 몸이 더 보기 좋은가, 누구 남자 친구가 더 멋진가 등등. 나 그대로가 충분하지 못하다는 기분이고, 그런 기분을 떨쳐내고 싶어서 내가 가진 것을 과장하게 되는 거예요."

인터넷에서 다들 자기 외모를 보정하고, 가장 날씬하고 완벽해 보이는 사진들만 올리는 것을 목격하면서 여자아이들은 영향을 받는다. 실제 자기 모습은 어딘가 잘못되었다는 메시지, 그리고 인터넷은 그런 것을 고치는 장소라는 메시지를 전달받는 것이다. 마야가 한 이야기가 생각난다. "혼자 있을 때 저는 제가 싫지 않아요. 다른 사람들하고 비교될 때 제가 싫은 거예요."

마야는 자기 어머니 세대가 잡지 표지 속 여성을 바라보았을 법한 눈길로 자신의 지인인 '인스타그램 스타'들을 바라보았다. "저는 (지인의) 인스타그램을 몇 시간이고 볼 수 있어요. 어떻게 하면 나도 이 여자애를 닮을 수 있을까 생각하면서요. 그게 사람들이 좋아하는 모습이니까요. 길에서 내가 좋아하는 패션을 한 어떤 사람이 지나가는 걸 보았을 때하고 비슷해요." 마야의 이야기를 들으면서 나는 이 여자아이들이 그 긴 시간에 다른 무엇을 할 수 있었을까, 하는 생각이 드는 것을 어쩔 수 없다.

다른 사람들이 나를 '진짜' 어떻게 생각하는지
알 수 있다

나는 여럿이 모인 여자아이들과 이야기를 시작하려 할 때 어색함을 풀기 위해 각자가 가지고 싶은 초능력을 하나씩 말해달라고 부탁한다. 지금까지 놀라울 만큼 많은 아이들이 '남의 마음 읽는 능력'을 꼽았다. 이유는? 대부분은 "사람들이 무슨 생각하는지 알 수 있으니까요"라고 답했고, 그중 일부는 사람들이 "나를" 어떻게 생각하는지 알고 싶은 거라 덧붙였다.

당연한 일이다. 여자아이들이 살고 있는 사회에선 가장 강렬한 생각과 감정은 숨겨야 한다는 무언의 규칙이 있다. 그 안에 사는 여자아이들에게 소셜미디어의 세계가 유혹적이게도 이런 약속을 한다. '사람들이 너에 대해 진짜 어떻게 생각하는지 알려줄게.'

친구들이 정말로 자기를 좋아하는지 궁금한 여자아이가 있다고 하자. 그 아이는 사진 공유 어플리케이션만 열면 자기가 올린 사진에 친구가 '좋아요'를 눌렀는지 확인할 수 있다. '내가 인기가 많은가?' 새로 올린 셀카에 눌러진 '좋아요' 수를 세고, 그 '좋아요'가 얼마나 빠른 속도로 쌓였는지를 확인한다 (1분당 '좋아요' 하나가 목표다). '그 애 나한테 화났나?' 언팔로우를 하는 사람이 있을 때 알려주는 어플리케이션을 깐다. '내가 예쁜가?' 최근에 찍어 올린 자기 셀카 아래 예쁘다는 댓글, 섹시하다는 댓글이 얼마나 많은지 훑어본다. (청년기 여성 대부분 적어도 한번쯤은 이런 질문에 마음을 지배당할 때가 있다.) 여자아이들의 마음속에 떠오르는 이런 종류의 질문들에

'좋아요'와 팔로우 수, 댓글, 리트윗 들의 반응은 공개되어 있고 눈으로 볼 수 있으며 마음을 안심시키는 답으로 다가간다. '좋아요' 하나가 실제로는 결코 듣지 않았지만 자기 방식대로 해석한 여러 의미 있는 칭찬으로 다가갈 수 있다.

많은 여자아이들이 자기가 올린 사진이나 게시물의 '좋아요' 개수로 자신의 가치를 점수 매긴다. '좋아요' 수가 느는 것을 보고 싶어서 집착에 가깝게 새로고침 버튼을 누르기도 한다. 그리고 '좋아요'를 충분히 못 받은 사진을 지우기도 한다. 어떤 아이는 그것을 '인스타셰임•'이라고 불렀다.

## 소셜미디어의 어두운 면, 감정의 롤러코스터

새로운 가전제품들이 탄생하면서 1950년대 주부의 삶이 더 쉬워지기는 했지만, 집안일이 기계화되면서 여성들이 자신이나 다른 여성들을 비판하게 되기도 했다. 이와 비슷하게, 오늘날 청년기 여성들이 온라인에서 자기를 더 아름답고 성공적이고 사교적이라고 느끼도록 만들어주는 도구가 오히려 자신감과 자존감을 떨어뜨리고, 심지어 편집증을 유발하기도 한다. 인터넷에서 받은 '좋아요'를 '너는 나한테 의미 있는 사람이야'에서부터 '너는 아름다워' 사이의 어디쯤에 있는 의미로 해석을 한다면, '좋아요'를 못 받을 때는 이를 실제보다 훨씬 큰 의미로

---

• '인스타그램'에 수치스러움을 뜻하는 '셰임'을 결합한 말.

해석하게 된다. 소셜미디어를 보며 자기가 소외되었다는 기분을 느낄 때도 마찬가지다. (내가 초대받지 않았다는) 사실 그대로만 받아들이는 것이 아니라, 사실과 다를 수 있는 훨씬 큰 의미로 성급하게 결론짓게 된다.

마야는 이렇게 설명했다. "사람들이 함께 어울리고 있는 모습을 (인터넷으로) 보았고, 나는 거기에 초대받지 않았을 때 저는 '저 사람들은 이제 더는 나하고 친구하고 싶지 않구나' 하고 결론을 내려요. 10초짜리 스냅챗 비디오 하나 보고는 그토록 고립된 기분이 들고 미움받는 기분을 느낀다는 건 정말 말도 안 되는데 말이에요." 많은 여자아이들에게 소셜미디어는 극적인 상황들로 가득한 로맨스 같다. 좋을 땐 정말 좋은데 마음이 아플 땐 너무 아프다.

소셜미디어를 이용하면서 여자아이들은 수많은 사람들에게서 사랑받는 기분에서부터 배 속이 조이도록 괴로운 소외감과 불안감까지, 감정의 롤러코스터를 줄곧 타게 된다. 소셜미디어 콘텐츠를 만들 때는 자기 뜻대로 통제할 수 있다는 기분과 낙관, 심지어 힘을 느끼기도 하지만, 사람들의 반응을 초조하게 기다리다 보면 모두 재빠르게 증발해버릴 수 있다. 바라는 반응을 얻지 못할 때의 결과는 더욱 나쁘다.

진 트웽이의 보고에 따르면, 평균보다 더 많은 시간을 인터넷에서 보내는 청소년들이 불행한 기분을 느낄 가능성도 높다. 이에 반해 인터넷이 아니라 오프라인 활동에 참가하는 청소년들의 경우 행복을 느끼는 확률도 높다. 세대적 경향에 주목한 진 트웽이의 연구를 보면 종종 소외감을 느낀다고 응답

한 여자아이들이 2010년보다 48퍼센트 늘었다(남자아이들
은 27퍼센트 더 높아졌다). 진 트웽이는 소외감이 급격히 증가
한 것이 소셜미디어의 지나친 사용과 관련이 있다고 판단했다.
또 청소년의 행복도가 급격히 감소한 원인으로 그는 스마트
폰을 직접적으로 꼽았으며 청소년 중에서도 가장 힘들어하는
집단이 여자아이들이라는 결과를 얻었다. 셰런 톰프슨Sharon
Thompson과 에릭 로히드Eric Lougheed의 연구에서는 대학 신입
생 중 남학생보다 여학생들이 페이스북으로 인해 스트레스를
더 많이 받으며, 오랫동안 페이스북에 접속하지 않으면 더욱
불안감을 느낀다고 대답했다(그러나 페이스북으로 인해 활력
을 느끼고 힘이 난다는 대답 또한 여학생이 더 많았다는 점도
주목할 만하다). 남성 응답자의 두 배나 되는 여성 응답자가 '때
로 나는 페이스북에 중독된 것 같은 기분이 든다'는 말에 동의
하거나 강하게 동의했다. 이 여성 응답자 중 4분의 1이 페이스
북 때문에 잠자는 시간이 줄었다고 응답했다.


# 사회적 비교:
## 왜 내 인생은 이 모양이고
## 남들 인생은 저토록 멋질까?


그레이스는 잘 웃는 아이였다. 내 워크숍에서 그레이스는 웃음
기 가득한 얼굴에 고개를 조금 기울인 채 내 눈을 똑바로 마주
보았으며, 긴 갈색 머리를 하나로 높이 묶고 항상 손을 들어 질

문할 준비가 된 학생이었다. 교사가 교실에 흐르는 어색한 침묵이라는 잔인한 협곡에 매달리는 일 없게 해주는 학생들 중 한 명이었다.

하지만 그 다정함이 그레이스의 전부가 아니다. 학교 공부를 할 때도, 운동을 할 때도, 17세의 이 여자아이는 뼛속까지 경쟁심 가득하다. 가족 내력이다. 그레이스는 이렇게 말했다. "아버지한테는 이기는 게 최고로 중요했어요. 그래서 전 저도 모르게 1등이 최고라는 믿음을 품고 자랐어요." 아버지가 결코 말로 하진 않았지만 사는 방식에서 그 가치관이 뚜렷이 드러났다고 한다. "그렇게 사는 게 강한 것 같아 보였어요. 그래서 저도 그렇게 하고 싶었어요."

그레이스는 이겨야 한다는 마음을 경쟁이 있는 고난이도 무용을 해서 정기적으로 대회에 나가는 것으로 분출했다. 고등학교 2학년이 되자 그레이스와 함께 무용을 배우던 학생들은 최고 수준의 실력자들이 되었고, 다음 대회를 위해 전국으로 흩어져 훈련을 받았다.

그레이스는 우리가 앉아 있던 카페 탁자 위로 자기 휴대전화를 나한테 밀었다. 그리고 자기와 무용하는 친구들에게는 인스타그램이 인터넷 속 무대라고 설명했다. 가장 최근에 춘 춤 동작이나 새 의상을 올릴 수 있는 곳이고, 서로 떨어져 있으면서도 자기 모습을 보여주고 서로 경쟁하는 방법이라고 했다.

나는 그레이스의 전화기를 집어 들었고, 필터로 더욱 아름답게 만든 이미지들이 내 손가락을 따라 끝없이 이어졌다. 한 사진 속 아이는 발목을 귀 옆까지 높이 들어 올리고 있다. 또 다른 아이는 춤 파트너의 어깨 위로 들어 올려져 있다. 발끝으로 서서 중력을 거스르듯 몸을 구부린 아이의 사진도 있었고, 운동 후에 마시는 채소 주스의 사진으로 이어졌다.

그레이스는 휴대전화에서 멀어져 있기 힘들어했다. 늘 휴대전화를 손에 쥐고 있어서 때로는 자각하지도 못했다. 하지만 그렇게 인터넷에 얽매이는 이유가 반드시 칭찬하는 댓글과 팔로워와 '좋아요'를 확인하고 싶어서는 아니었다. 또래들이 성취하는 모든 것을 목격하고, 자기는 절대로 그렇게 되지 못할 거라는 생각 속에 뒹굴기 위해서였다.

"전 말 그대로 인스타그램으로 그 아이들을 스토킹하고 저 스스로에게 '너는 절대 이렇게 될 수 없어' 하고 말해요." 한 아이의 정교한 새 안무 비디오를 보면서 그레이스는 말했다. "전 저거 안 돼요." 흠잡을 데 없는 어려운 무용 포즈를 보며 말했다. "저것도요." 그리고 엄청나게 비싼 무용복을 보며 말했다. "저것도 없어요."

소셜미디어는 잡지가 그러하듯 많은 여성들에게 잔인한 미인대회, 신체적 아름다움의 전시장으로 기능한다. 그래서 여자아이들은 자기 외모가 부족하다고 느끼게 된다. 하지만 그레이스와 같이 소셜미디어가 좀 다른 의미로 다가오는 아이들도 있다. 외모가 아니라 자신의 '능력'이 부족하다고 느끼는 장소인 것이다. 자기 외모가 남들에게 어떻게 보이는지 그레이스는 알고 있다. "제가 비욘세처럼 예쁠 순 없죠. 괜찮아요." 그레이스는 건조하고 가볍게 말한다. 하지만 춤은 그레이스에게 완전히 다른 이야기다. 그것은 기술이다. 발전될 수 있는 것이다. 그레이스가 통제할 수 있는 것이다.

그레이스는 인터넷을 통해 자기 실력을 또래들의 실력과 가혹할 정도로 견주었다. 그레이스가 인스타그램에서 보면 특히 괴로워지는 여자아이가 한 명 있었는데, 젠이라는 이름의 그 아이는 예쁘고 아주 잘사는 집 아이다. 그 아이의 부모가 무용 개인 강사를 고용해주고 해외 대회에도 출전시켜주었고 비싼 의상도 사주었다. 여러 브랜드에서 의상 협찬도 받았다. 그 브랜드의 옷을 입고 포즈를 취한 사진을 인터넷에 올려주면 무료로 그 옷을 받는 것이다(그레이스 말에 따르면 무료로 얻을 필요가 없을 만큼 부자지만 말이다). 그레이스는 젠이 올리는 무용 포스팅을 놓치지 않으려고 계속해서 인터넷을 확인했다.

그레이스가 한 행동을 심리학자들은 '사회적 비교social comparison'라고 부른다. 다른 사람들과 자신을 비교함으로써 자신의 능력과 의견을 정의 내리는 것이다. 인터넷은 거대한 사회적 비교의 배양접시와 같다. 자기가 충분히 예쁘거나 성공적이거나 사교적이지 않다고 느끼는 한 여자아이의 감정을 거기 넣고, 자신을 발전시키고 싶은 엄청난 욕구를 더해보자. 거기에다 끊임없이 올라오는 타인들의 가공된 이미지를 더해보자. 소셜미디어란 "내 인생이 당신들 인생보다 훨씬 낫다는 것을 확고히 하는 수단"이라고 한 여자아이가 내게 말한 것 역시 놀랄 일이 아니다.

사회적 비교는 청년기의 자아 발달에 핵심 역할을 한다. 우리는 어떤 가치는 계속 지키고 어떤 가치는 버릴지 결정하면서 자신의 정체성을 만들어간다. 그리고 종종 이 일은 주변 또래들을 보면서 이루어진다. 적당히 건강하게 이루어질 때 사회적 비교는 우리 딸들이 자기 감정을 다루고 영감을 얻고 결정을 내리는 데 도움이 된다.

하지만 그레이스는 해로운 방식으로 사회적 비교를 했고, 우울과 자기 비난, 떨어진 자존감이 그 결과였다. 그레이스는 사회적 비교를 통해 동기를 얻은 것이 아니라 수치심을 느꼈다. '나보다 더 나은' 타인이라는 환상에 자기를 비교하고는, 영감을 받는 것이 아니라 패배한 기분을 안게 되었다. 자기를 향한 냉혹한 시선이 연료라면, 자동차는 바퀴만 헛돌 뿐 아무 데로도 나아가지 못한다.

소셜미디어를 통해 사회적 비교를 하는 사람들이 우울증 증상이 더 많다고 보고된다. 또한 '현재의 자신', 즉, 실제 자신이라고 믿는 자신이 '이상적 자신', 혹은 되고 싶은 자신에 부합하지 못한다고 말한다. 그런 생각은 우리를 불행하게 하거나 수치심에 빠지게 하는 레시피나 다름없다.


## 사회적 비교가 소셜미디어를 만날 때

인터넷에서 여자아이들이 많이 하는 활동을 학자들은 '사회적 비교와 피드백 구하기'라고 이름 붙였다. 그 활동은 우울증과 큰 연관이 있으며, 인터넷에서의 비교는 그들의 자존감에 더 큰 위협이 되는 듯하다. 남과 경쟁하고 비교하는 여자아이들의 성향이 소셜미디어에서 더욱 심해진다는 뜻이다.

청년기 여성들이 사회적 비교에 더 취약하게 된 몇 가지 이유가 있다. 첫째, 남을 돌보고 남이 원하는 바에 맞춰 행동하도록 사회화되었기 때문이다. 그 결과 타인에게 비친 자신을 더 많이 신경 쓴다. 자신이 사람들과의 관계 속에서 어떤 사람인지를 더 많이 생각하고, 남들과 비교하는 데 관심이 더 크다. 둘째, 인간관계, 특히 갈등이 있는 인간관계에서 스트레스를 받아도 표현하지 않고 속에 담아두는 성향이 더 높다. 셋째, 우리 문화에서는 외모를 여성의 사회적 가치와 직결시키기 때문에 여성들은 압박감 속에 자기 외모를 타인의 외모와 비교하는 데 많은 시간을 쓰게 된다.

그런데 이러한 사회적 비교가 소셜미디어 세상에서는 왜 극단적으로 심하게 이루어지는가? 학자 데이나 보이드danah boyd가 하버드 대학에서 진행했던 신기원적인 연구에 따르면, 소셜미디어로 인해 청년기 삶에서 겪는 감정들이 변했다. 과거에는 누구나 알 수 있는 것이 아니었던 사적인 정보들, 이를테면 친구가 몇 명인지 그들과 방과 후 어디로 가서 무엇을 했는지 따위가 소셜미디어로 인해 인터넷에서 누구에게나 공개되었다. 누군가에게 친구나 팔로워가 몇 명이나 있는지를 볼 수 있게 되면서 그 숫자를 내 것과 비교하게 되었다(저 아이는 팔로워가 546명인데 나는 400명뿐이네. 왜?).

내 친구들이 학교 끝나고 무엇을 했는지 '볼' 수 있게 되면, 내가 그들에게 초대를 못 받은 것도 다 알게 된다. 이젠 내가 인기가 있는지 아닌지를 궁금해할 필요가 없게 된 것이다. 눈으로 보고 수치로 확인할 수 있게 되었으니까. 따라서 소셜미디어는 새로운 형태의 고통스러운 TMI too much information●를 불러오게 되었다. 사회적 성공의 새로운 측정법도 불러왔다.

개인의 성취 역시 사적인 일에서 공적인 정보로 변했다. 과거에는 누군가 무언가를 성취한 소식이 몇몇 사람들 사이에서만 공유되었다면, 지금은 스크린으로 누구나 소비할 수 있는 헤드라인이 된 셈이다. 12월이나 4월에 페이스북에 접속하면 거의 반드시 대학 합격 소식을 보게 된다. '메릴랜드 대학 21학번 합격!' '펜실베이니아 대학!!!!!!!!!!!!!!!!!!!' 끝없이 업데이트되는 크고 작은 성취를 계속 목격할 수밖에 없다. 인턴십 합격 소식, 수상 소식, 우승 소식, 성적⋯⋯. 또한 '어디에서나' 보게 된다. 여러 종류의 소셜미디어에 동시에 소식을 올릴 수 있기 때문이다.

여기서 확실히 해두고 싶은 것은, 여자아이들이 자신의 성취를 자랑하고 알리는 것을 나는 완전히 지지한다는 점이다. 이는 아주 중요한 리더십의 기술이다. 여성에게 겸손이 중요하다고 여겨지다 보니 우리 사회에서 여자아이들이 기르기 어려운 그것이다. 문제는 보는 사람의 시각에 있다. 말하자면 자기가 부족하다는 기분에 끊임없이 시달리고 있을 때, 스냅챗과 인스타그램에서 보이는 좋은 소식들과 자기 인생을 비교하지 않기란 너무 어렵다는 것이다.

대학을 막 졸업한 이들에게 이러한 디지털 소식통은 특히 괴로울 수 있다. "친구가 약혼한다거나 임신했다거나 사랑에

● 반드시 알 필요 없는 지나치게 많은 정보.

94

빠졌다는 소식을 보면 나한테는 무슨 문제가 있다는 기분이 들어요. 지인들 사이에서 그걸 못 찾은 사람은 나뿐인 것 같다는 기분이요." 이자벨이 말했다. 다른 사람들 삶에도 힘든 점이 있다는 걸 아는데도 이런 생각이 든다고 했다. "다른 사람들 인생은 다 근사한데 나만 이렇게 죽을 쑬까?"

자식은 부모가 "너는 왜 네 형(언니)처럼 못 하니?" 하고 비교하는 것을 괴로워한다. 소셜미디어도 가장 상처받기 쉬운 사용자층에게 같은 질문을 하는 셈이다. 나에게 결코 만족하지 못하는 고압적인 부모와 같은 목소리로 말이다. 테네시의 한 지역에서 자란 26세 헤일리는 대부분 엄마가 되어 직장 일을 하지 않거나 한정적으로 하는 또래들과 달리 맨해튼 중심부에 있는 언론사에 취직을 했다. 소셜미디어에 접속할 때면 자기한테 없는 것에 초점을 맞추게 된다. "소셜미디어에 올라오는 다른 사람들 모습을 보면서 나도 저런 걸 하고 있었어야 되는 거 아닌가, 하는 식으로 생각하게 돼요. 위축되는 기분이 들고요." 헤일리는 침울하게 말했다.

## 남의 성공이 내 실패는 아니다

그레이스가 힘든 이유는 사회적 비교 자체라기보다 그 구체적인 방식 때문이다. 그레이스는 이미 자신감이 낮은 상태에서 인터넷에 접속했다. "나는 집에서 추리닝 바지 입고 머리는 안 감아서 더럽고 쿠키 반죽이나 먹고 있는데, 젠의 사진은 너무

나 우아해요. '이게 말이 돼? 얘는 어떻게 이럴 수 있지? 나는 절대 저렇게 안 돼. 저렇게 돈이 많지 않으니까.' 이런 식으로 생각하게 돼요."

나는 커피를 내려놓고 물었다.

"나 좀 이해가 안 되는데, 그러니까 이미 자신감이 낮은 상태인데 일부러 인터넷에 접속해서 다른 사람들의 근사한 사진을 본다고? 일부러 기분이 나빠지려 한다는 거야?"

그레이스는 주저 없이 대답했다.

"나 스스로를 불쌍하게 여기고 싶은 거예요. 내내 기분이 안 좋은 날, 뭐든 다 짜증이 나는 날 있잖아요. 그럴 때 인스타그램에 들어가요. '이게 말이 돼? 왜 왜 왜 왜 왜 왜?' 하고 있다가 거기로 가서 실제로 일어나는 일들을 보는 거죠." 그레이스는 그런 행동은 결코 자기만 하는 게 아니라고 했다.

연구에 따르면 우리를 불행하게 만드는 소셜미디어 사용법이 두 가지 있다. 그 첫 번째가 그레이스의 방식이다. 이 방식에 대해서는 소셜미디어 사용에 관해 내가 좋아하는 다음 조언으로 요약할 수 있다. '타인의 겉모습과 너의 속 모습을 비교하지 말라.'

조앤 다빌라Joanne Davila의 2012년 연구에 따르면 페이스북을 사용하는 대학생들은 페이스북 '친구'들이 자기보다 더 행복하고 성공적으로 살고 있다고 믿는 경향이 높았다. 페이스북 '친구'들이 실제로 잘 아는 사람은 아닌 경우에 특히 그러했다. 이 학생들은 '인생은 공평하다'는 말에 동의하지 않는 경향도 높았다. '사람들이 이상적으로 꾸며진 인터넷 속 타인을 현

96

실의 자신과 서로 비교하는 것 같다'는 결론이다. '안 익힌 쿠키 반죽 먹으며 인터넷 속 남들의 멋진 모습 훑어보기' 현상은, 가장 안 좋은 날을 보내고 있는 나의 내면을 가장 좋은 날을 보내고 있는 남의 외면과 비교하는 일이다.

이것은 결코 이길 수 없게 조작되어 있는 도박과 같다. 그 도박판을 떠나려면 우리 딸들은 불편한 감정과 생각들에서 벗어나고 싶을 때마다 무심결에 휴대전화를 드는 습관을 깨야 한다. 물론 쉽진 않겠지만, 멈추어서 자신의 감정부터 먼저 느껴봐야 한다. 그 노력에는 보상이 있다. 자신 없고 불안하고 불행한 감정을 다루기 위해 소셜미디어를 찾는 것을 멈추면, 그 감정들의 강도를 조절할 수 있게 된다.

인터넷 세상을 찾을 때 반드시 외로움이 해결된다고 할 수는 없다. 아니, 오히려 고립감이 더 커질 수 있다. 유타 밸리 대학의 연구에 따르면, 시간을 내어 친구들과 외출을 하는 대학생들은 '남들이 자기보다 더 낫고 행복한 삶을 산다'는 문장에 동의하는 비율이 비교적 낮았다. '삶은 공평하다'는 문장에 동의하는 비율은 비교적 높았다.

우울해지는 소셜미디어 사용법 두 번째는 수동적 열람으로, 흔히 '숨어서 보기lurking'라고도 표현한다. 자신은 인터넷에 아무것도 안 올리면서 남들이 올린 것을 읽기만 하는 것을 말한다. 미시건 대학 이선 크로스Ethan Kross가 청년들을 대상으로 연구한 결과에 따르면, 페이스북 이용자들은 수동적 열람을 할 때 질투와 부러움을 느끼는 경향이 높아진다. 대학생 약 300명을 대상으로 한 어느 연구에서는 여학생이 남학생에 비해 두 배 정도로 수동적 열람을 오래 한다는 결과가 나왔다. 해결책은 균형을 찾는 것이다. 콘텐츠를 만들어내기와 소비하기, 내 것 보여주기와 남의 것 구경하기를 적절히 섞는 것이다. 내가 올린 게시물이 긍정적인 반응을 얻는다면 구경만 했을 때 느낄 수 있는 부러움이 상쇄된다.

하지만 카페에서 나와 함께 앉아 있던 그레이스는 구경만 하고 있었다. 젠의 새 게시물을 홀긋 보고는 그럴 줄 알았다는 표정을 지었다. "젠의 무용 실력은 별로 대단하지 않아요. 저는 알아요. 같은 대회에 참가해서 춤을 추었는데, 기술적으로 분명히 제가 젠보다 나아요."

"그래?"

"네. 그런데도 인스타그램으로 젠이 무용하는 모습을 보면 정말 진짜 같아요. 훨씬 실력이 뛰어나고 멋져 보여요."

또 나는 이해가 잘 안되었다.

"잠깐만. 그러니까 젠이 소셜미디어에 실제보다 훨씬 미화된 모습을 올린다는 걸 알고 있고, 네 무용 실력이 젠보다 낫다는 걸 알고 있다는 거지? 그런데도 젠이 올리는 게시물을 보면 미치겠다고?"

그레이스는 작아진 목소리로 대답했다.

"아마도 인스타그램에서 젠을 보면 제가 약하다는 기분이 드나 봐요. 그런데 실제 젠을 보면 힘이 나요. 약한 기분이었다가 강한 기분이 드는 그 변화가 저한테 힘이 돼요. 자신감이 생기고 기분이 나아져요. 0에서 100으로 올라가는 것 같아요."

자신의 이런 심리를 설명하면서 그레이스는 창피해 보였

고, 제 성격답지 않게 침울해 보였다. 그런 식으로 0에서 100으로 가는 것을 스스로 "처량하고" "용감하지 못한" 거라 표현했다.

나는 처량한 게 맞기는 하지만 사실 드문 일이 아니라고 말해주었다. 사회적 비교라는 것은 양방향 도로다. 자기보다 우월하다고 판단되는 사람과 비교하는 상향 비교가 있고, 열등하다고 여기는 사람과 견주는 하향 비교가 있다. 19세 해나는 이메일로 나에게 이렇게 말했다. "인터넷에서 미모가 대단한 아이를 보고 내가 너무 초라하게 느껴지면 이런 생각을 해요. 뭐, 내가 저 애보다 머리는 훨씬 좋아, 하하! 그게 못된 생각이라는 걸 알면서도요."

상향 비교와 하향 비교는 똑같은 막다른 길에서 만난다. 바로 부정적인 감정, 자존감 하락이다. 그레이스는 자기가 우월하다는 것을 기뻐하며 기분이 나아지고자 했으나, 자기가 부족하다는 열등감에 빠져 뒹굴 때와 다름없는 공허한 기분을 느꼈다. 자기 안에 있는 무언가가 아니라 남이 무엇을 했는지에 (또는 안 했는지에) 더 좌우되는 뿌듯함이라면 그 기분은 지속될 수 없다. 가짜 자신감 이상은 아무것도 아니다.

《십대를 위한 '좋은 신체 이미지 가지기' 실습》을 쓴 줄리아 테일러Julia Taylor가 제안하는 것은 남과 비교해 자기를 비하할 때 무엇을 얻느냐고 여자아이들에게 물어보는 것이다. 그렇게 해서 어떤 보상을 얻는지, 그렇게 할 때 기분은 어떻고 그 기분은 얼마나 지속되는지, 장기적으로 보았을 때 잃는 것이 있는지.

줄리아 테일러는 모든 사람이 서로 다르다는 점, 그리고 어떤 비교는 진실일 수도 있다는 점을 인지하여, '비교'를 새롭게 바라보라고 여자아이들에게 조언한다. '내 단짝 친구가 나보다 예쁘다'고 말하는 대신 '내 단짝 친구가 예쁘다'고 말해보라는 것이다. 친구를 나에게 없는 점을 가진 사람으로 보는 게 아니라 그 사람 자체로 보려고 시도해보라는 뜻이다. 그리고 친구가 나보다 예쁜 것이 사실이라 해도, 그것이 내가 안 예쁘다는 뜻은 아니다. 제로섬 게임이 아닌 것이다.

비교를 해서 잃는 것은 자존감만이 아니다. 자기 상황을 남의 성공과 비교하다 보면 그들을 미워하기 쉽다. 인간관계가 위험해지는 것이다. 16세 릴리는 명품 가방을 들고 다니거나 비싼 레스토랑에서 음식을 먹는 친구들 사진을 보면 자기는 그럴 수 없다는 생각이 가장 많이 든다고 내게 말했다. "나한테는 저런 거 없어, 하게 돼요. 나는 저 아이들만큼 멋지지 못하다거나, 저 애들이 하는 걸 못 한다거나, 저 애들이 가진 걸 못 가졌다거나 하는 생각이요." 그러고 나면 그 친구를 인터넷이 아니라 실제로 만나 어울릴 때도 그런 생각이 따라다녀 쉽게 위축되고 자신 없는 기분이 든다고 했다.

가장 건강한 형태의 사회적 비교는 여자아이들이 강한 자아를 확립하는 데 도움이 된다면, 가장 나쁜 형태의 사회적 비교는 여자아이들 사이를 멀어지게 한다. 자기가 얼마나 잘하고 있는지, 얼마나 가치 있는 존재인지 불안할 때 그 불안을 달래는 도구로 사용되기 때문이다. 그레이스는 친구를 폄하하는 생각을 해야 기분이 나아진다고 했다. '나는 괜찮아. 너보다는 나으니까' 하는 식이다. 수니야 루서 교수와 동료들에 따르면 '또래들 사이에 경쟁이 만연하고 지속되면' 청년기 건강과 행복에 아주 중요한 역할을 하는 그들의 친밀한 관계가 손상될 수 있다고 한다.

나는 청년기 여성들에게 소셜미디어를 현명하게 사용하는 방법을 이야기할 때 시어도어 루스벨트의 말을 인용한다. '비교는 기쁨의 도둑이다.' 소셜미디어를 사용하며 느끼는 감정에 관해 그들과 수없이 대화를 하고 나서 내가 깨닫게 된 점이 하나 있다. 이미 많은 부모가 딸들에게 말하고 있듯 소셜미디어 속 타인의 모습이 현실이 아니라고, 저마다가 기민한 마법사 같은 손길로 다듬어 만든 환상이라고 그 누가 아무리 말을 해도, 실제 변화가 조금이라도 생기려면 여성 스스로가 소셜미디어를 자기 가치의 측정 도구로 삼지 않겠다고 결심해야 한다는 점이다.

그렇게 할 수 있다. 소셜미디어를 사용하는 방식을 바꾸어 자기 삶에 미치는 영향을 조절한다면. 다음과 같이 말이다.

○ 남들에게 나를 증명해 보이기 위해서 소셜미디어 사용하기를 거부하고, 대신 나에 관해 무언가를 이야기하기 위해 소셜미디어를 사용한다.

○ 경쟁하는 도구로 소셜미디어를 사용하지 않고, 타인과 소통하기 위한 도구로 사용한다.

○ 남들이 나를 어떻게 생각하는지 묻기 위해 소셜미디어를 사용하지 않고 내가 세상을, 중요하게 여기는 문제를,

그리고 나를 어떻게 생각하는지 표현하기 위해 사용한다.

ㅇ 소셜미디어를 자신을 과장하기 위해 사용하기보다는 자신보다 큰 무언가에 동참하기 위해 사용한다.

ㅇ 소셜미디어에 무언가를 올리기 전에 잠시 멈추고 스스로에게 이렇게 물어본다. '나는 왜 이걸 올리는가? 의도가 무엇인가? 지금 내 기분은 어떤가?' 그리고 이 질문들에 솔직하게 답한다. 격려가 되는 이야기를 듣기 위해 소셜미디어를 사용하려는 것이라면, 과연 맞는 방법일까?

ㅇ 인터넷이 아닌 오프라인에서 지지와 소통, 격려를 주고받고 들을 수 있는 장소를 적극적으로 찾아본다. 소셜미디어 외에 원하는 유대를 경험할 수 있는 자원으로 무엇이 있을까? 스스로에 대한 확신이 부족해 자신감을 북돋우는 말을 듣고 싶을 때 부탁할 사람으로 누가 있을까?

여성의 날씬함이라는 이상을 숭배하는 우리 문화를 비판적으로 바라보는 시각을 단련시키면, 젊은 여성들이 건강한 식습관을 기르는 데 도움이 된다. 이와 마찬가지로, 소셜미디어를 잘 쓰는 법을 이야기하면 그들이 인터넷의 가장 해로운 요소들로부터 직접적인 영향을 받지 않는 데 도움이 된다.

워크숍에서 나는 강의실 네 귀퉁이에 카드 네 장을 둔다. 그 카드에 각각 '소외감' '자신 없음/불안감' '자신감/행복' '소속감'이라고 적혀 있다. 나는 여자아이들을 여러 무리로 나누어 각각의 카드 밑에 서게 하고, 소셜미디어 때문에 그 카드에 적힌 감정을 느낀 경험을 브레인스토밍으로 이야기해보게 한다. 그러고 나서 하는 논의는 언제나 아주 효과적이다. 즉, 소셜미디어가 본질적으로 조작의 성격이 있음을, 예외가 없으며 강의실 안 모두가 그에 영향받고 있음을 아이들이 실감하는 것이다. 모든 소비자는 소셜미디어를 사용하면서 어느 정도의 행복과 어느 정도의 슬픔을 비용으로 지불한다. 그것을 잘 조절하는 것은 우리에게 달려 있다.

줄리아 테일러는 자신의 학생들에게 다음과 같은 활동을 제안한다. 볼 때마다 내가 부족하다는 기분이 가장 많이 드는 소셜미디어 계정을 세 개 꼽고, 그 계정들을 일주일간 언팔로우 하여 기분이 나아지는지 관찰해보자는 것이다. 줄리아 테일러가 가장 놀란 점은 정말 많은 아이들이 "제일 친한 친구를 어떻게 언팔로우 해요?"라고 반응했다는 점이다. 그렇다면 실제로 아는 사이가 아닌 사람 중에서 골라 언팔로우 하라고 했다.

우리 사회가 여자아이들에게 가르치는 성공의 규칙들은 건강한 인터넷 사용을 위해 여러 연구가 제시하는 규칙들과 그 핵심에서 서로 상충된다. 우리 사회에서는 되도록 친구를 많이 사귀고, 팔로워를 많이 만드는 것이 좋다는 기대를 받는다. 그러나 후이-추 그레이스 초Hui-Tzu Grace Chou와 니컬러스 에지Nicholas Edge의 연구에 따르면, 알지 못하는 수많은 사람의 삶을 빤히 보는 시간이 길면 모두가 나보다 행복하고 좋은 삶을 산다는 서글픈 짐작이 들기 쉽다. 소셜미디어 관계망을 더 작게 만들고, 온라인으로만 아는 사람들이 아니라 실제로도 아는 사람들의 게시물 위주로 본다면, 소셜미디어 세상에서 보이는 것들을 더 균형 잡힌 시각으로 판단할 수 있다.

뭐든 잘하는 모습을 보여야 한다는 압박감이 인터넷에서의 행복을 얼마나 방해하는지 한번 생각해보기를 딸에게 권하라. 이것은 딸의 인식을 높이는 일이다. 다시 말해 딸은 자신의 경험을 개인적인 일상으로만 바라보는 것이 아니라, 그 경험에 일조하는 전체 시스템을 인식할 수 있다. 무엇이 우리를 힘들게 하는지를 깨달을 때, 그저 내가 이상해서 힘든 것이 아님을 깨달을 때 우리에겐 힘이 생기고, 심지어 인생이 바뀔 수도 있다.

소셜미디어 이용을 한동안 쉬는 것도 도움이 된다. 나는 여자아이들에게 자주 이렇게 묻는다. 오늘 하루 동안 친구들이 너 없이 모여서 놀고 있는 모습을 안 본다면, 좋아하는 사람에게 새 연인이 생긴 사실을 안 본다면, 보면 열등감이 드는 그 아이를 안 본다면 기분이 어떨 것 같아? 소셜미디어 때문에 마음이 불편해지는 일을 하루 동안 안 겪는다면 어떨 것 같아? 그 하루는, 오직 물리적으로 곁에 있는 사람들에게만 마음을 여는 그 하루는 앱 하나를 지우는 것으로도 찾아올 수 있다.


## 로그오프 하고 내면을 들여다보기


그레이스가 무용 프로그램이 없는 작은 대학교에 조기 지원하자 친구들과 가족들은 깜짝 놀랐다. 그 대학에서 가장 가까운 공항이 90분 거리였고, 그건 무용 경연 참가가 불가능하다는 뜻이었다. 그레이스는 나에게 그 선택을 설명했다. "빠져나가는 쉬운 길이었어요. 그 학교를 가면 어쩔 수 없이 무용을 못 하니까 끊임없이 나를 남과 비교하는 일도 그만두게 되잖아요. 대신 다른 잘할 일을 찾고. 저는 제가 무용을 쉬고 싶었던 이유 중 하나가 정말로 인스타그램이었다고 생각해요. (이 대학에 가면) 적어도 반쯤 걸치지 않고 완전히 그만둘 수 있잖아요."

하지만 그레이스는 그 대학에 합격하지 못했고, 그 소식에 큰 타격을 입었다. 그레이스는 다시 자기가 선택할 수 있는 길들을 점검했다. 대학에서도 무용을 하고 싶은가? 정말로 나는 무엇이, 어떤 사람이 되고 싶은가? 그레이스는 "차분한 마음과 스스로에게 솔직하겠다는 태도로" 공책과 연필을 가지고 앉았다. 그리고는 자신에게 대답하기 어려운 질문들을 던지기 시작했다. "앞으로 무용을 내 인생에서 어떻게 하고 싶은지, 인생을 어떻게 살고 싶은지 생각을 해봤어요." 그레이스는 쓰고 생각하고 또 쓰고 생각했다. 평소에 신뢰하던 교사에게 상담도 청하고 자기가 쓴 글도 보여주었다. "더는 저 자신을 속여서 중요한 것들을 잃고 싶지 않았어요. 제가 살면서 해본 가장 어려운 대화였는데, 가장 얻은 게 많은 대화이기도 했어요."

그레이스는 말을 이었다. "그리고 깨달은 게 있어요. 올인하지 않고 반쯤 걸쳐도 괜찮다는 거요. 무용을 즐기기도 하고 가끔 경쟁도 하고, 그렇게요. 무용을 좋아한다고 해서 꼭 미스티 코플랜드 같은 전설이 되어야만 하는 건 아니잖아요." 그레이스는 삶을 무용에 바치고 싶지는 않다는 걸 깨달았다. 또 부모에게 의지해 그 많은 돈을 무용에 들이고 싶지도 않다는 것을, 자신은 무용을 취미로 해도 좋다는 것을 말이다. "저만의 커리어를 만들고 싶어요. 무용보다 더 큰 걸 하고 싶어요. 무용계만이 아니라 더 큰 세상을 위한 일을 하고 싶어요."

그레이스는 더는 인스타그램에서 남들 게시물을 보기만 하지도 않고, 젠과 자신을 비교하지도 않는다고 말했다. 장난스럽게 이렇게 덧붙였다. "저 지어내는 거 아니에요. 정말 그렇게 됐어요."

물론 그렇겠지, 하고 나는 말했다. 남이 아닌 자기가 원하는 게 뭔지, 자신의 진실이 뭔지 찾기로 결심하고 나자 그레이스는 그 목표를 이루기 위한 계획을 짤 수 있었다. 그레이스는 스스로에게 자신감을 불어넣고 있었다. 다양하고 긍정적인 자신의 여러 면모를 탐구하고 있었다. 10대 청소년들에게 자기 자신의 핵심 가치를 생각해보고 그것을 글로 적어달라고 요청한 연구의 결과는 놀라웠다. 그렇게 하자 아이들은 부정적인 사건이나 정보에서 위협감을 덜 받게 되었고 자신의 스트레스를 더 잘 다룰 수 있게 되었고, 삶의 능률이 올랐다. 성적도 올랐다.

그레이스 역시 마음 깊은 곳을 들여다보며 목적의식을 찾고 있었고, 그것이 그 불확실함의 시기에 그레이스를 지지해주었다. "저는 세상을 위한 일을 하고 싶어요. 세상에 변화를 일으키고 싶어요." 그레이스는 말했다. 청년들은 목적의식을 갖게 될 때 더 행복해지고 스트레스에도 강해진다고 한다. 특히 여성은 목적의식이 있으면 잘해야만 한다는 압박감도 덜 받고 자신과 또래들을 경쟁 관계로 보는 일도 적어진다.

그레이스는 이제 자기가 어떤 사람인지 판단하기 위해 남들이 어떻게 하고 있는지 확인하지 않아도 된다. 휴대전화를 내려놓고 소음을 무시하고 내면을 들여다보기 시작하자, 답이 그레이스를 기다리고 있었다. 모든 게 스스로에게 질문을 했기에 일어난 일이었다.

## 고통을 감추려고 인터넷에서 하는 거짓말

내 인생과 몸과 친구 관계가 남보다 낫다는 것을 증명해야만 한다고 생각하면 결국 외모뿐 아니라 이미 일어난 일도 꾸며내는 소리 없는 경쟁에 빠질 수 있다. 어떤 이들은 소셜미디어를 통해 남들에게 뒤처지지 않고자 노력한다. 또 어떤 이들은 소셜미디어로 싫은 부분을 솜씨 좋게 제거한 가상의 자신을 만들어 실제 자기가 느끼는 우울과 불안, 무력감을 숨긴다. 소셜미디어를 통해 다른 삶을 사는 척 연기하는 것은 외모를 조작하는 일보다 훨씬 심각하고도 위험한 일이다

19세 애나는 파티를 좋아하지 않았지만, 대학에 가기 전까지는 늘 일찍 잠자리에 드는 자신의 생활 방식이 문제라고 생각해본 적이 없었다. 중국인과 백인의 혼혈인인 애나는 도시에 위치한 한 명문 대학 2학년으로, 주말마다 나가 열정적으로 파티를 즐기지 못하는 스스로를 원망했다. 주말 밤을 자기 방에서 보내면서, 애나는 혼자 있는 건 자기뿐이고 다들 밖에서 무언가를 하고 있을 것이라 믿었다. 큰 풋볼 경기가 열리는 어느 밤, 애나는 마음먹고 노력을 해보기로 했다. 친구와 함께 풋볼

팬 티셔츠를 입고 얼굴에는 문신 스티커를 붙였다. 친구네 집에서 미리 술을 마신 뒤 친구와 함께 찍은 사진을 인스타그램에 올리고 경기장으로 갔다.

애나는 내게 말했다. "대학생이라면 신나게 해야 하는 일, 딱 그런 일이었어요." 하지만 경기장 스탠드 위 노란색 티셔츠를 입은 대학생들의 바다 속에 앉았을 때 애나는 엄청난 슬픔이 밀려드는 걸 느꼈다. 지금 함께 있는 사람들도, 지금 와 있는 장소도 좋지가 않았다. "술에 취해 인생의 제일 신나는 시간을 즐기고 있어야 하는데…… 그냥 너무 외롭고, 학교에서 함께 어울릴 친구들이 없을까 봐 걱정스러웠어요." 인파 속에서 눈물이 차오르기 시작한 애나는 경기를 다 보지 않고 이내 자리를 떴다. 경기장에서 나오는데 전화기가 진동했다.

고등학교 친구가 보낸 문자였다. "이런 내용이었어요. '우아, 네 인스타 봤어. 멋진데! 너 진짜 취한 것 같고, 대학생다워 보인다. 진짜 재미있게 사나 보다.'

애나는 눈물을 닦고 답문자를 보냈다. "나 안 취했어. 나 사실 괴롭게 지내."

"인스타에선 다 가짜로 보여주는 거지 뭐. ㅋㅋㅋ 걱정 마."

애나 친구의 이 답장이 나는 쉽게 잊히지 않았다. 다들 거짓말한다는 부분이 아니라, 'ㅋㅋㅋ 걱정 마' 부분 말이다. 현실의 애나와 소셜미디어 속 애나의 차이에 그렇게 무심한 것이, 애나가 거짓을 보여준 것이나 괴로움을 감춘 것을 그렇게 별일 아닌 듯이 받아들인 게 잊히지 않았다.

여자아이는 무슨 일이 있어도 즐거운 모습을 보여야 한다는 기대는 인터넷 세상에서 더 높아진다. 그래서 남들에게 보여주는 감정과 실제로 느끼는 감정의 괴리가 고통스러울 만큼 커지기도 한다. 펜실베이니아 대학교 신입생이자 뛰어난 육상 선수, 매디슨 홀러런의 이야기만큼 그것을 잘 보여주는 일도 없을 것이다. 인스타그램에서 매디슨은 빼어난 운동선수에 사랑받는 친구이자 딸이자 자매였다. 인터넷 밖에서 매디슨은 오랫동안 대학에 잘 적응하지 못한 괴로움과 심각한 우울증을 숨기고 있었다. 2014년에 매디슨은 주차장 건물 9층에서 뛰어내려 사망했다. 매디슨이 주변 사람들에게 남긴 작은 선물 더미에는 어머니를 위한 목걸이, 아버지를 위한 초콜릿, 갓난 조카를 위한 옷, 조부모를 위한 생강 쿠키가 있었고, 거기에 있던 가장 가슴 아픈 물건은 《지금부터 행복할 것》*이라는 책이었다. 매디슨은 열아홉 살이었다.

가족과 친구들은 그 비극의 이유를 파악하려 노력했고, 매디슨의 친구 한 명은 매디슨과 함께 또래들의 인스타그램을 훑어보며 "이런 게 대학 생활인데 말이야. 우리도 좀 이래야 돼" 같은 말들을 주고받았던 것을 떠올렸다. 하지만 매디슨의 삶은 인스타그램 속 또래들의 모습과 거리가 멀었고, 그래서 매디슨은 패배감을 느끼고 자신감이 없었다. 방학이 가까워지자 매디슨은 고등학교 친구들을 다시 봐야 한다는 생각에 위축되었다. 친구 잉그리드에게 이렇게 털어놨다고 한다. "그 친구들은 다들 학교에서 정말 재미있게 지내는 것 같아."

누군가가 자살한 원인을 한 가지로만 말할 수는 없고, 인스타그램이 매디슨을 죽인 것도 아니다. 또한 어떻게 했더라면 매디슨을 도울 수 있었을지도 알 수 없다. 하지만 분명한 건 매디슨이 인스타그램 속 연출되고 가공된 모습들을 보이는 그대로 믿었다는 것, 그리고 자기가 거기에 미치지 못한다고 생각하며 심하게 자책했다는 것이다. 우리는 소셜미디어 속 모습만으로는 한 여자아이가 실제로 얼마나 잘 지내고 있는지 결코 알 수 없다. 딸이 잘 지내고 있다고 확신할 수 없는 상황이라 안부가 걱정되는 부모라면 딸의 주변 사람들과 소통하는 것이 필수다. 그러기 위한 한 방법으로 딸 친구의 소셜미디어를 팔로우 하는 것이 있다. 그렇게 하면 필요할 때 메시지를 보낼 수 있다. 또 고등학생과 대학생 들은 자기 친구가 걱정스러울 때 친구 부모가 대화를 요청해오면 기꺼이 응해주는 경우가 많다.

또한 상담소나 학생건강센터, 여성센터같이 대학이 갖춘 자원들을 알아보고, 딸에게 필요할 때 그곳에서 도움을 구하라고 적극 권유하는 것이 좋다. 개인 상담을 포함해, 이러한 프로그램들은 학생들을 위한 심도 있는 지원활동을 상시 진행하는 편이다. 기숙사의 학생지도사 연락처를 알아두는 것도 좋을 것이다.

대학을 졸업한 후라면, 특히 딸이 새로운 관계망 속에서 지낸다면 이렇게 하기가 더 어려울 것이다. 하지만 딸 친구에게 페이스북 메시지를 하나 보내본다면 딸이 정말로 잘 지내고 있는지에 관해 이야기를 나눌 수 있을 것이다.

**

실제와 다른 자기 모습들을 인터넷으로 보여주고 보는 일을 내가 주제로 꺼내면 여자아이들 반응이 좋지만은 않다. 자기들도 이미 다 아는 이야기인데 괜히 유난스럽다는 식이다. 하지만 말로는 그렇게 별일 아닌 것처럼 해도, 그 아이들은 완벽을 요구하는 소셜미디어의 메시지를 늘 조용히 수용하고 있다. 더 걱정스러운 부분은 소셜미디어에 자신들의 기분이 좌지우지되는 것을 문제의식 없이 둔다는 것이다.

미디어가 아무리 해로운 메시지를 보내도 자기들은 영향 받지 않는다고 젊은 여성들이 주장하는 것이 처음은 아니다. 2010년에 수전 더글러스Susan Douglas 교수는 자신이 가르치는 여학생들 사이에서 이상한 현상을 발견했다. 노골적으로 여성을 비하하는 TV 리얼리티 쇼를 계속 보고, 그 쇼를 보는 일이 별일 아니라고 주장하는 것이었다. 학생들은 그 프로그램이 얼마나 여성을 비하하는지 자기들이 충분히 인식하고 있다고 교수에게 말했다. 어이가 없다는 표정을 지어가면서 프로그램을 시청했다. 말도 안 되는 캐릭터들을 조롱하고 대수롭지 않게 넘겼다. 그렇게 함으로써 여학생들은 쓰레기 같은 프로그램보다 자신들이 우월하고 '위에 있는' 기분을 느꼈다고, 수전 더글러스 교수는 썼다.

하지만 본인들의 주장과 달리 여학생들은 그 프로그램의 내용에 면역이 있지 않았다고 한다. 그들이 소비한 것은 '오래된 1급 가부장제'였다. 다만 '유혹적인 마놀로 블라닉 구두와 IPEX 브래지어 따위'로 '훨씬 그럴싸하게 위장되어 있을 뿐'이었다. 그 프로그램은 분명히 그 여학생들이 자기 자신과 서로를 생각하는 방식에 영향을 미쳤다. 수전 더글러스 교수는 이

현상을 '진화된 성차별주의enlightened sexism'라고 불렀다. 진화된 성차별주의란 우리 사회가 성차별을 이미 물리쳤고, 따라서 페미니즘이 필요하지 않다는 믿음이다.

지금 소셜미디어의 영향도 이와 같다. 단, 여자아이들이 문화의 소비자만 되는 것이 아니라 생산자도 된다는 점에서 텔레비전과 다르다. 소셜미디어가 제공하는 세계 속에는 진실과는 거리가 먼 젊은 여성의 이미지가 가득하며, 여성에 대한 성차별적 관점이 그 이미지들 속에 흔히 반영되어 있다. 소셜미디어는 지극히 사교적인 면, 파티 좋아하는 면, 물질주의적인 면, 섹시한 면 따위 전통적 관점에서 여성의 특징이라 여겨지는 면모를 연기하고 자랑하는 가상의 리얼리티 쇼 무대가 될 수 있다. 이곳이 환상으로 가득 찬 세계라는 것을 딸들도 알고 있다. 한심하다는 눈길로 불평도 하고, 과도한 필터가 씌워진 모습을 지적하기도 한다.

그러나, 그러면서도 눈길을 돌리지 못한다. 멈추지 못한다. 이자벨은 나에게 말했다. "(인터넷에서 보는 이미지를) 진짜라고 믿으면 안 되고 거기에 비교해서 자신을 초라하게 느껴서는 안 된다는 글을 얼마나 많이 읽었는지 몰라요. 그 이미지가 진짜가 아니라는 거 저도 다 알아요……. 그래도 만약 전화기를 딱 봤을 때 누가 연인과 오붓한 저녁을 먹고 있는 모습이 올라온 거예요. 그럼 그 순간에는 그 사람의 실제 삶도 완벽하진 않다는 사실 따위 잊어버려요. 지금 나는 배고프고 피곤한데, 그 사진 속 사람에겐 밥을 사주는 사랑스러운 연인이 있다는 것만 보여요."

어쩌면 우리 딸들은 이전 세대와 달리 처음부터 소셜미디어가 있는 세상만을 살았기 때문에, 소셜미디어를 인내하고 그에 적응하는 것 말고는 다른 방법이 없을 것이다. 그래서 이처럼 심드렁하기도 하고, 애증이 엇갈리기도 하고, 마음 깊이 영향받기도 하는 다양한 양상의 관계를 소셜미디어와 맺고 있는 건지도 모른다. 마야는 설명했다. "삶에서 친구라는 존재와 비슷해요. 좋아하기도 하고 이야기도 나누는 친구지만, 누가 '둘이 왜 친구야?'라고 물으면 '모르겠어. 그냥 친구야' 하고 반응하게 되잖아요. 그냥 죽 내 인생에 있었던 사람들 있잖아요. 영원히 내 인생에 있는 것 같은 사람들."

현명한 분석이다. 친구 관계에서도 역시 서로에게 필요한 것들이 충족되고 있는지를 섬세하게 돌이켜보아야 한다. 소셜미디어도 그렇다. 그 어떤 친구도 우리의 전부가 될 수는 없기에, 친구 사이에도 거리 두기가 필요하다. 또 그 관계 속에 서로에게 도움이 되지 않는 부분이 있다면 목소리 내고 질문을 던져야 한다. 특히 우리 감정을 다치게 하는 부분이 있다면 말이다. 소셜미디어도 마찬가지다.

# 3

# 살 이야기 좀 할까요?

내 외모가 남들 눈에 어떻게 보일지
생각하지 않고 지나가는 날이
하루도 없어요.
─── 비앙카(17세)

여자아이들은 급식소의 식판을 들 수 있는 나이가 되기도 전부터 살찔 걱정을 한다. 이르게는 유치원 시절부터 몸무게 걱정이 고개를 들기 시작한다. 초등학교에 다니는 여자아이 40에서 60퍼센트가 자기 몸무게를 점검한다. 청년기가 되면 단식, 구토, 설사약과 다이어트약 복용을 포함하는 '극단적인' 다이어트 경험이 있는 여자아이들이 전체의 절반이다. 아침마다 우리가 학교까지 바래다주는 딸들의 둘 중 한 명인 것이다.

우리가 우주에 얼마나 많은 여성들을 보냈는지는 내게 중요하지 않다. 이 지구 위 여자아이들은 아직도 린디 웨스트Lindy West의 회고록 《나는 당당한 페미니스트로 살기로 했다》* 속 표현처럼, 여성의 살찐 몸이 '놀림감이 되고 공개적으로 비난을 듣는 이유가 되고 지적, 도덕적 결함과도 관계있다고 여겨지는' 세상에서 성장하기 때문이다. 여자아이의 외모는 그가 생각하고 배우고 타인을 이해하는 능력만큼이나 그의 잠재력에 영향을 미친다. 과거보다 나아지기는 했지만 아직 이 세상은 갈 길이 멀다.

여자아이들의 정신이 과거의 사회적 제약들 일부로부터 자유로워졌다면(너는 원하는 무엇이든 될 수 있어!), 그들의 몸은 여전히 여성 억압이라는 긴 역사를 이어받고 있다(네 외모는 네 마음대로 안 돼). 그들의 몸은 여전히 여성성에 관한 구시대적 고정관념의 표본을 보여주기를, 비키니 셀카와 가슴이 커 보이는 브래지어와 골반에 걸친 딱 붙는 청바지를 입기를 기대받는다. 과거에 비해 마음은 더 커질 수 있게 되었다면, 몸은 여전히 작게 남아 있기를 요구받는다.

여자아이들이 자기 몸을 주제로 어떤 이야기를 하는지 들어보았다면, 당신도 이 주제에 관해 우리 사회가 얼마나 갈 길이 먼지 알 수 있었을 것이다. 여자아이들에게 몸은 그냥 몸이 아니고 자신의 가치, 타인에게서 받는 호감, 심지어 자신의 잠재력을 가늠하는 척도로도 여겨진다는 것을 금세 알아챘을 것이다. 살찐 몸을 꺼리고 마른 몸을 숭배하는 우리 문화에서 날씬함은 가장 큰 자산이 되었고, 날씬한 몸이 있으면 부와 지성, 인간관계와 같은 다른 보물들까지 절로 따라온다는 믿음이 널리 퍼져 있다. 날씬한 여성이 모든 면에서 성공적이고, 몸무게가 많이 나가면 사랑받을 수 없으며 게으른 사람이라는 인식이 딸들에게 주입된다(백인이나 부유층 여자아이들이 더욱 그러하다). 코트니 마틴이 《완벽한 여자아이들, 굶는 딸들》에서 표현했듯이 '몸무게가 많이 나가면, 설사 네가 똑똑하고 활기차고 재미있고 성실한 사람이어도 완벽한 삶을 누릴 가능성이 전혀 없다'는 메시지를 흡수하는 것이다.

관습적 이상에 맞는 수준으로 날씬해야 한다는 압박이 딸의 일상과 하는 일에 언제나 끼어든다. 자기 몸에 대한 파괴적인 생각은, 청년기 여성의 우울증 발병률이 남성의 두 배에 이르게 하는 주요한 요인으로 꼽힌다. 섭식장애가 발병할 확률이 가장 높은 집단이 여자 대학생 집단이다. 그런데도 우리는 이 사회가 여성으로 하여금 자기 몸을 어떻게 보게 만들고, 그들의 몸에 어떤 수치심을 주입하는지를 거의 이야기하지 않는다. 마치 백색소음처럼, 이것은 청년기 여성의 발달 과정에 분명히 존재하는 문제이면서도 거의 논의되지 않는다.

실제로 이 책을 쓰기 위해 내가 인터뷰한 청년기 여성들은 이처럼 마음과 몸을 장악하는 문제를 대수롭지 않은 일로, 그저 여자로 사는 일의 일부로 생각했다. 하지만 이 문제로 그들이 힘들어하는 것을 우리가 단지 통과의례로 치부한다면(우리는 여자아이들 사이의 따돌림 문제에 관해서도 오랜 세월 그런 태도였다), 그들 삶의 가장 힘든 부분을 수수방관하고 그 방관을 정당화하는 셈이다. 내가 여자아이들을 도우며 오래전에 알게 된 것은, 그들이 침묵하거나 어깨를 으쓱하며 별일 아니라고 하는 것이 정말 괜찮다는 신호일 때가 아주 드물다는 것이다. 그러한 반응은 거의 늘, 그들을 힘들게 하는 숨은 이야기가 있음을 의미한다.

그래도 이 문제에 관한 침묵은 지속되어왔다. 우리는 딸들이 눈에 보일 정도로 아플 때에만 그들의 몸에 진심으로 주의를 기울인다. 응급한 상황이 와야만 개입한다면, 밥을 굶거나 외모 강박증과 신체이형장애● 같은 문제들을 겪어도 그저 '여자아이로 사는 일의 부작용'쯤으로 보아 넘기게 된다. 전미 섭식장애협회 대표인 클레어 미스코Claire Mysko가 나에게 한 말처럼, 우리 사회가 이 문제를 잘 인식하지 못하고 있어서 "많은 사람들이 음식, 몸무게, 신체 이미지 문제로 삶의 중요한 부분들에 지장을 받으면서도 '나는 그렇게까지 아픈 사람 아닌데 뭐' 하고 넘겨버리기 쉽다."

그래서 이번 장은 섭식장애를 지닌, 굶거나 폭식하거나 구

● 자기 외모에 심각한 문제가 있다는 착각에 사로잡혀 일상에 지장을 받는 질병.

토를 하는 여성들의 이야기가 아니다. 그것과는 거리가 멀다. 이번 장은 외모와 관련된 불안으로 일상에서 늘 진 빠지는 스트레스를 겪고 있는 청년기 대다수 여성들의 이야기이며, 그들을 도울 수 있는 방법에 관한 이야기다. 이것은 '일반적으로' 일어나는 일이다. '신체 감시'라는 일종의 인지 바이러스가 보이진 않지만 어디든 여자아이들을 따라다녀, 그들은 무엇을 먹고 언제 먹으며 언제 운동할지, 운동을 하지 않으면 (또는 못 하면) 어떻게 될지 따위를 생각하느라 일상의 활동과 인간관계에 지장을 받는다.

이 장에서는 어째서 몸이 몸 그 자체보다 훨씬 많은 것을 의미하는지를 다룰 것이다. 활동하고 노력하고 이기는 데 사용되는 도구로써 그 가치가 점점 주목받는 것이 몸이지만, 여자아이들에게는 자신감과 용기를 잃고 자신다움을 잃어버리는 이유가 되기도 하는 것이 몸이다. 이번 장을 쓰면서 내가 배운 것은 청년기 여성들이 당당한 삶의 주체가 되도록 돕는 일에서 정신만을 생각해서는, 몸을 빼놓고 이야기해서는 안 된다는 것이다. 또한 부모는 딸들의 마음이 몸과 어떻게 연관되어 있는지를 이해해야 하며, 그 관계를 새롭게 만드는 일을 도와야 한다. 이제 그 방법을 이야기할 것이다.


## 여자아이들이 몸에 관한 말을 해석하는 방식

여자아이가 자기 몸을 바라보는 시각은 청년기라는 발달단계

120

에 엄청난 영향을 미친다. 사춘기가 다가오면서 여자아이의 몸은 급격하게 바뀌기 시작한다. 갑작스럽게 느는 몸무게 때문에 혼란스럽고, 자기 몸을 통제할 수 없게 되었다는 느낌을 받기도 한다. 사회가 요구하는 날씬함에 부합했던, 엉덩이가 작고 가슴이 납작하던 몸이 이 시기부터 넓어지고 부드러워지고 커진다. 거울을 볼 때나 머릿속에서 떠올릴 때 보이는 자신의 신체 이미지가 실제와는 다르게 왜곡된다. 자기 몸을 비난하는 생각들이 심해진다. '내가 왜 이 옷을 입었을까?' '나 지금 정말 뚱뚱하다.' '내가 샐러드를 주문하지 않으면 다들 날 뚱뚱하다고 생각할 거야' '나 너무 많이 먹었나?' '10분 더 달려야 하나?' 이런 생각들에 삶이 방해받는 정도도 심해진다. 수업 시간에 뱃살이 튀어나왔다고 생각하는 부분을 가리려고 셔츠 자락을 잡아 내리기 시작하는 여자아이들이 있다. 필기를 하고 수업을 들으면서도 셀룰라이트가 덜 보이게 하려고 다리를 이리저리 꼬는 아이들도 있다. 다리가 의자에 안 붙어 '가늘게' 보이도록 의자 끝에 걸쳐 앉은 채 발끝으로 바닥을 지탱하는 아이들도 있다. 또 인터넷을 사용하는 시간이 많아지면서 여자아이들은 비현실적으로 다듬어지고 변형된 여성의 몸을 끝없이 보게 된다.

청년기 후반은 과도기다. 새 학교, 새 거주지, 새 직업을 맞이하는 시기에 스트레스는 높아진다. 이때 여성들은 새로운 인간관계를 만들어야 하고 정신적 의지가 되는 새로운 사람들을 찾아야 한다. 대학은 많은 여성들에게 처음으로 부모의 가이드 없이 스스로 먹을 음식을 선택하는 시기다. 24시간 열려 있을

121

헬스장에서 어떻게 언제 운동을 할지도 스스로 정하고, 잠자고 식사하는 패턴이 변하는 시기다. 신체 성장이 마무리되며 성인이 된 자신의 몸을 받아들이기 시작해야 한다.

모든 분야에서 뛰어나야 한다는 압박감이 이 시기 여성의 몸에 더 무거운 영향을 미친다. 공부도 잘하고 성적 매력도 있어야 한다거나, 세상을 바꾸기도 해야 하고 날씬하기도 해야 한다는 식의 상충되는 역할들이 구체화되고 충돌하는 곳이 몸이다. 사회는 더는 그저 날씬하기만 한 것으로는 충분하지 않다고, 몸에도 그 자체의 이력서가 있다고 말한다. '충분히 날씬한가' 만큼이나 '어떻게 날씬해졌는가'도 중요하다. 달리기를 하나? 스피닝을 하나? 근력운동을 하나? 글루텐 제한 식사를 하나? 비가열 음식이나 채식, 아니면 원시인 다이어트를 하나? 녹즙을 마시나? 웨이스트 트레인을 하나?(웨이스트 트레인이란 허리를 줄이기 위해서 밤에 코르셋을 입는 것을 말한다. 그 빅토리아 시대의 코르셋 말이냐고? 맞다. "이상해 보이긴 하지만 장기에는 해를 끼치지 않아요" 하고 한 여자아이가 내게 말해주었다.) 이런 것을 전부 소셜미디어에 올리나?

많은 여자아이들이 인스타그램을 사용하는 것과 같은 방식으로 자기 몸을 사용한다. 신경 써서 만들어낸 이미지를 남들에게 보여주는 플랫폼으로 사용하는 것이다. 예뻐 보여라. 그러면 네가 화학 과목을 낙제할까 봐 걱정하는 것은 아무도 모를 것이다. 예뻐 보여라. 그러면 사람들은 너를 유능하다고 생각할 것이다. 2017년에 '리벤지 바디revenge body'라는 것이 인기를 끌었는데, 클로이 카다시안이 진행한 동명의 프로그램에서 친구나 파트너에게 모욕을 당한 사람에게 복수하기 위해 살을 빼고 탈바꿈한 몸을 그렇게 불렀다. 〈배너티 페어〉지에 따르면 연인에게 차이고 나서 몸을 바꾸는 것은 '내 뜻대로 할 수 있는 게 있다는 기분을 느끼는 방법'이다. 24세 케이틀린은 우리 몸이 "무언가를 증명할 수 있다"고 내게 말했다. "제 삶의 한 부분인 몸을 잘 관리했다는 것을 증명함으로써 삶의 나머지 부분도 잘 관리하고 있는 것처럼 보이는 거죠." 크로스컨트리 선수이기도 한 17세 아미라의 표현에 따르면 날씬해서 "자신감"만 얻는 것이 아니라, "나 자체"로서도 인정받게 된다.

코트니 마틴의 주장처럼 '외적인 아름다움이 전체적으로 성공한 사람의 첫인상이라고 믿는다면', 몇 킬로그램 더 나가는 것은 바지가 조금 더 끼어 불편한 것보다 훨씬 큰 의미를 지닌다. 인생 전반의 내리막을 예고하는 폭풍 구름 같은 의미를 말이다.《삶은 5파운드•를 뺀 뒤에 시작되는 게 아니다》에서 제시카 위너Jessica Weiner가 주장한 바에 따르면, 여자아이들은 살찐 사람으로 분류되면 자신이 '여자로서 완전히 실패'한 것이라 여긴다. '매력 없고 엉망이고 못생기고 스스로를 통제할 수 없고 멍청하고 게으르고 인기 없는' 여자아이가 되는 것이다. 이런 문화 속에서 여자아이는 자기가 되지 못한 모든 것을 가장 또렷이 보여주는 표상이 바로 자기 몸이라고 여기기도 한다.

케이틀린은 덧붙여 말했다. "자기가 목표로 하는 몸을 만

●　약 2.3킬로그램.

들지 못하면, 그러니까 몸에 실패하면, 인생의 다른 영역들에서도 실패할 것처럼 느껴져요. 날씬하지 않으면 나는 학교에서도 공부 잘하고 나다운 학생이기 어려울 것 같고, 경제적으로 안정되거나 탄탄한 인간관계를 갖기도 어려울 것 같아요. 몸과 관계없는 다른 일들까지 자신이 없어지는 거예요." 아미라가 조금 더 명료하게 표현했다. "겉모습이 그렇지 못하면 내면 역시 그럴 수 없다 이거죠."

한편 성취지향적인 여자아이들에게 체중감량은 자기가 잘 살아가고 있음을 증명해주는, 눈에 보이는 결과물이다. 마치 인스타그램에 올린 게시물에서 늘어나는 '좋아요' 수나 인터넷 성적표에서 솟구치는 성적처럼 즉각적인 만족감을 준다. 아침 먹기 전의 납작한 아랫배, 줄어든 청바지 치수, 더 날씬해져서 찍은 셀카에 달린 칭찬 댓글. 코트니 마틴은 '우등생인 것이 표시된 대학 졸업장을 받기까지는 4년이나 걸리지만, 간단히 저울에 올라서기만 해도 내가 성공했는지 실패했는지를 곧바로 알 수 있다'고 표현했다. 다른 성취를 이루는 일에 비해 몸을 원하는 방향으로 만드는 일은 사람들이 훨씬 더 쉽게 알아챈다. 누구에게나 보인다. 어떤 여자아이의 시험 성적은 알 수 없어도 완벽한 엉덩이는 멀리서도 보인다.

또한 몸은 내 뜻대로 통제한다는 만족감을 준다. 교수가 학생을 불공평하게 대우하고, 졸업 후에 일자리가 따분하고, 약속 없는 토요일 밤이 지루한 건 내가 거의 통제할 수 없지만 내 몸은? 완전히 내 것이다. 한 대학생은 말했다. "제가 뭘 먹고 제 몸을 어떻게 하는지는 제가 결정권을 쥐고 있잖아요. 그것마저

제 마음대로 못 한다면 다른 건 어떨까요?"

그러나 어디에서건 눈을 들면(밥을 먹을 때건 헬스장에서 건 교실에서건) 자기보다 나은 몸, 탄탄한 몸, 날씬한 몸은 있기 마련이다. 자기가 갖지 않았거나 갖지 못하는 몸. 허벅지가 더 가늘어서 두 허벅지 사이 틈이 더 넓은 누군가가 있고, 코가 덜 투박한 누군가가 있고, 엉덩이가 더 동그란 누군가가 있고, 허 리가 더 가느다랗고 치아가 더 가지런하고 팔에 털이 적은 누 군가가 있게 마련이다. 보면 속상하고 질투가 나는 누군가. 어 쩌면 나와 가장 친한 누군가.

몸은 늘 눈앞에 있다. 즉, 내 팔뚝이 어떻게 생겼는지를 좀 안 보고, 거울 속 불룩한 배 때문에 우울해지지 않을 수 있는, 내 몸으로부터의 휴가는 없다. 케이틀린은 말했다. "아침에 눈 을 뜨면서부터 같이 있는 게 몸이에요. 옆으로 치워놓을 수 없 죠. 회사 일은 퇴근할 때 집으로 가져올까 말까 결정할 수 있지 만 몸은 선택이 없어요." 몸은 늘 떨어질 수 없이 함께 있다.

여자아이들은 남들 눈에 비치는 자기 외모가 자신이 앞 으로 어떤 사람이 될지에 영향을 미친다는 것을 잘 알고 있다. 17세 아이아나는 목표가 무엇이건, 즉, "학교에서 온갖 동아리 와 활동에 참여하고 언젠가 학생회장이 될 여자아이"이건, 아 니면 "두 손을 무릎에 올린 가정주부"이건 무조건 날씬해야 유 리하다고 말했다. "성공하려면 무조건, 어떤 정체성을 가졌건, 몸매는 특정 사이즈여야 돼요."

딸과 신체 이미지에 관해 이야기를 나눌 때 기억해야 할 두 가지 중요한 점이 있다. 첫째는 딸이 판단하는 자기 모습은 당신 눈에 보이는 모습과 아주 다를 수 있다는 것이다. 둘째는 당신이 딸의 몸에 부정적인 초점을 맞추는 이야기를 한다면, 행여 좋은 의도라 할지라도, 딸은 자기가 여자아이가 마땅히 지녀야 하는 외모 기준에, 당신의 기대에 미치지 못했다는 이야기로 받아들일 가능성이 크다. 몸이 자신의 성공, 호감도, 가치를 말해주는 것이라고 믿고 있다면 딸은 제 몸에 관한 당신의 지적을 자신의 성공, 호감도, 가치에 관한 말로 받아들일 것이다.

설사 당신은 비판하려는 뜻이 없다고 해도 그렇게 들릴 가능성이 높다는 말이다. 이렇게 생각해보자. 딸은 비판하는 말인 경우 소리치지 않았어도 소리친 것으로 느낄 때가 많다. 자기 몸에 관한 이야기에도 마찬가지로 예민하게 반응한다. 또한 말 속에 숨어 있는 비판을 듣는다. "그거 먹을(주문할) 거야?"라는 물음은 "그렇게 칼로리 높은 걸 먹으면 안 되지"라는 말로, "너 졸업 무도회 때 예쁘게 보이고 싶지 않아?"라는 물음은 "지금 뭐든 먹으면 살쪄서 남들 눈에 안 예뻐 보일 거야"라는 말로, "정말로 아직도 배고파?"라는 물음은 "그렇게 많이 먹고는 날씬할 순 없지"라는 말로.

이 주제에 관한 대화는 만만치 않을 것이다. 당신은 딸에게 외모가 딸의 성격, 능력, 가능성 들의 척도가 아님을 분명히 전해야 한다. 그러나 딸이 사는 세상은 끊임없이 정반대 메시지를 딸에게 전한다. 사회적 지위와 성공을 비롯해, 말 그대로 인생의 모든 좋은 것이 외모와 밀접하게 연결되어 있다고 떠들 것이다. 그러니 당신은 이 대화를 나눌 때 너무 어려운 처지에 몰린다고 느낄지도 모른다. 당신이 할 일은 딸을 해로운 메시지로부터 보호할 수 있는 방어막을 제공하는 것이다. 그런데 오히려 딸에게 공격을 받을 수도 있다. 딸이 세상에서 받은 그 메시지들을 당신에게 되쏠지도 모르기 때문이다. "이 세상이 내 마음을 신경이나 쓸 것 같아? 모르는 소리 좀 하지 마!" 탈의실에서 옷을 갈아입다가 당황하고 좌절할 때, 씁쓸한 표정으로 말없이 당신의 차창 밖을 바라볼 때 당신이 긍정적인 말을 건네도 딸은 아마 고마워하지 않을 것이다. 이것은 부모로서 당신에게 만만치 않은 시험이다. 보람 없고 지치기도 하는 일이다.

그런 순간들에 딸에게 건네야 할 메시지는 '너는 숫자 이상의 존재'라는 것이다. 몸무게, 청바지 사이즈, 체질량지수, 오늘 먹은 칼로리와 오늘 한 운동의 횟수 같은 숫자의 틀로 정의할 수 없는 존재라는 것. 당신은 외모와 아무런 관계없는 부분 중에서 딸의 어떤 면을 사랑하는가? 줄리아 테일러 박사는 자기가 좋아하는 일이나 별난 점, 중요한 자기 역할들을 다시금 생각해보도록 여자아이들을 도우라고 제안한다. 딸의 성격을 묘사할 수 있는 세 가지 긍정적인 단어를 가족이나 친구가 꼽는다면 어떤 단어들일까? 우리 문화가 여자아이를 몸으로 축소시켰다면, 부모가 개입하여 딸이 몸보다 얼마나 큰 존재인지를 일러주어야 한다. 남의 '더 나은' 점으로 인해 나의 가치가 상쇄되지 않음을 딸이 기억하게 하라. 남이 예쁘다고 해서 내가 못났다는 뜻은 아니라는 것을.

만일 당신 딸이 과체중이라면, 우리 사회가 딸에게 그 몸

127

을 부끄러워해야 한다는 메시지를 보낸다는 것, 그리고 그 메시지에서 벗어날 수 있는 피난처가 딸에게는 거의 없다는 점을 당신은 기억하라. 설사 좋은 의도라 해도 당신이 딸의 몸을 부정적으로 이야기한다면, 자신 그대로도 사랑받는다고 느낄 수 있는 오아시스를 딸에게서 빼앗는 일이다. 또한 어떤 변화를 이끌어내려는 의도로 딸이 중요하게 여기는 가치를 딸의 몸무게와 연관 지어서 말하는 것은(예를 들면, "네 덩치가 더 커지면 남자 친구가 너한테 관심 없어질 거야") 결코 안전한 동기부여가 되지 않는다. 딸은 오히려 반대로, 변하고 싶다는 욕망이 아니라 두려움과 분노에서 나온 극단적이고 건강하지 못한 선택들을 할지도 모른다.

여자아이에게 몸에 관한 이야기를 하면, 특히 외모 중심으로 몸 이야기를 하면 대개는 외모가 무엇보다 중요하다는 믿음을 강화시킨다. 그리고 부모들이 아들보다 딸의 외모를 훨씬 감시의 눈으로 바라본다는 증거가 있다. 2014년에 인터넷에서 '내 아들이 과체중인가?'를 검색한 부모보다 '내 딸이 과체중인가?'를 검색한 부모가 70퍼센트 더 많았다. 실제로 과체중인 경우는 남자아이들이 여자아이들보다 많았는데도 말이다.

어른으로서 여자아이의 몸에 관해 해야 하는 오직 한 가지 말은, 공부든 운동이든 일이든 할 수 있는 튼튼한 몸이 되기 위해 무엇을 해야 할지에 초점을 맞추는 말이다. 자기 몸을 진심으로, 지속해서 긍정적으로 느끼는 것은 자기 바깥의 목소리로 가능해지지 않는다.

딸의 몸무게 대신 다른 데 초점을 맞춘 몸 이야기를 해보

라. 몸무게라는 주제는 딸의 몸에 사회가 강요하는 조건과 직접 닿아 있다. 이야기를 꺼내자마자 딸의 마음엔 '내 몸무게가 너무 많이 나가나?' 하는 질문이 고개를 들 것이다. 하지만 이와 달리 '몸' 그 자체에 초점을 맞추면 더 넓은 관점을 제안하는 것이다. "튼튼하기 위해서 네 몸에 필요한 건 뭘까? 네가 행복하기 위해서 네 몸에 필요한 건? 네 몸이 할 수 있어서 고마운 일을 꼽는다면 뭘 꼽겠어?" 몸무게를 논할 때는 딸을 '남을 기쁘게 하는 존재'로, '대상'으로 대하게 된다면, 몸 자체를 생각할 때 딸은 자기가 제 몸의 주인임을 한 번 더 느끼게 된다. 나에 대한 남들의 기대라는 소음에 귀를 기울일수록 내 생각과 욕구는 덜 들린다. 남이 아닌 나를 위한 몸으로 여겨 내 몸과 친해질 수 있을 때 건강한 신체 이미지를 품을 수 있음을 우리는 알고 있다. 단체 스포츠에 특히 그런 효과가 있다. 여성스포츠재단에 따르면, 운동선수인 여자아이들이 그렇지 않은 여자아이들보다 더 긍정적인 신체 이미지를 (그리고 더 높은 자신감을) 품는다고 한다.

당신이 당신의 몸 어떤 부분, 어떤 점을 감사하게 생각하는지를 딸에게 말하라. 예를 들면 산책을 오래 할 수 있어서 좋다거나 자전거를 탈 수 있어서 좋다거나, 중요한 일들을 할 수 있어서 좋다거나 사랑하는 사람을 보살필 수 있어서 좋다거나. 당신은 자기 몸의 어떤 점을 사랑하는가? 그리고 딸의 몸 어떤 점을 사랑하는가? 몸으로 할 수 있어 감사한 일로 무엇을 꼽겠는가? 아버지 목소리도 어머니 목소리만큼이나 중요하다.

문화비평가로서의 당신 목소리도 중요하다. 광고나 TV 속 여성의 몸이 부자연스럽게 마른 몸임을 지적하라. "실제로 몸이 저런 사람은 거의 없다는 거 알고 있지?" 또는 "저런 몸은 얼마나 굶고 고생해서 만들까?" 또는 "나도 개인 트레이너가 있으면 저런 엉덩이를 가질 수 있겠지만 더 중요한 할 일들이 있어서 말이지." 대중매체의 속성을 알수록, 즉 대중매체가 신체의 모습을 조작하고 소비자의 착각을 유도한다는 점을 잘 인식할수록 딸이 건강한 신체 이미지와 식습관을 가질 확률도 높아진다는 것을 우리는 알고 있다. 또한 당신이 아무 말 하지 않을 때도 딸은 그것을 생각하고 있을 것이다.

## 외모 걱정으로 일상에 지장을 겪다

내가 만난 여자아이들은 거의 끊임없을 정도로 몸에 관한 생각을 많이 한다고 털어놓았다. 그래서 공부에, 인간관계에, 활동에, 그리고 당연히 마음에 쓸 인지적 자원을 빼앗긴다고 했다. 17세 비앙카는 초등학교 6학년 때 이후로 "거울 속 나를 보면서 오늘은 예뻐 보이네, 오늘은 못생겨 보이네, 오늘은 이러네저러네 하는 생각을 안 한 날이 하루도 없어요. 제 몸이 늘 머릿속에 중요한 자리를 차지하고 있어요. 내 모습이 남들에게 어떻게 보일지 생각하지 않고 지나가는 날이 하루도 없어요."

비앙카는 말을 이었다. "항상 그 생각이 바탕에 깔려 있는 거예요. 친구들이랑 운동을 하면 '이 운동복 입은 내 모습이 어떻게 보일까?'부터 생각해요. 여러 사람들과 함께 특정한 자세로 앉아 있을 땐 그 자세 때문에 뚱뚱해 보이지 않을까 걱정해요. 정말 안 그러고 싶어요." 고등학교에서 비앙카는 수학 수업을 들으면서도 배 근육을 단련하려고 배에 힘을 주었다 풀었다 했다. "아니 수학 시간이잖아요! 수학에 집중을 해야지 나 도대체 뭐 하는 거야, 싶어요." 방에서도 종종 숙제를 하다가 멈추고 윗몸일으키기를 했다. 아버지가 방문 너머에서 고개를 내밀고 응원을 하곤 했다.

고등학교 2학년생인 카비아는 기숙사에서 스파게티가 나오는 날이면 접시에 조심스럽게 반만 담았다. "마음으론 두 접시는 먹고 싶어요. 그런데 남들이 다 보는 앞이잖아요. (아마도) '저걸 어떻게 다 먹으려고 그러지?' 하고 생각할 거예요. 날 좀 더 자주 쳐다보게 될지도 몰라요. '쟤 진짜 뚱뚱하네' 하다가 '아아, 저래서……' 하는 거죠." 카비아의 친구 로런은 고등학교 2학년 내내 자기 두 허벅지 사이에 생기는 공간에 신경을 썼다고 고백했다. "거울 속 나를 보면서 정말 많은 시간을 보냈어요. 굉장히 비판적인 시각으로요. 친구들이랑 보낸다든지 할 수 있는 시간에 방에서 내 모습만 쳐다보며 보낸 적이 정말 많아요."

궁금해할 독자들을 위해 밝히자면 내가 만난 이 아이들은 겉으로는 아주 잘 지내는 것처럼 보인다. 하지만 속으로는 불안한 그 생각들에 너무나 큰 영향을 받고 있어, 그 인지적 짐의 영향을 내 상상력으로 비유하자면 30킬로그램쯤 되는 배낭을 메고 일상을 살아가는 것과 비슷하다. 이처럼 집착에 가깝게 몸에 대한 걱정을 품고 지내면서 어떻게 그렇게 많은 일을 해낼 수 있는 걸까?(실제로 이 아이들은 많은 일을 해낸다.) 한 여자아이가 내게 해준 이야기처럼 도서관에서 스콘 하나를 먹고 싶은 마음을 돌리려고 한 시간이나 자신을 설득하지 않았다면 그 시간을 어떻게 쓸 수 있었을까? 심리학자들에 따르면 여자 아이들의 마음은 극도로 지쳐 있다. (또래 남자아이들은 안 하는) 여자아이들의 자기 몸 감시는 강박적인 생각과 우울로 이어지기 쉽다.

청년기 여성들이 몸에 대한 걱정으로 일상에 방해를 받는 일은 얼마나 자주 일어날까? 이 질문에 답하는 연구를 찾을 수 없어 내가 직접 알아보기로 했다. 2017년에 나는 젊은 여성들에게 인터넷 뉴스레터를 보내는 클로버 레터Clover Letter와 함께 15세에서 22세에 해당하는 여성 약 500명을 대상으로 설문조사를 했다. 그중 40퍼센트에 가까운 여성들이 하루에 적어도 여섯 번은 외모에 대한 생각으로 일상에 방해를 받는다고 답했다. 그리고 거의 다섯 명에 한 명꼴로 하루에 열 번 이상 자기 외모를 생각한다고 했다. 이들의 가장 큰 걱정거리는 학업이었지만 두 번째 순위를 차지한 것이 바로 외모였다. 친구와의 우정보다 먹는 것 걱정을 더 많이 했고, 짝사랑하는 상대를 생각하는 일보다 운동을 얼마나 했는지 걱정하는 일이 잦았다. 외모에 대한 걱정 때문에 즐기는 활동을 하지 않기로 결정할 때가 종종 있다고 답한 것은 응답자의 대다수였다.

오늘날 남자아이들이 외모에 관한 압박을 과거 어느 때보다 강하게 마주하는 반면에 여자아이들이 마주하는 것은 다른 차원의 문제다. 사춘기에 접어들어 신체가 성장하면서 재빠르게 성적인 대상으로 여겨지는 것은 남자아이들이 아니라 여자아이들이다. 이 시기 여자아이들은 또래와 성인들의 음흉한 시선을 받고 대상화되며, 그 빈도는 현재 전례 없이 높다. 미국에서 7학년에서 12학년까지 여학생 절반 이상이 학교에서 성추행을 당하지만 신고를 하는 경우는 9퍼센트밖에 되지 않는다. 미국 버전의 걸스카우트에 해당하는 단체인 UK 걸가이드의 연구에 따르면, 2014년 중·고등학교와 대학교에 다니는 13세에서 21세 여성 중 60퍼센트가 학교에서 성추행을 당했다고 말했다. 그중 20퍼센트는 자기 의사에 반한 성적 신체 접촉을 당했다. 그리고 인터넷에서 불균형적으로 높은 비율로 성희롱을 경험하는 것도 남자아이들이 아니라 여자아이들이다. 18세에서 24세 여성 26퍼센트가 인터넷 스토킹을 당해보았고, 25퍼센트는 인터넷 성추행의 대상이 되었다고 퓨 연구소는 밝혔다.

청년기에 여성은 사회가 요구하는 성역할에 귀를 기울인다. 여성이 어떻게 보이고 어떻게 행동해야 한다는 보이지 않는 문화적 규율에 맞추어 몸과 목소리를 줄이려 애쓰고, 남들이 좋아하는 사람이 되려 애쓰고, 남들에게 가치 있고 매력 있게 보이려 애쓴다.

여성으로서 신체가 성숙하는 일, 타인에게 대상화되는 일, 그리고 모두에게 사랑받아야 한다는 책임감이 합해져서 심리학자들이 '자기 대상화self-objectification'라고 부르는 현상이 이들에게 일어난다. 자신을 '대상'으로 바라보며, 자신의 가장 중요한 가치가 외모에 있다고 여기게 되는 것이다. 자기 대상화는 여성이 학업 문제, 인간관계 문제, 섭식장애, 우울, 신체에 대한 수치심을 겪는 원인이 될 수 있으며, 어리게는 11세부터 자기 대상화를 겪고 있다는 연구 결과가 있다. 이 경험의 성별 차이는 아주 커서 여자아이들은 '남자아이들보다 훨씬 큰' 어려움을 마주한다고 심리학자들은 말한다.

성장하는 여성들이 겪는 이런 문제가 민족과 인종에 따라 어떤 차이가 있는지에 관해서는 발표된 바가 적다. 알려진 바로 흑인 여성은 백인 여성보다 신체 이미지가 더 긍정적인데, 흑인 여성들이 상대적으로 더 큰 신체 사이즈를 이상적으로 생각해왔다는 점도 이유로 꼽힌다. 한 연구에서는 청년기 흑인과 백인 여성들에게 이상적인 아름다움의 기준을 질문했는데 흑인 여성들은 자부심이나 자신감 같은 성격 특성을 좀 더 많이 이야기한 반면, 백인 여성들은 금발이나 광대뼈 같은 신체 특성을 더 많이 이야기했다. 또한 자기 몸에서 긍정적으로 생각하는 부분을 꼽는 경향도 흑인 여성들이 백인 여성들보다 높았다.

하지만 흑인 여자아이들이 상대적으로 섭식장애도 겪지 않고 마른 몸이 되려고 애쓰지도 않는다는 고정관념에 따라 그런 문제가 '부유한 백인 여자아이들의 문제'일 뿐이라 여기는 사람들이 많은데, 이것은 위험한 착각이다. 셸리 그레이브Shelly Grabe와 재닛 하이드Janet Hyde가 약 100개의 연구를 바탕으로 메타분석한 결과, 유색인 여성도 백인 여성과 같은 수준으로 그런 문제들을 겪고 있다. 미국인 중 라틴 아메리카계 미국인과 아시아계 미국인 여성들이 신체 불만족 수준이 가장 낮다고 한다. 이 문제는 문학에서 묘사하듯 '일부 성공한 젊은 여성들만의 문제가 아니'라는 결론이다.

다만 부유층 여자아이들이 신체 이미지에 대한 불안이 어느 정도 더 높은 것은 사실인 듯하다. 연구에 따르면, 여기에는 서로 밀접하게 연관되어 있고 저절로 강화되는 몇 가지 요인들이 있다. 이 아이들의 어머니들 역시 자기 신체 이미지에 대한 불안감이 높다는 점, 그 공동체의 스트레스 지수가 높다는 점, 그리고 섭식장애를 겪기 쉬운 유전적 소인 들이다. 또한 같은 문제를 겪는 또래들과 같은 학교를 다닌다는 점도 한 요인이다.

## 몸에 대해 불평하는 이야기는 사교적 대화다

여자아이들 대부분은 자기 외모를 비하하는 또래들의 말을 하루에도 수없이 듣는다. 16세 로런은 또래들의 말을 내게 들려주었다. "'우아, 나 너무 못생겼어. 너무 뚱뚱해' 이러고, 스냅챗에 올릴 사진 찍으면서도 '으, 나 너무 추하다. 너무 뚱뚱하다' 이래요."

16세 에이미 말에 따르면, 다니는 고등학교 화장실에 들어가면 떼 지어 자기를 비난하는 소리가 안 들릴 때가 없다고 한다. "나 꼴이 왜 이렇지? 오늘 내 얼굴 너무 팅팅 부었어."

코트니 마틴은 이것을 '의례적인 자기혐오의 언어'라고 부른다. 심리학자들은 팻 토크fat-talk라 부르고, 바디 셰이밍body shaming이라고도 부르는데, 여자아이들의 관계에서 지불하는 암묵적 멤버십 요금과도 같다.

팻 토크는 여자아이들이 빠르게 세 가지 목표를 달성하게 해준다. 자기 신체에 느끼는 수치심을 겉으로 표현할 수 있게 해주고, 어느 정도 위안이 되는 말을 듣게 해주며(너 안 뚱뚱해, 예뻐 보여!), 타인과 대화를 시작할 수 있게 해준다. 팻 토크는 여자아이들 사이에서 거의 일반적인 대화다. 여자 대학생에 관한 2011년의 한 연구에 따르면 팻 토크를 하는 학생이 전체의 90퍼센트였다. 실제로 과체중인 학생은 9퍼센트뿐인데도 말이다. 팻 토크는 실제로 과체중이 아닌 아이들끼리만 주고받는 것이 대부분이다. 놀랄 일은 아닐 것이다. 비만이라는 주제가 친구들 사이에 화제가 되는 일은 거의 없다.

팻 토크에 중독성이 있는 이유는 여자아이들이 서로 가까워질 수 있는 계기를 얻기 때문이다. 많은 여자아이들이 어색함을 깨거나 친구를 사귀기 위한 말로 팻 토크를 선택한다. "너는 허벅지가 불만이라고? 난 뱃살 때문에 미치겠어." 여자아이들이 어린 나이부터 부르는 법을 배우는 듀엣과도 같다. 한쪽이 자기 비난을 하면 다른 한쪽이 긍정적인 말을 해주는 것이 규칙이다. "아니야, 너 안 뚱뚱해. 너 예뻐. 말도 안 되는 소리하고 있어. 너 전혀 문제없어. 뚱뚱한 건 나야."

팻 토크는 때로 칭찬으로 시작한다. 24세인 한 여성이 다음과 같이 설명해주었다. "한 아이가 '나도 너 정도 되면 좋겠어'라든가 '너처럼 복근이 있으면 좋을 텐데' 같은 이야기를 하죠. 그럼 다른 아이가 '난 너처럼 말랐으면 좋겠는데' 해요." 그렇게 가짜 친밀감이 만들어진다. 특별하게, 심지어 따뜻하게 느껴지기도 하는 접점이 생긴다. 자신감이 떨어진 개인을 희생하여 관계를 쌓는 일이다. 또한 여성이 자신감을 품기 어려운 우리 문화 속에서, 여성들은 팻 토크를 통해 서로 자신감을 북돋아주는 역할을 자처한다.

뭐가 대수야? 그냥 살찐 것 같다고 토로하는 것뿐인데. 당신은 이렇게 생각할지도 모르겠다. 하지만 이런 대화는 실제로 해롭다. 다수의 연구에서 팻 토크가 몸을 수치스럽게 여기는 태도와 몸에 대한 불만족, 심지어는 섭식장애와도 연관이 있다고 지적했다. 한 연구에서는 응답자 대다수가 팻 토크를 하면 더 긍정적인 기분을 느낀다고 말했지만, 실제로는 그들의 신체 만족도가 낮아졌다는 결과가 나왔다.

여자아이들은 팻 토크를 하면 더 호감을 얻을 것이라고 생각한다. 실제로 자신은 자기 몸에 당당한 아이들을 더 좋아하면서 말이다. 그리고 "나 뚱뚱해" 하고 토로하면 듣기 좋은 칭찬들이 돌아온다. 몸에 관한 칭찬을 들었을 때 기분이 좋은 여성은, 평소 몸에 불만족을 느끼고 자기 신체를 감시하는 경향이 더 높다.

문제는 팻 토크가 선택이라기보다는 당연히 하는 일로 여겨지는 경향이 있다는 점이다. 즉, 친구가 자기가 뚱뚱하다고 하면 "아니야, 너 안 뚱뚱해"라고 말해주는 것만으로는 부족한 것 같다. 무언의 규칙에 따라 나도 내가 돼지처럼 느껴진다고 말해야 할 것 같다. 팻 토크는 '전염성'이 있다는 연구 결과들이 있다. 한두 아이가 하면 다른 아이들도 모방하게 된다는 것이다. 하지만 레이철 살크Rachel Salk와 엥겔른 매덕스En-geln-Maddox의 연구가 내놓은 의외의 긍정적 결과가 있다. 여자아이들이 짐작하는 것보다 실제로 또래들이 하는 팻 토크 빈도가 훨씬 적다는 점이다. 날씬함에 큰 가치를 부여하는 여성일수록 주위에서 팻 토크를 실제보다 많이 한다고 짐작하는 경향도 높다. 학자들은 이를 명령적 규범injunctive norm이라고 부르는데, 친구들이 좋아하리라고 생각하기 때문에 어떤 행동을 하는 것을 일컫는다(대학에서의 음주도 마찬가지다. 학생들은 또래 친구들 대다수가 지금 술을 마시고 있을 것이라는 틀린 추측을 바탕으로 자기도 술을 마시려는 경향이 있다).

여자아이가 팻 토크를 하는 것을 들으면 나는 근육을 사용하고 있는 것이라고 상상한다. 그 근육은 "이번 시험 완전히 망쳤어" 하고 말할 때나 학급에 아이디어를 내놓으면서 "이게 맞는지는 모르겠지만……"이라고 먼저 말할 때 쓰는 것과 같은, 스스로를 부정적으로 말하는 근육이다. 이 근육을 많이 쓸수록 자기를 긍정적으로 말하는 근육은 덜 쓰게 된다. 아무리 대수롭지 않게 하는 말 같아도 팻 토크를 하는 것은 습관적으로 자신을 모욕하는 것과 같다.

딸이 팻 토크를 멈추도록 돕는 가장 좋은 방법은 당신이 직접 보이는 모범의 힘이다. 엄마들도 한때 딸의 나이였다. 그중 다수가 청년기에 얻은 습관을 계속 갖고 있다. 16세에서 70세까지의 여성 수천 명을 대상으로 한 엥겔른 매덕스의 연구에 따르면 여성의 팻 토크는 평생 지속된다. 남성도 팻 토크를 하지만 여성보다 그 정도가 적다는 연구 결과도 있다. 이제 당신 스스로에게 질문을 할 차례다. 팻 토크를 얼마나 자주 하는가? 그리고 그 습관을 딸에게 물려주지는 않았는가?

당신은 어떤 음식을 얼마나 많이 먹었는지를 얼마나 자주 이야기하는가? 운동을 얼마나 많이 했는지, 또는 많이 못 했는지를 얼마나 자주 이야기하는가? 살찌는 음식 안 먹기를 얼마나 잘 지켰는지, 또는 못 지켰는지를 얼마나 자주 이야기하는가? 어떤 음식을 먹어도 되는지 안 되는지 얼마나 자주 이야기하는가? 다른 사람의 몸무게 이야기, 또는 당신보다 '나은' 타인의 몸 이야기는 얼마나 자주 하는가? 다른 사람들이 체중 조절을 위해 어떤 음식을 먹는지, 또는 안 먹는지에 관해서는 얼마나 자주 이야기하는가? 자기 몸 어디가 부족하다는 이야기나 남의 몸이 부럽다는 이야기로 타인과 공감대를 형성하려 하지는 않는가? 이 모든 것이 팻 토크 대화에 속한다. 딸들은 다 보고 듣고 있다. 17세 아이아나는 부모들이 "자신의 행동 하나하나가 얼마나 중요한지를 좀 더 알 필요가 있다"고 말했다.

팻 토크를 이처럼 많이 하는 세상에서는 입을 다무는 것도 힘 있는 전략이 될 수 있다. 이제는 딸들의 어머니가 된 한 여성이 내게 자신의 아버지 이야기를 들려주었다. 그의 아버지는 딸의 외모나 몸뿐 아니라 그 어느 여성의 외모에 관해서도 무어라 말을 한 적이 없다고 한다. "그러다 제가 자라면서 아버지뻘 다른 남성들이 여성을 평가하는 말을 듣게 됐죠. 상대적으로 악의가 없는 '오오, 저 여자 배우 몸매 좋네' 같은 말을 포함해 그런 말을 하는 성인 남자가 없는 환경에서 자란 것이 얼마나 고마운 일인지를 깨달았어요. 그게 제 자의식을 보호하는데 얼마나 큰 역할을 했는지 몰라요."

자기가 팻 토크를 얼마나 많이 하는지 잘 모르겠다면 가장 가까운 사람에게 물어보라. 딸도 포함된다. 답이 무엇이건 기꺼이 받아들이라. 그리고 팻 토크를 하지 않겠다고 결심하고 지켜라. 당신의 친구들과 딸에게 당신이 그런 말을 하면 지적해 달라고 부탁하면 더 좋다. 그 언어가 마음에 깊이 자리 잡아 무의식적으로 튀어나오기도 하니 말이다.

전문가들은 사람들이 괴로운 '감정'을 털어놓는 대신 팻 토크를 하기도 한다고 본다. 친구에게 자기가 얼마나 두렵고 자신 없는지를 고백하는 것보다 살찐 것 같은 기분이라고 말하는 것이 더 쉽다는 것이다(실제로 페이스북 상태 메시지 중에 '살찐 것 같은 기분'이 있었다가 2015년에 없어졌다). 그리고 여성들이 몸에 대한 자신감이 낮아서 건강한 위험 감수를 포기하거나 아주 좋아하는 활동을 하지 않는 경우도 있다. 학생회 선거에 나가고 싶지만 인기가 없을까 두려워 포기한 여자아이가 있었다. 자신의 몸도 머리 모양도 인기가 없을 스타일이라고 했다. 또 운동부에 지원하고 싶었지만 자기가 충분히 마른 몸이 아니라는 생각으로 지원을 포기한 여자아이도 있었다.

줄리아 테일러는 팻 토크라는 표면의 아래를 파고들어 그 원인이 되는 감정이 드러나게 하라고 여자아이들에게 조언한다. 예를 들어 친구가 "난 무슨 바지를 입든 다 뚱뚱해 보여" 하고 말한다면, 그가 어떤 감정을 느꼈기에 그런 말을 했을지 생각해보라는 것이다. 밖에 놀러 나가기가 불편하고 초조한가? 지금 이 친구가 나에게서 필요로 하는 것은 뭔가? 유대감? 안심시켜주는 말? 그 불안의 숨은 원인에 닿는 데 도움이 될 만한 질문들을 해보는 것이다. 다음에 당신이 팻 토크를 하고 싶은 충동이 든다면, 자기 마음에 이런 질문들을 해보라.

딸이 타인의 팻 토크에 응답하지 않게 하기는 더 어렵다. 팻 토크에 동참하지 않거나, 피하고 싶어 화제를 바꾸면 무심하게 보일 수 있다는 걱정 때문이다. 팻 토크는 겸손을 보이자는 암묵적 규칙 중 하나다(다른 누군가가 자기를 깎아내리면 나도 그렇게 해야지. 그러지 않으면 자만해 보이니까). 그래서 이 문제는 직접적으로 이야기하는 것이 가장 좋다.

믿을 수 있는 친구에게 이제 팻 토크를 그만하기로 결심했으며, 남들과 팻 토크를 주고받는 것도 하지 않고 싶다고 직접 말하는 것이 한 방법이다. 서로를 귀중하게 생각하는 마음을 그 이유로 설명할 수 있다. "네가 너 자신을 그런 식으로 이야기하는 걸 들으면 기분이 안 좋아." 의견으로서 표현할 수도 있다. "나는 팻 토크가 우리 전부한테 상처가 된다고 생각해."

실제로 팻 토크는 과체중인 아이들이 들을 때 잔인한 말이다. 대수롭지 않게 "나 뚱뚱해 보여?" 하고 묻는 데는 과체중이 되는 일이 끔찍하게 두렵다는 뜻이 숨어 있다. 제시카 위너는 과체중인 사람들이 팻 토크를 들으면 "남들이 나처럼 되기를 두려워한다"는 걸 다시금 떠올리게 된다고 내게 말했다. 과체중인 사람 앞에서 하는 팻 토크는 '뚱뚱해지느니 차라리 죽겠다'는 메시지를, '뚱뚱한 몸을 갖는 것은 상상할 수 있는 가장 끔찍한 운명이다'는 메시지를 그 사람에게 전하는 일이다. 팻 토크를 하지 않겠다는 결정은 단지 건강만의 문제가 아니다. 도덕적인 결정이고 양심적인 행동이다.

# 인터넷 속 거울아, 거울아,
## 타임라인에서 누가 제일 날씬하니?

청소년들이 자기 몸을 생각하는 방식에 영화나 잡지, 텔레비전이 안 좋은 영향을 미친다는 것을 우린 오랫동안 알고 있었다. 잘 몰랐던 부분은 뉴미디어의 영향이다. 대부분의 교육자와 부모는 잔인한 태도나 범죄에의 악용 가능성이 소셜미디어의 가장 큰 위험이라 짐작하여 '디지털 시민 의식'에 초점을 맞춘다. 하지만 스마트폰을 소유하는 연령이 빠르게 낮아지면서 뉴미디어의 가장 큰 문제도 바뀌었다.

소셜미디어는 해로운 거울이 되었다. 2016년에 처음으로 심리학자들은 청소년기의 신체 이미지 문제와 다이어트, 신체 감시, 자기 대상화가 소셜미디어와 연관되어 있다는 증거를 다양한 문화 속에서 발견했다. 여자아이들에게 특히 커다란 변화가 있었다. 인터넷이 없던 시대에 우리는 유명 인사들의 몸매가 실린 잡지를 구하려면 슈퍼마켓에 가거나 최소한 화장실에 놓인 엄마 잡지를 슬쩍해야 했다. 이제는 어디에서나, 셀 수도 없이 많은 이미지들을 접할 수 있다. 여자아이들은 자기 재능만큼이나 몸을 자랑하는 유명인들의 가느다란 팔과 탄탄한 엉덩이 근육을 몇 시간이고 보고 있을 수 있다.

나아가 페이스북이나 인스타그램, 스냅챗과 같은 시각 플랫폼으로 인해서 여자아이들 스스로가 스포트라이트의 대상이 되었다. 즉, 한때는 한 번도 만난 적 없는 모델과 자기를 비교했다면 지금은 소셜미디어를 통해 같은 기숙사나 교실에 있는 아이의 몸과 자기 몸을 비교하는 것이다. 대학교 1학년생을 대상으로 한 어느 연구 결과, 페이스북 때문에 자기 몸에 자신감이 떨어지는 경향은 남학생보다 여학생이 높았다. 또 다른 연구는 페이스북에 사진을 올리고 태그하고 편집하는 일이 몸무게에 대한 불만과 날씬함에 대한 욕구, 자기 대상화와 연관되어 있다고 말한다. 사진을 올리고 댓글을 달고 자신을 타인의 사진과 비교하는 데 대부분의 시간을 보내는 이들이 가장 많은 영향을 받는다. 페이스북을 그렇게 사용하는 여자 대학생들은 자신의 가치를 외모와 직접 연관시킬 가능성이 높다. 2016년 후반 여자 대학생을 대상으로 인스타그램이 신체 이미지에 미치는 영향을 연구한 결과에 따르면, '마르고 매력적인 여성 연예인의 이미지를 너무 많이 접하면 여성의 기분과 자기 몸에 대한 인식이 즉시 부정적인 영향을 받는다'고 한다.

셀카를 좋아하는 사람들은 마치 화장을 하거나 다른 미용 상품을 이용하는 것처럼 무료 어플리케이션으로 자기 외모를 꾸밀 수 있게 되었다. 인터넷이 민주화의 도구라 불렸다면, 소셜미디어는 누구나 미인대회에 참가할 수 있는 환경을 만들어 주었다. 여기에서 '내 뜻대로 통제할 수 있다'는 환상이 생긴다. 즉, 더 많은 시간을 쓰고 열심히 노력하기만 하면 나는 더 아름다워질 수 있다는 생각이 든다. 한 젊은 여성은 이렇게 표현했다. "제가 오늘 아침 집에서 어떤 몸으로 나갈지는 선택할 수 없어요. 선택할 수 있다면 이 몸이 아닌 다른 몸을 선택하겠죠. 하지만 제 사진은 팔이 더 가느다랗게 나온 걸로 선택할 수 있어요." 청소년들은 손가락으로 쓰윽 문지르는 것만으로도 여드름을 지우고 치아를 더 희게 할 수 있다. 자기 모습을 더 예쁘고 날씬하고 섹시하게 조절할 수 있다. 제시카 위너는 오늘날 많은 여자아이들이 가장 선망하는 몸은 누구나 아는 유명인의 몸이 아니라고 말했다.

소셜미디어와 신체 이미지를 연구하는 질 월시Jill Walsh 박사가 〈뉴욕타임스〉에서 말한 바에 따르면, 실제로 '여자아이들이 자기를 대중매체 속 이상적 연예인의 모습과 비교하는 일은 흔히 생각하듯 많지 않다. 이들이 자기 몸을 세세한 부분까지 비교하는 대상은 또래들이다. 내 비키니 차림을 지젤 번천이 아니라 내 친한 친구 에이미의 비키니 차림과 견주는 것이다.'

이런 변화로 인해 날씬함을 추구하는 일이 좀 더 실현 가능하게 느껴질 수 있지만, 한편으로는 여자아이들 사이에 경쟁심이 높아진다. 앞서 말한 2016년의 인스타그램 연구에 따르면 유명 연예인을 볼 때와 유명인이 아닌 또래의 날씬하고 매력적인 모습을 볼 때 부정적인 영향은 똑같다. 인스타그램에서는 연예인과 비연예인이 '동등한 플랫폼'에 실리고, 연예인들도 자기 사생활을 담은 사진을 올리기 때문에 '보는 사람들이 좀 더 그들과 개인적 친분이 있는 기분을 느낀다'고 연구자들은 말한다. 내가 클로버 레터와 함께 진행한 설문조사에서는 3분의 1에 해당하는 여성이 소셜미디어를 봄으로써 자기 외모에 자신감이 떨어진다고 응답했다.

그러나 암울한 소식만 있는 것은 아니다. 인터넷 덕분에 많은 여자아이들이 몸에 관한 정치적 대화를 시작하고, 이상화된 날씬함을 추구하는 것에 반기를 든다. '신체 긍정적으로 바라보기body positivity' 또는 '살찐 체형 포용하기fat acceptance'라 불리는 운동은 살찐 체형에 대한 공포증과 마른 체형만이 아름답다는 편견에 맞서고, 모든 체형을 긍정하는 태도를 퍼뜨린다. 살찐 것은 결코 도덕적 실패가 아니며, 상대적으로 느린 신진대사나 사회, 경제적 지위 등등 단순한 '의지'의 차원을 넘어 여러 요인이 혼합된 결과라는 점도 강조한다. 이에 더해 다이어트가 신체의 신진대사를 손상시킬 수 있음을 보여주는 연구 결과들이 있으며, 갑자기 줄어든 체중이 장기적으로 유지되는 경우는 거의 없다는 연구 결과들도 있다.

인스타그램에는 마이네임이즈제서민MyNameIsJessamyn을 포함해, 살찐 여성들의 현실적인 몸 사진을 올리는 계정들이 있다. 마이네임이즈제서민의 계정주인 제서민 스탠리는 이런 글을 올린 적이 있다. '내 몸은 힘의 축도다. 내 몸은 존중받아야 한다. 하지만 무엇보다 내 몸의 주인은 오직 나라는 것이 중요하다. 헤이터들이 무엇이라고 하든 #내_몸_주인은_나다. 나는 받아 마땅한 존중을 내 몸에 보여줄 것이다.' 제서민 스탠리의 계정엔 팔로워가 28만 3천 명 있다. 이 게시물은 '좋아요'를 거의 1만 개 받았다.

제시카 위너는 이런 여성들이 소셜미디어라는 매체를 이용해 "외면당하는 몸의 모습을 우리 눈앞에 불러온다"고 표현한다. 인터넷 덕분에 "젊은 여성들은 세계 곳곳에서 과거엔 결코 소통할 수 없었던 공동체들과 소통할 수 있다. 신체 이미지에 관한 주류 담론에서 배제되기 일쑤인 유색인 여성들에게 이 변화가 특히 의미 있다." 평소 혼자라는 기분, 이해받지 못한다는 기분을 느끼는 여성이 "건강한 소통을 하고 싶고 자기 몸을 비현실적 이상이 아닌 현실적인 기준으로 바라보고 싶을 때, 직접 만나는 사람보다 모르는 사람의 블로그나 인스타그램 게시물에서 더 많은 것을 느낄 수도 있다."

주류 매체도 주목하기 시작했다. 태피 브로데서 애크너 Taffy Brodesser Akner는 2017년 〈뉴욕타임스〉를 통해 다이어트 산업에 관한 보고서를 발표했다. 그에 따르면 잡지 기사 제목들에 변화가 생겼다. '실제 여성의 신체 사이즈가 어떠해야 하고 어떠할 수 있는지를 여성잡지들은 사실 모른다는 점을 인정하기' 시작했다는 것이다. 즉, 전에는 '날씬해지는 법!' '식생활을 조절하자!' '한 달 안에 5킬로그램 빼기!' 같은 다이어트 언어가 빽빽했다면, 이제는 '탄탄한 몸!' '가장 건강한 몸을 위해!' '강해지자!' 같은 제목들이 사용된다. 그는 많은 사람들이 '이제는 다이어트를 멋지지 않은 것, 반페미니즘적인 것, 비밀스러운 것으로 여긴다'고 말한다.

소위 말하는 '웰니스wellness' 산업이 인터넷에서 일약 성장하면서 소셜미디어에서 운동과 몸 관리로 유명한 사람들이 생겨났다. 그들 계정에는 그날의 체질량지수, 단백질 파우더로 만든 음식, 그날의 운동 순서 들을 담은 포스트로 가득하다. 수백만 팔로워들이 그들의 운동과 식이요법을 배운다. 그런데 건강관리와 몸에 좋은 식생활에 대한 열정이라는 이름 뒤에 슬쩍 가려진 실체는 혹독한 다이어트인 경우가 점점 많아진다.

올해 L. 보플L. Boepple과 J. K. 톰프슨J. Kevin Thompson이 소위 '핏스퍼레이션fitspiration•' 사이트라고 일컫는, 운동으로 몸을 관리하는 내용의 사이트 50군데를 분석한 결과, 거식증을 삶의 방식으로 지지하는 프로아나pro-ana 사이트를 포함해 마른 몸을 추구하는 신스퍼레이션thinspiration 사이트들과 거의 구분할 수 없는 내용들이 포함되어 있다고 한다. 즉, 두 종류의 사이트 모두 몸무게나 몸 자체에 관한 죄책감을 강하게 자아내는 언어를 사용해 다이어트와 지나친 절식을 권장하고, 살찐 것을 나쁜 일로 낙인찍는 사고방식을 부추긴다는 것이다.

　어떤 주제에 관해서도 그렇듯이 딸과 이 주제로 대화를 잘 시작하려면, 당신은 소셜미디어를 균형 있는 시각으로 바라보아야 한다. 인터넷의 좋은 측면에도 마음을 열어라. 소셜미디어의 어떤 점이 좋은지 딸에게 물어보라. 소셜미디어에서 자기 외모를 포토샵으로 실제와 다르게 편집하는 것을 어떻게 생각하느냐고 물어보라. 그렇게 해서 무엇을 얻는 것 같으냐고, 누구에게서 얻는 것 같으냐고 물어보라. 인터넷 속 사람들의 외모를 보면 어떤 기분이 드는지 물어보라. 우리는 종종 어떤 감정을 자기만 느끼는 게 아님을 아는 것만으로도, 그것을 보편적 감정이라고 부르는 것만으로도 덜 외로워지지 않나? 그리고 딸이 외모나 '좋아요' 수보다 훨씬 더 중요한 존재임을 직접 말하라. 그건 아무리 많이 말해도 지나치지 않다. 딸이 인터넷 속 거울에게 누가 누가 가장 예쁘냐고 묻고 싶어질 때, 그때가 어쩌면 "너 그대로를 사랑한다"는 흔한 말을 해주기에 가장 좋은 때인지도 모른다.

● 　fit(운동으로 다져진 몸)과 inspiration(영감)을 결합해서 만든 신조어.

# 내면의 목소리를 되찾은 이야기

여자아이가 나에게 평소보다 무거운 태도로 어떤 문제나 어려움을 이야기하면, 나는 그 문제 뒤에 숨어 있는 것을 이해하려 시도해본다. 그러기 위해 두 가지를 물어본다. 첫째, "그 걱정이 현실이 되면 무슨 일이 일어날 것 같아? 좀 더 자세히 말해봐." 둘째, "그건 뭘 의미하는데?" 하나의 걱정 뒤에 숨겨진 더 큰 두려움에 초점을 맞추어서 그가 자신이 걱정하는 것의 의미를 깨닫게 된다면, 대화는 더 의미 있게 진전될 수 있다.

이 질문들이 도움이 되는 이유는 청년기 여성들은 삶에서 마주하는 어려움에 실제보다 지나치게 큰 의미를 부여하는 경우가 많기 때문이다. 어떤 시험에서 나쁜 성적을 받는 것을 그 시험에 관한 일로만 받아들이는 경우는 드물다. '이 시험 때문에 내 최종 학점이 망하면 어떡하지? 좋은 대학에, 대학원에, 직장에 못 가면 어떡하지? 성공 못 하면 어떡하지? 좋은 삶을 살지 못하면?' 따위 생각으로 이어지기 일쑤다. 몸에 대한 수치심도 마찬가지다. 자기 몸이 어떻게 보이는지 걱정스러우면 자신이 가치 있는가, 사랑받을 자격이 있는가, 성공할 수 있는가 등등 더 광범위한 걱정으로 곧장 이어진다.

19세 케이티는 동북부 지역의 큰 주립대학에서 1학년을 마무리 중이다. 그 대학에서 가까운 큰 도시의 교외 상위 중산층 지역에서 살다 온 케이티는 많은 또래들과 달리 학비 절반을 스스로가 댔다. 경제적으로 독립하겠다는 굳은 결심으로 16세 때부터 소매상과 음식점에서 긴 시간 아르바이트를 했다. 고등

148

학교 땐 마지막 수업이 끝나자마자 웨이터 아르바이트를 하고 새벽 1시에 식당 문을 직접 잠그는 일도 잦았다.

케이티는 다른 사립대학들에도 합격했지만 가지 않았다. 되도록 빚을 지지 않겠다는 생각이 확고했던 케이티는 이렇게 말했다. "다른 사람에게 내 삶을 결코 의지하고 싶지 않았어요. 스스로 생계를 해결하고 경제적 안정을 얻고 싶었어요."

식당에서 서빙하는 일을 하면서 케이티는 사람을 대하는 기술과 책임감을 얻었고, 돈을 존중하게 되었다. 그것이 자랑스러웠다. "저는 일 잘하는 법을 알아요." 케이티는 내 눈을 보며 말했다. 물론 어떤 면에서 케이티의 삶은 남들보다 더 힘들기도 했고, 케이티도 그것을 알았다. "하지만 제가 배운 것들이나, 제가 열심히 노력했다는 사실이 저는 정말로 가치 있다고 생각해요. 그건 다른 어디에서도 얻을 수 없는 거잖아요."

쉴 틈 없이 일하고 공부한 뒤에 들어간 대학에서의 첫 1년은 산들바람처럼 쉬웠다. 경영과 심리학을 복수 전공할 준비를 하면서도 TV를 보고 운동을 할 시간이 있었다. "녹초가 되도록 힘든 일이 없어요. 그래서 정말 좋아요." 케이티는 기쁜 얼굴로 말했다. 대학은 케이티에게 자신의 새로운 면모들을 실험해볼 수 있는 기회이기도 했다. 고등학교 때 무척이나 하기 싫으면서도 날마다 했던 풀 메이크업을 더는 하지 않고 수업에 갔다.

하지만 떨쳐낼 수 없는 것이 하나 있었다. 바로 자기 몸에 대한 수치심이었다. 자신의 신체 사이즈를 이야기할 때, 케이티의 반짝이던 자신감은 증발했다. "전 항상 외모에 자신감이 없었어요." 하루에도 몇 번씩 자기 팔과 배, 다리를 뜯어보았다.

팔에서 흔들리는 살이 미웠다. 대학에서 새로 만난 친구들은 '1학년의 7킬로그램*' 걱정을 계속 주고받았다. 살이라는 주제가 언제나 가까이에 있었다.

케이티가 자기 몸에서 가장 싫어한 것은 흔히 '머핀 탑'이라고도 부르는 허리띠 위 뱃살이었다. 그 부분에 시선이 가게 하는 셔츠는 "절대"(목소리를 높이며 강조했다) 입지 않을 것이라고 했다.

나는 이번에도 내 두 가지 질문을 꺼내기로 했다.

"그 머핀 탑이 눈에 띄는 셔츠를 입으면 무슨 일이 일어나는데? 좀 더 얘기해봐."

"날 거들떠도 안 보겠죠."

"누가?"

"남자들이요. 내가 추하거나 살쪘다고 생각할 거예요."

"그건 어떤 의미인데?"

"남자 눈으로 볼 때 내가 매력적이지 않다는 의미겠죠? 파티에서 남자들은 나보다 보기 좋은 다른 여자들을 보겠죠."

겹겹이 벗긴 양파 속에 있는 것은 사람을 만나 사랑하는 일에 대한 케이티의 걱정이었다.

"지금 제 인생엔 연애나 데이트 같은 게 없어요." 케이티는 대학생들 사이의 사회적 계급을 이해할 수 없었다. "무례하고 사람을 함부로 대하는 여자애들이 있거든요. 그런데 그 애들은 남자 친구가 있어요! 그런 걸 보면 '도대체 나는 뭘 잘못하고 있

---

● 대학 신입생 때는 7킬로그램쯤 살이 찐다는 속설.

나?' 하는 생각이 들어요."

방에서 울고만 싶은데 행복한 표정을 애써 짓고 수업에 갈 때도 있었다. 하지만 대부분 케이티는 턱을 당당히 들고 그 게임에 참가했다. 할 수 있는 한 운동을 많이 했다. 대학생 파티에도 가서, 접근하는 남자들이 보내는 신호를 읽는 법을 배웠다. 어떤 남자가 같이 춤을 추겠다고 다가올 때는 대체로 댄스플로어에서 (때로는 말조차 나누지 않은 채) 진한 신체 접촉을 원한다는 것도 알게 되었다. 파티에 나타나는 것만으로도 '그것'에 뜻이 있다는 의미였다. '그것'은 바로 훅업이다.

그러나 케이티는 사귀지 않고 서로 성적 접촉만 나누는 훅업 문화가 별로 끌리지 않았다. 자신이 "대상화된다"고 느꼈다. "어떤 남자가 춤추면서 몸을 저한테 막 비비는 거예요. 내가 어떤 사람인지를 알고 싶어 하지도 않고요. 아니, 나는 그냥 몸뚱이가 아니란 말이에요, 사람이지."

케이티와 내가 만나고 얼마 되지 않았을 때, 괜찮은 남자가 한 명 케이티의 삶으로 들어왔다. 둘은 한 번 잠자리를 가졌고 그 경험은 즐거웠다. 그러기 전에 남자는 케이티에게 성병 종합검사를 받았다는 것을 언급하며 주말에 어느 파티에 가자고 했었다. 케이티는 그 말에 숨은 뜻을 해석하려고 노력했다. 파티에 갔다가 좀 더 진지하게 자기와의 관계를 정의 내리려는지도 모르겠다고 생각했다.

그런데 바로 그 파티로 가는 길에 케이티는 차 사고가 났다. 경미한 사고였지만 공포를 느낀 그 경험 후, 갑자기 케이티 내면에서 무언가 변하는 것을 느꼈다. 케이티는 한 좋은 친구에게 전화를 걸어 말했다. "아무래도 그 남자랑 오늘 자면 안될 것 같아." 친구는 사고 때문에 괜히 겁이 나는 것이라고 말했지만 케이티는 그게 다가 아니라고 느꼈다.

"가끔씩 느낄 때가 있는 불길한 직감이었어요." 하지만 케이티는 직감을 무시하기로 결정했다. 그날 밤, 케이티는 생애첫 섹스를 했다. 그리고 얼마 지나지 않아 응급실에서 흐느끼며 남자에게 전화를 했다. 음부 헤르페스에 걸린 것이다. 남자도 울었다. 남자는 성병 검사에서 양성 결과를 받았다고 말했다. 이제 두 사람이 할 수 있는 일은 없었다. 그것은 치료법이없는 바이러스다. 케이티는 남자가 여전히 자기를 만나고 싶어하기를 바랐지만, 남자는 누군가를 사귀는 일에는 관심이 없었다.

넉 달 동안 케이티는 자신과 자신의 몸을 미워했다. 실의에 빠졌고 그다음으론 화가 났다. 수치심이 온몸을 휘감았다. 가을 학기가 시작되어 학교로 돌아갔을 때 케이티의 마음은 계속해서 불안정했다. 통계학 수업을 듣다가 갑자기 울기 시작했다. "다 너무 끔찍했어요. 모든 게 다요." 케이티는 불안과 우울을 치료하기 위해 상담을 받기 시작했다. 다시 자기와 섹스를하려는 사람이 있기는 할까 의심스러웠다.

그 뒤로 거의 1년이 지나서 케이티는 스카이프로 나와 통화를 하며 울었다. 케이티가 느끼는 수치심이 목소리로 다 전해졌다. 나는 부드럽게 물었다.

"그러면 직감을 무시하고 그 남자랑 잔 이유가 뭐였어?"

"솔직히 그냥 섹스를 해보고 싶었던 것 같아요. 곧 스무 살이 되는데 경험이 없었으니까요. 그 문제로 제가 저를 좀 괴롭혔어요."

"스무 살이 됐는데도 섹스를 한 적 없다는 건 너한테 무슨 의미였는데? 더 자세히 말해봐."

케이티는 흐느끼며 대답했다.

"경험 없고, 친구들과 공감할 수 없는 거죠. 스무 살이 되도록 진지하게 남자 친구를 사귀거나 그 비슷한 경험을 해보지 못할 거라고는 생각도 못 했어요. 살면서 제가 이런 처지에 놓일 거라고는 전혀 상상을 못 해봤어요. 전 다른 사람들처럼 살고 싶었어요. 섹스도 안 해본 이상한 아이가 아니라 보통 아이가 되고 싶었어요."

"섹스를 해본 적 있는 보통 아이로 산다는 건 어떤 걸까?"

케이티는 스무 살에 섹스를 하면서 산다는 건 친구들이 하는 이야기에 공감할 수 있는 것이라고 설명했다. "남자가 나를 원한다는 의미이기도 하죠. 내가 매력적이라는 의미. 그리고 사람들이 날 좋게 보면 나도 나를 기분 좋게 느낄 수 있잖아요."

케이티가 느끼는 불안은 남들과 어울리고 싶은 보편적 욕망과도 관련되어 있었다. 그것은 사춘기 무렵에 시작되어 청년기 내내 아프도록 강렬한 욕망이다. 하지만 케이티가 한 선택에는 별난 아이가 되기 싫은 마음 말고도 주목할 부분이 있다. 그만두는 게 좋겠다는 자기 내면의 목소리를 무시했다는 점이다. 자기를 보호하기 위한 경계선이 있는데, 케이티는 그 경계선을 지키지 않기로 결정했던 것이다. 내 몸이 부적절하고 부족하다는 느낌, 몸에 대한 수치심이 마음을 지배하고 있다 보니 자기 기준에서 충분히 좋지 않은 것을 선택한 것이다.

여성이 자기 몸에 관해 느끼는 감정은 다이어트나 운동, 거울에 비친 모습 같은 차원보다 훨씬 큰 영향을 미친다. 케이티는 자기 외모에 문제가 있다고 믿으면서 자기가 비정상이자 고쳐야 할 부분이 있는 것처럼 느꼈다. 자기 몸을 혐오하는 그 생각들로 인해 케이티는 그 몸으로 위험한 행동을 했다.

케이티가 항우울제를 먹지 않겠다고 하자 상담사는 운동을 추천했다. 케이티는 요가를 하라는 권유에 응했다. 케이티는 이미 러닝머신 위에서 우리 안의 햄스터보다 더 많이 뛴 경험이 있지만 이번에 하는 운동은 느낌이 달랐다. 이번엔 셔츠 아랫부분에 튀어나오는 뱃살을 없애기 위해서나 파티에서 만날지 모를 남자를 위해서, 이상한 아이가 되지 않기 위해서가 아니라 '자신을 위해' 하는 운동이었기 때문이다. "그렇게 운동을 하니까 내가 좋아졌어요. 그 운동이 꼭 내면에 있는 조종실 같았어요. 그냥 더 잘 살고 더 나은 사람이 되고 싶은 마음이에요. 어떤 힘 같은 거."

케이티는 자기 몸이 하는 이야기를 듣기 시작했고, 좀 더 자고 좀 더 건강한 식생활을 하기로 했다. "처음으로 제 몸을 우선순위에 두기로 했어요. 생활 전반에서 저를 돌보는 일을 전보다 더 중요하게 생각해요." 자기 몸을 위한 일들을 하기 시작하면서 몸에 대한 남의 평가를 그만 생각하게 되자, 케이티는 다시 건강해지기 시작했다.

케이티는 세상이 보는 눈으로 자기 몸 보기를 그만두어야 했다. 세상의 눈으로 볼 때 자신은 헤르페스 때문에 역겹고 사랑받을 수 없는 존재였다. 자신과 다시 가까워지면서 케이티는 자기 몸과 좀 더 복잡한 관계를 만들어나갔고, 그 속에서 헤르페스는 자신의 작은 일부로만 느껴졌다. 자기한테 있는 것이지만 자기를 규정하지는 않는 것.

자기가 스스로를 보살피지 않는다면 누구도 그리하지 않으리라는 것을 케이티는 깨달았다. "이젠 내가 내 목소리를 들어야 한다는 걸 그냥 알아요. 그러지 않으면 괴로워진다는걸요. 좀 이상한 일이죠. 그냥 얼마나 나빠질 수 있는지를 알아요. 지난가을의 저로는 절대 안 돌아가고 싶어요. 다시는 그런 기분을 느끼고 싶지 않아요."

자기 몸과 새로운 관계를 맺으면서 케이티는 점점 더 자기 직감을 믿고 행동할 수 있었다. 훅업 문화는 자기한테 맞지 않다고 결론을 내렸다. "감정상, 전 그거 못 하겠어요." 케이티가 말했다. 그 문화에서는 진짜 감정이 살아남기 힘들었다. 케이티는 웃으며 말했다. "저한텐 진짜 감정이 있거든요. 그리고 저란 사람은 어떤 관계를 시작하기 전에 감정적으로 이미 110퍼센트에 이르러 있길 바란다는 걸 알았어요. 저는 준비된 관계를 원해요."

한때 떨치지 못했던 뱃살 걱정 대신 다른 목소리가 케이티의 머릿속을 차지한다. 자신이 어떤 기분인지를 말해주는 내면의 목소리. 이번 장을 쓰기 위해서 내가 만난 여러 여성들이 이야기해준 자기 몸과의 관계는 이 질문을 통해 수렴될 수 있다. '나는 이 일을 누구를 위해서 하는가?' 타인의 눈에 비치는 모습을 위해서 자신을 혹사하고 운동하는 것이 아니라 자기 바람을 만족시키기 위해 먹고 운동하기 시작했을 때, 이들은 자신의 최선에 이를 수 있었다. 여성들이 삶의 다른 수많은 영역에서도 그렇듯이, 이 여성들은 남을 기쁘게 해야 한다는 생각을 버렸을 때 비로소 자기 중심을 찾았다. 자기 자신으로서 충분하다고 느끼기 시작했다.

# 4

# 자기 의심 극복하고
# 성별 자신감 격차 줄이기

잘하지 못할까 봐 두려운 일이나
긴장되는 일을 하나씩 시도할 때마다
그만큼 자신감이 생겼어요.
── 제시(19세)

내가 진행하는 '용기 훈련소'에 오기 몇 년 전, 제시는 두려웠다. 모르는 사람과 대화하고 여러 사람 앞에서 발표하고 실수하는 것이 두려웠다. 북서부 지역 주립대학을 다니면서 높은 성적을 유지했지만 동아리나 다른 활동은 피하고 주로 혼자 생활하며 학교를 다녔다. 수업 시간에는 답을 알아도 거의 말을 하는 법이 없었다. "잘못 말할 수도 있고, 실제로 틀린 답일 수도 있고, 어떻게든 망치거나 수치스러운 일을 자초할 수도 있잖아요."

그러다 제시 부모님이 몇 해 전에 이혼을 하면서 제시의 어머니가 크게 상심했고, 어머니의 고통을 목격하면서 제시는 이런 결심을 하게 되었다고 한다. "하고 싶은 일을 두려움 때문에 못 해선 안 되겠다."

사람들을 만나는 두려움을 공략하기 위해 제시는 카페에 갔다. 원래 제시는 다가가기 어렵게만 느껴지는 바리스타들에게서 이상한 눈초리를 받을까 봐 주문도 겨우겨우 했다. 하지만 이번에는 달랐다고 한다. "제 결심에 따라 혼자서 카페에 가기 시작했어요. 발을 헛디딜 수도 있고 돈을 떨어뜨리고 우스꽝스러운 실수를 할 수 있다는 것도 알고 있었죠. 그래도 애써서라도 새로운 상황에 나를 데려다 놓았어요."

마음속 목소리가 자꾸 불안해서 소리를 지르자 제시는 그 목소리에 이렇게 대답하며 스스로를 안심시켰다. '내가 커피를 어떻게 주문하든 아무도 신경 안 써. 발을 헛디디든 말든 상관없다고.' 두려움에 압도될 때면 스스로에게 '내 삶에서 무엇이라도 하려면 사람들과 대화를 나누는 일쯤은 할 수 있어야 한다'고 다시금 생각했다.

제시는 곧 마음속 용기란 저절로 다시 채워지는 자원임을 깨달았다. "잘하지 못할까 봐 두려운 일이나 긴장되는 일을 하나씩 시도할 때마다 그만큼 자신감이 생겼어요." 새로운 모험을 마주할 때마다 '난 이 비슷한 것을 전에도 했어. 이번에도 할 수 있어!' 하며 스스로를 다독였다. 용기의 짜릿함은 중독성이 있어서 제시는 더 많이 경험하고 싶었다. 바늘이 두려웠기에 작심하고 바늘을 썼고 그러다 피를 봤다. 또 하나의 두려움이 정복되었다.

용기 훈련소에 왔을 때 제시는 밤늦게까지 자지 않고 전화 통화를 하는 룸메이트에게 불편하다는 말을 하기 어려워하는 상태였다. 나는 제시에게 위험을 감수하고 룸메이트에게 말을 하면 일어날 수 있는 가장 나쁜 결과는 무엇이겠느냐고 물었다(딸이 어떤 일을 주저할 때 당신이 물어볼 수 있는 아주 좋은 질문이다). 제시는 생각해보았다. 그러더니 어떤 말로 어떤 요구를 할 것인지를 목록으로 적었다. 그 대화를 친구와 역할극 형태로 연습해보았다. 마침내 제시는 룸메이트에게 말을 했다. 그다음 주, 룸메이트는 둘의 기숙사 방문에다가 붓글씨로 쓴 '조용히 해야 하는 때' 시간표를 붙였다.

제시는 무엇을 배웠기에 자신에게 편안한 영역을 벗어나서 새로운 시도를 했을까? 위험을 감수할 용기를 어디서 불러왔을까? 여자아이들이 두려움을 마주하고, 만만치 않게 느껴지는 첫걸음을 뗄 수 있도록 영감을 주는 것은 무엇일까? 바로 이것이 이번 장에서 하려는 이야기다. 청년기 여성들의 용기를 키우는 일에 관해 내가 알게 된 것들.

여성들의 삶에 많은 변화가 있었음에도 자신감 격차는 여전히 현격하게 존재한다. 전국 대학생 건강 평가 20년 치에 관한 분석에서 UCLA의 린다 색스는 자신감과 연관된 거의 모든 범주에서 남자 신입생들이 여자 신입생들보다 계속해서 높은 결과를 얻었고, 그 격차는 종종 두 자릿수였다고 밝혔다. 남성들이 학업 능력, 경쟁심, 감정 건강, 리더십, 수학, 신체 건강, 인기, 연설 능력, 위험 감수, 지적 자신감, 사회적 자신감, 자기 이해 부분에서 자신들을 더 높게 평가했다. '내 친구들과 비교해서 나는 얼마나 똑똑한가? 비슷한가? 더 똑똑한가? 그들에 비해 똑똑함이나 능력이 부족한가?' 하는 질문에 대해, 흑인 여성은 흑인 남성보다 점수가 낮게 나왔다. 실제로는 흑인 여성의 학업 성과가 더 우수했는데도 말이다. 주목할 만한 예외가 있는데, 여학생들 중에서도 여자고등학교 졸업생들이 사립 남녀공학 졸업생들에 비해 더욱 스스로를 똑똑하다고 느끼고 자신감이 높았으며, 학교 활동에 더 많이 참여한다고 느낀다는 결과가 나왔다.

그러나 자신감을 키우는 기술을 학생들에게 본격적으로 가르쳐주는 학교는 거의 없다. 단, 좋은 소식은 부모로서 당신이 할 수 있는 일이 많다는 점이다. 당신이 말하는 방식에서 출발해보자. 딸이 자신감을 높이도록 돕기 위해 당신이 기억할 세 가지 중요한 점이 있다.

1  지나친 걸 파워 연설은 하지 말 것

1970년대 이후부터 우리는 여자아이들도 무엇이든 할 수 있다는 말을 하면 자신감을 키워주는 일인 줄 알았다. 그러나 이런 메시지가 실제로는 자신감을 떨어뜨릴 수 있다. '넌 무엇이든지 이룰 수 있다'고 말하면 이루지 못할 것을 염려하게 되고, 그 두려움 탓에 위험을 감수하고 용기 내기가 어려워진다. 자신감이란 두려움을 얼마나 잘 숨기느냐가 아니라 두려움을 얼마나 잘 다루느냐에 관한 것이다.

자신감은 알 수 없는 것을 마주하고 경험할 때 커진다. '성공할 때' 커진다고 하지 않았음에 주목하라. 결과도 중요하지만 시도가 결과와 관계없이 중요하다. 다르게 말하면, 내가 정말 무엇이든 될 수 있고 할 수 있는 것이 맞을까 하는 마음으로 어떤 일을 시도할 때 진짜 자신감이 생긴다. 계속해서 도전하고 그 과정을 통해 배우는 것에 초점을 맞출 때, 그 도전의 결과가 자신이나 자신의 가치를 규정하지 않는다는 것을 이해할 수 있다. 스스로가 생각했던 것보다 강한 사람임을 배울 수 있다. 그리고 그 배움은 다시 새로운 도전을 하고 싶은 동기가 된다.

그렇기에 자신감을 키우기 위해서는 상처를 받지 않는 능력이 아니라, 상처받을 수도 있는 자신을 편히 받아들이는 마음이 결정적으로 필요하다. 한 대학 1학년 여학생이 표현한 바에 따르면, 위험을 감수하고 미지의 영역 마주하기를 배우는 일은 "'진실한 연애에 마음을 다하는 일'과 비슷하다. 상처받을 위험을, 자기가 만든 것이나 노력해서 얻은 것을 잃어버릴 위험을 감수하고 진심을 다하는 것"이기 때문이다. 그리고 이렇게도 덧붙였다. 안전지대 밖으로 나와서 상처를 감수하지 않는다면 "모든 걸 온전히 경험할 수 없어요. 직장이든 학교든 프로젝트든 몰입하는 즐거움을 느낄 수 없고, 그 일이 앞으로 나에게 어떤 의미가 될 수 있을까 하는 희망도 온전히 누릴 수 없죠." 그는 모험과 어느 정도의 두려움 없이는 진짜 보상도 없음을 배우고 있었다.

2 성별 자신감 격차를 줄이는 것은 딸의 책임이 아니다

이 사회에서 여성들이 남성들보다 자신감이 낮은 것은 결코 딸의 잘못이 아니다. 성별 격차는 아직 여성에게 완전한 평등을 주지 않는 사회에서 자라며 딸이 내는 세금과 같다. 딸에게 '네가 노력만 하면 더 용감해질 수 있을 것'이라고 말하는 것은 그 현실을 무시하는 일이다.

그 자신감 격차를 '고치는' 일이 딸만의 책임이 아님을 당신이 알고 있다고 전하라. 딸은 자기만의 책임으로 느끼고 있을지도 모른다. 쇼나 파머랜츠Shauna Pomerantz 교수와 리베카 레이비Rebecca Raby의 책 《똑똑한 여자아이들》을 인용하면, 소위 말하는 오늘날 '포스트 페미니즘' 사회에서 여자아이들은 '학창 시절부터 그 이후까지 자신들에게 제동을 거는 성차별 없이, 어떤 불평등도 두려워할 필요 없이 원하는 것을 다 할 수 있고 가질 수 있으며 원하는 사람이 될 수 있다'는 이야기를 들으며 성장한다. 성별로 인한 불평등 따위는 과거의 일인 것처럼, 그래서 성공이 온전히 여자아이들의 능력에 달려 있는 것처럼 말이다. 성차별은 '사회가 아닌 개인의 문제라는 누명'을 쓴 것이다.

하지만 성차별은 여전히 굳건히 존재한다. 실제로 여자아이들이 자기 능력을 의심하는 이유 중 하나는 교사들부터가 여자아이들을 다르게 대우하기 때문이다. 교사들은 여자아이의 능력을 더 많이 비판하는 경향이 있다(이는 여자아이들이 지적 능력에 대한 자신감이 낮아지는 이유가 된다). 또 여자아이들은 여성이 특정한 전공과 직업에만 집중 분포하는 것, 우리 사회 권력 최상층에 여성은 극소수만 있는 것을 목격하기 때문에 자신감이 낮다. 뿐만 아니라 옷을 절반쯤만 입은 모델과 연예인들의 이미지가 눈앞에 쏟아지는 사회에서, 극도로 말라야 섹시하고 친구를 사귈 수 있고 매력적일 수 있으며 삶에서 성공할 수 있다는 사고방식을 전달받기 때문에 자신의 가치를 의심한다. 그리고 (아직도 죽지 않고 건재한 '착한 여자아이'라는 여성성 규칙에 따라) 자기 실수로 다른 사람에게 부담을 주어서는 안 된다는 기대를 받기 때문에 실수를 더욱 걱정한다. 이 모든 것을 당신이 이해하고 있음을 딸에게 알리라.

### 3 자신감은 배우고 연습할 수 있다

수학 문제 풀이나 소나타 연주는 하면 할수록 는다는 것을 아이들은 대부분 잘 알고 있다. 연습 없이 등판하면 경기를 날려버린다는 것도 운동하는 아이들은 안다. 그걸 알면서도 자신감에 관해서만은 흑백논리로 보는 학생들이 많다. 용감한 사람과 그렇지 않은 사람, 모험을 하는 사람과 그러지 않는 사람으로 나뉜다는 생각을 하는 것이다. 하지만 무언가를 성공적으로 해내는 데 재능이나 실력만큼 결정적인 것이 반복과 연습이다.

무엇이든 하면 할수록 는다. 자신감을 키우는 데 특히 들어맞는 말이다.

기술은 근육과 같다. 강하고 민첩하게 유지하려면 반복해서 사용해야 한다. 모험을 하는 일도 꼭 그런 근육과 같다. 내 제자들이 특히 영감을 받은 테드TED 강연 한 편이 있는데, 지아 지앙Jia Jiang이라는 중국계 이민자가 거절당하는 두려움을 극복하고자 100일 동안 연이어 거절당하기를 실천한 내용이다. 그 '거절 치료법' 중 몇 가지를 꼽아보면, 모르는 사람 집에 찾아가 그 집 뒷마당에서 축구를 해도 되냐고 묻기, 비행기 승무원에게 안전 수칙 안내해달라고 부탁하기, 경찰한테 순찰차에 타도 되냐고 묻기. 웃기기도 하지만, 그가 "아니요"라는 말을 들어도 움츠러들지 않는 법을 서서히 배워가는 여정을 볼 수 있어서 학생들은 이 강연을 좋아한다.

〈100일간의 거절을 통해 배운 것들〉•이라는 이 영상을 딸에게 보여주라. 그의 여정은 아주 멋진 교육 도구다. 단번에 커다란 깨달음을 얻는 식이 아니라 작은 단계를 하나하나 밟아가며 배우는 과정을 보여주기 때문이다. 이것은 여자아이들에게 아주 중요한 메시지다. 멀쩡한 사람이라면 헬스장에 난생처음 간 날에 20킬로그램짜리 역도를 들고 스쿼트를 하진 않을 것 아니냐는 비유도 좋을 것이다. 그렇게 했다간 다치거나 너무 힘들거나 의욕을 잃거나, 그 세 가지를 다 겪거나 할 것이다. 너무 큰 용기가 필요한 행동부터 갑자기 시도하는 것은 그와 똑

● 한국어 자막과 함께 테드 공식 웹사이트에서 볼 수 있다.

같이 어리석다. 진짜 자신감을 키우는 일도 마찬가지다. 단계를 하나 밟을 때마다, 거절을 하나 통과할 때마다 자라난다.

자신감을 키우는 일이 딸 개인의 책임만은 아닌 것이 사실이지만, 다른 목표를 이룰 때와 마찬가지로 딸의 결심과 노력이 필요하다. 이제부터 딸의 자신감을 갉아먹는 네 가지 질문을 보여주고, 스스로에 대한 의심이 딸의 마음을 지배할 때 당신이 어떤 반응으로 도울 수 있는지를 이야기할 것이다.


## 내가 똑똑하지 않다면 어떡하지?
## 고정형 사고방식 버리기

자신감을 결정짓는 가장 강력한 요소는 자신의 지적 능력을 바라보는 방식이다. 베스트셀러 《마인드셋》*에서 스탠퍼드 교수 캐럴 드웩은 사람들이 두 가지 사고방식 중 하나를 택한다고 말한다. 그중 하나인 '고정형 사고방식fixed mindset'이란 자신이 기본적으로 지닌 지성이 더 발달할 수 없다는 믿음이다. 고정형 사고방식을 지닌 사람은 자기한테 난관이 닥치면 자기가 성공할 능력이 없는 것이라 해석한다. 그래서 다가올 위험을 피하려고 좀 더 안전한 길을 선택하거나 아예 포기할 수도 있다.

22세 모건은 자기가 원하는 일자리, 학교, 인턴십 들의 지원 마감일이 지나가는 것을 수년째 그냥 지켜보기만 했다. "지원했는데 안 되면, 그 길을 갈 능력이 없다는 뜻일 수도 있다고 생각했어요. 더 크게는 내가 인간으로서 실패라는 의미일지 모른다고요." 모건은 좋아하는 일에 지원하더라도 어느 정도만 노력했다. "합격하지 못해도 심하게 상처받지 않기 위해서"였다. 모건과 같이 고정형 사고방식을 가진 경우, 모든 도전 과제가 자신의 가능성에 대한 평가처럼 느껴진다.

반면에 '성장형 사고방식growth mindset'을 지닌 사람은 노력과 전략, 전문가로부터의 배움을 통해 자신의 능력이 향상될 수 있다고 믿는다. 도전에 이끌리며 좌절해도 계속 나아간다. 심지어 좌절을 동기 삼기도 한다. 17세 앨리슨은 수학이 어려워 갑갑했을 때 포기하지 않았다. "이해가 안 될 땐 그냥 다음 내용으로 넘어갔어요. '이 부분은 나중에 이해될 거야' 하고 생각하면서. 저는 시험문제도 순서대로 안 풀어요. 어려운 문제들은 빼뒀다가 제일 마지막에 풀어요. 그러면 시험 시간 내내 기분 좋게 문제를 풀 수 있잖아요." 어렵고 안 풀리던 문제가 풀리면 짜릿하게 신이 났다. "계속 이해가 안 되던 게 이해가 되잖아요. 그러면 기분이 진짜 좋아요. 머리가 막 돌아가는 기분이에요. 머릿속에 연결되어야 할 부분들이 마침내 연결되면서 불이 반짝반짝 들어오는 상상이 들어요!" 앨리슨은 자기 어머니가 난관을 만나자마자 목표를 포기해버리는 모습을 보면 당황스럽다고 했다. "우리 엄마한테 그런 태도가 있거든요. '난 머리 나빠서 이런 거 이해 못 해' 하는 태도."

캐럴 드웩은 옛날부터 남성보다 많은 여성이 고정형 사고방식을 가졌다고 말한다. 한 연구에서 학자들이 일부러 처음 볼 때 좀 헷갈리는 과제를 내놓고 5학년 학생들에게 풀게 했다. 학생들 중에서 가장 힘들어하고 과제 내용을 습득하지 못한 것은 여자아이들, 그중에서도 아이큐가 높은 여자아이들이었다.

2017년에 발표되어 대단한 파급력을 지녔던 한 연구가 이런 경향을 더욱 뒷받침해준다. 여자아이들이 자기가 충분히 똑똑하지 못하다는 생각 때문에 어떤 활동에 관심이 없다고 대답해버리는 경향이 남자아이들보다 높아지는 것은 6세경부터였다. 어떤 게임이 '아주 똑똑한' 아이들을 위한 것이라는 안내를 받으면 5세 여자아이들은 뛰어드는 반면, 6세 여자아이들은 난색을 표했다. 이것은 여자아이들이 원래부터 자기가 똑똑하지 않다고 믿는 것이 아니라 자라는 과정에서 그렇게 변한다는 증거다. 여자아이들은 남자아이들에 비해 자신의 성별이 '똑똑하다'고 생각하는 경향이 확연히 낮다.

심리학자들은 여자아이들을 그렇게 만든 책임이 우리 문화의 고정관념에 있고 부모에게도 있다고 결론지었다. 2014년에 구글에서 '내 아들 천재인가요?'라는 질문을 검색한 부모는 '내 딸 천재인가요?'라는 질문을 검색한 부모의 두 배였다. 실제로 평균적인 학교 성적은 딸이 더 높았는데도 말이다.

여자아이들의 마음에 자리 잡은 이런 믿음은 평생에 영향을 미칠 수 있다. 같은 연구 팀이 2015년에 발견한 바에 따르면 과학이나 공학을 포함해 지적 능력이 높아야 한다고 여겨지는 분야들에서 우리는 여성들을 많이 볼 수 없다. 캐럴 드웩은 실제로 여성이 경제학, 수학, 컴퓨터공학과 같이 성장형 사고방식이 필요한 학문 분야에서 일하기를 기피하는 경향이 높다는 것을 발견했다.

대학에서 이 사고방식이 어떻게 나타나는지를 살펴보자.

하버드 경제학 교수인 클라우디아 골딘Claudia Goldin은 자신의 수업을 듣는 여학생들이 대부분 결국엔 경제학을 전공하지 않기로 결정하는 것을 발견하고는 이유를 알고 싶었다. 그리고 일반적으로 여학생들은 개론 수업에서 A를 받지 못하면 그 과목을 더는 시도하지 않는다는 것을 발견했다. 반면에 남학생들은 어려워서 헤매면서도 버텼다. 결국엔 잘 풀릴 거라고 장기적으로 내다보았고, 나중에 재정 분야에서 직장을 얻고 싶어 했다. 남학생들은 실패할지도 모른다는 두려움보다 돈을 벌겠다는 욕구가 훨씬 강했다.

　클라우디아 골딘은 내게 말했다. "남학생들은 야구방망이로 머리를 쳐도 경제학 전공을 포기 안 해요. 그런데 여학생들은 A− 이하로만 받아도 전공할 확률이 낮아요." 그는 하버드 대학, 프린스턴 대학, 캘리포니아 공과대학, 펜실베이니아 대학의 경제학 종신 교수로 임용된 첫 여성이고, 전미 경제학회 회장이 된 세 번째 여성이다. 40년간 대학에서 여자 대학생들을 가르친 그는 이런 결론을 내렸다. "여학생들은 안전지대로 가려는 경향이 있어요. 안정감을 주고 누군가가 등을 토닥거리며 '너 정말 잘하고 있어'라고 말해주는 기분이 드는 분야를 하고 싶어 하는 경향이요."

　한 사람의 사고방식이 형성되는 과정을 추적하는 데는 부모와 교사들에게서 어떤 칭찬을 받았는지를 되짚어보는 것도 의미 있다. 여자아이에게 너 참 '똑똑하다'거나 '축구를 잘한다'거나 '시를 빼어나게 쓰는구나' 하고 칭찬을 하면 아이가 고정형 사고방식의 영향을 받을 수 있다. 이런 칭찬을 '사람 칭찬'이라고 하는데 성장기를 헤쳐나가는 딸들의 내적 동기에 좋지 않다. 이유는 이렇다. 당신이 딸에게 어떤 특징을 지녔다고 자주 칭찬한다고 해보자. 딸은 일이 잘 안 풀릴 때마다 그 특징을 증명하고 싶어진다. 증명하는 데 실패하면 그것을 그저 실수로 받아들이는 것이 아니라 자기가 똑똑하지 않다거나 축구를 잘 못한다거나, 시를 빼어나게 쓰지 못한다는 증거로 받아들인다. 다시 말해 자기한테 애초에 그런 특징이 없었음을 확인했다고 생각한다.

여기서 분명히 짚고 넘어가자면, 여자아이의 능력에는 아무 문제가 없다. 문제는 여자아이들이 자기 능력을 어떻다고 '믿느냐'다. 그러나 성취를 하거나 좌절한 딸에게 부모가 말하는 방식을 바꾸는 것만으로도 이 문제를 해결할 수 있다.

딸이 칭찬받을 만한 일을 해냈다면 태도에 초점을 맞추어 칭찬하라. 예를 들면 "너 진짜 열심히 했잖아" "잘 안될 때도 있었는데 넌 꾸준히 노력했어" 하고 말할 수 있다. 또는 그 일을 해내기 위해서 어떤 전략을 썼는지, 도중에 전략이 바뀌기도 했는지 물어보라. 이런 칭찬을 '과정 칭찬'이라고 한다. 앞서 살펴보았던 '사람 칭찬'과 달리 어떤 성취에 관해 '과정 칭찬'을 받으면 자기가 차츰차츰 과정을 밟아가면서 발전할 수도 있다는 사실을, 어떤 것도 '고정되어' 있지 않다는 점을 실감하게 된다. 변화는 언제나 가능하다는 것을 말이다.

그렇다면 딸이 좌절을 겪었을 때는? "그래, 뭐 이번에는 답을 못 찾았지만 넌 꼭 찾을 거야." "지난번에 비해 이미 이렇게나 발전했잖아." "이번에 그걸 하는 과정에서 어떤 방법이 너한테 도움이 되었고 어떤 방법이 도움이 안 됐는지 이야기해보자." 이런 이야기들을 들으면 결과에 관계없이 그 과정에서 얻는 배움을, 전체적인 여정의 가치를 (그리고 필요성을) 생각하게 된다. 당신이 딸에게 과정 칭찬을 하는 것은, 모든 배움의 과정에서 좌절이 의미 있는 한 부분이라는 말을 해주는 것과도 같다. 그리고 첫 시도에 근사하게 해내는 모습을 부모에게 보여주어야 한다는 부담을 느끼지 말라고 말해주는 셈이기도 하다. 연구에 따르면 이런 종류의 대화는 좌절을 겪은 여자아이들이 다시 동기를 찾는 데 아주 도움이 된다.

어쩌면 가장 중요할 수도 있는 것은, 바로 당신 자신이 딸 앞에서 좌절에 어떤 식으로 대처하느냐다. 2016년에 진행된 스탠퍼드 대학원생의 한 연구에 따르면, 실패란 몸과 마음이 약해지는 경험이라 믿는 부모, 그리고 자녀가 실패할 때 자녀의 능력이나 성과를 걱정하는 부모에게서 자란 자녀는 고정형 사고방식을 지닐 확률이 높다. 카일라 하이모비츠Kyla Haimovitz는 캐럴 드웩과 함께 발표한 신기원적 연구에서, 부모가 실패를 마주했을 때 생각하고 행동하는 방식이 자녀들에게 가장 잘 감지되며, 그렇기에 자녀들의 사고방식에 아주 커다란 영향을 미친다고 밝혔다.

딸이 자기 일에서 좋지 않은 결과를 얻었을 때 당신이 그 어떤 비판적인 말을 할 자격도 없다는 뜻은 아니다. 다만 당신이 한마디 하려는 이유가 딸에게 동기를 부여하기보다는 당신 자신의 불안함을 달래기 위한 것은 아닌지 먼저 자문해보라.

실패가 여정으로써 어떤 의미를 가질 수 있는지를 가르치는 '실패 이력서' 쓰기 방법이 있다. 실패 이력서란 승리 대신 패배를 기록하는 가짜 이력서다. 학생들이 이 이력서 쓰기를 참 좋아한다. 실패 하나하나마다 그 실패를 통해서 배운 것을 같이 써야 하는데 다음과 같다.

[실패] 심리학 중간고사에서 낙제했다. 그래서 뭘 어떻게 해야 할지 알 수 없었다.
[배운 것] 지도교수님, 조원과 같은 사람들에게 의지할 수 있다는 것을 배웠다. 그들에게 어떻게 하는 것이 좋을지 조언을 구하기도 하고, 그저 내 속을 털어놓을 수도 있다는 것을 배웠다.

[실패] 1학기가 끝나고 대학이 나한테 맞지 않는다는 확신이 들어 자퇴를 했다. 1년 뒤에 재입학 신청을 해서 다시 학교에 들어왔다.
[배운 것] 원하는 것이 무엇인지 깨닫기까지 어느 정도 멀리 떨어져서 시간을 가지는 것이 필요할 때도 있다. 속도야 어떻든 결국은 가야 하는 곳에 도달할 수 있을 것이다.

스미스 대학에서 우리는 교수진과 직원들에게도 실패 이력서를 써서 학생들에게 보여달라고 요청했다. 자신들이 존경하는 어른들도 실패를 하며 살아왔다는 것을 학생들에게 보여주기 위해서였다. 심지어 대학 총장도 동참해 실패 이력서를 써주었다. 당신은 어떤 실패 이력서를 쓰겠는가? 딸과 함께 쓰는 건 어떨까?

유색인 여학생과 저소득층 여학생, 그리고 집안에서 첫 대학생인 여학생들이 특히 두드러지게 겪는 어려움이 있는데, 대학 생활을 '잘못할까 봐' 두려운 마음이 유독 크고, 동시에 위화감 없이 무리에 속하고 싶은 마음도 강하다는 것이다. 아프리카계 미국인인 리는 여성의 신체를 타고났지만 현재는 자신을 논바이너리(남성과 여성이라는 배타적 성별 구분에 들어맞지 않는 성정체성을 지닌 사람이다)로 규정하고, 자신을 칭하는 대명사로 여성이나 남성 대명사(she/he) 대신 성별 구분이 없는 대명사(they)를 쓴다. 리는 북동부 교외 지역 한 성공한 가정에서 자랐고, 자신을 포함한 흑인이 전교에서 몇 안 되던 사립중학교를 다녔다. 백인이 대부분인 환경에서 지내는 흑인 여자아이들이 흔히 그렇듯이 리도 또래나 교사들과 동떨어진 느낌을 받았다. "다들 날 문제아로 봤어요. 신경질적인 아이, 아주 감정적인 아이로요." 교육자들과 또래 학생들이 아프리카계 미국인 여학생을 지나치게 시끄럽거나 폭발하기 쉬운 아이로 미리 분류하는 경우가 많다. 흑인 여학생이 학교에서 정학 처분을 받는 확률이 백인 여학생의 여섯 배나 된다. 백인이 대다수인 환경에서 흑인 아이는 '너무 눈에 띄거나 아예 안 보이게 되는' 경우가 많다고 샬럿 제이콥스Charlotte Jacobs 박사는 썼다.

리는 더 다양한 인종의 학생들이 다니는 상류층 공립고등학교로 진학하고 나서도 주변과 어울리는 일이 어려웠다. 거기서는 오히려 흑인 아이들과 친해지는 것이 어려웠다. "제가 전에 거의 백인만 다니는 중학교를 다녔잖아요. 그래서 흑인 애들 사이에서 소속감이 느껴지지 않았어요. 백인 아이들 주변의 흑인이 되는 법밖에 몰랐어요."

집에서는 흑인들의 자랑이 되어야 한다는 부담을 느꼈다. "저 자신으로서의 자신감은 없었어요. 흑인 사회 전체를 위해서 잘해야 하는 거였죠." 한편 학교에서는 흑인이라는 점을 이용해 백인 아이들의 인기를 얻고자 했다. "백인 아이들과 있을 때면 그 아이들이 흔히 생각하는 '할 말 하는 당당한 흑인 친구' 이미지를 연기했어요." 그렇게 노력해도 리는 소속감이 들지 않았다. 가장 편안하게 느끼는 백인 친구들에게서도, 가장 닮았다고 느끼는 흑인 학생들에게서도 함께라는 느낌을 받을 수 없었다. 그리고 리는 흑인 중 피부색이 밝은 편이고 "백인 같은 말투를 쓰는" 자신을 학교의 다른 흑인 학생들이 아주 싫어한다고 확신했다. "학교에서 전 흑인이면서도 흑인 공동체의 일원은 아니었어요." 그리고 점차 발달된 리의 성정체성 역시 학교에서 안전한 기분을 느끼기가 어려워지는 또 하나의 이유가 되었다.

부모님과 흑인 사회의 자랑이 되어야 한다는 압박과 또래들 사이에서 친구로 인정받고 싶다는 생각이 리의 마음을 번갈아가며 차지했다. 리의 동기는 주로 외부적인 것이었다. 자기 내면의 욕망보다는 외적인 보상이 주였다. 공부를 잘해야 하고 남들을 기쁘게 해야 한다는 그 생각들이 리의 고정형 사고방식 안에서 만났다. 리는 모험적인 일은 거부하고 성공이 보장된 일들만 선택하게 되었다.

리는 실패를 아주 싫어했고 난관을 만날 때마다 자기 능력에 문제가 있다는 신호로 받아들였다. "저는 뭘 실패하면 항상 저 개인의 잘못으로 여겼어요. 그러니까, 그 실패는 분명 제가 인간으로서 기본적인 차원에서 뭔가를 아주 잘못했기에 생긴 일 같았어요." 8학년 때 수학을 잘 못하자 리는 "다른 아이들은 나보다 더 나은 사람이어서 나보다 수학을 잘하는 것"이라고 생각했다. 그리고 자기가 수학을 못하는 건 아마도 자기가 "중요한 면 어딘가 망가졌기 때문일 것"이라고 생각했다.

실패가 두려워지자 리는 자신이 주춤할 수 있는 상황은 다 피했다. "전 정말 오로지 제가 잘하는 것만 하면서 살았어요."

전 원래 과학을 정말 좋아했어요. 아빠가 제 생일에 과학 책을 사주시곤 했어요. 그런데 나중에 환경과학 수업을 들었는데 성적이 잘 안 나오는 거예요. 그래서 그만뒀어요. 그런 식이었던 게 정말 많아요. 육상도 메달을 많이 따고 나서 한때 굉장히 열심히 했어요. 그런데 더는 메달을 못 따면서부터는 그냥, 나 달리기 별로 안 좋아해, 나한테 안 맞아, 하는 마음이 된 거죠. 농구도 좋아했어요. 농구 캠프에 참가했는데 제가 MVP가 됐거든요. 그래서 이거 짱이다, 내가 스타네, 여자 프로농구 선수 해야겠다 그랬죠. 그런데 고등학교에 들어가서 대표 팀이 못 됐어요. 드리블을할 때 자꾸 규정 이상으로 발걸음을 디디고 점프숏도 그닥 잘하지 못했어요. 그래서 그만뒀어요.

칭찬이 너무 중요했던 나머지 리는 진짜 좋아하는 일 대신 칭찬 듣는 일을 했다. 그리고 무슨 결정을 하든 다른 사람들의 피드백에 완전히 좌지우지되었다.

> 예전에 누가 저한테 노래를 잘한다고 했어요. 누구는 저한 테 글을 잘 쓴다고 했어요. 그래서 그 일들을 해보다가 누가 또 잘한다고 해주면 계속했어요. 저한텐 무언가를 진짜 하고 싶다는 내적인 동기가 별로 없었어요. 제 동기는 다른 사람들이 내가 뭘 잘한다는 것을 알아주는 거였어요. '내가 잘할 수 있는 일이라면 뭐 상관없어' 하는 식이었죠.

그게 대학 전까지는 괜찮았다. 그러나 대학에 입학하고 제출 마감 시간까지 남은 네 시간 동안 열 장짜리 논문을 쓰는 등 너무 많은 과제에 짓눌린 리는 울면서 어머니에게 전화를 했다. 별로 좋아하지 않는 친구들 무리와 어울리고 있는 인간관계도 여전히 힘들었다. 1학기 중반에 리는 더 버티지 못하고 무너지기 시작했고, 수업에도 가지 않고 기숙사 밖으로는 거의 나가지 않았다.

그런 리에게 찾아온 전환점은 두 가지를 깨닫고 나서부터였다. 첫 번째는 앞으로 나아갈 동기를 얻기 위해 칭찬에 의존해서는 안 된다는 것이었다. 대학은 고등학교 때까지에 비하면 칭찬이 훨씬 드문 환경이었다. 매일 아침 자리에서 일어나고 싶은 자기만의 이유를 찾아야 한다는 걸 리는 분명하게 깨달았다. "혼자 있으면 내가 훌륭하다고 칭찬해줄 사람이 없잖아요." 리는 소셜미디어 플랫폼의 하나인 텀블러로 가서 자신을 위한 긍정적인 말들을 쓰기 시작했다. 그걸 관심 있게 보는 사람은 없는 것 같았다. 그제서야 리는 깨달았다. "아, 나 자신을 더 좋아하게 만드는 일을 나도 할 수 있구나. 누가 날 위해서 해주지 않으니 내가 해야겠구나."

두 번째 깨달음은 삶에서 정말로 무엇을 원하는가에 관해서였다. 리는 대학을 잘 다니고 싶었다. 아니, 그래야 했다. 하지만 이런 생각도 들었다. "그저 한 사람으로서 살아가는 방법을 잘 몰랐어요." 리는 여전히 사람들과의 관계가 어렵고 모험이 두려웠다. 그래서 2학기부터는 수업에 더 나가고 제때 밥을 챙겨 먹고 교수와 상담도 시도했다. 아카펠라 모임에도 들었다. 새 친구를 사귀려고 노력했다.

대학에서 첫해를 보내고 난 여름, 리는 일부러 혼자서 시간을 보냈다. 길을 걸어 다니고 그냥 "자신과 함께 놀면서" 즐거운 시간을 보냈다. "깨달았죠. 다른 사람들이 무슨 생각을 하는지에 너무 신경 쓰다 보니 나를 사랑하는 방법을 모르는구나. '너 기막히게 잘하고 있어' 하고 스스로에게 말해주는 법을 모르는구나. 그 기술이 없다는 것, 그리고 최대한 빨리 그걸 배워야겠다는 걸 깨달았어요." 리는 그 여름을 자기와 "데이트하면서", 자기가 누구인지를 더 알아가면서 보냈다.

리에게 생긴 변화는 놀랍다. 모험을 하는 일이 더는 두렵지 않다. "내가 뭘 특별히 잘하지 않아도 이 세상이 날 싫어하는 것은 아니란 걸 깨달았어요. 그래도 괜찮다는걸요." 또 자기가 무엇을 어떻게 하든 사람들은 대부분 별로 신경 쓰지 않는다는 것도 알게 되었다. 리는 독일어 수업을 듣는다면서 자기가 "엄청나게 못한다"고 말했다. 자랑스럽게 말이다.

친구 관계에 생긴 변화도 뚜렷했다. "예전엔 '이 사람이 나를 좋게만 평가했으면 좋겠다'고 온 마음으로 바랐는데, 이젠 그런 마음이 안 들어요. '이 사람이 날 좋아해도 좋긴 하겠지만, 그것과 관계없이 내가 나를 정말 좋아해' 하는 마음이에요."

천천히 리의 사고방식은 변하고 있다. 그 변화가 가능했던 이유 중에는 환경도 있다. 즉, 백인 시스젠더*가 대다수인 환경에선 리가 자신을 펼치기 어려웠다. 그러나 그것만은 아니다. 남의 기대에 맞추어 살고 싶은 마음을 완전히 무찌를 수 있는 무기는 오직 자신뿐이라는 것을 깨달았기 때문이다. 자기한테 정말 중요한 것들을 찾고 나면 그것들과 함께 진흙탕을 뒹굴어도 괜찮다는 마음이 되는 걸 알게 되었다. 잘 맞지 않는 친구를 만난다거나 과제에 파묻혀 죽을 것 같다거나 하는 어설픈 경험들을 하게 되어도, 우리는 그 경험들을 통과해나갈 수 있고, 계속 나갈 수 있다. 그 누구도 아닌 자신을 위해서.


## 못 하면 어떡하지? 현실적인 목표 세우기

고정형 사고방식으로 생각하면 도전 앞에서 이상한 논리로 대응하게 된다. 실패가 두려울수록 자신에게 더 높은 기대를 하는 것이다. 그렇게 생긴 높은 목표가 성공으로 이어지는 경우

● 타고난 생물학적 성과 성정체성이 일치하는 사람.

는 드물다. 오히려 성공에서 더욱 멀어지는 것이 보통이다. 완벽주의는 도전을 만나면 비현실적인 기대를 불러온다.

딸이 목표를 어떻게 추구하느냐가 그 목표가 무엇인지 만큼이나, 아니 어쩌면 더욱 중요하다. 여기서 좋은 소식은, 목표를 추구하는 방식에 관해 생각을 바꾼다면 '난 못 할 것 같아'라는 자기 의심에 대응하는 법도 배울 수 있다는 것이다.

실제 삶에서 성공이란 하나의 대단한 영광으로 찾아오는 것이 아니라 여러 개의 작은 발전들로 찾아온다. 이를 딸이 알게 하라. 워크숍에서 나는 이렇게 제안한다. "약간 긴장되는 일을 날마다 해보세요." 예를 들면 제시는 '작은 용기 내기'를 실행했다. 즉, 커다란 새 기술을 습득하는 목표에 이르기 위해 작고 지엽적인 일들을 해나갔다. 제시에게는 바로 카페를 한 군데씩 계속해서 방문하는 것이었다. 리의 경우 교수실을 방문하기 시작하고 끼니를 거르지 않기로 스스로와 약속한 것이었다. 작은 단계를 한 번에 하나씩 밟아나갔다.

그렇게 하기 위해 내가 활용하는 3단계 계획이 있다. 그 3단계란 안전지대, 저위험 지대, 고위험 지대다. 하디아는 수업 시간에 소리 내어 말을 하는 것이 목표인 대학교 2학년생이다. 그에게 안전지대, 다시 말해 지금 쉽게 할 수 있는 일은 수업 시간에 조용히 있는 것이었다. 가끔은 자청해서 수업 자료 소리 내어 읽기를 한다고 했다. 나는 하디아에게 저위험 지대가 무엇이겠느냐고 물었다. 수업 시간에 의견 말하기라는 목표를 위해 지금 당장 밟을 수 있는 작은 단계가 무엇이겠냐고. 저위험 지대는 긴장되기는 해도 무섭지는 않은 일이어야 한다. 감당할 수 있는 정도의 위험이어야 한다.

하디아는 수업마다 세 번 의견을 말하는 것으로 정하겠다고 했다. 지금까지 수업 시간에 거의 입도 떼지 않았으면서! 나는 안 된다고 했다. 좀 더 작은 목표로 다시 정해보라고 했다.

하디아는 나를 보고 불만스런 표정을 짓기는 했지만 다시 곰곰이 생각해보았다. 그러고는 수업 시간에 의견 말하기를 두렵게 느끼는 자기 문제에 관해 교수에게 이메일을 쓰고 면담을 요청하겠다고 했다. 좋다. 그렇다면 이제 남은 고위험 지대는 어떤 것이어야 할까? 고위험 지대는 최종 목표를 향해서 '지금 당장' 내딛기에는 너무 두려운 단계를 말한다. 하디아에게 고위험 지대는 바로 교실 맨 앞으로 자리를 옮기는 것이었다. 피할 수 없이 교수의 질문에 대답을 해야 하고, 교수가 질문할 확률도 더 높아지는 위치니까.

이 연습을 하면 두 가지 멋진 변화가 일어난다. 우선은 저위험 지대의 일을 잘 해냄으로써 용기가 솟는다. 그리고 그 용기 덕에 고위험 지대의 일이 훨씬 덜 두려워진다. 시간이 지나면서 연습은 습관으로 자리 잡는다. '어떤 기술을 숙달해서 생긴 자신감에는 전염성이 있다'는 주장이 캐티 케이Katty Kay와 클레어 시프먼Claire Shipman의 책 《나는 오늘부터 나를 믿기로 했다》*에 담겨 있다. '그 자신감은 다른 일로도 옮아간다. 무엇을 숙달했는지는 그리 중요하지 않다. 어린아이에게 그것은 신발끈을 묶는 일처럼 단순한 일일 수도 있다. 중요한 것은 무엇 하나를 숙달하면 다른 것도 시도할 수 있는 자신감이 생긴다는 것이다.' 그러니 새로운 친구들 무리에 다가가보고 싶다거나 연극 오디션에 지원하고 싶다는 마음이 들 때, 아주 두려운 하나의 순간을 극복해야 한다고 생각하기보다는 그 목표까지 밟고 올라갈 수 있는 작은 단계들을 생각해보는 것이다.

17세 조애나에게는 특히 그랬다. 용기 훈련소에 왔을 때 조애나는 무용수로서 더 유연한 몸을 만드는 것이 목표라고 말했다. 이 목표를 위해 일주일에 5일, 하루에 1시간씩 스트레칭을 하겠다는 계획이 있었는데, 용기 훈련소에 오지 않았다면 아마 이 계획을 전혀 재고하지 않았을 거라고 했다. 그래서 조애나는 워크숍이 시작되고 처음 몇 시간 동안 나에게 냉랭한 눈길을 쏘며 앉아 있었나 보다.

하지만 시간이 지나면서 조애나는 기준을 너무 높게 잡아 오히려 자신이 패배감을 느낀다는 점, 스트레칭을 아예 안 하게 된다는 점을 깨달았다. 조애나는 이제 과제를 하는 동안이나 학교에서 짬짬이 한가로운 시간이 생길 때 스트레칭을 하는 것으로 계획을 바꾸었다. 조애나에게 이상적으로 보이는 계획은 아니었다. "절충안이죠" 하고 말했다. 처음에는 기분이 이상했다고 한다.

이렇게 새 계획을 정하고 며칠이 지나서, 조애나는 "채울 수 없는 기대"의 버거움을 느끼지 않고 사는 것을 무척 사랑하고 있음을 깨달았다. 날마다 1시간씩 스트레칭하는 목표를 세워놓고 달성 못 하기를 반복하며 지냈다면 비참한 기분이 들었으리라는 것을 알게 되었다. "좀 더 작은 단계를 정해서 달성해 나갈 때 나 자신을 더 좋아할 수 있어요. 내가 뭔가를 성취하고 있구나, 실감할 수가 있거든요. 할 일 목록에서 달성한 일을 하나씩 줄 그어 지울 때 행복한 것처럼요. 기준을 너무 높게 세우면 과정의 기쁨을 잘 모르게 되는 것 같아요. 높은 성과를 내는 데만 집중하니까요."

캐티 케이와 클레어 시프먼에 따르면 자신감은 '하는 것'과 연관되어 있다. 자신감을 키우는 데 가장 큰 장애물을 하나 꼽는다면 실패가 아니라 바로 '하지 않는 것'이다. 시도하지 않는 것. 실행하지 않는 것. 바로 딸들이 지니게 되는 성향이다. 손을 드는 대신 고개를 숙이고 손을 무릎 위에 얹어두고, 뛰어드는 대신 난색을 표하고.

꿈 크고 성과 넘치는 내 학생들이 목표를 설정하도록 도우면서, 나는 한 가지 충고를 하고 또 했다. 바로 "기준을 낮추어라." 아이들은 웃는다, 매번. 하지만 나는 농담이 아니고, 아이들은 곧 그것이 얼마나 도움이 되는지를 깨닫는다. 나는 작은 속임수 하나를 쓴다. 학생이 자기가 시도할 작은 목표를 하나 고르면, 그 목표를 어떻게 생각하느냐고 내가 물어보는데, 그때 만약 너무 시시하다고 얼굴에 쓰여 있거나 목표가 너무 작아 우스운 것 같다고 웅얼거리거나 한다면 빙고! 적당한 목표를 고른 것이다. 바로 실천할 수 있는.


## 내가 여기 속하지 않으면 어떡하지? 가면현상

고등학교, 대학, 첫 직장 등 새로운 기회를 맞이했을 때, 처음 몇 달은 어렵게 얻은 성취를 즐기는 신나는 날들이자 오래 기다려온 날들이다. 하지만 이때 마음속에서 새로운 불안이 고개를 드는 경우도 있다. 큰 바다에서 너무 작은 물고기가 된 기분을 느끼는 것이다.

아누는 미국에서 가장 학생 선발이 까다로운 학교 중 한 곳에서 생화학 박사 과정 1년 차를 보내고 있는 27세 여성이었다. 스리랑카 원주민으로서 미국 대학에 진학했고, 줄기세포를 연구하는 한 유명한 생물학자의 보스턴 실험실에서도 두각을 드러냈다. 이날 우리는 아누가 있는 곳 기준으로 새벽 5시 30분에 비디오 채팅을 하고 있었다. 아누가 나와 대화를 나누기 위해 낼 수 있는 유일한 시간이 그때였기 때문이다.

아누는 처음에는 대학원이 짜릿했다고 말했다. 교실과 실험실에서 자주 의견을 내었다. 그런데 몇 달 지나고 나서 걷잡을 수 없이 불안이 밀려드는 것을 느꼈다. "보스턴에서 수재들과 함께 일했는데, 그 사람들이 제가 그 실험실에 꼭 필요한 존재라고 말해줬어요." 프로그램을 시작하고 몇 달이 지났을 때 아누는 "그 말이 전혀 믿기지 않았다"고 털어놓았다.

아누는 가면현상에 빠져 있었다. 자기가 지금 있는 곳이 맞는 자리가 아니거나 자기가 이내 발각되어서 쫓겨날 엉터리라고, 또는 담당자들이 실수로 자기를 그 위치에 받아주었으리라 믿는 것이다. 청년기부터 이미 뚜렷하게 나타나는 현상이다. 대학에 가는 것처럼 더 높은 성취를 위해서 사는 곳을 옮기는 과정에서 특히 많이 생기고, 그 분야의 장벽을 허물고 있는 사람들에게도 많이 생긴다. 여성이 가면현상을 더 많이 겪는다고 믿는 학자들도 있다. 그러나 하버드 경영대학원에서 '자기가 입학한 것이 입학위원회가 저지른 실수라고 생각하는 사람?'이라는 질문을 했을 때, 막 입학한 1학년 중 3분의 2가 손을 들었다.

가면현상은 특히 STEM Science, Technology, Engineering, Mathematics 분야에서 많이 볼 수 있는데 두 가지 이유가 있다. 첫째, 여성과 유색인은 이들 분야에서 소수에 속하기 때문이다(아누는 둘 다에 해당한다). 자기하고 닮았거나 자기와 경험이 비슷한 사람이 거의 없는 환경에서는 자기가 그곳의 일부라는 기분을 느끼기가 어려운 편이다. 둘째, 아누가 내게 가르쳐준 것과 같이 과학 실험은 대부분 실패한다. 아누는 "그 실패를 개인적인 실패로 여기지 않기가 참 어렵다"고 말했다.

아누는 쪼그라드는 느낌이었다. 자기가 과연 과학이란 분야에 맞는 사람인가 하는 의문과 함께 동기가 희미해졌다. 앞으로 진행할 프로젝트를 제안해달라는 요청을 받으면 이제 아누는 위험도가 높은, 거의 실패할 것이 확실한 실험들은 선뜻 제안하지 못했다.

자격 검정 시험을 준비하면서, 아누는 컴퓨터 앞에 앉아 자기가 애초에 왜 대학원에 왔을까 하는 의문이 들었다. 이토록 자신이 없는데 앞으로 4년을 이곳에서 애쓰는 것이 가치 있는 일일까?

아누는 자신의 불안한 마음을 솔직하게 담아 35명쯤 되는 대학원 동기들에게 이메일을 썼다. 그러면서 박사 과정을 밟으며 받는 스트레스를 함께 터놓고 이야기하고 싶은 사람이 있는지 물었다. 거의 절반이 응답했다. 아누의 학우들은 함께 모여 커피를 마시면서 마음속 두려움을 꺼내놓았고, 그토록 치열하고 자신감 있어 보이던 아누가 자신감 부족에 시달린다는 사실에 대단히 놀라워했다. "다른 사람도 아니고 아누가 그런 기분을 느낄 줄은 생각도 못 했어요." 한 남자가 아누에게 한 말이다. 아누는 깜짝 놀랐다. 그날의 첫 만남은 학우 멘토링 모임으로 지금껏 이어지고 있다.

가면현상은 속하지 못한다는 마음으로 힘든 사람이 자기뿐이라는 (잘못된) 믿음이 있을 때 더욱 심해진다. 그래서 자기 이야기를 남들과 나누고 동지를 찾는 일이 아주 큰 힘이 될 수 있다. 자신의 중요한 부분을 남들한테 숨기려고 애를 쓰다 보면, 남에게 보여주는 나와 마음속 나의 격차가 커지면서 내가 가짜라는 기분도 더 커지기 마련이다. '가짜로 연기하다 보면 진짜가 된다'는 조언이 효과가 있을 때도 있지만, 모두에게 그런 것은 아니다.

가면현상을 숨기지 않고 고백하는 일은, 자기 집안 첫 대학생이라서 자기가 전혀 대학에 다닐 인재가 아닐지 모른다는 두려움에 자주 사로잡히는 학생들에게 특히 치유의 효과가 있다. 라틴 아메리카계 집안에서 자란 니콜은 내게 말했다. "들킬까 봐 두려운 기분이 드는 거예요. 누가 넌 여기 있을 아이가 아니야, 할 것 같은." 말하는 대로 이루어지는 일종의 예언처럼 그 믿음이 결국엔 현실이 되는 경우도 일부 있다. 자신이 거기에 속하는 사람이 아니라는 짐작을 품고 있으면 그 짐작을 바꾸어 놓을 만한 자원들도 활용하지 않을 확률이 높기 때문이다. 예를 들어 니콜은 1학년 때 학교생활에 도움을 청하지 않았다. 때로는 어디에다 물어야 할지 몰라서, 때로는 답을 이미 알지 못

하는 것이 부끄러워서였다. 교수실에도 결코 방문하지 않았는데, "자기가 다른 학생들과 같은 수준이 아닐 것 같았기" 때문이다. 대학에서 편안한 소속감을 느낄 수 없으니, 거길 다닐 자격이 있다는 확신을 느낄 계기를 만나기도 더 어려워졌다.

집안의 1세대 대학생인 2학년 실비아는 부유한 가정 출신이 대부분인 자기 학교 학생들과 비슷해지는 데 더는 힘을 쏟지 않기로 결심했다. 멕시코인으로서 자신의 문화를 자랑스럽게 드러내기 시작했고, 그럼으로써 더 당당해졌다. 실비아는 이렇게 말했다. "내가 누구이고 어디에서 왔는지를 포용해서 그 누구도 내가 어떤 사람인지 단정할 수 없게 하는 법을 배웠어요. 나 아닌 그 누구도 내가 뭘 할 수 있는지 없는지를 결정할 수 없어요. 그걸 알면 목표를 찾을 수 있어요."

대학 1학년 때, 친구들이 낯선 대학 문화에 관해 이야기를 나눌 때 조던은 두려워서 조용히 듣고만 있었다. 이제 대학 4학년인 조던은 친구들과 지인들에게 자기가 집안의 1세대 대학생이라는 이야기를 한다. 그래서 그들은 조던을 좀 더 이해하고 지원할 수 있다. "내 이야기를 하면 내가 그 문제를 받아들이게 돼요. 그리고 다른 사람들이 날 이해할 수 있게 되고요." 여기서 짚고 넘어갈 대목은, 이것이 원래 조던의 책임은 아니라는 점이다. 더 많은 경제적 혜택을 받으며 자란 대다수의 학우들과 교육자들이 자기와는 다른 처지에 있는 학생의 경험을 배우고 존중할 책임이 있다. 하지만 조던은 집안 첫 대학생들의 삶이 어떠한지를 먼저 이야기해줌으로써 자신의 외로운 짐을 가치 있는 일로 바꾸었다.

자신의 두려움을 더 직접적으로 깨뜨리는 방법도 있다. 가면현상을 해결하기 위한 워크숍에서 나는 다음과 같은 미완성의 문장이 적힌 카드를 여학생들에게 주고 직접 완성해보라고 한다. '나는 남들이 생각하는 것처럼 내가 _____지 않을까 봐 가끔 걱정한다.' (압도적으로 많은 아이들이 '똑똑하'를 적어 넣는다.) 그러고는 다음 질문들에 답을 생각해보라고 한다.

○ 그것이 사실이 아니라는 어떤 증거가 있습니까?
→ 나는 AP 수업•을 두 개 듣는다. 나는 성적이 좋다. 나는 시 쓰기 대회에서 상을 받았다.
○ 이런 걱정이 드는 때는 대체로 언제입니까?
→ 피곤하거나 혼자서 많은 시간을 보낼 때.
○ 이런 기분을 털어놓을 수 있는 사람을 1~3명 정도 생각해보세요.
→ 엄마, 상담사 선생님, 친구 캐시.

이 과정을 통해 가면현상에 맞설 세 가지 강력한 무기를 사용하게 된다. 첫째는 '자신이 가짜'라는 믿음과 상반되는 증거를 찾아보는 일이다. 둘째는 그 기분의 표면 아래로 내려가 근본적인 원인을 생각해보는 일이다. 스스로가 가짜처럼 느껴질 때는 환경이나 감정 같은 더 근본적인 이유가 있는 경우가 많다. 마지막으로 셋째, 스스로 고립되지 않고 자기를 지원해줄 사람

• 대학 과정을 미리 듣는 수업.

들을 떠올려보는 일이다.

꼭 딸에게 글로 적으라고 하지 않아도 된다. 대화로도 할 수 있다. 하지만 우선 당신이 딸을 공감하는 것이 아주 중요하다. "무슨 그런 생각을 다 해? 실제로 안 그렇다는 거 너도 알잖아!" 같은 말로 딸이 실제 느끼는 기분을 축소하거나 부인하지 않아야 한다. 자신의 가면현상을 당신이 진지하게 받아들인다는 것을 딸이 느껴야 한다. 그런 다음 시작해보라.

아누는 자신에게 성공이란 어떤 것인지를 다시 정의해보면서 자신의 가면현상을 해결하기 위해 노력했다. 자기가 하는 실험의 작은 성취들에 초점을 맞추려 노력했다. 설사 실험 결과가 자기가 기대한 것과 다르다 해도 말이다. "실험에서 어떤 게 예상대로 됐을 때 아주 기뻐하는 법을 배웠어요." 그리고 주변 동료들은 아누의 활동에 아누 자신만큼 신경을 쓰지 않는다는 점을 떠올렸다. 내가 나에게 집중하는 것과 같은 정도로 남들도 나를 지켜본다는 믿음, 청년기의 '상상 관객'을 아누는 떨쳐냈다. 내게 이렇게 설명했다. "자신에 대해 너무 심각하게 생각하지 않는 게 중요해요. 남들이 내가 하는 일을 하나하나 다 평가하는 것은 아니라는 걸 깨달아야 해요."

이제 아누는 되도록 자기를 남들과 비교하지 않는다. 어떤 분야에서든 자기보다 실력 있는 동료는 반드시 있을 거라는 사실을 떠올린다. "나보다 더 많이 아는 사람, 더 목소리를 내고 비판적 사고가 더 뛰어난 사람은 언제나 있을 거예요. 하지만 소속 집단의 다른 사람들과 같은 수준이 아니라고 해서 내가 실패한 건 아니에요." 아누는 이제 자기가 임하는 분야마다 최고가 되기를 기대하기보다는 그저 자기 자신에게, 그리고 자기 노력에 초점을 맞추려 한다. 특히 자기 성취를 스스로 인정할 때 남들에게 신경이 훨씬 덜 쓰인다는 사실을 발견했다. 그래서 이런 결론을 내렸다. "스스로를 지키는 가장 좋은 방법은 이 모든 게 계속 이어지는 발전의 과정이라는 걸 생각하는 거예요." 이 균형이 아누의 마음 건강에 핵심적인 역할을 한다. 사실, 가면현상을 잘 관리하며 사는 사람들은(가면현상이 완전히 사라질 수 있는지는 잘 모르겠다) 자기 야심의 복잡한 중간 지점에 머무는 법을 안다. 즉, 자기 가치를 의심하지 않는 선에서 자신의 한계를 받아들이고, 동시에 성취도 편안히 인정한다.

딸이 이러한 균형을 얻는 데 당신이 여러 방법으로 도울 수 있다. 딸이 자신의 부족한 점을 받아들여야 하는 경우, 그 좌절을 3단계 자기 자비로 접근하도록 권유해보라(6장에 나오는 내용이다). 자기 자비는 자존감을 다치지 않으면서도 건강하고 현명한 방식으로 책임을 지는 데 도움이 된다. 그리고 딸이 자신의 성취를 충분히 인정하도록 돕고 싶다면, 감사하기 연습이 좋다. 날마다 자기가 이미 '가진' 것을 고마운 마음으로 생각하는 것이다. 또 칭찬을 받았을 땐 스스로를 깎아내리고 남의 덕이라고 대답하는 대신 그저 고맙다고 대답하기를 권하라.

자신감이 없어지는 순간들은 있게 마련이고, 우리 모두는 그때를 위해 스스로의 자원을 비축해둘 필요가 있다. 자기 비하적 대화를 자주 주고받고, 자신에 관한 좋은 이야기는 재빨리 부인하는 아이들은 가면현상을 겪기가 더 쉽다. 자기가 이루어낸 일들을 긍정하는 것이 거만함이 아님을 알아야 한다.

그건 자신의 모자란 점을 발견할 때를 대비해 방어책을 비축해 놓는 일과 같다.

마지막으로, 자기만 그런 것이 아님을 깨닫는 것만으로도 딸에게는 도움이 될 것이다. 스스로에게 먼저 물어보라. 당신은 칭찬을 받아들일 줄 알고 자기가 이룬 것을 자랑스럽게 생각하는가? 지금껏 당신의 행동이 잘못된 본보기가 되었을지도 모른다는 사실을 딸에게 인정하는 것은 전혀 부끄러워할 일이 아니다. 오히려 딸이 어른들에게서 흔히 목격했을 이중잣대를 스스로 인정하는 당신을 더욱 믿게 될 것이다. 사람들 모두가 어느 정도는 스스로에 대한 의심을 품고 있다는 것, 탁월한 성취를 해내는 사람들과 가장 훌륭해 보이는 또래들, 그리고 자기 부모까지도 그렇다는 것을 깨달을 때, 지금까지 자기가 조금 미친 것 같다고 생각했을 딸은 자기가 미친 것이 아님을 실감할 것이다.


# 이 모두가 내 잘못이라면?
## 균형 있는 시각으로 바라보기

얼마 지나지 않은 일이다. 나는 새로 사귄 친구와 이메일로 대화를 나누다가 친구의 기분을 상하게 하고 말았다. 친구는 나에게 자신의 기분을 알렸고 나는 곧바로 사과했다. 며칠 후 나는 관계를 바로잡기 위해 친구를 우리 집에 초대했다(이번에도 이메일로 했다). 친구는 답장을 하긴 했지만 우리 집에 오겠다는 것인지는 애매했다. 그리고 며칠이 지나 나는 친구가 아직 화가 나 있을까 봐 걱정된다고 메시지를 보냈다. 통화를 할 수 있겠느냐고 물었다. 답은 없었다.

나는 그냥 넘길 수가 없었다. '내가 뭘 잘못했지? 친구는 왜 화가 났지?' 나는 집요하게 이 일에 매달려, 다른 친구 한 명, 아니, 솔직히 두 명에게 전화를 걸어 이야기를 해보기도 하고 내 심리상담사와 상담도 했다. 한밤중에 잠에서 깨어서도 생각했다. '이메일은 아예 보내지 말고 전화를 했어야 하나?' 나는 그 친구 전화번호를 모르지만 물어볼 수 있었다. '내가 무례하고 무신경했나?'

자기가 겪은 좌절을 스스로에게 어떻게 이야기하는가가 우리 자신감에 큰 영향을 미친다. 심리학자들은 이것을 귀인 attribution이라고 한다. 친구가 내게 아무 응답이 없었던 것을 내 탓이라 여긴다면 그것은 내적 귀인을 하는 것이다. 즉, 원인을 나로 보는 것이다. 그러고는 나 스스로를 끝없이 비난하고 심지어 부끄러움까지 느낀다. 만일 내가 외적인 상황도 고려한다면, 그러니까 어쩌면 친구가 이번 주에 바쁠 수도 있다거나 직장이나 집에서 스트레스를 많이 받았을 수도 있다고 잠시 생각해본다면, 외적 귀인을 하는 것이다. 원인은 내가 아닌 외부에도 있을 수 있다고 보는 것. 그래도 물론 죄책감을 느낄 수 있다. 내가 선택을 잘못했다고 생각할 수 있다. 그러나 모든 원인이 나라고 생각할 때처럼 타격을 입지는 않는다.

성별에 따라 잘못의 원인을 찾는 성향에 뚜렷하게 차이가 난다. 다음과 같은 이야기로 딸에게 이를 설명해줄 수 있다. 한 여자와 한 남자가 취업 면접을 보았고 둘 다 떨어졌다고 하자. 연구 결과에 따르면 남성은 지금이 일자리를 구하기 힘든 시기라거나 자기 이력서가 충분히 꼼꼼히 검토되지 않았기 때문이라고 결론짓는 경향이 높다. 외적 귀인을 하는 것이다. 반면 여성은? 자기가 자격이나 실력이 충분치 않아서라거나, 옷차림이 적절하지 않아서, 면접 때 뭔가 말을 잘못해서라고 생각하는 경향이 높다. 내적 귀인을 하는 것이다.

양쪽 중에 어느 쪽이 다시 취업을 시도할 확률이 높겠는가? 남자다. 그렇다면 취업 활동을 중단한 채 그 면접의 순간순간을 해부하고, 내가 어떤 옷을 입었으며 그 차림이 적절했는지, 내가 무슨 말을 하고 무슨 말을 안 했는지, 어떻게 악수를 했는지 따위를 곱씹어볼 확률이 높은 쪽은 어느 쪽일까? 그렇다.

내가 메일을 보낸 지 2주가 지나서 이 친구가 답장을 했다. 그간 일에 치여 "정신이 하나도 없었다"고 했다. 나는 불필요한 가슴앓이를 그때까지 했던 것이다.

딸에게 이런 적이 있는지 물어보라. 당신에게도 그런 경험이 있다면 딸에게 이야기해주라. 또한 지금 당신에게 어디서 원인을 찾아야 할지 고민되는 일이 있다면 딸에게 공유하고 함께 답을 찾아보라. 나는 워크숍에서 학생들에게 자신의 실수담 하나씩을 고른 다음, 그 사건을 다른 방식으로 해석해보게 한다. 학생들이 선택하는 이야기는 다양하다. '친구가 주말에 약속이 없다고 했는데 스냅챗을 보니 놀러 나갔던 것이 분명하다.' (내적 귀인: 나는 친구에게 함께 놀기에 너무 재미없는 아이다. 외적 귀인: 친구도 갑자기 생긴 약속이라 나한테 이야기할 틈이 없었다.) '상사가 나에게는 무급휴가 하루를 더 추가해 주지 않았다.' (내적 귀인: 나는 일을 잘하는 직원이 아니다. 외적 귀인: 상사가 업무 압박을 느끼는 상황이라 일손이 하나라도 더 필요한 건지도 모른다.) 그리고 나는 학생들에게 가능한 경우라면 어떤 이유가 분명하다고 짐작하지 말고 직접 물어서 알아내길 권유한다.

내가 한 실수나 남이 나를 대하는 방식을 해석하는 일은 갈림길에서 방향을 정하는 것과도 같다. 중요한 건 우리가 선택할 수 있다는 것이다. 그 선택이 자신감에 직접 영향을 미친다. 모든 화살을 나에게로 돌리는 것은 이미 일어난 일을 내가 악역인 이야기로 새로 쓰는 것이다. 앞서 말했던 내 이야기에서 의식적으로 외적 귀인을 시도해보았다면 아마도 나는 자책과 고민을 훨씬 덜 했을 것이다. 상대방이 작은 말실수에도 감정을 크게 느끼는 성격이라거나, 곧바로 사과하는 것만으로는 부족하다고 여기는 사람이라거나 하는 여러 가능성을 고려했을 것이다. 어차피 이런 친구와의 관계는 적당한 거리가 있는 편이 더 안전하다는 것을 깨달았을지도 모른다. 이런 생각이 내 죄책감이나 불안을 완전히 없애지는 않았겠지만 훨씬 알맞은 크기로 줄여주었을 것이고, 나는 자존감도 잠도 잃지 않았을 것이다.

좌절을 받아들이는 방식을 바꾸려면 연습이 필요하다. 기존에 지녔던 마음의 습관을 버려야 한다. 너무 쉽게 미끄러져 들어서곤 했던 자기 비난의 길에서 스스로 나와야 한다.

여성이 선택하는 귀인 중에 자신감을 깎아먹기는 마찬가

지인 것 또 하나가 있다. 우리는 무언가에 성공하면 열심히 했기 때문이라고 생각하는 경향이 있다. 우리의 성공을 노력의 결과라고 보는 것이다. 그리고 실패하면 똑똑하지 못해서라고 생각한다. 즉, 우리의 실패를 능력 탓으로 받아들인다.

문제는 그렇게 생각할 때 궁지에 빠진다는 것이다. 자기 실패의 원인을 능력 부족이라고 여겨 '내가 그 정도 머리나 능력을 타고나지 못했나 보다' 하고 생각하기 쉽기 때문에, 마음을 추스르고 다시 시도하기는 그만큼 더 어려워진다. 자기가 거둔 성공의 이유를 오직 '열심히 했기 때문'이라고 생각하는 경우도 마찬가지다. 그 판단에는 자기 안에 핵심적인 재능이 없고 부수적인 여건에 좌우되어 성공한 것이라는 믿음이 깔려 있다. 이 역시 사실과 다른 믿음이다.

당신은 자기 성공과 실패를 어떤 식으로 이야기하는 편인가? 딸을 가르치기 전에 당신의 내면을 들여다보라. 어떤 일이 좌절되었을 때 떠오르는 생각의 패턴이 어떤지 스스로 관찰해보라. 내가 능력이 부족해서 이렇게 되었다고 곧장 판단하는 편인가? 외부적인 이유를 고려해보는가? 아니면 둘 다 하는가? 한편 성공했을 때는 노력에서만 이유를 찾는가? 자신부터 생각하는 방식을 바꾸어야겠다는 판단이 든다면 우선 어느 정도 시간을 들여 실행한 뒤에 딸을 도우라. 그리고 언제나 그렇듯이, 당신 자신이 바뀌어야겠다는 생각이 들 때는 그것을 인정하겠다는 마음의 준비를 하고 딸과 대화를 시작하라.

딸이 다음번에 실패를 겪으면 딸의 능력을 탓하는 말을 당신도 하지 말고 딸도 못 하게 하라. 대신 딸이 한 선택들을, 더 큰 맥락을 보라. 그리고 딸에게 앞으로 어떻게 다른 사람이 될 수 있는지가 아니라 무엇을 다르게 할 수 있을지를 물어보라.

　　노력을 칭찬해야 성장형 사고방식을 강화할 수 있는 것이 사실이지만, 딸이 지닌 고유한 능력을 상기시키는 것 역시 중요하다. 다음에 딸이 무언가를 잘하면, 능력과 상황을 함께 칭찬하는 연습을 해보아라. 딸에게 어떤 능력이 있어서 그걸 해낼 수 있었나? 딸은 내적인 자원을 사용했는가? 딸은 스스로에게 긍정적인 이야기를 했고 포기하기를 거부했는가? 성실했는가? 건설적인 피드백을 잘 다루었는가? 딸이 특정 분야에 실력이 있었던 덕분인가? 노력을 칭찬하는 것도 좋지만 오로지 노력 때문에 해냈다고 생각하지는 않게 하라.


*
**

캐티 케이와 클레어 시프먼은 대학생 500명에게 공간 퍼즐 문제 여러 개를 연이어 풀어달라고 요청했다. 여성들은 남성들보다 점수가 낮았는데, 능력이 더 부족해서가 아니라 풀 수 있다는 확신이 들지 않는 문제는 답을 쓰지 않았기 때문이다. 재커리 에스테스Zachary Estes 교수는 같은 실험을 반복하되, 이번에는 퍼즐 문제를 하나씩 따로 풀어달라고 요청했다. 여성들의 점수는 앞 실험에 비해 솟구쳐 올랐고 여성과 남성의 점수에 거의 차이가 없었다.

　　이 연구의 결과가 내 머릿속을 떠나지 않는다. 지금껏 추측만으로는 답을 하지 않아서 여학생들은 얼마나 많이 시험 점수를 잃었을까? 손을 들고 말하지 않아서 얼마나 많은 여성들의 답이 교실이나 회의장에서 공유되지 못했을까? 여자아이들이 스스로를 의심하여 행동하지 않아서 세상은 얼마나 많은 것을 잃었을까?

위험을 감수함으로써, 행동함으로써 딸의 삶에는 아주 짜릿한 변화의 가능성이 생긴다. 재스민은 대학에서 자기가 "안전하고 예측 가능한" 모험만을 했다고 말했다. "나에게 커다란 영향을 주지 않는 일, 설사 잘 안 풀려도 숨길 수 있는 모험만 했어요." 내가 진행한 '반항아를 위한 리더십' 코스를 마치고 나서, 재스민은 얼마 안 되는 가진 돈 전부를 털어서 남아프리카행 비행기표를 샀다. 그 여행을 위해 인턴십 몇 개도 거절하고 계획을 다 짤 때까지는 부모한테도 말하지 않았다. "아시고는 제가 미쳤다고 생각하셨어요." 재스민은 그때를 떠올렸다.

그 모험이 재스민의 삶을 바꾸었다. "지구 남쪽의 아름다운 나라를 탐험했어요. 그 나라에 제 조상이 있었다는 것도 나중에 알게 되었죠. 저는 처음으로 사랑에 빠졌어요. 내 삶을 사는 법을 배웠어요. 멈추어서 아름다움을 즐기고 생애 처음으로 제 나이다운 일을 해보면서요." 그 여행에서 스스로에게 증명해 보인 것 덕분에 재스민은 오늘 불안한 취업 시장에서 버틸수 있다.

건강한 모험을 할 수 있도록 여성들을 도울 때 나는 세 가지 질문을 한다.

○ 일어날 수 있는 가장 나쁜 결과는 뭘까요?
○ 그 결과를 감수할 수 있나요?

○ 그 결과를 감당하는 데 필요한 자원을 당신은 가지고 있나요?

첫 번째 질문에 대한 대답은 "그 일자리를 얻지 못하겠죠"에서 부터 "그 시험 성적이 낮을 거예요" "거절을 당하겠죠" "답문자를 못 받을 거예요"까지 다양하다.

자기주장을 더 키우겠다는 목표를 세운 뒤, 린디 웨스트는 일어날 수 있는 최악의 결과가 끊임없이 걱정됐다.《나는 당당한 페미니스트로 살기로 했다》*에서 그는 '조용한 사람에서 목소리 큰 사람이 되는' 과정을 가리켜 이렇게 썼다. '마음으로는 내가 죽었는데 가만 보니 실은 죽지 않았고, 그다음 번에는 조금 덜 죽었다.' 그는 위험을 감수한 후 스스로에게 이렇게 물어보라고 젊은 여성들에게 조언한다. '내가 죽었나? 세상이 달라졌나? 내 영혼이 수천 개 조각으로 쪼개져 바람 속으로 흩어졌나?' 더 나이가 많은 성인들은 '죽음'이라는 단어를 사용하는 그의 언어가 조금 호들갑스럽다고 생각할 수도 있지만 이것은 100퍼센트 여자아이들의 언어다.

지금까지 이 주제로 나와 함께 노력한 여학생 수백 명 중 자기가 어떤 위험을 감수했을 때 '일어날 수 있는 가장 나쁜 결과'가 실제로 재앙일 것이라고 말한 여학생은 한 명 있었다. 그러나 대부분의 경우, 짐작되는 최악의 결과는 꽤 일상적인 일들이고 학생들은 "네, 생각해보니 이 정도는 감수할 수 있을 것 같은데요" 하고 덧붙이곤 한다. 스스로도 좀 놀라면서 말이다.

실천을 해보고는 더 놀란다.

# 5

# 생각의 러닝머신 달리기

잠자리에 누우면 그날 했던 말을 전부 다시
떠올리고 그중 절반 이상은 내가 왜
그 말을 했을까 하고 자책해요.
── 하퍼(16세)

# 부정적인 생각이 나를 앞으로 나아가게 한다: 방어적 비관주의

시험을 앞둔 여자아이들과 함께 둘러앉아 있으면 최악의 결과를 예상하는 목소리가 여기저기서 튀어나온다.

"난 이번 시험 통과 못 할 거야."

"이번 시험 때문에 내 평점 박살 날 거야."

"난 아예 졸업을 못 한다니까."

심리학자들은 이것을 '방어적 비관주의' 또는 실패 계획이라고 한다. 어려움을 마주하면 부정적인 결과를 상상해보는 것이다. 만약 실제로는 일이 잘 풀린다면 기분 좋게 놀라게 된다. 일이 잘 안 풀리는 경우에는 실망할 마음의 준비가 되어 있다. 정신적으로 만약의 경우에 대비해 비상 배낭을 싸는 것과도 같다.

"저는 스스로에게 늘 최악의 결과를 이야기해요. 내가 별로 잘하지 못했을 때 덜 괴롭게요." 16세 아베샤가 말했다. 22세인 대학 졸업생 모건은 인터넷 입사 지원서 제출 버튼을 누를 때를 이렇게 묘사했다. "지원자는 어마어마하게 많을 테고 대부분 나보다 스펙이 좋을 거고 나는 한 게 이런 거 이런 거밖에 없으니까 합격 안 될 거야, 하고 생각해요."

21세 피비는 이렇게 말했다. "시험을 칠 때면 낙제할 거라는 생각, 패스/낙제 옵션•을 써야 할 거란 생각, 나아가서 졸업

---

• 점수를 A~F가 아니라 패스, 낙제 둘 중 하나로 표기할 수 있는 옵션.

을 못 하고 취업을 못 할 거란 생각까지 해요. 실패에 단단히 대비를 해야 한다는 식으로요." 거절당할 것을 예상하는 건 앞으로 올지 모를 고통에 대비해 미리 마음을 마비시키는 것과 같다고 피비는 덧붙였다.

웰즐리 대학 교수 줄리 노럼Julie Norem의 연구에 따르면 사람들의 30퍼센트는 방어적 비관주의를 사용하고 있다고 한다. 주로 불안에 대응하는 방식이며, 방어적 비관주의를 품은 사람들이 일을 더 잘하는 경우도 많다고 한다. 16세 하퍼는 그것을 간단히 표현했다. "부정적인 생각이 제가 전진하는 동력이 돼요." 다시 말해, 방어적 비관주의가 반드시 나쁜 것은 아니라는 것이다.

하지만 여자아이들이 자기가 얼마나 엄청나게 무언가를 망칠 것인지 소리 높여 이야기하는 것을 듣고 있노라면 나는 이 사고방식에 회의적이다. 방어적 비관주의는 부정적인 일에 대처할 수 있도록 부정적인 에너지를 삶으로 끌어들이는 일이다. 심리학자들은 그것이 불안을 다스리는 유용한 방법이라고 주장하지만, 연구 결과를 보면 방어적 비관주의자들이 스스로에 대한 부정적인 생각을 품는 경향이 높다. '나는 실패할 거야'라는 생각을 하면 '나는 머리가 좋지 않을 거야' 또는 '실패해서 원하는 학교에 못 들어가면, 그래서 부모님을 실망시키면 어떡하지?' 같은 생각이 뒤를 잇기 쉽다.

이런 부정적인 생각은 자존감을 떨어뜨리고 우울을 증가시킨다. 자존감이 낮아지는 것이 우리를 더 노력하게 만들 수는 있다. 노력해서 목표를 이루어 자존감을 되찾아야 한다고 스스로를 다그치게 되는 것이다. 그런데 만약 '나는 실패할 것'이라는 예상이 결과적으로 맞는다면 작은 승리를 얻는 셈이다. 스스로에게 "거봐, 내가 뭐랬어? 실패한다고 했잖아"라고 할 수 있다. 그리고 새로운 난관이 다가오면 이 과정이 처음부터 반복된다.

여자아이들의 배움의 과정이 이러했으면 좋겠는가? 성공에 대한 희망보다 실패에 대한 두려움이 더 큰 동기가 되기를 바라는가? 원하는 바를 드넓게 꿈꾸어보는 것이 아니라 원하지 '않는' 일을 생각함으로써 발전하기를? 연구에 따르면 성과 회피 목표, 즉, 남들보다 뒤처지는 것을 피하겠다는 목표를 세운 사람은 그 목표를 달성하지 못할 확률이 높다고 한다. 내적 동기도 적은 편이다. 즉, 배움 자체(그리고 배움의 즐거움)보다는 자기 이미지가 손상되는 것을 더 많이 걱정한다. 2003년에 진행된 한 연구에서는 남자 대학생들에 비해 두드러지게 더 많은 여자 대학생들이 남들보다 성과가 낮을 것을 걱정했다.

청년기 여성들이 남성보다 방어적 비관주의를 품을 확률이 더 높은 몇 가지 이유가 있다. 우선 실패를 더욱 심각하게 받아들이고 그것을 자신의 능력 부족으로 해석하기 때문이다. 또한 불안을 겪는 경향도 남성보다 뚜렷이 높다. 그리고 성공을 해도 자기 능력을 축소하여 받아들이는 경향이 남성보다 높다. 다시 말해, 성취를 한다고 해서 (또래 남성처럼) 자신감이 높아지진 않는다는 것이다. 실패가 딸에게 더 큰 위협이 된다면, 딸이 공격적으로 '내가 이거 해내고 만다!' 하는 태도 대신 자기 보호적인 태도를 취하는 것도 어쩌면 당연한 일이다.

그리고 여자아이들의 세계에서 방어적 비관주의자들이 사랑받는다는 것도 잊지 말자. 자기한테 최악의 결과가 있을 거라고 말하는 것은, 주변 이들에게 미덕으로 여겨지는 '겸손'을 실천하는 것이다. '나 그 시험 망쳤어'란 말이 '나 그렇게 똑똑하거나 대단하거나 실력 좋지 않아'라는 의미가 될 수 있다. 오랜 세월 여자아이들은 겸손을 보일 때 또래와 어른들에게서 보상을 받았다. 이것을 배우이자 코미디언인 에이미 슈머보다 잘 보여준 사람이 있을까? 크게 인기 있었던 그의 상황극 〈칭찬〉에서, 젊은 여성들이 친절한 말을 들었을 때 스스로를 비하하는 말로 대응하는 모습이 그려진다. 에이미 슈머가 연기하는 여성이 어깨를 으쓱하며 새로 염색한 자기 머리카락 이야기를 한다. "케이트 허드슨처럼 보이려고 했거든. 그런데 골든레트리버 똥꼬 털에 붙은 똥 덩어리처럼 보이네." 그런데 그에게 누군가가 참 예쁘다고 칭찬한다. 그러자 여성은 이렇게 대답한다. "무슨 소리예요? 저는 암소•예요. 들판에서 서서 잔다고요."

'내가 못났어' '아니야, 내가 제일 못났어' 식의 대화는 방어적 비관주의의 이웃사촌이다. 한 여자아이가 꿈의 직업이 영영 멀어졌다고 말하면 친구는 이렇게 다독인다. '말도 안 되는 소리 하지 마. 넌 분명 잘했을 거야. 그리고 어차피 너보다 내가 훨씬 못했어.' 두 여자아이 모두 즉각 또래에게서 긍정적인 말을 듣고 긴장을 해소하는 효과를 얻는다. 자기 머릿속에서 나와서 마음속 공포를 바깥으로 끄집어냈고, 여자아이들 세계의

---

• 여성을 경멸적으로 칭하는 속어.

검손 테스트를 통과함으로써 서로에게 곧바로 더욱 호감이 되었다.

"좀 뒤틀린 공동체 감각이라고 할 수 있어요." 17세 조애나는 말했다. "혼자가 아니란 걸 알면 안심이 되는 거예요. 모든 걸 함께하고 모든 준비를 함께하고 내내 함께 버텼으니까 실패했을 때도 자연히 함께하는 공동체인 거죠."

그러나 더 깊이 파고들면 자매애가 아닌 감정 역시 찾을 수 있다. 두려움을 공유하면서 경쟁도 싹트기 시작하는 것이다. 조애나는 이렇게 말했다. "자신을 다른 사람과 비교하는 거죠."

"나 그거 망쳤어" 하고 말하는 아이를 괜찮다고 다독여주면서도 마음속으론 이런 생각이 들 수 있어요. '애는 망쳤지만 나는 안 망쳤어.' 그래서 내가 조금 높은 단계로 올라가는 거예요. 남을 조금, 낮추어서 자기가 올라가는 거죠.

그렇게 조용히 동지가 경쟁자가 된다. 스스로의 결점을 함께 곱씹으면서 자신들이 부족하다는 기분을 느낀다. 해로운 비교가 생겨나는 완벽한 조건이다. 남이 부족하다는 것을 알아야 진정으로 안심이 된다. 고어 비달Gore Vidal•의 표현과 같다. '내가 성공하는 것만으로는 부족하다. 남들이 실패해야 한다.'

하지만 더 큰 문제는 이런 행동이 습관이 될 수 있다는 점이다. 결과를 알 수 없고, 실망스러울 수도 있는 도전 과제를 마

---

• 미국의 진보적 소설가이자 수필가, 극작가, 정치인.

주할 때마다 이 사고방식에 의지하는 것이다. 실제로 일어날 일이라고 여기지 않는데 어떻게 새로운 가능성에 마음을 열 수 있겠는가? 방어적 비관주의를 통해 기분을 다스릴 수 있는 것은 사실이지만, 이 사고방식은 호기심과 성장에 한계선을 긋게 되어 있다. 성공 확률을 신중히 검토하는 태도가 아니라, 모든 커다란 질문을 '난 어차피 안 될 건데, 뭐'라는 생각으로 덮어버리는 일이다.

청년기 여성들은 성장과 배움의 과정에서 기쁨을 적게 느끼는 것으로 나타난다. 가장 많은 성취를 이루어내는 이들이 특히 그렇다. 고생이 곧 성공이라고 생각하는 여성들이 너무 많다. 아프지 않으면, 두렵지 않으면, 실패할까 봐 밤잠을 설치지 않으면, 한계점까지 스트레스를 받지 않으면 충분히 열심히 한 게 아니라고 받아들인다. 성공할 자격이 없다고 받아들이는 것이다.

방어적 비관주의는 고통이 있어야 성취도 있다고 믿는 문화의 일부다. 불안을 최소화하고 겸손을 최대화하는 도구지만 그 대신 딸들의 용기를 앗아간다. 마음과 영혼의 창을 판자로 막고, 아직 일어나지도 않은 실패에서 보호해달라고 기도한다고 해서 위험 앞에서 강해지는 건 아니다. 강해지려면 만화처럼 과장된 재앙의 이미지를 머릿속에 품는 대신, 실패가 어떤 의미이고 어떤 모습일지 현실적으로 생각해보아야 한다.

방어적 비관주의 대신 활용할 수 있는 방법이 있다. 자신감을 키워주는 이 방법은 상상 속에서 어떤 좌절뿐 아니라 그 좌절에 대응할 방법까지 함께 그려보는 것이다. 오랜 세월 동안 스포츠 심리학자들이 바로 이 방법으로 뛰어난 운동선수들을 훈련시켜왔다. 선수들에게 실제 경기에 임하기 전에 경기에서 일어날 수 있는 상황을 머릿속에 그려보게 하는 것이다. 그러면 선수들은 어떤 상황이 실제로 발생하기도 전에 그에 대한 대처 전략을 짤 수 있다. "머릿속에서 이미 생생하게 경험하기 때문에 실제로 그 상황이 와도 아무 준비가 안 된 상태가 아닌 거죠." 올림픽에 출전한 어느 봅슬레이 선수가 〈뉴욕타임스〉에서 한 말이다. "머릿속에서 우리가 얼마나 많은 것을 할 수 있는지는 참 놀랍습니다." 그 효과가 대단해서 운동선수 거의 대부분 경기 전에 상상 훈련을 한다.

뉴욕 대학 교수 가브리엘레 외팅엔Gabriele Oettingen은 상상 대조mental contrasting에 관한 연구 과정에서 사람들에게 자기 목표에 생길 수 있는 장애물을 상상해보고 그 장애물을 극복하고 목표를 달성하는 것도 상상해보게 했다. 연령, 민족, 직업에 관계없이 양쪽 결과를 다 상상할 수 있는 사람들이, 실패만 상상하거나 성공만 상상한 사람들보다 성공 확률이 높게 나타났다. 좌절을 상상하되 반드시 생산적인 대응을 함께 상상하는 방법이다. 오직 실패만을 상상하는 것과는 완전히 다르다. 딸과 함께 한번 해보라.

취업이든 입시든 딸이 어떤 문턱에서 거절당할지 모른다는 걱정에 빠져 있다면, 실제로 거절을 당했을 때 어떠할지를 딸과 상세히 이야기를 나누어보라. 기분이 어떨 것이라고 상상되는지, 혼자 있다면 어떤 생각을 할 것 같은지, 거절 통보 직후에는 자신을 어떻게 보살필 것인지, 계속해서 앞으로 나아가기 위해서 다음으로 무엇을 할 것 같은지.

그러고 나서 이번에는 승낙을 받았을 때 기분은 어떨 것 같은지 함께 상상해보라. 딸은 어떤 기분이고 어떤 생각이 들까? 이 승리가 딸에겐 어떤 의미일까? 딸은 어떻게 축하할까? 두 상반된 시나리오를 모두 생각해보면서 딸은 애초에 그 일이 자기한테 왜 중요한지를 다시 떠올릴 수 있다(아니면 중요하지 않다고 깨닫는 경우도 있겠다). 이 활동을 통해 딸은 자신에게 일어나는 일들에 대응하는 방법을 선택할 수 있음을 기억하고, 어떤 결과가 오든 당신이 곁에 있으리라는 것도 확인할 수 있다.

사실 방어적 비관주의에 관해 여자아이들에게 가르치기 전까지 나 역시 최악을 예상하는 사고방식을 비밀 전략으로 썼다. 별생각 없이 그랬다. 그런데 내 학생들이 하는 자신들의 이야기가 꼭 내 얘기 같다는 걸 느꼈다. 그 똑똑하고 열심히 노력하는 아이들이, 미래가 기다리는 아이들이 자기들이 얼마나 실패할 것인지를 늘어놓는데, 그것이 나한테는 충격요법이 되었다. 듣고 있자니 열받더라는 말이다.

나는 내 나쁜 버릇들을 직시하기 시작했다. 그때 나는 몇 달에 한 번씩은 〈뉴욕타임스〉에 논평을 보내고 있었는데, 전송 버튼을 누를 때마다 혼자 "거절당할 거야" 하고 속삭였다. 그리고 실제로 거절을 당했다. 한 번, 두 번, 세 번. 그리고 네 번. 물론 실망스러웠다. 그런데 그때 이상한 일이 일어났다. 머릿속에 어떤 장면이 떠오른 것이다. 바로 내가 〈뉴욕타임스〉를 손에 들고 있고, 거기 실린 논평의 기고자 이름은 내 이름이었다.

바람이 이루어지는 환상은 정말이지 생소했다. 그러나 거절의 경우 자꾸 당하다 보니 익숙하기만 했다. 거절이 어떤 것인지 잘 알뿐더러 거절당한다고 해서 죽지 않는다는 것도 알았다.

나는 나도 모르게 '오즈의 마법사'의 커튼을 젖혔고(짚고 넘어가자면 실패의 커튼을 연 것이지 〈뉴욕타임스〉의 커튼을 연 것은 아니다), '실패'는 뒤에서 조종하고 있는 마르고 작은 남자일 뿐이라는 사실을 발견한 것이다. 실패했을 때 쓰는 근육, 거절당했을 때 쓰는 근육, 실망했을 때 쓰는 근육을 발달시킨 것이 내가 방어적 비관주의를 놓아버릴 수 있었던 열쇠였다. 실패에 대한 두려움이 거의 없어지면서 나는 나를 보호할 필요가 없어졌다. 나를 실패로부터 지키는 정신적 장벽을 쌓는 대신 내가 선택한 모험의 기쁨에 더 집중할 수 있었다.

다시 한번 말하겠다. 나는 실제로 그 일이 즐거워졌다. 안 될지도 모르는 일을 시도해보는 것이, 그 도전을 통해 배움을 얻는 것이 재미있었다.

만약 당신이 방어적 비관주의를 품은 사람이라면, 그게 어느 정도 딸에게도 전달됐을 가능성이 높다. 우리가 위험을 마주하는 방식을 우리 자녀들과 학생들은 모방한다. 어느 연구에 참가한 한 대학생은 이렇게 표현했다. "부모님은 항상 '목표를 너무 높게 세우지 마. 그러면 실망만 하게 되니까' 같은 말씀을 하셨어요. 늘 제가 실망하는 일 없도록 큰 희망을 심어주지 않으려 하셨죠." 딸의 습관에 관해 이야기하기 전에 시간을 내어 당신 자신의 습관을 먼저 돌아보라. 줄리 노럼은 우리에게 방어적 비관주의가 있는지 판단할 수 있는 질문지를 만들었다. 거기에 다음과 같은 질문들이 포함된다.

- ○ 나는 내가 괜찮게 할 가능성이 높은 일도 가장 나쁜 결과를 예상하며 시작할 때가 많다.
- ○ 나는 잘못될 수 있는 일들을 상상하면서 많은 시간을 보낸다.
- ○ 이런 상황에서는 너무 자신감을 품지 않으려고 한다.
- ○ 이런 상황에서는 그 일을 잘할 수 있을지보다 남들에게 바보처럼 보이지 않을지를 더 걱정하기도 한다.
- ○ 잘못될 가능성들을 짚어보는 것이 내가 일을 준비하는 데 도움이 된다.

부모가 자녀에게 최악의 상황을 생각해보라고 하는 것은 대부분 좌절시키려는 의도가 아니다. 목표를 이룰 생각으로 미리 너무 들뜨지 말라고 해야 그 아이를 보호할 수 있다고 생각하는 것뿐이다. 하지만 그 방면의 일은 이미 이 사회가 충분히 하고 있다. 그러니 부모가 딸에게 해줄 수 있는 일은 실패를 건강히 대처하는 자신과 성공하는 자신을 상상하도록 돕는 일이다.

## 끝없는 생각

며칠 전에 임신을 한 내 친구 대니얼이 아이들을 재워놓고 우리 집에 와서 편한 시간을 같이 보낸 적이 있다. 대니얼은 퉁퉁 부은 두 발을 발 받침대에 올린 채 셔벗 그릇을 비우고는 배 속에 있는 셋째 아이가 첫째와 둘째에게 줄 영향을 걱정하기 시작했다. 대니얼은 눈물이 나려는 것 같았다.

나는 긍정적으로 격려를 했다.

"괜찮을 거야. 기억나? 너 둘째 막 태어났을 때 정말 무서워했던 거? 그런데 다 괜찮았잖아. 이번에도 그럴 거야."

대니얼의 차가 우리 집 앞 도로로 빠져나가는 모습을 지켜보면서 내 안에서는 작은 불안의 씨앗이 움텄다. '내가 너무 무감각했나? 좀 더 공감했어야 하나? 대니얼은 혹시 내 말 때문에 열받고도 티를 안 낸 걸까? 혹시 평소에도 내가 그런 식으로 말한다고 생각해서 오늘도 기분 나쁘단 말을 안 한 걸까? 다들 나를 그렇게 보나?'

나는 대니얼에게 문자로 사과를 하고 기다렸다. 답은 오지 않았다. 불안은 뿌리를 내리기 시작했고 나는 머릿속에서 우리의 대화를 재생했다. 잠옷을 입으면서 한 번, 양치를 하면서 두 번. 전화기를 확인하고 잠자리에 들었다. 그때까지 아무 답이 없었다. '아까 헤어지면서 나하고 포옹했던 건 진심이었을 거야……. 아닌가?'

이것은 강박적 고민rumination이다. 어떤 문제의 이유와 결과를 강박적으로 걱정하는 것이다. 강박적 고민을 하면 문제를 풀 수 있는 우리의 능력과 동기는 줄어든다. 예일대 교수 수전 놀런혹서마Susan Nolen-Hoeksema가 가장 먼저 이름을 붙인 행동으로 성인 여성과 12세 이상 여자아이들이 다른 집단에 비해 훨씬 더 많이 한다. 10대 청소년 600여 명에게 외모, 우정, 안전, 가족 문제 들을 얼마나 자주 걱정하느냐고 설문한 결과, 여자아이들은 '스포츠 잘하기'를 제외한 모든 주제에서 남자아이들보다 많은 걱정을 하고 있었다.

강박적 고민은 청소년기 후반과 성인기 초반에 가장 높게 나타나는데, 내가 여태 만난 그 나이 여성들은 모두 그것이 무엇인지 몰랐다. 대부분 그저 자기가 생각을 좀 멈추지 못하거나(가장 양호한 경우다), 조금 미친 것 같다고(가장 심각한 경우다) 생각할 뿐이었다. 강박적 고민은 심각한 일이고, 우리 딸들은 이 행동을 자각하고 이름 붙일 수 있어야 한다. 강박적 고민은 우울증, 불안, 섭식장애, 폭음과도 연관되어 있다. 그 습관을 그대로 품은 채 성인이 될 수도 있는데, 강박적 고민을 하는 성인은 그러지 않는 성인보다 심각한 우울증에 걸릴 확률이 네 배나 높다. 자기 비난 정도도 더 심하다.

하퍼는 말했다. "나를 가장 지독하게 비판하는 사람이 나예요. 내가 하는 거의 모든 일을 트집 잡아요. 잠자리에 누우면 그날 했던 말을 전부 다시 떠올리고 그중에 절반 이상은 내가 왜 그 말을 했을까 하고 자책해요." 밤은 강박적 고민을 하기에 딱 좋은 때다. 기숙사나 자기 방에 혼자 있는 시간도 그렇다(넷플릭스 채널은 함께 있는 상대로 볼 수 없다). 공립대학교 1학년생인 19세 케이티는 자기가 혼자 속으로 하는 말들을 내게 들려주었다. "'나 왜 더 열심히 안 했지?' '왜 그거 대신 이걸 했을까?' 예를 들어 제가 저녁에 파티에 간 거예요. 그런데 안 가고 시험공부를 했어야 한다는 생각이 들면 스스로를 막, '진짜 멍청하다 너. 그 정도 생각도 없어?' 하고 비난해요." 19세 케일라는 실수를 했을 때는 유독 심하다고 했다. "머릿속에서 되감기를 해서 내가 잘못한 순간들만 곱씹어요. 제대로 한 일들은 생각 안 해요. 나 자신에게 화가 나고 실망스럽고, 내가 한 잘못이 머릿속에서 끝없이 반복돼요." 강박적 고민은 자기반성의 탈을 쓴 자기 비난이다.

소셜미디어가 생기면서 새로운, 가상공간에서의 강박적 고민도 생겨났다. 헤어진 남자 친구한테 온 문자들을 몇 시간이고 들여다본 18세 마야는 나에게 물었다. "헤어진 남친, 여친이 올린 사진들 볼 때 듣는 노래 플레이리스트가 따로 있는 거 아셨어요?" (몰랐다.) 문자와 채팅, 이메일, 사진 들은 우리가 생각하고 말하는 것들을 눈앞에 제시한다. 온라인으로 하는 소통은 되새기기로 결정하면 한없이 들여다볼 수 있는 선명한 기록으로 남아준다. 마야는 말했다. "그 애가 아직 날 사랑했던 시절의 모든 순간들로 돌아가서 그 내용을 하나하나 다시 읽어요."

이런 생각이 드는 거죠. '도대체 뭐가 변해서 그런 걸까? 어떻게 이젠 날 안 사랑할 수가 있을까?' 걔가 나한테 잘 자라고 보낸 문자들, 내가 화났을 때 나한테 보낸 문자들을 봐요. 걔가 제대로 된 문장 대신 '아니' '응'으로만 답한 적은 얼마나 많았는지도 봐요.

자기 표현에 따르면 "가상 세계에서의 아주 무서운 여정"이었던 그 행동을 마치고 나서, 마야는 그 문자를 모두 지웠다.

여자아이들은 강박적으로 고민하는 것이 그 문제를 아주 중요하게 여긴다는 뜻이며 문제를 해결하는 길이라고 생각하는 경향이 있다. 하지만 수전 놀런혹서마는 과도하게 생각을 할수록 이미 겪고 있는 스트레스가 더욱 커진다는 연구 결과를 내놓았다. '이스트 효과'라고도 부르는데, 생각을 과도하게 하면 할수록 문제가 실제보다 더 커 보인다는 것이다. 강박적 고민을 하다 보면 긍정적인 기억은 무시하고, 기울어진 시선으로 어디든 부정적인 방향을 바라보게 된다. 수전 놀런혹서마에 따르면 과도하게 생각한다고 해서 '과거에 대해 더 명료한 이해와 통찰력이 생기는 것은 아니며, 현재 문제에 답이 생기는 것도 아니다. 대신 머릿속 생각들이 온통 부정적인 요소들로 오염되기 때문에, 시작도 하기 전에 패배한 기분을 느끼게 된다.'

어떤 문제를 끝없이 고민하는 것이 곧 그 문제로 자신을 비난하는 일이 될 때가 많다. 22세 클레어는 이렇게 표현한다. "제가 저한테 엄격해야지, 아니면 누가 그러겠어요? 그런데 그럴수록 실제로 해내는 일은 적어져요. 너무 머릿속에서만 사니까요." 스탠퍼드 대학 학생들에게 가상의 개인적 문제들을 여러 가지 제시하고 해결해보라고 했다. 강박적 고민을 하는 학생들은 그 문제들을 해결하고자 하는 내적 동기도 적었고 문제를 해결하는 능숙도도 낮았다. 결정을 느리게 내렸고, 자기 선택에 자신감이 낮았으며, 해결책을 실행하는 데 실패한 경우도 많았다.

수전 놀런혹서마는 성별에 따라 강박적 고민을 하는 정도에 뚜렷한 차이가 있는 까닭에는 우리 문화의 영향이 크다고 주장했다. 부모는 딸이 슬픔과 불안을 표현할 때 더 주의를 기울이고 지원하는 경향이 있다. 아들에게는 그 감정들을 표현하지 말라고 가르치는 반면에 말이다. 또한 부모는 자기가 부정적인 감정을 느낄 때 그것을 아들보다 딸한테 말하는 경우가 많다. 이것이 딸의 부정적 사고를 낳는다. 성인에 관한 연구를 보면 슬픔이나 불안 같은 감정은 조절하기 어려운 거라고 믿는 사람이 강박적 고민을 하는 성향이 높고, 남성보다 여성이 훨씬 높다.

여자아이들은 남자아이들에 비해 인간관계로 자신을 규정하는 경향이 높고, 인간관계를 더 많이 생각하고 더 큰 의미를 부여한다. 그래서 타인과 맺은 관계가 얼마나 안정적이냐 또는 문제가 있느냐에 따라 자존감이 영향을 받는다. 이처럼 '지나치게 인간관계에 맞추어진 초점'으로 인해 여자아이들은 타인과의 관계에서 생기는 작은 변화에도 계속해서 불안해하고 남이 하는 행동의 이유를 지나치게 걱정한다.

또한 강박적 고민은 여자아이들이 슬픔을 다루는 방식 중 우리 문화에서 보기 좋게 받아들여지는 방식이기도 하다. 자신의 부정적인 감정을 조용히 곱씹으면, 다른 사람들을 돌보는 호감 가는 아이로서의 페르소나를 유지할 수 있다. 또한 많은 여성들이 그러하듯 자기주장을 잘 못할 때, 그 표출되지 못한 생각들을 강박적 고민이라는 도구로 다루게 된다. 언어학자 데버라 태넌Deborah Tannen은 여성들이 관계 맺기의 한 형태로 '고민 이야기trouble talk'를 나눈다는 연구 결과를 얻었다. 친구가 고민을 말하면 그에 대한 대응으로 자기가 겪는 어려움도 들려준다는 것이다. 수전 놀런혹서마는 그것을 일종의 강박적 고민 주고받기라고 표현했다.

강박적 고민에도 장점이 있을 수 있다.《나는 오늘부터 나를 믿기로 했다》*의 저자 클레어 시프먼은 나에게 말했다. "여자들이 무언가를 오랫동안 열심히 생각하는 것이 직장의 업무 상황에서 이로울 때가 있어요. 남자들이 다 절벽에서 뛰어내릴 때 여자들은 그러지 않거든요. 그런 식의 지성이 팀에 필요해요." 그러나 강박적 고민은 결론을 내는 사고방식이 아니다. 뇌에서 생각을 담당하는 부분이 제멋대로 켜지는 것이다.

강박적 고민을 하는 사람들은 자기가 '지속적이고 통제 불가능한 스트레스 요인들'을 마주한다고 생각하고, 완벽주의나 신경증적 경향과 같은 특징을 지닌 경우가 많다. 내가 만나본 야심 찬 젊은 여성들 가운데 정확히 이 같은 여성들이 많았다.

피비는 자기 학교에서 열리는 내 워크숍을 주최하는 대학 4학년생이었다. 방학이라 웨스트코스트에 있는 집에 돌아가 지내고 있던 피비는 그곳 기준 아침 6시로 시간을 정해 나와 반복해서 통화를 했다. 서로를 알아가면서, 피비는 내게 부모님과 함께 지내는 집에서의 생활이 어떤지를 이야기해주었다. 자기표현에 따르면 "관심을 좋아하는" 피비는 중국에서 이민을 온, 자기와 나이 차가 많은 부모님에게서 태어났다. "중국 문화는 굉장히 상하 관계가 뚜렷해요. 저는 부모님께 늘 뭔가 잘하는 모습을 보여드려야 했어요. 항상 예뻐야 했고 귀엽고 착해야 했고, 피아노에 앉아 듣기 좋은 콘체르토를 연주하고, 참가하는 온갖 활동을 이야기하고, 크리스마스까지는 44사이즈가 되어야 하고." 학교에서 피비는 노조를 조직하고 여성 리더십 멘토링 프로그램을 운영했으며 캠퍼스의 경제적 다양성을 증가시키기 위해 대학 당국과도 협력했다. 그러고는 "주말에 세게 논다"고 했다. 파티에 가서 놀기도 한다는 뜻이다.

내가 피비네 캠퍼스에 도착했을 때 우리는 근처 카페에서 만났다. 다양한 색으로 된 랩 원피스에 부츠 차림인 피비에게서 자기 나이 두 배쯤 되어 보이는 침착함이 보였다. 자리에 앉아 이야기를 나누며 나는 또 다른 목소리를, 바로 피비 머릿속의 목소리를 듣게 되었다.

피비는 늦은 밤이면 매일같이 작은 기숙사 1인실에서 반복하는 의식을 설명했다. "자기 전에 20분 동안 이메일에 답장을 쓰고 그날 일어난 일들을 머릿속으로 재생해요." 잘 안된 일이 있었다면 어떻게 하는 게 나았을지 자신에게 묻는다. 예를 들어 그날 친구에게 무언가 솔직하게 이야기를 했다면, 너무 강하게 말했을까 봐 조바심친다. 노트북 불빛을 받으며 침대에 누워서 걱정하고 생각한다. "정말 많은 질문들을 떠올려요. 실제로 제가 대답할 필요가 없는 질문들인데." 피비는 천천히 말했다. 마치 그때 처음으로 그것을 깨닫는 것처럼.

오늘 수업 시간에 이상한 질문을 했나? 말하기 전에 더 조사를 했어야 했나? 내 말을 듣고 다른 사람들은 어떻게 생각했을까? "불확실성을 견딜 수가 없어요. 항상 공이 내 코트에 있어야 한다고 느껴요." 강박적 고민에 끌리는 이유 중 하나는 내가 거의 통제할 수 없는 상황임에도 통제한다는 기분이 든다는 점이다. 이미 일어난 일은 내가 어찌할 수 없으니 강박적 고민이 그 불안하고 웅웅거리는 마음을 데려다 놓을 완벽한 장소가 된다. 해결책을 향해서는 전혀 나아갈 수 없지만 그래도 뭔가 했다는 기분은 들 정도로 진이 빠지는, 정신적인 러닝머신이 되어주는 것이다.

피비네 학교에서 점심시간에 내 워크숍이 열린 날, 피비는 맹렬히 메모를 했다. 강박적 고민에 관해 배운 것 자체가 피비에게는 해방이었다. 멈출 수 없는 생각으로 힘든 것이 자기만 어쩌다 겪는 일이 아니라는 것을 알게 되었다. 거기에 이름이, 이유가, 그리고 해결책이 있다는 것을 알게 되었다.

이제 밤늦은 시간 머릿속에서 강박적 고민에 시동이 걸리는 걸 느낄 때면 피비는 다음과 같은 전략을 시도한다.

○ 커다란 빨간색 정지 표지판을 상상한다. 하던 일을 당장 멈추고 다른 것을 하라고 이르는 이미지를 떠올리는 것이다.

○ 강박적 고민을 하는 시간을 정한다. 피비는 이렇게 말했다. "저는 11시 반까지만 강박적인 생각들을 하기로 정했어요. 그때부턴 멈추고 반드시 뭐든 다른 일을 해야 돼요."

○ 호흡에 집중하여 생각을 늦추고 10에서 1까지 거꾸로 세어본다.

○ 잘 모르는 점을 가지고 강박적으로 고민하지 않고 자기가 확실히 아는 점을 근거로 생각할 수 있도록 스스로에게 질문한다. 예를 들어 친구가 자기에게 화가 났을까 봐 걱정된다면 이렇게 질문할 수 있다. "이 친구가 솔직한 감

218

정은 나한테 말을 잘 안 하는 편인가?" 또는 "아까 헤어질 때 차가워지거나 달라진 기색이 있었나?" 피비의 경우 이런 질문들을 한다. "이 일이나 행동이 정말 내 졸업에 영향을 미치나?" "내가 이 선택을 하면 나를 사랑하는 사람들이 나를 그만 사랑할 것인가?"

○ 자기가 본받고 싶은 친구라면 똑같은 상황에서 어떻게 생각할 것 같은지 자문해본다. "내 절친이라면 나한테 이 상황을 어떻게 판단하라고 말할까?"

이러한 도구들을 이용해 피비는 자책 속에 뒹구는 대신 다음 날 아침 실제로 시도할 수 있는 일들을 생각한다.

아누는 공책을 마련해 스스로를 들볶았던 실수에서 배운 것을 적어나갔다. "거기 적힌 것들을 보면서 그 일을 떠올리면 다음번에는 어떻게 하고 싶은가 쪽으로 생각이 흘러가요."

20세 케이시는 내 워크숍에 참가하고 나서 자기가 강박적으로 고민하는 문제들을 적어 내려간 후 그것을 기숙사 방 침대 옆에다 만들어 둔 '생각 상자' 안에 넣었다. 나무 글자로 된 케이시의 이름이 있고, 표범 무늬 벨벳 천으로 된 안쪽에는 용감한 마음에 관한 시 한 편이 붙어 있는 상자다. 케이시는 이메일로 내게 말했다. '제가 어떻게 할 수 없는 일에 대한 고민을 끊지 못하겠으면 그 내용을 종이에다 적어서 그 상자 속에 놔버리는 거예요(생각 상자에 줘버리는 거고 포기해버리는 거예요). 행동으로 하니까 좀 더 실제로 놓아버리는 느낌이에요."

그 방법이 늘 효과가 있었던 건 아니다. 때로는 똑같은 생각을 연달아 며칠 동안이나 써서 넣기도 했다. "그 상자가 마법의 약 같은 건 아니에요. 그래도 내가 어찌할 수 없는 일을 책임지려는 마음에서 좀 벗어나게 도와주는 것 같아요. 내가 이 우주에서 가장 힘센 존재는 아니죠. 저기 어딘가 나보다 훨씬 힘이 큰 존재가 세상을 돌아가게 만들잖아요. 내가 모든 걸 통제하려 애쓰지 않을 때, 그 말도 안 되는 고민들을 상자에 넣고 맥빠지는 일들을 놔버릴 때 삶이 훨씬 더 수월하게 흘러가요." 그 상자 덕분에 케이시는 자기를 잠식하던 생각들을 자기 밖으로 꺼내어 버릴 수 있게 되었다. 자기가 하는 강박적 고민들로 자신이 규정되지 않는다는 것을 알게 되었다.

## 강박적 고민 주고받기

미주리 대학 교수 어맨다 로즈Amanda Rose는 캠퍼스의 학생들을 연구하다가 당황했다. 그는 여학생들 간에 두텁고 유대감 있는 우정이 그들에게 고유한 방식으로 자양분이 된다는 것을 알고 있었다. 그는 내게 "문학작품에선 여자아이들끼리 나누는 우정이 얼마나 섬세한지, 얼마나 서로에게 힘이 되는지 강조되지요" 하고 말했다. 인간관계에서 성별 격차가 가장 큰 부분 중 하나는 솔직한 대화로, 여자아이들이 남자아이들보다 훨씬 더 많이 속마음을 공유한다. 한때 어맨다 로즈는 그 덕분에 여자아이들이 감정 문제를 덜 겪을 것이라 생각했다.

그런데 정작 그렇지가 않았다. 여학생들이 남학생들보다

감정 문제를 겪을 확률이 더 높다는 연구 결과가 계속해서 나오고, 불안과 우울 증상을 겪을 확률은 두 배나 높다고 나왔다.

어맨다 로즈는 그 역설을 이해하기 위해 연구에 착수했다. 수년간 관찰 연구한 끝에, 그는 여자아이들이 자기 문제를 일대일로 이야기 나누는 시간이 많다는 것을 알아채기 시작했다(반면에 남자아이들은 무리 지어 더 많은 시간을 보낸다). 서로에게 자기 고민을 털어놓는 일은 여자아이들에게 더 중요했다. 기분을 달래기 위한, 서로에게 더 가까워지기 위한 행동으로 보였다. 그런데 그는 여자아이들이 그렇게 해서 기분이 나아지는 것이 아니라 더 나빠지는 것 같다는 판단이 들기 시작했다.

"그 지점에서 저는 여자아이들끼리 하는 일들 중 자신들의 감정 건강을 해치는 일도 있을 수 있다는 데 관심이 갔어요." 2002년에 어맨다 로즈는 '강박적 고민 주고받기co-rumination'에 관한 자신의 첫 논문을 발표했는데, '강박적 고민 주고받기'란 친구들끼리 길게 고민을 나누는 대화를 말하며, 문제의 원인을 걱정하고, 부정적인 감정에 초점을 맞추며, 서로 계속해서 그런 이야기를 하도록 격려하는 것이라고 규정했다.

'그 애는 나를 좋아할까?' '그 애는 나한테 화가 났을까?' '그 직업 못 가지게 되면 어떡하지?' 이런 질문들에 젊은 여성들은 몇 시간이고 파고든다. 나 역시도 이런 이야기를 친구들과 고등학교, 대학교 시절에 한참 나누었던 것을 기억한다(솔직히 말하자면 지난주에도 했다).

청년기 여성과 남성을 대상으로 한 그의 연구 결과, 친구들과 강박적 고민 주고받기를 하는 경향이 높은 집단이 여성이었다. 또한 행동에서 우울증이 예견되며 나이가 들수록 강박적 고민 주고받기를 더 많이 하는 집단도 역시 여성이었다.

여자아이들끼리 친밀하고 서로를 아끼는 친구 관계를 맺을 수 있으면서도, 바로 그 관계 때문에 감정의 건강을 해칠 수도 있다는 자신의 판단이 맞았음을 그는 확인했다. 또 크리스틴 캄스Christine Calmes와 존 로버츠John Roberts가 진행한 대학생 대상의 한 연구에서도 남성보다 여성이 친구들과 강박적 고민 주고받기를 하는 경향이 높은 것으로 나왔다(아마도 남성은 서로에게 약한 면을 보여주지 않도록 사회화되기 때문에). 친구와 강박적 고민 주고받기는 우울 증상과도, 동시에 더욱 만족스러운 우정과도 연관이 있었는데, 이는 여성에 한해서였다.

나는 이런 현상의 이유가 고민을 나누는 것을 친밀한 친구 관계의 토대라고 믿기 때문이라는 생각이 들었다. 어맨다 로즈의 연구를 읽으며, 친한 친구가 왜 중요한지를 두고 내 학생들이 했던 수많은 이야기가 떠올랐다. 대부분은 속마음을 털어놓을 사람이 있다는 게 소중하다고 했는데, 어맨다 로즈 역시 이 점에 주목했다. 한때 놀이터에서 나누던 귓속말과 비밀이 기숙사 방과 학생회관에서의 대화로 이어진다. 덕분에 그들은 더욱 친밀해지고 우정도 깊어지지만, 한편으로 우울해지기도 하는 것이다.

강박적 고민 주고받기는 어떤 인간관계에서도 일어날 수 있지만 청년기에는 특히 두 가지 인간관계에서 일어날 때 가장 해롭다는 결론들이 나왔다. 바로 친구와 부모다. 친구나 부모와 함께 그런 대화를 나눌 때는 더 '수동적이고 반복적이고 부정

222

적'일 수 있기 때문이라고, 크리스틴 캄스와 존 로버츠는 연구를 통해 추론했다. 2013년에 어맨다 로즈가 발표한 연구 결과들을 보면, 어머니와 이런 대화를 나누는 청년기 자녀의 경우 친구들과도 같은 방식으로 대화할 확률이 높고, 우울증과 불안 같은 '내면화 증상'이 발생할 가능성도 더 높을 수 있다. 결론에서 그는 '청년기 자녀와 강박적 고민 주고받기를 하는 어머니는, 자녀가 그 대화 방식을 친구와의 소통에서 모방하여 감정 건강에 문제가 생길 수도 있음을 알아야 한다'고 조언했다.

딸이 당신에게 고민을 털어놓을 때 가장 좋은 대처 방법은 무엇일까? 딸의 문자에 답을 하지 않거나 그 고민에 관한 대화를 아예 피하는 것은 정답이 아니다. 하지만 당신이 딸이나 당신 자신의 문제에 관해 딸과 함께 강박적 고민 주고받기를 하고 있지는 않은지 점검해볼 수 있다. 어맨다 로즈가 제시한 이 질문들의 답을 생각해보라.

○ 당신은 딸과 대화하는 시간 대부분을 딸의 고민에 관해 이야기하고, 그것도 오랫동안 이야기하는가? 딸과 얼굴을 보거나 이야기를 나눌 때마다 그렇게 하는 편인가?

○ 당신은 딸이 고민 때문에 얼마나 괴로운지 긴 시간 대화하는가?

○ 당신은 딸이 겪는 문제 중에 당신이 이해하지 못하는 부분을, 또는 그 문제의 원인이나 그 문제로 일어날 수 있는 모든 나쁜 가능성을 파악하기 위해 길게 대화하는가?

○ 당신은 딸이 먼저 고민을 말하지도 않았는데 고민을 더

말해보라고 부추기는가?

　○　당신은 딸과 다른 활동을 하는 대신 이런 대화를 하는
가?


혼자 하든 함께 하든 강박적 고민을 한다는 건, 궁금해하고 추
측하고 감정에 빠진 채 트랙을 빙빙 도는 일이다. 그러니 우리
는 문제를 해결하거나 결정을 내리거나 그저 함께 즐거운 일을
찾거나 하지는 않게 된다. 딸과의 강박적 고민 주고받기에서
벗어난다는 것은 답을 모르는 (혹은 모를 수밖에 없는) 부분은
놓아버리고, 상황을 바꾸기 위해서 딸이 통제할 수 있는 부분
을 받아들이는 것이다. 또한 딸의 부정적 감정을 오래 끌며 논
하기보다는 공감해야 한다.


## 강박적 고민 없이 이야기하기


말 대신 행동을 촉구할 때 거부한다면, 그건 딸이 강박적 고민
주고받기를 더 선호하는지도 모른다는 신호 중 하나다. 딸은
이럴지도 모른다. "해봐야 소용없어. 내가 할 수 있는 일은 없다
고. 걘 어떻게 자기 빨랫감을 내 침대에 두고 갈 수가 있지? 도
저히 이해가 안 돼!" 아니면 "내가 이럴 줄 알았다고. 다른 학교
에 갈 걸 그랬어."

　부모 되기에 관해 '우리는 가장 행복하지 않은 자녀만큼만
행복할 수 있다'는 말만큼 와닿는 격언도 드물다. 딸이 강박적

고민에서 멀어지도록 도우려면 당신은 힘과 에너지를 비축해 둘 필요가 있다. 그 힘으로, 가슴 아프더라도 딸 곁에 있어주고 따뜻한 마음으로 공감해줄 수 있도록 말이다.

딸에게 이렇게 말해줄 수 있다. "네가 속상한 거 알아. 나도 이해하고, 나라도 그랬을 거야. 그런데 언제까지나 거기에 묶여 있을 순 없어. 앞으로 나아가야지. 무슨 일이 일어나고 있는지를 짚어보고 상황이 나아지게 만들어야지. 앞으로 나아가기 위해서 가장 좋은 방법은 다음에 디딜 한 걸음이 뭔지부터 찾는 거야. 같이해보자." 딸이 강박적 고민과 서서히 멀어지도록 돕는 데에 공감은 무엇보다 중요하다. 당신이 정말 자기 기분을 알고, 자기 경험을 이해하려 노력하고 있다고 느낄 때 딸은 당신 말에 귀를 기울일 것이다.

오리드ORID. Objective, Reflective, Interpretive, Decisional는 결정을 내리지 못하는 상태에서 벗어나 명료한 시각으로 문제를 해결하는 데 개인과 집단이 사용할 수 있도록 개발된 방법이다. 나는 객관, 반응, 해석, 결정으로 이루어진 이 방법이 지나치게 강박적 고민으로 흘러가는 대화의 방향을 바로잡을 때 유용하다는 것을 발견했다.

예를 들어보자. 가령 딸이 마음에 들지 않는 룸메이트에 관해 토로하고 있다고 해보자. 룸메이트는 배려심이 없고 무뚝뚝하며, 무엇보다도 자기가 너무 게으르다는 것을 깨닫지 못하는 것 같은 아이다. 딸은 낙담하고 있다. 학기가 시작한 지 겨우 2주밖에 되지 않았는데 이 상태로 어떻게 1년을 버틸까?

가장 먼저 할 질문들은 '객관'에 관한 질문들이다. 확실히 사실인 부분을 물어보라. 무슨 일이 일어났어? 룸메이트가 어떤 말과 행동을 했어? 너는 거기에 어떤 말이나 행동으로 반응했어? '누가' '무엇을' '어디서' '언제' '어떻게'만 물어보라. '왜'는 묻지 말라. 딸이 자기 주관으로 편집하지 않도록 말이다(개 진짜 너무 무례하지 않아? 그렇게 미친 듯이 시끄럽게 굴면 내가 어떻게 공부를 하란 거야?). 일단은 확실한 증거에 관해서만, 딸이 사실임을 아는 부분에 관해서만 대화하라.

다음 단계는 '반응'에 관한 질문들이다. 딸은 어떤 기분인가? 화가 났나? 배신당한 기분인가? 실망스러운가? 딸이 룸메이트 정하는 과정이 짜고 치는 과정이라고 성토하거나 기숙사 정원에 텐트 치고 지내도 합법인지 알아보겠다며 분통을 터뜨리도록 내버려두라.

이제는 '해석'을 위해 질문들을 할 때다. 너한테 이 일이 어떤 의미니? 룸메이트가 배려 없고 무뚝뚝하다는 건 너한테 어떤 영향이 있어? 너한테 감정적으로 사회적으로, 학문적으로 어떤 영향을 미칠까?

마지막으로 '결정'을 하기 위한 질문으로 옮겨가보자. 그래서 너는 어떻게 할 거니? 내가 널 어떻게 도울 수 있을까? 네가 이 일에 도움받을 수 있는 캠퍼스 자원은 없을까? 여기서 취하면 좋을 가장 좋은 다음 단계는 무엇일까? 룸메이트에게 불편한 점 이야기하기? 기숙사 지도사와 상담하기? 방 바꿀 수 있는지 알아보기? 기숙사 생활에 관한 방침과 규칙은 뭘까? 확실하면서도 하루 만에 할 수 있는 다음 단계 하나를 정해보라.

강박적 고민은 기본적으로 부정적인 사고의 패턴이다. 유전적인 것도 아니고 피할 수 없는 것도 아니다. 강박적 고민을 (그리고 강박적 고민 주고받기를) 당신의 마음이 걷는 길이라고 상상해보자. 그 길에서 벗어나 좀 더 긍정적인 길에 올라서야 더 나은 생각들을 떠올릴 수 있다.

누군가의 강박적 고민 속에는 자책이 숨어 있을 때가 많다. 그래서 그만두기를 배우는 일이 '다른 생각 하기'처럼 단순하지 않다. 꼭 먼저 거쳐야 하는 단계가 있다. 바로 자기를 용서하는 일이다. 그래야 걷던 길에서 벗어나 '이제 그만. 이건 그렇게까지 나쁜 일이 아니야. 나는 그렇게까지 나쁜 사람이 아니야'라고 말할 수 있다. 우리가 살펴보려는 다음 주제가 바로 그것이다.

# 6

# 자기 비난 대신
# 자기 자비를

자신을 친절하게 대하라고 하셨는데,
그렇게 하면 저는 잠옷 차림으로 종일
방에 앉아 넷플릭스나 보지 않을까요?
── 제니(20세)

막 대학을 졸업한 학생들을 대상으로 워싱턴 DC에서 열린 한 워크숍에서, 나는 쥐 죽은 듯 고요한 그 공간에 훈기를 더해줄지 모르는 와인 한 병을 찾아 주위를 둘러보았다. 하지만 와인은 없었다. 접이식 의자에 조용히 앉은 여자 졸업생들은 무릎에 크뤼디테* 접시와 스마트폰을 가만히 올린 채로 연단을 똑바로 쳐다보고 있었다. 나는 시작했다.

"자, 막 걸음마를 배우는 아기를 생각해보세요."

졸업생들은 의아한 눈길로 나를 빤히 보았다. 20대들이었다. 아기와 함께한 경험이 별로 없었을 것이다. 나는 그냥 계속했다.

"처음 걸음마를 배우기 시작할 때 아기들은 계속 앞으로 고꾸라지잖아요. 그렇죠?"

이웃 아기를 돌보는 아르바이트를 해본 경험은 몇 명쯤 있겠지 생각했는데, 마침내 몇몇이 고개를 끄덕였다.

"넘어진 아기한테 뭐라고 해요?"

"괜찮아!"

누군가가 대답했다.

"내가 도와줄게."

또 다른 여성이 말했다.

"넘어진 아기한테 '이 멍충아!'라고 말하는 사람 있나요?"

내 물음에 졸업생들 눈이 커다래지더니 이내 웃었다.

"물론 그러지 않겠죠. 아기를 그렇게 심술궂게 대하면 아

● 생채소 샐러드.

231

기는 울음을 터뜨릴 테니까. 그리고 더는 걷기를 시도하고 싶지 않을 테니까요."

그런데도 자신들은 바로 그런 심술궂은 말을 스스로에게 던질 때가 많다는 것을, 그곳의 여성들은 서서히 깨달았다.

많은 여성들이 자기를 비난하는 것이 목표를 달성하는 데 가장 효과적인 사고방식이라는 강력한 미신을 믿고 있다. 알람이 울리는데 일어나기 싫다면? 게으르다고 비난하며 스스로를 침대에서 끌어낸다. 세 조각째 피자를 먹고 싶다면? 먹긴 뭘 먹어, 이 뚱보야. 피자 그만 쳐다보고 당근이나 먹어. 친구네 집에서 같이 영화 보자는 문자가 온다면? 딱 맞는 대학원에 못 가면 너는 낙오자가 되는 거야. 두 시간 더 도서관에 엉덩이 붙이고 있어.

자기 비난을 하는 정도에도 성별 격차가 있는데, 청년기에 더욱 커진다. 여자아이들은 남자아이들보다 더 많이 스스로를 의식하고 스스로를 나무라며, 스스로에 대해서 부정적인 내적 혼잣말을 많이 한다. 자신의 좌절에 관해 지나치게 많이 생각하며, 다른 선택을 했더라면 어떻게 되었을지를 너무 오래 생각한다. '고통이 없으면 얻는 것도 없다'는 격언을 삶에 적극적으로 반영해야 한다고 생각한다. 스스로를 비난해야 변화의 동기가 생긴다고 굳게 믿고, 그러지 않으면 제자리에 머물러 아무것도 해낼 수 없다고 생각한다.

나는 한 아이비리그 대학에서 워크숍을 진행했을 때 그것을 어느 때보다도 분명하게 느꼈다. 나는 참석한 여학생들에게 스스로에 대한 비난을 줄이라고 말했고 학생들은 예의 바르게 경청했다. 그런데 한 학생이 손을 들었다. 고개는 한쪽으로 기울이고 마치 내가 다음 워크숍부터 인어 의상을 입고 오라고 시키기라도 한 것 같은 표정으로 학생은 천천히 말했다.

"그러니까 그 말씀은, 저 자신을 좀 더 친절하게 대해야 한다는 거네요."

질문이 아니었다.

"맞아요."

"그런데, 그렇게 하면 저는 잠옷 차림으로 종일 방에 앉아 넷플릭스나 보지 않을까요?"

학생들이 웃음을 터뜨렸고, 나는 그들을 나무랄 수 없었다. 자기 비난은 그들에게 비밀의 에너지 음료수 같은 것이었고, 그것에 떳떳했다. 여태까지 유용한 도구였던 것을 이제 와서 버릴 마음이 없었다.

이제는 스스로를 비난해야 더 열심히 하고 더 잘하게 된다는 미신을 딸이 졸업하도록 도울 때다. 자기 비난을 할 때 내적 동기가 약해진다는 것이 일관된 연구 결과다. 자기 비난을 하면 우리의 자신감을 이루는 아주 중요한 요소인 자기 효능감, 즉, 주어진 무엇이든 잘 해낼 수 있다는 믿음이 손상된다. 자기 비난을 많이 하는 대학생일수록 목표를 향해 일을 진척시키는 경향은 더 적고 더 많이 미룬다. 또한 자기 비난은 당신의 딸을 불행하게 한다. 청년기 여성의 우울증 비율이 아주 높은 원인 중 하나로 자기 비난이 꼽힌다. 청소년과 성인 모두에게서 자기 비난은 사교 기술과 운동 기술에 대한 낮은 자신감, 섭식장애, 삶에 대한 불만족, 관계 유지의 어려움 들의 원인이 된다.

스스로에게 부정적인 말을 하다 보면 건강한 위험을 감수하는 일에도 몸을 사리게 된다. 결점투성이 나라고 생각한다면 세상에 선뜻 나설 수가 없는 것이다. 그래서 자기 비난을 많이 하는 사람은 삶이 바뀔 만한 성장으로 이어지는 도약을 대체로 피한다. 테라 모어 Tara Mohr는 자신의 책《나는 더 이상 휘둘리지 않기로 했다: 혼자 일어서는 내면의 힘》*에서 스스로를 쉽게 나무라는 태도로는 '꼼꼼한 일벌이 될 수는 있어도 판도를 바꾸는 사람이 될 수는 없다'고 썼다. 좁고 안전한 길만을 고르게 되기 때문이다.

자기 비난을 많이 할 때 더 열심히 일하게 된다는 믿음도 사실이라 보기 어렵다. 그보다는 두려움이 노력을 부채질하는 것이다. 실패할지도 모른다는 두려움, 자신의 무능함이 드러날 거라는 두려움, 남들의 기대를 저버리게 될 거라는 두려움. 두려움이 마음을 사로잡을 때 딸은 소중한 목적지로 나아가는 게 아니라, 그 두려움을 일으키는 요인들을 피해 멀리 달아나게 된다.

나는 불안과 극도의 피로, 후회에 자기 비난으로 대처할 필요가 없다고 날마다 여자아이들에게 가르친다. 난관에 대처하는 다른 방법들이 있으며, 이번 장에서 그것을 알려주려고 한다. 먼저 나는 당신의 딸과 자기 비난의 관계를 번역해줄 것이다. 그리고 그 관계를 좋은 방향으로 이끄는 두 가지 단순하고도 강력한 방법을 소개하겠다.

# 여자아이들은 왜 자기 비난을 많이 하는가

여자아이들이 자기 비난에 더 쉽게 빠지는 가장 큰 세 가지 요인이 있다. 그 첫째는 사춘기다. 신체가 변하면서 여자아이들은 자신을 보는 사람들의 시선을 더 의식하게 된다. 미디어와 부모, 또래들이 모두 여성이라면 날씬해야 한다고 압박하니, 그 이상향에 견주어 자기 외모는 어느 정도인지 걱정한다. 또한 이 시기에 여자아이들은 '착한 소녀'가 되어 모두에게 호감이어야 하고, 자기를 희생하면서까지 남을 기쁘게 해야 하고, 남을 화나거나 슬프게 만들어서는 안 된다는 사회의 기대를 흡수한다. 그러다 보면 우울과 불안을 느낄 가능성도, 너무 많은 생각을 할 가능성도 높아진다. 이 모든 요인들로 인해 여자아이들은 자기 스스로를 공격할 가능성이 높아진다.

둘째, 여자아이들과 여성들은 남성들보다 수치심을 더 많이, 더 강도 높게 느낀다고 보고된다. 수치심은 기본적으로 엄청난 자기 비난이다. 연구교수 브레네 브라운Brené Brown은 수치심을 '우리에게 문제가 있어서 사랑받고 소속될 자격이 없다고 믿는 고도로 고통스러운 감정이나 경험'이라고 규정했다. 예를 들어 딸이 실수를 하고는 그 실수 때문에 자신이 끔찍한 사람이라고, 또는 그 일을 해낼 능력이 없는 사람이라고 결론 짓는 것이다. 적당한 죄책감(자기가 잘못된 '사람'이라기보다 잘못된 '일'을 했다고 생각해서 느끼는 죄책감으로, 그 감정이 훨씬 더 회복되기 쉽다) 단계를 획 지나쳐 '자기' 원망이라는 급소 공격부터 하는 셈이다. 자책이라는 분야에서 초과 달성하는 것이라고나 할까? 수치심에 사로잡히면 사람들, 특히 우리를 도와줄 수 있는 사람들과의 교류를 포기하고 혼자가 되기를 선택할 확률도 높아진다. 수치심에 붙들려 있을 때 변화를 위한 진정한 열의나 영감이 생기기란 거의 불가능하다.

마지막 요인은 완벽주의다. 달성 불가능한 경우가 많은 지나치게 높은 기준을 집요하게 추구하고, 실패했는지 성공했는지에 따라 자신의 가치를 결정짓는 태도다. 완벽주의는 사실상 자기 비난에서 산소를 공급받는다고 할 수 있다. 아무리 성취를 해도 불만족스럽다면 늘 자신이 충분하지 않은 것 같고, 아무리 노력해도 충분히 한 것 같지 않다면 영원히 스스로를 게으른 사람으로 느낄 것이다. 그런 식으로 계속 반복된다.

주목할 부분은 자기비판이 우리 마음에 어떤 달콤함을 준다는 점이다. 적어도 느낌으로는 말이다. 스스로를 책망하면 설사 착각이라도 삶을 좌우하는 힘이 내게 있다는 만족을 느낄수 있다. 내 탓으로 일이 잘 안되었다는 건, 그 일을 좌지우지할 완전한 힘이 내게 있다는 뜻이 되니까. 다르게 표현하면, 내가 충분히 노력하지 않아서 실패했다는 믿음은 내가 충분히 노력만 하면 성공한다는 믿음이다. 빼곡한 할 일 목록을 하나하나 달성해가는 것이 삶의 중심인 야심 찬 여성에게 그런 믿음은 최면과도 같다. 스스로 끊임없이 강화되어 돌고 돈다.

물론 그것은 완전히 착각이다. 세상을 지휘할 수 있다는 이야기를 딸이 많이 듣고 자랐더라도 세상 모든 것을 통제할 수 있는 사람은 없는 법이다. 통제할 수 있다는 믿음 때문에 오히려 가짜 희망과 잠깐의 승리감, 그리고 자기 비난이라는 끝없는 쳇바퀴에 갇히기도 한다. 그런 사고방식은 '걸 파워'는커녕 독약과 같다.

여자아이들이 자기 비난을 선택하는 이유 중 하나는 남보다 내가 먼저 나를 비난하기 위해서다. 여성은 목소리든 생각이든 몸이든 너무 크면 벌칙을 받기도 하는 우리 문화 속에서, 자기 비난이 일종의 '자기 방어' 역할도 하는 것이다. 대학 3학년생인 21세 줄리아는 아이스크림을 먹을 때면 스스로 자기가 "엄청 뚱뚱하다"는 농담을 곧잘 한다고 말했다. "그냥, 누가 먼저 날 보고 그렇게 한마디 하기 전에 선수 치려고 그러는 거예요. 그러면 그 말은 다른 누가 아닌 내 입에서 나온 말이니까."

이 모든 것이 대학 보내기 공장에서 펼쳐진다. 대학 보내기 공장이 매일같이 학생들에게 보내는 메시지이자 이미 졸업한 학생들마저 계속 영향을 받는 메시지는 바로 '너 그대로는 결코, 절대 충분하지 않다'는 것이다. 이 안에서 일어나는 '대단함 경쟁(남이 규정한 기준에 맞춰 최대한 대단한 성과를 보여야 하는 경쟁)' 속에서 여자아이들은 달성 불가능한 목표들을 좇게 된다. 상상 속에서나 가능할 정도의 높은 기준을 만족시키지 못했다는 이유로 스스로를 책망하는 자기 비난을 반복하며 살아간다. 무엇을 하든 스스로가 부족하다고 느낀다.

## 자기 자비가 우리에게 주는 것들

"우리를 가장 가혹하게 대하는 건 우리 자신이에요." 오스틴에

237

위치한 텍사스 대학 교수인 크리스틴 네프Kristin Neff 박사는 경험으로 안다며 내게 말했다. 대학원 마지막 학년을 다닐 때 그는 골치 아픈 이혼과 힘든 논문 쓰기, 그리고 만만찮은 취업 활동을 힘겹게 해나갔다. 절망과 자기혐오에 빠져 있다가, 매주 진행되는 어느 불교 수업을 신청해 듣기 시작했다.

거기서 그는 메타metta라는 것을 배웠다. 애정에서 나오는 친절, 타인에게 베푸는 이타적 사랑과 연민을 뜻한다. 어느 날은 수업에서 한 단순한 가르침을 들었다. 사람은 스스로에게 자비를 품을 수 없다면 결코 타인에게도 자비를 베풀 수 없다는 것. 크리스틴 네프는 바로 자기 이야기임을 느꼈다. 그는 삶에서 자기 자비를 실행하는 탐험을 시작했다.

크리스틴 네프는 이전부터 자존심self-esteem을 연구하고 있었다. 그러나 자존심의 가치에 관해서는 회의적이었다. 동료들의 연구에 따르면 높은 자존심은 이기심, 비현실적 우월감, 인정받고자 하는 갈망을 포함한 나르시시즘과 연관되어 있었다. 자존심은 기분을 상승시켜주기는 하지만 남들보다 우월하다는 느낌을 반드시 필요로 하는 것 같았다. 실제로 자존심이 높은 사람들 상당수가 자기가 남보다 낫거나 우위에 있다는 기분을 느껴야만 스스로를 좋아할 수 있었다.

다른 사람을 낮추지 않고도 자신을 높이는 법은 무엇일까? 크리스틴 네프는 우리가 '자기가 특별하고 평균 이상일 때만 가치 있는 것 같다면' '그렇지 못한 경우는 다 실패 같다면' 문제라고 했다. 그가 해답으로 제시한 것은 자기 자비self-compassion다. 완벽하거나 타인보다 우월하지 않아도 해로운 자기 비난에 시달리지 않도록 우리를 지켜주는 것이 바로 자기 자비라고 말이다.

이 주제에 관한 지난 10년간의 연구에서 크리스틴 네프와 동료들은 놀라운 결과들을 얻었다. 자기 자비는 행복, 낙관주의, 동기, 감정 지능과 연관되어 있었다. 20개 이상의 연구를 바탕으로 한 메타분석에 따르면, 자기 자비를 실천할 때 불안과 우울, 강박적 고민, 스트레스가 상당히 줄었다. 2011년에 크리스틴 네프는 〈자기 자비: 스스로를 향한 친절함의 증명된 힘〉을 발표했다.

나는 비전문가는 거의 읽지 않는 연구를 수많은 여자아이들에게 영향을 미칠 수 있는 독창적인 교육과정으로 탄생시키는 일에 내 커리어를 바쳤다. 자기 자비를 만난 일은 내게 땅속에 숨은 석유를 찾다 간헐 온천을 만난 일과 같았다. 자기 자비를 통해 곧바로 자기 자신과의 관계가 완전히 바뀌어버리는 학생들을 목격했다. 자기 자비를 실천함으로써 내 학생들의 삶, 그리고 내 삶이 바뀌었다.

자기 자비가 나와 내 학생들에게 준 선물을 한 문장으로 요약한다면, 우리가 선택한 모험의 결과가 어떠하건, 그 끝에 어떤 실패가 기다리건 우리가 그 자체로 충분한 존재임을 알게 되었다는 것이다. 우리는 넘어져도 가치 있는 존재라는 것을 안다. 우리가 하는 성공이나 실패보다 우리 자신이 더 중요하다는 것을 안다. 우리 안에는 평점이나 시험 성적, 줄인 몸무게나 뛴 거리 따위를 넘어서는 무언가가 있다는 것을 안다. 실패를 만났다고 해서 내가 가치 있는 존재라는 믿음을 빼앗길 필요는 없다.

마크 R. 리리Mark R. Leary와 그 동료들이 2007년에 발표한 연구에 따르면, 자기 자비를 풍부하게 품은 사람들은 '극단적인 반응을 적게 보이고 부정적인 감정을 적게 느끼며, 포용적인 생각을 더 많이 하고 자신의 문제를 균형 있게 바라보는 경향이 높다.' 자기 자비는 우리가 부정적인 사건을 겪을 때 입는 타격을 완화해주는 강력한 도구다. 브레네 브라운은 자기 자비가 주는 메시지가 '당신은 완벽하지 않지만, 힘든 일을 겪게 되어 있지만, 그럼에도 사랑과 소속됨을 누릴 자격이 있는 존재다'라고 썼다.

크리스틴 네프는 성인의 경우 그 차이가 적기는 하지만 전반적으로 여성이 남성보다 자기 자비를 덜 품는다는 연구 결과를 얻었다. 지난 수년 동안 학자들은 이를 청년기에 맞추어 연구하기 시작했다. 2015년에 캐런 블루스Karen Bluth가 중학생과 고등학생을 대상으로 한 연구에 따르면, 조사 대상에 포함되는 전체 집단 중에서 고등학교 여학생들이 자기 자비를 가장 덜 품는 것으로 나타났다. 2017년에 캐런 블루스는 같은 주제로 연구를 더 확장시켰는데, 남자아이들은 연령 변화에 영향받지 않고 꾸준히 자기 자비를 품는 정도가 유지되는 반면에 여자아이들은 중학교에서 고등학교로 올라가는 시기에 낮아진다는 결과가 나왔다.

이모젠 마시Imogen Marsh는 청년기에 관한 17편의 연구를 가지고 미발표 분석을 진행했는데, 그 결과에 따르면 자기 자비는 정신적 고통을 완화시키는 데 상당한 힘을 발휘한다. 그

240

러나 주목할 점은 두 성별 모두 청년기 후기로 갈수록 자기 자비의 효과를 적게 누린다는 것이다. 이와 일맥상통하는 결과가 캐런 블루스의 연구에서도 나왔는데, 불안감이 높은 여성은 청년기 후기에 이르면 자기 자비의 메시지, 즉, 자신이 친절하게 대해야 마땅한 존재라는 믿음과 자신이 혼자가 아니라는 믿음을 품기가 더 어려울 수 있다는 것이다.

그럼에도 청년기 여성들에 관한 연구에서 자기 자비만큼 좋은 변화를 불러오는 것도 드물다. 캐런 블루스는 '자신과 친구하기'라는 커리큘럼을 만들었는데 이 과정을 이수한 고등학생들은 통제 집단에 비해 어려움을 만났을 때 회복력과 삶에 대한 만족, 사회적 유대 정도가 더 높게 나타났다. 나는 자기 자비가 여자아이들에게 건강한 모험을 감수하도록 도움을 주리라는 추론을 하고 그 질문을 연구에 포함시켜 주겠느냐고 캐런 블루스에게 물었다. 그는 승낙했고, 이 과정에 참가한 학생들이 자기 자비에 관해 배우는 동안 호기심과 모험심이 더 높아졌을 뿐 아니라 과정이 끝나고 시간이 흐른 뒤에도 그 성향들을 더 높게 지닌다는 결과를 얻었다. 이와 비슷한 연구를 또 하나 발견했는데, 바사 대학의 미셸 투가데Michele Tugade와 애비 힐러 Abbi Hiller가 고등학교 여학생 300명 이상을 대상으로 한 설문 조사에서는 자기 자비가 높을수록 건강한 모험을 감수하는 성향도 높았다.

여기에서 하나 밝혀둘 것은, 나는 자기 자비를 가르치거나 실천하기는 말할 것도 없고, 그에 관해 책을 쓰리라고는 생각도 못 했던 때가 있었다. 자기 자비란 내 아버지가 정확히 '허

튼소리'라고 부를 만한 뉴에이지적인 것이다. 이민자이자 싱글 맘으로서 두 아이를 키워내기 위해 식료품점 고기 냉동고에서 일했던 내 할머니도 자기 자비 따위란 쓸모없는 개념이라고 여겼을지 모른다. 지금 살아 계셨더라도 분명 자기 자비를 다른 이름으로 부르셨을 것이다. 나 역시 겨우 5년 전까지만 해도 자기 자비라는 개념을 무시하며 넘겨버렸을지도 모른다. 그저 핑계대기 쉽게 해주는, 실수를 인정하는 대신 어물쩍 합리화하는 데 도움 될 개념이라고 치부했을 것이다.

그러나 여러 연구 결과가 전혀 다른 진실을 증명한다. 실수했을 때 스스로를 용서하는 일과 높은 성취 기준을 유지하는 일은 실제로 양립할 수 있다. 크리스틴 네프 박사와 그의 동료들이 연구한 결과에 따르면 자기 자비를 품는 사람들과 그렇지 않은 사람들을 비교할 때, 그들이 자기 일에 세우는 성취 기준에는 차이가 없다. 다만 자기 자비를 품는 사람은 정해둔 기준에 못 미치는 결과를 얻어도 자책을 덜 하는 것뿐이다. 이 사람들은 자기 비난을 많이 하는 또래나 동료들에 비해 개인적 성장에 더 초점을 맞춘다. 또 일을 미룰 확률이 적고, 자기 목표에 이르기 위해서 구체적인 계획을 짜는 편이며, 삶의 균형을 더 잘 잡는다.

더욱 중요한 점은 숙련 목표mastery goals를 품은 사람들이나 배우고자 하는 내적 동기(행복하고 건강한 삶, 장기적인 성공과 직결된 가장 좋은 종류의 동기)가 있는 사람들이 공통적으로 자기 자비를 실천하는 경향이 높다는 점이다. 말이 된다. 실패해도 스스로를 책망하지 않으면 실패는 덜 두려운 일이 된다. 지적인 모험을 감수할 용기를 더 쉽게 낼 수 있다. 또 호기심이 이끄는 대로 따라가기도 더 쉬워진다. 자기 자비는 삶에 중요한 변화를 이루고자 하는 욕망을 깨운다. 자기 자비를 품는 사람들은 성과를 보이려는 욕구보다는 배우려는 욕구에서 더 동기를 얻고, 실패 뒤에 더 잘 회복하며, 건강한 위험을 더 잘 감수한다.

자기 자비를 품는 사람들은 실패를 해도 곧장 수치심부터 느끼거나 스스로를 가치 없다고 느낄 확률이 낮다. 그들의 자기 효능감은 타격을 입지 않는다. 크리스틴 네프는 '자기 자비가 방종과는 전혀 다른 것'이라며, '자기 자비는 진짜 성취를 가능하게 하는 힘'이라고 썼다.


## 자기 자비의 세 단계

자기 자비에는 세 가지 단계가 있다.

- 마음 응시. 즉, 자기가 생각하고 느끼는 것을 평가하지 않는 채로 관찰하기.
- 자기에게 친절하기. 즉, 스스로에게 친절한 말 하기.
- 보편적인 인간 특징 생각하기. 즉, 나와 같은 경험을 하는 다른 사람들을 생각하기.

자기 자비는 청년기 마음의 고민들에 절묘한 해답이 된다.

마음을 응시하려면 자신의 숨결과 지금 이 순간에 주의를 기울여야 한다. 그 덕에 청년기의 괴로운 습관인 강박적 고민에 제동을 걸 수 있다. 또한 자기를 친절하게 대하려면 자극받기 위해 스스로를 비난하는 태도에서도 한발 물러설 수밖에 없다. 마지막으로 보편적인 인간 특징에 초점을 맞추면 캐런 블루스 박사와 동료들이 쓴 것처럼 개인적 우화가 깨어진다. 개인적 우화란 발달단계상 청소년이 주로 지니는 믿음으로, 자기 고통이 다른 이들의 고통보다 특이하고 전에 없던 것이라는 믿음이다.

딸이 자기 자비를 키우도록 돕기 위해, 당신이 직접 겪은 이야기를 본보기로 들려주어도 좋겠다. 단, 그럴 때 당신의 감정이나 약한 면모를 너무 유난스럽게 전시하지는 말아야 한다. 특히 딸이 그런 당신 모습을 보는 것에 익숙하지 않다면 말이다. 그렇게 부담스럽게 다가선다면 불편해진 딸은 자리를 벗어나고 싶은 나머지 달리는 차에서라도 뛰어내리겠다고 할지 모른다. 딸이 편안하게 느낄 수 있는 방식으로 예시를 들 수 있는 경험을 고르자. 그래야 딸이 견디기 힘든 어색함이 아니라 배움 자체에 집중할 수 있다.

내 경우 오래전에 겪은, 연인과 유난히 힘들었던 이별 이야기를 학생들에게 들려주었다. 그 당시에 나는 자기비판이 아주 심했다. 생각이 과장과(이건 나한테 뭔가 심각한 문제가 있다는 뜻이 분명해. 그러니 나는 영원히 혼자일 거야) 부인(뭐, 상관없어. 그냥 딴 사람 만나면 되지) 사이를 마구 왔다 갔다 했다. 전자는 나를 슬픔과 불안의 나락으로 떨어뜨렸다. 후자는 나를 분노로 무장시켰지만 치유로는 전혀 이끌어주지 못했다.

첫 번째 단계인 마음 응시를 실행하기 위해서, 그때 나는 내 감정과 생각을 평가하지는 않으면서 가만히 바라보았다. 내 과장된 짐작들을 옆으로 치워야 했다. 그 이별이 내 삶 전체에 지니는 의미(나는 분명 혼자 늙어 죽겠지), 곧 내게 일어날 일들(아주 여러 마리 고양이를 데려와 키우겠지), 이 일로 미루어 본 내 정체(난 분명 어딘가 고장 난 사람이야) 따위.

문제를 부인하거나 과장하는 경향이 있는 사람이라면 자기 감정과 생각에 주의를 기울이는 일은 특히 중요하다. 그런데 상황을 부인하는 것이 효과적인 대처 방법이 아니라는 것은 대부분 아는 반면, 과장은 그저 그 일을 중요하게 여기는 것이라고 보는 이들이 많다. 문제를 과장되게 바라보며 크게 속상해하는 것은 문제에 대처하는 것이 아니라 그 반대일 때가 많다는 점을 지적하라. 자기 생각과 감정을 최악의 상상 속에 떨어뜨려놓는 것인데, 그럴 때 우리는 문제해결을 시작하기는커녕 집중력을 잃게 된다.

내 과장으로 만들어진 추측들이 사라졌을 때 비로소 나는 나에게 질문할 수 있었다. 지금 이 순간 내가 진실로 생각하고 느끼는 것은 무엇인가? 귀를 기울이자 내 마음에서 들리는 것은 이런 말이었다. '나는 아프다. 많이 아프다. 또한 슬프고 거부당한 기분이다.'

그리고 두 번째 단계는 자신에게 친절하기다. 만약 지금 코미디 쇼 SNL에 나온 스튜어트 스몰리가 떠올랐다 해도 뭐, 괜찮다(거울 앞에서 "나는 충분히 훌륭하니까, 충분히 똑똑하

245

니까 사람들은 나를 좋아해" 하고 조곤조곤 말하던 코미디언 말이다).

그런데 나는 여자아이들이 아주 놀라울 정도로 이 단계를 어려워한다는 것을 경험했다. 스스로에게 다정하게 말하기를 얼마나 힘들어하는지 모른다. 내 수업에서 어찌할 바를 모르는 학생에게 나는 이렇게 권유한다. 여러분이 자기한테 하는 그 비난을 가까운 친구나 부모님이 듣는다면 어떻게 반응할까요? 그들이 뭐라고 말했을지 상상해보라고 한다. 내 경우엔 친구 대니엘라의 목소리를 자주 상상한다. 이별을 겪었던 그때의 내 머릿속에서는 대니엘라가 이런 이야기를 해주었다. '그 관계에서 넌 네가 할 수 있는 최선을 다했어. 또 너 자신에 관해서 많이 배우기도 했잖아.' 나였어도 같은 상황에 있는 친구가 있었다면 해주었을 말이었고, 진실이었다.

자기 자비의 마지막이자 세 번째 단계는 보편적인 인간 특징에 초점을 맞추는 것이다. 자기와 비슷하거나, 비슷하면서도 더욱 힘든 경험을 했을 다른 사람들과의 유대감. 많은 청소년이 겪는, '이런 일을 겪는 것은 나뿐'이라는 믿음이 이 단계에서 사라질 수 있다. 그때 나는 스스로에게 이렇게 말했다. '지금 세상에서 실연을 겪고 있는 사람이 나뿐이 아니란 걸 알아. 또 내가 이 세상 유일한 싱글도 아니고.' 솔직하게 털어놓자면 그때 '실연 극복하는 법'을 구글에 검색했는데 결과가 150만 개쯤 나왔다. 나만 겪는 일이 아닌 건 아주 확실했다. 그에 더해, 나는 내 딸과 내가 건강하다는 사실도 떠올렸다. 그렇다고 해서 내 감정을 사소한 일로 취급한 것은 아니다. 하지만 내 고통을 한

246

발 떨어져서 바라볼 수 있게 되었다.

딸의 마음에 자기 자비가 자라나게 하는 또 다른 방법은 이 세 단계를 일상 속 대화에 녹여내는 것이다. 예를 들면 나는 내 딸에게 이런 말을 할 수 있겠다. "오늘 내가 원한 걸 얻지 못해서 아주 실망했어(마음 응시). 그래도 난 최선을 다했고, 다른 스트레스 받는 일들도 같이 처리해야 했어(자신을 향한 친절)." 또는 이렇게 말할 수도 있겠다. "오늘 저녁 만들다가 망쳐서 맛이 하나도 없어서 창피하다(마음 응시). 내 친구도 지난주에 똑같은 실수를 했대(보편적 인간 특성). 저녁으로 먹을 다른 걸 찾자." 난관을 대하는 건강한 방법을 직접 보여주는 건 딸이 살면서 수많은 버전으로 응용할 수 있는 대본을 주는 것이다. 또한 당신이 딸에게 자비를 베푸는 것 역시 딸이 자기 자비를 꾸준히 실천하게 돕는 일이다.

마음속 비난의 목소리를 친절한 말로 바꾸는 일은 그런 친절함을 보여주는 사랑하는 이들과 함께일 때 훨씬 쉬워진다.

자기 생각과 감정을 차분히 바라보는 법을 배우면 많은 여자아이들이 불안할 때 빠져드는 과장하는 사고방식에서 벗어나게 된다. 현실을 일어났거나 일어날까 봐 두려운 상황으로 해석하는 것이 아니라 있는 그대로 바라볼 수 있다. 마음속 아픔을 꺼내 소파 위 옆자리에 앉혀놓고 똑바로 바라볼 수 있게 되면서, 이내 내 문제들 속에 내가 빠져 죽진 않으리라는 것을 알게 된다. 이를 많이 실천할수록 자신의 진짜 감정에서 달아나려고 노력하는 대신 그 감정을 데리고 가만히 앉아 있기가 쉬워진다. 그리고 모순되게도 그것이 우리가 앞으로 나아가고 강해지는 데 도움이 된다.

우리에게 찾아온 좌절을 해석하는 법은 기술이고, 그 기술을 우리는 어느 정도 부모를 보면서 배운다. 만약 자랄 때 아버지가 직장에서 느끼는 패배감에 감정을 마비시킨 채 날마다 7시 반에 잠자리에 드는 방식으로 대응했다면, 어머니가 장 볼 것 목록을 잃어버렸을 때 부엌을 빙빙 돌며 자신을 멍청이라 불렀다면, 우리는 실수 하나가 대단히 무서운 것이라는 메시지를 뚜렷하게 전달받은 셈이다. 딸이 좌절을 마주할 때 모든 책임을, 아니 그 이상의 화살을 몽땅 스스로에게 돌리는 일을 멈추도록 돕고 싶다면, 딸뿐 아니라 우리도 변해야 한다.


## 마음속 비난의 목소리에 맞서기

여자아이들은 자기 비난으로 자신을 규정하는 경우가 많다. 자신에 관한 가장 고통스러운 그 생각들을 그저 품는 것이 아니라 통째로 삼킨 다음, 부정적이고 심지어 현실과는 거리가 먼 그 생각들을 사실로 믿어버리는 것이다. "제가 이 수업에서 (또는 이 학교에서, 이 직장에서) 잘할 만한 재능을 타고나지 않았다는 거 알아요. 그러니까 이 판단은 사실이 맞아요" 같은 이야기를 내게 한다.

으르렁거리는 내면의 악마를 달래기 위해서 그것을 먼저 마주해야 한다고 주장하는 전문가들이 있다. 테라 모어는 자신의 학생들에게 마음속 자기 비난을 곧장 마주하라고 한다. 심지어는 그것을 의인화하여 보라고 한다. 우리 속에 살고 있는, 그래서 우리가 이름표를 붙이고 직접 맞설 수 있는 어떤 존재로 만들어보라고 말이다. 그러고는 이렇게 말한다.

> 당신은 그 비난의 목소리가 아닙니다. 당신은 그 비난의 목소리를 '인식하는' 사람이에요. 당신은 그 목소리에 당황스러움을 느끼거나 상처받거나 그 목소리를 믿는 사람이지요. 당신은 그 목소리를 이해하려고, 그 목소리와 함께하려고, 그 목소리를 없애려고 시도하는, (그리고 그 외의 방식으로 그 목소리에 반응하는) 사람입니다. 그 비난의 목소리는 당신의 중심이 아닙니다. 당신의 중심은 포부를 품은 당신, 내면의 지혜를 품은 당신입니다. 그 비난자는 일종의 침입자입니다. 당신 마음속에서 어쩌다 울려퍼지게 된 목소리일 뿐, 진정한 당신은 아닙니다.

당신 내면의 비난자를 별개의 존재로 볼 때 그 목소리가 내 일부일 뿐 내가 아니라는 것을 더 쉽게 이해할 수 있다고, 테라 모어는 썼다.

켈시의 마음속 비난자는 첫 로스쿨 입학시험 점수를 받았을 때 가장 지독해졌다. "저는 절망했어요." 켈시는 식탁에 앉아 흐느껴 울고 어머니는 달래려고 애썼다. 켈시는 집안에서 나온 첫 대학생이었다. 식탁에 두 손으로 받친 켈시의 머릿속에서 여러 생각이 시끄럽게 휘돌았다. '난 로스쿨에 갈 실력이 안 돼. 대학에 만족하지 않고 그 이상 공부할 수 있다고 생각했

던 오만함의 대가를 치르는 거야.'

　몇 년 전 내가 켈시와 같은 상황에 놓인 아이를 만났다면, 네가 얼마나 똑똑한지 아느냐고, 너는 로스쿨을 다닐 자격이 있고 훌륭한 일을 할 운명이라고 말하며 자기 비난에서 벗어나게 하는 것을 가장 중요시했을 것이다. 사람들의 기분을 나아지게 만드는 검증된 방법을 사용하는 인지 행동치료사 역시 이런 경우 로스쿨에 다닐 자격이 충분함을 보여주는 증거를 가리킬 것이다. 켈시의 높은 학점, 법학클럽 회장 경력, 캠퍼스에서 목소리를 내는 활동을 한 경력 등등.

　그러나 낮은 자신감과 패배감으로 시각이 왜곡되어버리면 사실이 그다지 중요하지 않다. 테라 모어는 이런 상황을 도울 수 있는 다른 방법을 제시하는데, 야수의 배 속으로 직접 걸어 들어가는 것이다. 내면에서 일어나는 생각들에서 달아나는 게 아니라, 그것에 이름을 붙이는 방법이다. 이를테면 켈시의 어머니가 "그건 마음속 비난자의 목소리야" 하고 말해주어도 좋다. 이렇게 생각에 이름을 붙이면 그 생각들이 내가 아니라, 내 내면의 일부일 뿐임을 느끼게 된다. 그런 좌절이 나만 겪는 일이 아니고, 남들의 내면에도 비판자가 있다는 것을 이해하게 된다. 자신의 괴로움이 자기한테만 일어나는 일이 아님을 떠올리는 것, 즉, 보편적인 인간의 경험임을 인지하게 되면서 켈시는 내면의 안정을 찾고 자신을 수치스럽게 느끼는 고통에서도 벗어날 수 있다.

　자기 비난의 목적이 무엇인지를 이해하도록 돕는 것도 좋겠다. 진화심리학자들은 자기 비난이 수백만 년 전에 인류가 안주하지 않고 물리적인 손상에서 스스로를 보호하고자 만들어낸 적응 구조라 믿는다. 오늘날에도 자기 비난은 비슷하게 기능한다. 여전히 우리는 두려움의 대상에게서 스스로를 보호하고자 자기 비난을 사용한다. 그 두려움의 대상이 더는 털북숭이 매머드가 아닐 뿐.

켈시에게 이런 질문을 해도 좋을 것이다. 내면의 비난자는 어째서 켈시에게 로스쿨이라는 꿈을 포기하라고 소리치는 걸까? 과연 켈시를 무엇으로부터 지키려는 것일까? 굴욕감? 패배? 학사 학위가 있는 부모들에게서 자란 학생들과 어울리지 못한다는 두려움? 테라 모어는 내면의 비난자에게 무엇이 가장 두려운지 묻고, 그 동기에 이름을 붙여보라고 제안한다. 그러고 나면 우리는 내면의 비난자에게 "조언 고맙지만, 이건 내가 잘 알아서 할게"라고 할 수 있기 때문이다.

켈시 안의 해로운 목소리를 아예 없애려고 노력하는 대신, 그 목소리를 내면에서 함께 살아가는 수많은 목소리 중 하나로 바라보도록 돕는 것이다. 우리가 무언가를 생각하거나 느끼지 말아야지 하고 다짐할 때 사실상 대부분 반대로 되기 때문이다.

*
**

자기 자비를 품는다고 스스로에 대한 나쁜 감정이 없어지진 않지만 줄어든다. 삶이 때론 견딜 수 없을 만큼 암울하다고 느껴지는 한밤중에 자기 자비가 마음을 진정시켜준다. 하지만 아마도 자기 자비가 주는 진짜 선물은 시야일 것이다. 내 경험이 다른 이들의 경험과 연관되어 있음을 배워가면서, 나와 비슷한 상황을 뒤로하고 앞으로 나아간 사람들이 있음을 깨닫게 된다. 거기서 희망을 느낄 수 있고, 이미 가진 것을 고마워할 수 있다. 또한 스스로에 대한 수치심도 가라앉는다.

난관에 맞설 때는 커다랗고 겁나는 순간만 중요한 것이 아니다. 그 순간이 (이를테면 일이 뜻대로 풀리지 않은 순간이) 지나간 다음에 어떻게 하는지도 마찬가지로 중요하다. 좌절했을 때 스스로에게 할 말을 모른다면, 실수할 때마다 수치심과 과도한 생각과 홀로 숨어버리고 싶다는 마음으로 가득 찬다면 그 누구인들 선뜻 용감한 선택을 할 수 있겠는가?

그래서 나는 워크숍과 수업을 마무리할 때마다 학생들에게 한 가지 질문을 한다. 특히 새벽 5시 반에 스텝퍼 위에서 운동을 하고, 기숙사에서 자정 넘어 휴대전화 불빛으로 책을 보는 여성들을 향한 질문이다. 중학교 2학년 때부터 일요일 대입 시험 준비 수업을 들어온 고등학생, 자양강장 음료수를 두 병째 마시고 있는 대학교 2학년생을 향한 질문이다. 모든 것을 하고 모든 존재가 되어야 한다는 가차 없는 압박 속에서 힘들어하는 그 여성들에게 나는 단 하나를 묻는다. '당신이 당신으로서 충분한 이유는 무엇입니까?' 나는 단체 수업을 할 때마다 이 질문을 하는데, 목이 메이지 않은 채로 그 교실을 떠난 적이 없다.

나는 학생들에게 먼저, 나는 내 딸의 엄마라서 충분하다고 말한다. 그리고 다정한 친구라서. 그리고 사람들의 생일을 기억해서.

가장 최근에 진행했던 대학 오리엔테이션에서, 초조함 가득하던 18세 여자아이들은 이런 답들을 했다.

내가 나로서 충분한 이유는……
나를 사랑하는 친구들이 있기 때문이다.
어려운 문제를 정면으로 마주하려고 노력하기 때문이다.
새로운 것을 배울 때 내 영혼이 기쁨으로 가득 차기 때문이다.
노력하기 때문이다.
나로 인해 우리 가족이 자랑스러움을 느끼기 때문이다.
사랑하고 사랑받기 때문이다.
내가 하는 모든 일과 내 주변 사람들의 기분을 중요하게 생각하기 때문이다.

이 진실들을 학생들과 나는 늘 떠올린다. 그러면 숨어 있던 용기의 샘에 닿아 우리는 일어설 수 있고, 한 걸음 나아갈 수도 있고, 목소리 낼 수도 있고, 과감한 시도를 할 수도 있다. 저마다 의미 있는 방식을 선택하기에, 결과가 어찌 되든 우리 자신이 변함없이 소중하다는 것을 알기에, 우리는 그 모든 것을 할 수 있다.

# 7

# 애쓰지 않아도 완벽한 듯,
# 스트레스 올림픽

꼭 온 세상 기대를 한 사람에게 욱여넣은 것이
제 삶인 것 같아요. 어떻게 살아내고 있는지
저도 잘 모르겠어요.
── 조(16세)

2000년대 초반에 도나 리스커Donna Lisker 박사는 듀크 대학교 여학생들 사이에 문제 있는 현상이 퍼져 있다고 지적했다. 여학생들이 '공부를 잘해야 한다는 압박뿐 아니라, 날씬하고 옷도 잘 입고 머리 모양도 완벽해야 하며, 딱 적당한 친구들과 어울리고 딱 적당한 방학 아르바이트를 해야 하며 일과 후의 파티나 훅업에 관해서는 입을 다물어야 한다'는 압박을 받고 있으며, 게다가 그 모든 걸 힘들이지 않고 해내는 것처럼 보여야 한다는 것이다. 그의 학생 한 명은 이 현상을 '애쓰지 않고 얻은 것 같은 완벽함'을 욕망하는 것이라고 표현했다.

여자아이들 사이에 완벽주의는 언제나 있었다. 하지만 듀크 대학교 '우먼 이니셔티브Women's Initiative'는 캠퍼스의 여성들이 우등생 이상이기를 요구받는 돌연변이 현상을, 말하자면 완벽주의 2.0 버전을 발견했다. 외모에서부터 과외활동, 성적까지 모든 면에서 뛰어나야 한다는 것. 그리고 비욘세의 노래 가사처럼 '아침에 일어날 때부터 그런 것처럼' 보여야 한다는 것. 마치 방금 손질한 듯한 외모를, 대단한 성적을, 다방면에서 부족함 없는 이력서를, 그리고 풍성한 인간관계를 누구의 도움을 받거나 아등바등하지 않고 갖춘 것처럼 보여야 한다.

오늘날은 고등학생들부터 이 EP effortless perfection, 즉, 애쓰지 않고 얻은 것 같은 완벽함을 추종하는 문화의 완전한 영향권에 들고, 남자아이들도 그 영향을 받는다. 사회학자 셰이머스 칸Shamus Khan은 세인트폴 기숙학교에 다니는 학생들 사이에서 '성취가 마치 능동적으로 이룬 일이 아니라 수동적으로 일어난 일처럼 보이는 것, 학생 스스로가 한 일이 아니거나 그

257

일을 하기가 그리 힘들지 않았던 것처럼 보이는 현상'을 발견했다. 여자고등학교에 다니는 한 2학년 학생은 이 현상을 가리켜 "실은 굉장히 열심히 하면서도 겉으론 그러지 않는 것처럼 보이는 것"이 핵심이라고 나에게 설명해주었다. 같은 반 친구도 거들었다. "아주 수월하게, 자연스럽게 얻어진 일처럼 보여야 돼요." 노력해서 이루어내는 것들이 무엇보다 중요한 바로 그 학교들에서 학생들은 노력하지 않는 것처럼 보여야 한다는 부담이 점점 커지고 있었다.

"전 내면과 외면이 잘 정돈된 사람처럼 보여야 한다고 스스로를 많이 압박해요." 오클라호마 출신으로 북동부 지역 큰 공립대학에 다니는 19세 노라가 말했다. "몸에 결점이 하나도 없었으면 해서 매일같이 운동을 해요. 제가 있는 여학생 클럽 아이들은 실제론 그렇지 않더라도 겉으론 다 잘 지내는 것 같아 보이고 잘 정돈된 사람처럼 보여요."

이런 세상에선 너무 열심히 노력하는 것은 멋지지 않다는 신호로, 심지어는 능력이 부족하다는 신호로 읽힌다. 이런 논리다. '실패를 그 정도로 걱정한다는 건 그렇게 똑똑하지 않다는 뜻이야. 머리 손질에 그 정도로 신경 쓴다는 건 그렇게 예쁘지 않다는 뜻이야. 성적에 그 정도로 스트레스를 받는다는 건 그렇게 자신감 있지 않다는 뜻이야.' 한 여학생이 삶에서 힘든 부분을 털어놓으면 주변에서 불편해한다. 그의 완벽이 애써야만 얻어지는 것이라면, 나의 완벽 역시 그럴지도 모른다는 뜻이 되기 때문이다.

어느 날 점심시간, 노라와 여학생 클럽 회원들은 옆 식탁

258

에 앉은 한 여자아이를 비웃었다. 그 여자아이는 크롭탑에 딱 붙는 청바지를 입었고 머리와 화장이 아주 화려하고 목소리가 컸다. "우린 '저 애 시선 끌려고 엄청 노력하네' 하고 생각했어요. 자기 자신을 많이 좋아하는 아이가 분명했어요."

노라와 여학생 클럽 회원들은 그런 여자아이들을 "애쓰는 애들"이라고 불렀다. 한편으로는 워너비 같고(쟨 시선을 끌고 싶어 해), 다른 한편으로는 자기 자신에게 푹 빠진 아이로 보여서(자기가 되게 잘난 줄 아나 봐) 짜증이 난다는 뜻이다. 노라는 또래들이 그런 아이에게 "화가 나는" 편이라고 설명했다. 뉴잉글랜드에 있는 다른 대학의 한 기숙사에서는 모두와 친해지기 위해서 다소 과하게 노력을 하는 사람에게 '가장 신입생 같은 신입생' 상을 주었다.

EP 추종을 그저 빼어난 것에 집착하는 또래 문화의 해로운 부작용 정도로만 볼 수는 없다. 그 현상은 오늘날 요구되는 지독히 납작한 여성성의 단층선을 오간다. 예뻐야 해. 그러나 너무 신경 쓰는 것처럼 보이거나 자기가 예쁜 걸 너무 잘 알면 안 돼. 사실상 청년기 여성들은 애쓰지 않은 듯한 완벽함의 법칙을 다소 지나칠 만큼 선뜻 따른다. EP가 숭배하는 것은 겸손(너의 모든 장점들이 그저 '자연스럽게' 너에게 온 것처럼 보여야 해), 그리고 자급자족이다(그 모든 걸 스스로 성취했으니 괜히 도움을 청해서 남한테 부담을 줄 필요는 없어). 또한 EP는 우리 사회에서 불균형적으로 많이 추구되는 여성의 날씬한 체형을 찬양한다. 젊은 여성들이 주 사용자인 소셜미디어에서 비키니 입은 여성의 몸, 한밤중의 추억 만들기 파티, 예쁜 휴가지

풍경 따위가 올라오며 EP가 집중적으로 홍보된다.

그 모든 것에 비용이 든다. 엘리자베스 암스트롱Elizabeth Armstrong 교수와 로라 해밀턴Laura Hamilton 교수가 미국 한 중서부 대학 내 불평등에 관해 연구한 〈파티 비용〉에 따르면, 여학생들 사이의 경쟁에 경제적 계급의 영향이 크다. 외모를 꾸미려면, 놀러 나가려면, 몸에 좋은 음식을 먹으려면 돈이 필요하기 때문이다. 캠퍼스에서 아르바이트를 하거나 누군가를 부양하고 있다면 헬스장에 가거나 머리를 하는 데 쓸 시간도 그만큼 적게 남는다. 두 교수는 EP의 모범을 선발하는 대회 같은 면이 있는 '여학생 클럽 신입 선발 과정'을 연구했는데, '경제적으로 넉넉하지 않은 형편의 여학생들은 멋진 외모로 꾸미지 못하기 때문에 대부분 효과적으로 선발에서 제외'된다. 누가, 어떤 이유로 선발 과정에 참가자로 선정되는지 공개되지 않기 때문에, 배제된 여성들은 그것을 '사회 계급과 특정 면모를 바탕으로 한 체계적 분류'가 아니라 개인적 실패로 받아들이는 경향이 있다.

하지만 대학 캠퍼스에는 EP 숭배를 적극적으로 거부하는 여성들도 많다. 그중에는 특히 사회적으로 소수집단에 속하는 여성들이 많다. 내가 집안 첫 대학생인 여학생들과 유색인 여학생들 다수에게 자기들이 힘들여 하는 일을 '수월한 일인 척' 하는 것을 어떻게 생각하느냐고 묻자 어리둥절한 반응이 돌아왔다. 삶의 어려움을 당당하게 목적의식과 동력으로 바꾸어 살아가도록 배우면서 자란 그들에게는 분명히 존재하는 어려움을 지운다는 것이 터무니없게 느껴지는 것이다.

EP는 여성의 잠재력이 커지는 것을 바라보는 우리 사회의 이중적인 태도가 낳은 부작용이다. EP는 목청 높은 '좋아, 다만……' 주의를 이어받는다. 내가 쓴 《딸 심리학》*에서 이름 붙인 '좋아, 다만……' 주의란, 우리 사회가 젊은 여성들을 대하는 사고방식이다. 좋아, 성공해, 다만 너무 자랑하진 마. 좋아, 강해져, 다만 섹시하기도 해야 해. 좋아, 자신감을 가져, 다만 조용하게 해야 해. EP는 이렇게 말도 안 되는 상반된 요구 사항들이 오늘날 젊은 여성들의 목표로 겉 포장만 바뀐 것이다.


## 역할 과부하

EP를 추구한다는 것은 닿지 못할 성취의 기준을 향해서 끝없이 노력하는 일이다. 그 안에서 여자아이들의 자신감은 낮아지고, 서로를 겨뤄야 하는 적으로 여기게 되고, 도움을 구할 능력은 낮아진다. 다시 말해 스스로에게 힘을 불어넣기 위해 스스로를 해쳐야 하는 것이다.

EP는 딸에게 24시간 단 하루 동안 말도 안 되게 다양한 책임을 떠안긴다. 그저 일이 많은 것이 아니라, 서로 다른 '종류'의 일이 많다. 머리를 하나로 질끈 올려 묶고 레깅스를 입고 다니는 조는 1년에 운동을 세 종목 하고 환경 공부와 야외 활동을 사랑하는 고등학교 2학년생이었다. 나와 인터뷰를 하려고 친구들 무리와 함께 피자를 먹으면서, 이 세상이 자신에게 기대하는 매일의 과제들을 늘어놓았다. 조는 긴 다리를 꼬고 앉은 채

말했다. "성적도 완벽해야 하고, 관심 있는 분야가 있으면 다 잘
해야 돼요."

그리고 지구상의 모든 일을 다 하는 와중에도 체력은 강
하지만 체격은 말라야 되고, 그런데도 엉덩이는 커야 되고
전체적으로 섹시해야 돼요. 그러면서도 동시에, 아…… 이
거 복잡한데, 파티에서도 신나게 놀고 훅업 문화에도 참가
해야 한다는 압박이 있어요. 그런데 또 훅업을 너무 많이
하면 문란한 아이인 거고, 한 사람과 안정된 연애를 하면
지루한 아이인 거예요. 아니, 그러면 공부랑 운동은 언제
해요?

조는 남자 친구 얼굴을 볼 시간조차 거의 없었다. 남자 친구의
라크로스 경기에 구경 가지 못해서 '나쁜 여자 친구'가 된 기분
이었다. 다른 친구들 역시 조가 멀어진다고 느꼈고, 조는 "집으
로 달려 들어가 저녁 먹을 때"만 가족들 얼굴을 본다고 했다.
조가 우울하거나 불안하거나 힘들어하는 것은 아니었다. 사실
그 반대였다. "저는 대체로 긍정적인 사람 같아요. 원래 밝은 성
격이에요. 그렇지만 지금보다 조금이라도 더 불안정한 사람이
었다면, 이 상황을 견딜 수 없었을 것 같아요. 꼭 온 세상 기대
를 한 사람에게 욱여넣은 것이 제 삶인 것 같아요. 어떻게 살아
내고 있는지 저도 잘 모르겠어요."
　　그때 조의 전화기 알람이 울렸다. 조는 하던 이야기를 끊
고 말했다.

262

"가봐야 돼요. 집에 가기 전에 엄마가 부탁한 우유 사야 돼요."

역할 과부하의 전형적인 예다. 도나 리스커가 표현한 바에 따르면 'EP는 여성이 소위 말하는 책벌레의 두뇌와 머리 나쁜 금발 미인의 미모를 둘 다 갖추어야 한다는 요구'다. 그 충돌하는 요구 사항들이 한 사람에게 주어지면서 지나친 부담이 된다. 2014년에 미국 심리학협회에서 전체 미국인 중에서 잠을 가장 적게 자는 집단이 청년기 여성이라고 발표한 것은 우연이 아니다. 잠 부족은 청년기의 우울증, 불안, 위험 감수 문제, 감정적 위태로움 등 행동과 정신 건강 문제에 직결되어 있다.

90년대에 대학을 다닌 나는 추리닝 차림으로 수업에 들어갔다. 그 '침대에서 그대로 나온 것 같은' 스타일은 이제 오버헤드 영사기와 함께 과거의 것이 되었다. 보스턴의 한 대학에 다니는 애나는 수업에는 잘 차려입고 와야 한다는 암묵적 드레스 코드가 있다고 했다. 허용되는 예외는 운동복뿐이라서 학생들은 헬스장에 갔다 오지 않았어도 운동복 차림으로 수업에 온다. 애나의 친구 중 한 명은 이런 고백을 했다. 자신이 너무 부족하게 느껴질 때면 좀 떨어진 슈퍼마켓까지 걸어간다는 것이다. "학교 밖 사람들은 어떤 모습인지를 다시 깨닫기 위해서"였다.

애나는 주말이 "주중에 하는 것과는 전혀 다른 종류의 일거리가 생기는" 시간이라고 했다. 도서관에서 하루를 보내고 나서 '어디로 가야 할지 파악하고는 사람들과 함께 계획을 짜고, 파티 갈 준비를 한참 동안 한 다음, 밤 아주 늦게까지 깨어 있는다'고 한다. 어디로 갈지, 누구와 함께 갈지, 그리고 무엇을 할지를 초조하게 고민해서 결정한다. '가장 적당한' 주말 경험을 놓칠 것을 두려워하면서 말이다.

집에 남아 넷플릭스나 보고 싶어 해선 절대 안 된다. 애나는 말했다. "어떤 규범과 이상에 맞는, '해야 할' 활동들이 정해져 있어요." 그러고는 덧붙였다. "월요일에 '해야 할' 일은 수업 시간에 잘하기고요." 표면적으로는 긴장을 푸는 때인 주말은 이제 주중과 마찬가지로 '해야 할' 일이 가득하다.

이 모든 일을 잘 처리하기 위해서 엄청난 멀티태스킹이 필요하다. 우수 학생 프로그램에 선발되어 한 공립대학교를 다니는 19세 케일라는 내게 말했다. "할 일을 계속 생각해요. 나중에 할 일, 다음 달에 할 일, 뭘 해야 되고 왜 해야 하는지 등등. 마음이 쉬질 않아요." 긴 갈색 머리에 안경을 썼으며, 말할 때 진지하고 다소 조심스러워 보이는 케일라는 자기 반에서 14등이었고 10등 안에 간절히 들고 싶어 했다. 자기 어머니는 9등이었다고 했다. 다음 해야 할 일들을 걱정하게 되니 현재에 충실하기가 어렵다고 했다. "과제를 하면서도 다음 과제를 생각하고, 다음으로 해야 할 공부를 생각해요. 끝날 줄 모르는 쳇바퀴를 도는 햄스터가 된 것 같아요."

딸들이 애쓰지 않은 듯한 완벽함을 추구한다고 내가 이야기하면 어머니들은 즉시 이해한다. 말도 안 될 정도로 많은 역할을 완벽히 해야 한다는 압박은 어머니들에게도 낯설지 않기 때문이다. 아이를 잘 먹이는 역할, 잘 교육시키는 역할, 돈을 버는 역할, 살림 담당자 역할, 아이의 학교 일정 관리자 역할 등등등. 부유층이라면 그에 더해 날씬해야 하고 경쟁력 있게 옷을 입어야 하고 소셜미디어에 주기적으로 포스팅을 해야 한다는 기대도 받는다. 어머니는 아이들의 사회화에 주된 역할을 하는 사람이라고 한다. 다시 말해, 딸은 엄마에게서 배운다.

하지만 이 문제를 이야기하는 여자아이들은 별로 없다. 4분의 3이 여학생인 대학생 총 1200여 명을 대상으로 2016년에 연구를 진행했는데, EP를 추구하는 학생들이 또래들 사이에서 고립감을 더 많이 느낀다고 나왔다. 수월하게 모든 걸 해내는 이미지를 유지하기 위해서는 자신을 철저하게 숨기는 노력이 필요하다고 이 연구는 말한다. 그러니 해야 할 많은 일들로 얼마나 버거운지 털어놓을 수도 없고 지원을 요청할 수도 없다. 자신의 불안함과 두려움을 감추고 있어야만 한다.

도나 리스커는 듀크 대학 학생들과의 인터뷰를 통해 그 침묵을 관통했다. EP를 추구함으로써 여자아이들은 두 가지 걱정을 품는다. 그것을 유지하지 못하리라는 걱정, 그리고 그것을 누군가가 자기보다 더욱 잘 해내리라는 걱정. 끝없이 더, 더, 더를 추구하는 것은 해결 없이 계속 반복되기만 하는 잔인한 순환이다. 자기가 아무리 날씬하고 똑똑해도 여전히 더 납작한 배를 가진 아이, 더 좋은 성적을 받은 아이가 부러워진다. "여기는 다들 나보다 훨씬 똑똑하고 훌륭하고 대단한 일 많이 했고 공부 열심히 하는 애들뿐이라서…… 결코 따라갈 수가 없는 내가 싫다." 한 엘리트 대학의 '익명 게시판'에 올라온 전형적인 글이다. EP는 헛되다. 결코 만끽하지 못하는 승리다. EP를 추구하는 내내 머릿속에는 자기가 부족하다는 생각이 자리한다.

"주말에 계속 약속이 없다는 걸 걱정하면서 정말 에너지를 많이 썼어요. 그게 그 자체로도 일인 거예요. 다른 아이들은 이걸 하는데 나는 그걸 안 하고 있으니 나는 도대체 뭐가 문제인 거야? 하고 생각하는 일." 애나가 말했다. 대학 첫해 동안 애나는 이런 걱정을 감당하느라 긴 시간 감정적 에너지를 소비했다. "꼭 해야 하는 일이나 멋진 일을 나만 안 하고 있는 것 같았어요."

그럴 때 여자아이들에게 술이 탈출구로 다가오는 경우가 많다. 시끄러운 머릿속 자기비판을 잠재우고 어깨를 누르는 압박감을 털어버릴 수 있는 탈출구. '우리를 괴롭히는 완벽주의의 드릴 소리를 차단하고 마음속에 잠가둔 비밀들을 꺼내기 위해서 우리는 와인이 필요했다.' 세라 헤폴라Sarah Hepola가 영향력 있는 자기 회고록《필름이 끊기다: 내가 잊기 위해 마신 것들 기억하기》에서 쓴 표현이다. '알코올은 내게 도움이 되었다. 아아, 도움이 되었다. 빈 맥주 깡통들로 된 요새 뒤에서 나는 두려움과 비판의 공격을 받지 않았다. 알코올이 들어가면 내 몸이 가벼워지고 꽉 쥔 주먹이 풀어졌고, 긴 시간을 긴장으로 옷자락을 꽉 붙들고 지낸 뒤의 자유가 참으로 달콤했다.' 술이 효과적 이완을 제공한다. 목구멍으로 빠르게 흘러 내려가고, 빈틈없이 바쁜 삶의 틈새를 쉽게 파고든다.

또한 여성은 서로 모순된 역할들을 요구받는 부담을 술을 통해 금세 내려놓을 수 있기도 하다. 통념적인 여성성 안에 자신의 가장 진실한 생각들을 붙잡아 가두었다면, 알코올의 힘을 빌려 그것들을 풀어놓게 된다. 자신의 가장 극단적인 충동과 함께 말이다. 세라 헤폴라는 다음과 같이 썼다.

술은 내가 하고 싶은 것을 다 할 수 있다는 허가증을 주었다. 나는 인생에서 정말 긴 세월을 누가 "저녁 뭐 먹고 싶어?" 하고 물으면 "모르겠어. '너는' 뭐 먹고 싶은데?" 같은 대답을 되풀이하며 살았다. 그런데 내 탱크에 술이라는 기름을 좀 부어 넣으면 말이 거침없이 튀어나오는 것이다. 나 타코벨 먹고 싶어, 지금. 담배 피우고 싶어, 지금. 마테오를 원해, 지금.

'착한 여자'의 족쇄를 깨는 일은 짜릿하다. 세라 헤폴라는 이렇게 썼다. '내가 세상의 공간을 너무 많이 차지한다고 사과하지 않고, 오히려 다른 사람들한테 허가증을 요구하면서 세상 속을 밀치고 지나가는 일이란 얼마나 신나는지.'

또한 훅업 문화야말로 그 어느 곳보다 술의 힘이 세고 술이 환영받는 무대다. 훅업 문화는 여성들에게 가장 첨예하게 상충되는 역할들을 요구한다. 그 순간만을 위한 성적 접촉을 즐기는 의외의 대담함을 요구하면서도, 동시에 여성의 전 생애를 옥죄는 자기 절제는 유지하기를 요구한다. 술은 그 대립되는 역할 수행의 긴장을 크게 이완시킨다. 페기 오렌스틴Peggy Orenstein이 《아무도 대답해주지 않은 질문들》*에서 썼듯이 술은 여자아이들에게 "성적인 행동을 하고 경계를 늦추게 하면서도, 육체적 친밀함과 민망함과 책임에는 무감각해져도 좋다고 허가해" 준다.

그러나 알코올의 힘을 빌려 없애려는 긴장이 오히려 알코올 때문에 드러나기도 한다. 세라 헤폴라는 자문했다. '내가 맨 정신일 때는 숨어만 있다가 필름이 끊기게 취했을 때는 옷을 다 벗어버렸다는 건 무슨 의미일까? 내가 내 룸메이트를 좋아하지만 술을 일곱 잔 마신 뒤엔 그 애한테 비난을 퍼부었다는 건 무슨 의미일까?'

2017년, 수니야 루서와 그 동료들은 부유층 공동체의 구성원들, 그중에서도 특히 젊은 여성들의 잦은 폭음과 마리화나 사용에 관한 상세한 연구 결과를 발표했다. 뉴잉글랜드에 사는 부유한 젊은이 두 집단을 10년 동안 추적했는데, 그들이 26세가 되었을 때 진행된 최종 평가에서 약물이나 술 중독을 진단받은 여성의 비율이 미국 평균보다 세 배 높았다(남성은 미국 평균보다 두 배 높았다). 전체적으로 이 집단의 코카인 사용이나 애더럴 같은 약물 남용이 비교 표본의 젊은이들보다 두 배 이상 높았다.

그러나 눈에 띄는 좋은 소식도 있었다. 부모가 자녀에게 술과 약물 따위에 엄격한 (그러나 가혹하지는 않은) 정책을 쓸 때, (즉, 상호 합의한 규칙을 지속해서 적용하는 데 집중할 때) 술과 약물 섭취 정도는 현저히 낮았다.


## 완벽해 보이는 여자아이들, 완벽하지 않은 우정

자신을 숨겨야 하는 데다 자신감까지 잃게 되면서 청년기 여성들끼리의 관계가 위태로워진다. 규모가 큰 공립대학교 1학년

생이고 여학생 클럽 회원인 노라는 가장 친한 친구인 룸메이트
를 자주 자기와 비교 대상으로 삼는다면서 이렇게 말했다. "서
로 드러내놓고 말하진 않지만 늘 경쟁하는 관계예요." 체육관
에 가면 서로 기구를 더 많이 들려고 경쟁하고 맨손운동을 더
잘하려고 경쟁했다. 친구가 자기 외모에 불만을 드러내면 노라
는 미칠 것 같았다. "진짜 화가 나는 거예요." 반대로 노라가 불
평할 땐 친구도 마찬가지로 화가 났다. 조용한 기숙사 방 안에
서 그들의 낮은 자신감은 빠르게 경쟁과 분노로 변했다.

　1986년에 심리학자 캐서린 스타이너-어데어Catherine
Steiner-Adair가 관찰한 결과에 따르면 성취지향적인 젊은 여성
들은 '끊임없이 자기 신체 사이즈와 체형을 남들과 비교하고,
터무니없이 마른 여자들을 미워'했다. '단, 그 여자들이 섭식장
애를 앓는 비정상으로 분류되는 경우는 예외'였다. 그로부터
거의 20년이 흐른 뒤, 듀크 대학에 함께 다녔던 한 여학생 클럽
친구는 도나 리스커에게 솔직하게 털어놓았다. 섭식장애를 겪
는 또래 여자아이를 보면 '질투와 우월감'을 동시에 느꼈다고.

　그건 '아, 다행이다, 저 애한테 섭식장애가 있어서. 저 애가
완벽하지 않으니까' 하는 기분에 가까워. 가끔은 합리화를
했지. 지나가는 모르는 여자애가 터무니없을 정도로 말랐
는데 주위에서 "세상에, 쟤 완전히 거식증이다" 하고 말하
는 게 들려. 그 애가 진짜 거식증인지는 별로 중요하지 않
은 거야. 중요한 건 그 애 때문에 내가 뚱뚱해 보이니까 그
애한테 뭔가 문제가 있어야만 하는 거지.

자기 가치에 대한 불안감 때문에 서로에게서 멀어지는 일과, 거식증에 걸린 여자아이를 보면 '내가 뚱뚱해 보이겠다'는 생각이 드는 일 중에 무엇이 더 걱정스러운 일인지 모르겠다.

질투를 없애는 가장 좋은 방법은 질투를 인정하는 것이라는 말이 있다. 하지만 부러움을 받아들이는 일이 딸들에겐 쉽지 않다. 왜냐하면 '착한 여자아이는 마음이 너그러워야 하고, 남들이 가진 걸 탐내지 않아야 한다'는 규범을 배우면서 자랐고, 부러움은 그 규범에 맞지 않기 때문이다. 친구가 어떤 성공을 이뤄냈을 때 위협감을 느끼는 것도 규범에 맞지 않는 감정이고, 함께 기뻐하는 일만이 규범에 맞는 감정이다. 게다가 무언가를 부러워한다는 것은 크게 신경 쓰지 않는 것처럼 보여야 하는 EP의 규칙에도 어긋난다.

그래서 여자아이들은 감정을 수면 위로 떠올리는 대신 내면화한다. 교내 심리상담사 마리사 라듀카 크랜들Marisa LaDuca Crandall은 고등학교 졸업반인 어느 여학생이 명망 있는 대학의 장학금을 탔을 때, 그 학생의 친구 두 명을 따로따로 자기 상담실로 불렀다. 한 친구는 이렇게 말했다. "걘 정말 대단한 아이고 저는 그 애를 아주 사랑해요. 그런데 저는 왜 그 애처럼 대단하지가 않을까요? 저도 더 열심히 했어야 하는데." 마리사 라듀카 크랜들은 질투심을 느껴도 괜찮다고 부드럽게 말해주었다. 친구의 성취는 아주 드문 일이 맞다고 말이다. 한편 다른 친구는 이렇게 말했다. "그 애가 그걸 얻을 자격이 없다는 게 아니에요. 완전히 자격 있어요, 있고말고요."

마리사 라듀카 크랜들은 내게 말했다. "그 아이들은 자기

270

들도 친구가 얻은 것을 간절히 원한다는 사실을 편하게 받아들이지 못해요. 착한 여자아이는 그런 감정을 느끼면 안 된다고 배우니까요. 그래서 한 바퀴 빙 돌아서 '나는 형편없는 사람이야, 나는 대학을 절대 못 갈 거야, 나한텐 뭔가 문제가 있어' 따위 결론에 이르는 거예요." 내면화된 분노가 우울이라면, 내면화된 부러움은 바로 이런 모습이다. "그 감정의 방향을 자기한테 돌린 다음, 자기를 비난하는 데 이용하는 거죠. 그 모습을 보고 있기란 정말 괴롭습니다." 이렇게 도리어 자기를 공격하고 나아가 서로를 공격하게 되면서, 여자아이들은 애초에 자신들을 지독한 경쟁 관계에 놓이게 한 이 문화를 향해서는 분노를 겨냥하지 않는다.

에마 클라인Emma Cline의 소설 《여자아이들》에서 10대 여자아이 이비는 가까운 친구 코니와 조용히 경쟁을 시작하고, 이내 코니를 미워하게 된다. '그 아이의 시끄러움을, 철없는 공격성으로 거친 그 목소리를 처음으로 인지한 것을 기억한다. 내가 이런 것들을 인지하기 시작하면서, 꼭 남자가 할 법한 방식으로 그 애의 단점들을 꼽기 시작하면서 우리 사이에 어떤 공간이 생겼다. 나는 내 비열함을 후회한다. 그 애한테서 거리를 두면, 같은 질병에 걸린 나 자신은 치유될 것처럼 여겼던 것을 후회한다.'

우리 문화의 해로운 메시지들 때문에 여자아이들이 스스로를 탓하는 것을 듣고 있기란 참으로 우울한 일이다. 그 아이들은 '현실이 그런 것'이라며 그 스트레스를 대단치 않게 여긴다. 자기들이 '지나치게 완벽주의'인 탓에 힘든 거라는 식으로

271

스스로에게서 잘못을 찾는다. 브레네 브라운은 우리가 스스로를 원망하는 성향 덕분에 완벽주의가 성행한다고 썼다. '우리는 완벽주의 안에 숨은 잘못된 논리를 반문하기보다, 그저 더 완벽하게 보이고 모든 걸 더 완벽하게 하려고 애쓸 뿐이다.' 우리는 시스템을 문제 삼는 대신 우리 자신을 문제 삼는다.

그중 너무 많은 여자아이들이 사회학자 셰리 터클Sherry Turkle의 표현대로 '함께 홀로'다. 자신을 숨기는 가면을 쓸수록, 설사 기꺼이 도와줄 성인과 또래 들에게 둘러싸여 있더라도 아무도 없다고 느끼게 된다. 2016년 EP 연구에서 EP를 추구하는 학생들이 자신은 주변 사람의 지원을 적게 받는다고 답했던 부분도 주목할 만하다. 여성들의 고립이 특히 걱정스러운 이유는 청년기 여성들의 회복력에 중요한 영향을 미치는 것이 인간관계이기 때문이다. '걸스 인덱스 2017' 조사에 따르면 여자 고등학생 3명 중 1명이 일주일에 4일 이상 슬프거나 우울하다. 그러나 다른 여자아이들과 친하고 다른 여자아이들을 신뢰한다고 응답한 여자아이들의 경우 슬픔과 우울 지수가 가장 낮았다. 그들에게 힘과 도움을 주는 중요한 것이 인간관계다. 인간관계를 통해 여자아이들은 가이드를 받고 감정적 버팀대를 얻으며, 자기를 드러내고 또 수용하게 된다. 우울, 외로움, 낮은 자존감과 같은 문제들을 겪을 가능성도 낮아진다.

이 책을 위해 조사를 하기 전까지 나는 스트레스를 '개인'의 질병으로만 생각했다. 스트레스가 여자아이들의 잠에, 식생활에, 감정에 미치는 영향만을 걱정했다. 그러나 스트레스로 인해 여성들의 '관계'도 그만큼 다치고 있음을 곧 깨달았다.

# 스트레스 문화의 새로운 법칙들

청년기 여성들이 스트레스를 관리하고 원만한 인간관계를 유지하기 위해 따르는 무언의 규칙이 다섯 가지 있다. 이 규칙들로 인해 그들은 바쁘면서도 끄떡없어 보여, 타인과 친밀하고 풍요로운 유대 관계를 만들어가는 것이 더 어려워진다. 그 관계가 가장 필요할 때 말이다.


1 이제는 정신 차릴 수 없도록 바쁜 것이 평범한 것이다
공부를 하거나 회의에 참석하는 등의 이유로 끝없이 바쁘지 않다면 너에게, 아니면 너의 일정이나 일하고 공부하는 방식에 문제가 있는 것이다. 끊임없이 바빠야 한다는 믿음이 만연하면서 여자아이들은 일하지 않고 쉬거나 유대 관계를 쌓는 시간이 훨씬 적어졌다. 한 대학 2학년생은 말했다. "아무것도 안 하고 쉬는 시간이 없어요. 아무것도 안 하고 있으면 뭔가 잘못하고 있는 기분이에요."


2 스트레스가 높을수록 그 사람의 가치와 생산성도 높다
스트레스에 치여 있을수록 더욱 성공한 사람임에 틀림없다. 21세 니콜은 이렇게 말했다. "항상 바쁜 사람이 되는 게 좋아요. 사람들이 그걸 눈치채길 바라고요. 끊임없이 일하고 있는 사람으로 저 자신을 규정해요. 지나가던 누군가는 '저 아이는 어떻게 이 모든 걸 다 하지?' 하고 생각하죠." 이 논리에 따르면 사람을 사귀고 만나는 일도 게으름의 한 형태다.

3 네가 행복하다면 충분히 열심히 하고 있지 않다는
  뜻이다

고생할수록 가치 있다면, 행복을 추구하는 것은 이기적이다. 한 학생은 이렇게 말했다. "저는 취미가 있어요. 아마 대학 생활을 잘못하고 있나 봐요."

4 친구들과 좋은 소식을 나누지 마라

자랑하는 것처럼 들릴 수도 있고, 친구들이 기분 나빠질 수도 있으니까. 한 대학생은 말했다. "내가 뭔가를 아주 잘하고 있다는 이야기를 하는 건 곧 재수 없게 보이는 일 같아요. 다른 사람들하고 같이 있을 땐 내 기분을 몇 단계 낮추어야 한다는 생각이 들 때가 있어요." 이 이야기를 들으며 나는 벳 미들러*가 자신의 커리어를 두고 했던 이야기가 떠올랐다. '성공한 삶에서 가장 싫은 부분은 내 성공을 진심으로 기뻐하는 사람을 찾기가 어렵다는 점이다.'

5 네 스트레스로 친구들에게 부담을 줘서 진 빠지게
  하지 마라

남들에게 짐이 되어서는 안 될 일이다. 한 대학생은 같은 수업을 듣는 학생이 자기 실험실 파트너에게 이렇게 쏘아붙이는 것을 들었다고 했다. "오늘은 네 힘든 이야기 꺼내지 마. 나는 오늘 인생 최악의 날이었으니까."

● 미국의 유명한 가수이자 작곡가, 배우, 코미디언, 작가.

이 사고방식들을 요약해보겠다. 공부나 일이 그 무엇보다 중요하다. 너무 행복해하지도, 너무 슬퍼하지도 말아야 우정이 유지된다. 네가 행복하다면, 그건 네가 충분히 열심히 하고 있지 않다는 뜻이다. 네가 지금 당장 바쁘지 않다면, 너는 기본적으로 게으른 것이다. 이러한 법칙들은 어려운 시기에 여자아이들을 받쳐줄 수 있는 인간관계를 직접적으로 해친다. 이 사고방식으로는 잠자기, 샤워하기, 방 치우기 같은 기본적인 자기 돌봄조차 정당화하기 어렵다.

## 스트레스 올림픽

미국의 고등학교와 대학교의 복도, 도서관, 주고받는 핸드폰 문자에선 은밀한 경기가 진행된다. 바로 '스트레스 올림픽'이다. 다른 말로 하면 불평하기 경쟁이다. 마라톤처럼 이어지는 할 일에 치여 얼마나 적게 잤고 적게 먹었는지, 그리고 남들보다 얼마나 더 많은 것을 하고 있는지를 앞다투어 불평하는 것. 예를 들면 다음과 같다.

[학생1] 으으으으으, 진짜 피곤해. 과제 아침 9시까진데 새벽 2시에야 시작해서 다섯 시간밖에 못 잤어.
[학생2] 그러게 말야. 나는 세 시간밖에 못 자고 오늘 아침 6시에 크로스컨트리 연습 나갔어.
[학생3] 나는 내일까지 낼 논문이 세 개거든. 그런데 겨우

하나 시작했어. 앞으로 24시간 동안 커피 주입해서 버텨야 겠어.

컬럼비아 대학교 학생 블로그에 '스트레스 올림픽 빙고' 카드라는 것이 게시되었다. 거기에 포함된 항목들로는 '기말 시험 여덟 개가 전부 아침 9시에 있다' '시간을 줄이려고 병에다 소변을 본다' '며칠 동안 식사 대용 시리얼바 말고는 아무것도 안 먹었다' 따위가 있다.

스트레스 올림픽은 정신과 육체의 밸러스트 시험장이며 혼자 해내는 성공의 시험장이다. 존스 홉킨스 대학 학생신문에 실린 2학년생 캐럴라인 밴덜리의 글에는 이렇게 표현되어 있다. "'어젯밤에 네 시간밖에 못 잤어!' 같은 말들을 속상해하기보다는 자랑스러워하며 한다." 스트레스 올림픽 참가자들은 카페인에 취하고, 스스로를 돌보는 일 따위는 비웃는다. 19세 애나는 이렇게 말했다. "그렇게 해서 얻어지는 건 별로 없는데도 '내가 모든 걸 하고 있다'는 식의 뒤틀린 자부심을 느꼈어요."

언뜻 보기에 스트레스 올림픽은 할 일에 지친 사람들끼리의 해로울 것 없는 유대감 나누기 같다. 하지만 거기서 무언가 얻을 수 있다면 그것은 고작 가짜 친밀감뿐이다. 스트레스 올림픽의 마무리는 연민이나 포옹, 힘이 되어주겠다는 제안 들이 아니다. 서로 힘든 점에 귀 기울여주거나 공감하기 위한 대화가 아니기 때문이다. 그보다는 한마디로 서로 누가 더 고생을 하는지 경쟁하는 것이다. '가장 스트레스에 지친' 사람이 되려고 경쟁하다 보면 참가자 다수는 자기가 충분히 고생하고 있지 않다거나 충분히 열심히 하고 있지 않다는 기분이 들게 마련이다.

물론 스트레스 올림픽 참가자들이 해내는 일 중에서 '애쓰지 않아도' 되는 일은 거의 없다. 그런데도 겉으로는 자기들이 스트레스를 무사히 감당하는 것처럼 보인다. 스트레스 올림픽에서는 힘든 것을 드러내거나 도움을 요청하는 것을 노골적으로 피한다. 캐럴라인 밴덜리의 글에서는 다음과 같이 표현되어 있다. '시험 두 개가 있고 다음 날이 논문 제출 마감이면, 너무 빡빡한 일정을 조정하기 위해 교수에게 이메일을 보내 마감 연장을 요청하기보다는 그 지옥처럼 많은 일 때문에 얼마나 스트레스 받는지를 자랑한다.' 또 논문을 새벽 2시에 쓰기 시작해 아침 9시에 제출한다면 꽤 쿨해 보인다. 그 논문을 한 달 전부터 쓰기 시작한 '초조한 애니•'처럼 보이지 않는 것이다. 한 달씩이나 시간과 노력을 들여 논문을 마쳐야 한다면 그 아이의 삶은 쿨한 것과는 거리가 멀 게 분명하니까.

스트레스 올림픽은 우리 문화가 바쁨을 계속해서 숭배하고 있음을 드러낸다. 연구에 따르면 언젠가부터 사람들이 자기 삶에 관해 말하는 방식에 변화가 생겼는데, 트위터에서부터 명절 카드까지 모든 곳에서 '미칠 듯 바쁨'이나 '나는 일만 하고 살아' 같은 표현이 급증했다. 예전에는 광고에 여유롭게 쉬는 부유한 사람들이 나왔다면 현재는 과로하고 한가한 틈이 없는 사람들의 이미지로 대체되었다. 2016년에 컬럼비아, 조지타운,

---

• 어린이책 제목이자, 강박장애가 있는 주인공을 표현한 말.

하버드 출신 연구자들이 발견한 바로는, 우리가 아주 바쁘다는 것을 암시하면 다른 사람들은 우리가 높은 지위를 가졌다고 생각한다. 바쁘다는 것은 '내가 아주 중요한 사람이고, 내 인적 자본을 원하는 이들이 있다'는 함축적 의미로 다가간다고 저자 실비아 벨레자Silvia Bellezza는 한 기자에게 말했다. 주목할 만한 대목은, 이건 미국의 현상이라는 점이다. 이탈리아인들은 정확히 반대로 느낀다. 그곳에서는 여가를 즐기는 사람이 멋있는 사람이다.

스트레스 올림픽에 관해 논의하는 것이나 그 현상에 이름을 붙이는 것 자체가 학생들이 서로에게 이야기하는 방식을 바꾸는 데 도움이 될 수 있다. 스미스 대학에서는 학생들이 경쟁을 내려놓고 새로운 방식으로 대화하는 것을 시도하고 있다. 내 워크숍에서 우리는 대화의 중심을 자기한테로 돌리지 않고 적극적으로 상대방의 말을 듣기 위해서 세 가지 전략을 실행한다. 공감하거나, 들은 내용을 다른 표현으로 다시 말하거나, 질문한다.

만일 친구가 "내일 논문 두 개 내고 시험 하나 쳐야 해"라고 말한다면 공감을 담아 "정말 힘들겠다"라고 말할 수 있다. 또는 "해야 할 일이 정말 많은 것 같네" 하고 들은 내용을 다른 표현으로 다시 말할 수도 있다. 아니면 "내가 도와줄 일 있어?" "나중에 잠깐 쉬는 시간 가질래?"처럼 질문을 할 수도 있다. 친구가 얼마나 잠을 못 잤는지, 또는 내일까지 얼마나 많은 과제를 해야 하는지를 이야기할 때 시도하는, 새로운 대답은 응원의 말이다. "넌 할 수 있어." "잘 해낼 거야." 또는 약간의 연민도 좋겠다. "내일 시험이 열네 개라고? 세상에, 힘들겠다." "장난이 아니네." 도움을 제안할 수도 있다. "그래서 누구한테 한탄 좀 하고 싶어?"

우리는 스미스 대학에서 스트레스 올림픽 빙고를 며칠 밤 진행했다. '스트레스 올림픽 은퇴 선수'라는 문구가 들어간 겨울 모자와 문신 스티커도 나누어주었다. 이제 학생들은 스트레스 올림픽 대화를 들으면 알아채고, 거기에 동참하지 않으려고 노력한다고 말한다.

그러나 스트레스 올림픽은 마음속에서 먼저 벌어지는 것이고 학우들을 보며 속으로 하는 생각이기도 하기에, 그것 역시 변해야 한다. 내가 주변 학우나 동료들과 수준을 맞추지 못한다는 왜곡된 두려움이 스트레스 올림픽의 연료가 된다. 주위를 둘러보고 모두가 나름대로의 방식으로 어려움을 겪는다는 것을 깨달을 때, 경쟁의 마음을 내려놓는 게 훨씬 쉬워진다.

피비는 대학교 졸업반이 되어서야 이렇게 깨달았다고 한다. "그래, 직장 못 구한 건 나뿐이 아니야. 지쳐서 제자리걸음조차 겨우 하는 것 역시 나뿐이 아니야. 뭐, 내가 당장 몸 누일 방 한 칸이 없는 건 아니잖아. 세상 끝난 건 아니잖아. 날 사랑하는 사람들이 날 그만 사랑할까? 난 지금 시험을 치러 들어가면 낙제할 거야, 이 수업 패스 못 할 거야, 아님 졸업 못 할 거야, 직장 못 구할 거야, 하는 식으로 비이성적인 생각들을 너무 많이 하고 있어. 그렇지만 일은 풀리는 법이야."

# 쿨한 여자는 도움 따위 필요하지 않아

애쓰지 않은 것 같은 완벽함이란 그저 유능해 보이기만 하면
되는 것이 아니다. '행복해' 보이기도 해야 한다. 2016년 연구
에서 고등학교 여학생들은 돋보이려면 모두에게 친절해야 한
다는 부담뿐 아니라, 자기가 하는 모든 일에 즐거워 보여야 한
다는 부담을 느낀다고 대답했다. 대학교 복도에서는 여학생과
남학생 모두가 마치 굳힌 듯이 감정 없는 미소를 지은 채 강의
실과 강의실을 오간다. 지금까지 미국 전역의 여러 캠퍼스에
서 이런 현상에 별명을 붙였다. 스탠퍼드 대학에서는 '오리 신
드롬'이라고 한다. 오리들이 수면 아래에서는 엄청나게 다리를
움직이지만 수면 위에서 보면 우아하게 나아갈 뿐이라는 점을
빗댄 표현이다. 펜실베이니아 대학에서는 펜실베이니아 대학
생의 얼굴이라는 뜻으로 '펜 페이스'라 부르고, 보스턴 대학에
서는 'BC(보스턴 칼리지의 약자) 퍼펙트'라고 부른다.

　최근에는 '쿨한chill' 여자라는 페르소나가 증가하고 있다.
웨슬리언 대학의 커밀라 리칼데Camila Recalde는 자신의 졸업
논문에서 쿨하다는 건 성적 접촉에 '편하고 독립적이며 행복하
고 까다롭지 않은' 태도를 지닌 것이라고 썼다. 감정적 책임은
지지 않아도 되는 것이 불문율인 훅업 문화에서 쿨하다는 건
성적 접촉에 '호의적이면서도 무심한' 것이다. 그래야 이상하거
나 매력 없는 여자가 되지 않는다. 커밀라 리칼데는 쿨함을 '상
처받지 않을 수 있는 상태'라고 표현했고, 쿨하기 위해서는 자
기 감정을 숨기고 무슨 일이 있어도 아무렇지 않은 모습을 보

여야 한다고 했다.

쿨함 문화는 사람과 함께하는 시간을 내기 힘들 정도로 바쁜 세대의 산물이다. 쿨하다는 건 그 순간에만 의미가 있는, 규정되지 않은 '관계'를 맺는 것이고, 타인에 대한 진짜 책임은 없는 것이다. 쿨함은 사람 사이 관계에서 감정과 책임을 없애버린다. 서로에게 의지하지 않는 가까움, 서로에게 의무가 없는 공유다.

성적인 면에서 '장점'이 있는 것뿐 아니라 쿨한 여자는 재미있기도 하다. 남자들 무리의 일원으로 곧잘 섞이고, 부리또를 먹어도 살이 찌지 않고, 몸이 날씬하고 탄탄하지만 체육관에는 가지 않는 여자다. 길리언 플린Gillian Flynn은 자신의 베스트셀러《나를 찾아줘》*에서 쿨한 여자란 '미식축구와 포커, 야한 농담, 트림을 즐겨 하고 섹시한 데다 재치 있고 웃기기까지 한 여자이며, 비디오 게임을 하고 값싼 맥주를 마시며 스리섬과 애널 섹스를 좋아하는 여자'라고 썼다. 많은 여자아이들이 오스카상을 수상한 배우 제니퍼 로렌스를 최고로 쿨한 여자로 꼽았는데, 배역을 위한 다이어트를 거부하고, 운동을 싫어하면서도 나초와 '사랑하는 사이'라고 말하는 그는 애쓰지 않은 완벽함뿐 아니라 애쓰지 않는 쿨함까지 지녔다.

이 새로운 전형은 겉으로 보기에는 여성주의적인 것 같고, 그래서 좋은 것 같지만 사실 그 안에 문제가 되는 성차별이 숨어 있다. 쿨한 여자는 부적절한 (다시 말해 공격적인) 의견과 감정을 마음속에 누른다. 젊은 여성들은 종종 자기가 쿨하다는 것을 강조하려고 '나는 다른 여자들 같지 않아' 하고 말한다. 커밀라 리칼데는 '애정을 표현하는 것, 자기 의견이 뚜렷한 것, 화내고 원하고 상처받을 수 있는 것'이 쿨하지 못한 것으로 여겨진다고 썼다. 어쩌면 쿨한 여자라는 새로운 모델은 순응하는 '착한 여자'의 도플갱어일 것이다.

이름을 무엇이라고 붙이든, 상처받을 수 있는, 있는 그대로의 내면을 숨겨야 한다는 그 압박 때문에 여자아이들은 자신의 가장 강력한 감정들을 숨기고 차단한다. 2015년에 나는 고등학교 여학생들을 대상으로 배서 대학과 함께 설문조사를 진행했는데, 완벽주의를 지닌 여자아이들이 남에게 도움 구하기를 더 어려워하고 있었다. 도움을 구하지 않는 학생들의 응답을 보면 자신들이 감정을 숨기거나 모든 것이 잘되고 있는 척하거나, 혼자 문제를 해결하려고 애쓰는 것을 선호한다고 했다.

도움을 필요로 한다는 이유로 남들에게 비난받을까 두렵다고, 많은 여자아이들이 털어놓았다. 남보다 내면의 목소리가 먼저 자기를 비난한다. 22세 매기는 이렇게 말했다. "저는 남한테 부담이 되고 싶지 않아요."

누구에게 질문을 하고 싶어도 이거 정도는 이미 알고 있어야 되는데, 하는 생각이 들어요. 스스로가 멍청하게 느껴져요. 제가 저한테 내리는 모든 평가를 남들도 저를 보면서 할 것 같아요. 내가 너무 많은 걸 부탁하는 건 아닐까? 멍청하거나 무임승차하는 사람처럼 보이지 않으면서도 할 수 있는 질문 개수는 정해져 있을까? 제 경우엔 자존감이 낮아서 그런데, 미안하게 남의 시간 뺏고 싶지 않다는 생

282

각이 들고 내 시간이 다른 사람들 시간만큼 중요하지 않은 것 같아요.

매기의 추론에서 지배적인 영향을 미치는 것이 스스로에 대한 수치심이다. 도움이 필요한 자신을 자책하므로 도움을 잘 청하지 않는다. 매기는 '자신의 일'이 남의 도움을 받을 만한 가치가 없다고 생각하는 것이 아니라, '자신'이 그만한 가치가 없다고 생각한다. 그래서 나는 여자아이들에게 이렇게 묻는다. 도움이 필요하다고 해서 남이 너를 비난하리라는 게 확실해? 남이 아니라 네가 너를 비난하는 건 아니고?

도움을 청할 수 있으려면 내 편인 누군가의 도움을 받을 자격이 나에게 있다는 믿음이 필요하다. 그런데 때로는 그 누군가가 바로 자신이어야 한다. 하지만 뭘 해도 부족한 것 같은 세상에서는 자기를 돌보는 일, 내 행복과 건강을 유지하는 일이 삶에서 빠르게 설 자리를 잃는다. 스트레스 문화 속에서 자기 돌봄은 누구나 가진 보편적인 권리에서 특권으로 바뀐다. 충분한 일을 해낸 뒤에만 누릴 자격이 생긴다.

"어제 공부를 했어야 되는데 안 했어요. 그러면 전 시험 끝날 때까지 샤워할 자격이 없는 거예요."

21세인 한 대학생이 내게 말했고 하우스메이트들이 동의하며 고개를 끄덕였다. 다른 한 명은 말했다. "돌고 돌아요. 어떤 일을 더 잘하려면 잠이 필요한데, 잠을 잘 시간이 없으니까 나는 그 일을 더 잘할 수 없는 거예요." 이 학생들은 가장 기본적인 자기 돌봄을 사치처럼 이야기했다. 한 학생은 머리를 빗는 시간이 얼마나 걸렸는지 이야기했다. "30분이나 빗어야 했어요. 한동안 안 빗었더니 그만큼 오래 걸렸죠. 그 30분 동안 공부를 더 할 수 있었는데 말이에요." 단순하게 말해 이들은 자신에게 쉼을 허락하지 않았다.

물론 어느 시점에서 한계에 부딪히겠지만 여전히 다수는 버티기로, 자기 방이나 도서관을 나서지 않기로 결정한다. "좀 나가서 뭔가 재미있는 것을 해야 한다는 생각이 드는데, 또 공부해야 한다는 생각이 드는 거예요. 너무 지쳐서 공부도 안 되는데 나가지도 않는 거죠." 마치 연옥처럼? 하고 내가 묻자 여학생들은 고개를 끄덕였다.

너무 많은 젊은 여성들이 스스로를 돌볼 자격이 없다고 말하는 것을 들으면서 나는 너무 가슴이 아프다. 자기 돌봄은 특권이 아니다. 안 해도 괜찮은 일 취급하지 말아야 한다. 방을 청소하거나 잠깐 눈을 붙이거나 샤워를 하거나 잠깐 나가서 걷거나 친구에게 전화를 거는 일은 '자격'을 얻어서 하는 일이 아니다. 잘 살아가려면 우리 몸과 영혼에 필요해서 하는 일이다. 매일의 일과 속에서 스스로를 존중해서 하는 일이다. 당신의 딸이 이를 알게 하라. 또한 반드시 당신이 본보기가 되라. 할 수 있는 어느 때, 어느 곳에서든.

도움을 구하는 능력은 쓸 기회를 잃으면 근육처럼 퇴화하는데, 살면서 쓸 기회가 도무지 없었던 여자아이들도 있다. 한 여자대학교의 학생처장이 나에게 말했다. "늘 누가 대신해서 도움을 구해주었던 학생들이 있지요. 그런 경우 대부분은 부모의 지원 없이 혼자서 도움을 구해볼 기회가 없었어요." 딸의 열

284

정적인 지원자 역할을 해온 부모는 딸에게 스스로의 지원자가 되는 법을 미처 가르치지 않았음을 깨닫지 못하기도 한다.

조금 다른 경우도 있다. 자기가 해결할 수 있는 문제를 포함해서 끊임없이 타인에게 도움을 요청하는 경우다. 교육자들은 이것을 일종의 '학습된 무력함'이라고 나에게 설명해주었다. 어떤 목표를 달성하는 데 필요한 자원을 얻기 위해서라기보다는 자기 확인을 위해, 또는 자존감을 높이기 위해 도움을 요청하는 것이다.

## 괜찮지 않아도 괜찮아

전례 없이 많은 젊은이들이 외롭다고 말하고 있다. 그중 다수가 자신의 외로움을 개인적인 실패로 바라보고 있다는 점이 가장 안타깝다. 놀라운 일은 아니다. 여자아이들은 친구의 수로 사회적 지위가 결정되는 경우가 많기 때문에, 삶이라는 게임에서 앞서려면 친구가 많아야 한다. 오늘날 친구들 무리, 아니 인터넷식으로 쓰자면 '#내 친구들'과 함께하는 일은 필수 같다.

누구나 외로울 때가 있다는 것을 딸이 기억하게 하라. 외로울 것이라고는 상상도 안 되는 사람들조차 그렇다는 것을. 나는 학생회장과 기숙사 장 들을 포함해 대학 캠퍼스에서 가장 아는 사람이 많은 학생들한테서도 외롭다는 말을 듣는다. 외로움은 누구에게나 찾아오는 감정이다.

중요한 것은 결코 외로움을 느끼지 않는 게 아니라, 외로움을 느낄 때 자신에게 무엇이 필요한지를 아는 것이다. 불편한 진실은, 때로 우리는 외로울 필요가 있다는 것이다. 외로움은 무언가가 잘못되었다는 것을 말해주는 신호일 수 있다. 우리 삶을 좀 더 나은 방향으로 바꾸도록 돕는 신호 말이다.

외로움은 딸의 잘못이 아니다. 고요한 고립이라는 전국적인 전염병의 원인에는 현대사회의 구조가 있음을 딸에게 상기시키라. 엄청난 스마트폰 사용 증가로 점점 더 많은 젊은 세대가 온라인 세상에 붙잡히고 직접적인 소통은 과거 그 어느 때보다도 단절되었다. 끊임없이 공부나 일을 해야 한다는 압박과 아무리 많은 걸 해내도 자신이 결코 충분하지 않다는 학생들의 불안감 또한 원인이다.

너 자신을 고치려 하지 말고 시스템에 반문하라고 딸에게 이르라. 쉬는 것을 기운을 회복하는 일이 아니라 게으른 일로 보이게 하는 대학 보내기 공장을, 애쓰지 않은 것 같은 완벽함을 추종하는 현상을 비판적으로 바라보도록 독려하라. 스스로를 돌볼 권리를 받아들이게 하고, 화면 바깥에서 실제로 만나 마음을 살찌우는 관계가 중요하다는 것도 강조하라. 이번 주말에 무엇을 할 것인지 물어보라. 밖에 나가도록 격려하라.

무엇보다도 외로움을 속에만 담고 있지 말라고 권유하라. 외로움은 비밀일 때 더욱 강해진다. 그리고 그것은 수치심이 바짝 뒤따른다는 뜻이다. 외로운 자신을 부끄러워할 때 외로움은 증폭되고, 자기 삶에 변화를 일으키고픈 동기가 사라진다. 수면 위로 드러내고 공유할수록 두려움의 대상이 대수롭지 않아질 수 있다. 또한 다른 사람들도 같은 감정을 느끼고 있었다는 것도 확인할 수 있다. 그 누구에게도 좋으니 자기 기분을 털어놓아 보도록 독려하라. 말하는 것 대신 글로 써보는 것도 좋은 방법이다.

늘 바쁘게만 지낸다고 해서 외로움이 덜어지는 것은 아니다. 때로 외로움은 노트북에서 물러서기를, 도서관에서 나오기를 두려워해서 생겨나기도 한다. 그 학생들은 '모두가 나보다 더 열심히 하고 있다'고, '난 멈춰선 안 된다'고 확신하지만 두 가지 다 그들의 외로움을 부채질하기만 하는 잘못된 믿음이다. 외로움이 누그러지기 시작하는 순간은 휴식을 취하거나 산책을 할 때, 친구에게 전화를 할 때일 것이다.

딸은 도움을 구하면서 더 똑똑해지고 용감해질 것이다. 마음속 두려움을 물리치기 위해 단단한 방어태세를 갖추고 필요한 도움을 불러들일 수 있을 것이다. '나만 그렇다'는 생각이야말로 가장 해로운 생각이라고, 나는 학생들에게 늘 이르는데, 그 생각은 거의 대부분 틀리기 때문이다. 그리고 도움을 받아보면 자기가 혼자가 아니라는 생생한 증거를 경험하게 된다. 일이 뜻대로 풀리지 않은 자신에게 어깨의 먼지를 털어주고 민트초콜릿 아이스크림을 사주는 실제 사람들을 경험하는 것이다. 그래서 지금까지와는 다른 관점을 얻게 된다. 여태 놓치고 있었다는 걸 깨닫지도 못했던 부분에 처음으로 조명을 비추게 된다.

내가 진행하는 '용기 훈련소' 과정을 마치고 나서, 1지망으로 지원한 대학에서 합격 발표를 기다리고 있던 그레이스는 합격 발표 날 도움을 받기로 결정했다. 상담교사와 친구들에게 그 사실을 미리 알리고 구체적인 부탁을 했다. "합격이면 좋지. 그런데 만일 불합격이면 내가 그걸 이겨낼 때까지 나한테 힘을 좀 주고 괜찮다고 말해줘."

불합격이었다. 그래서 괴로웠지만 스스로 미리 만들어놓은 지원 체계 덕분에 그레이스의 경험은 완전히 새로운 것이었다. "이전에 불합격 통지를 받았더라면 정신적으로 완전히 무너져서 눈물바다 속에서 한참을 뒹굴었을 거예요. '넌 부족해. 그래서 거절당한 거야. 네가 이랬으면…… 저랬으면…… 합격했을 거야' 하는 식으로 저를 계속 괴롭혔을 거예요." 하지만 의식적인 선택을 통해 그레이스는 우리가 실패를 혼자 마주할 때 빠지기도 하는 수치심의 늪을 피할 수 있었다. 자기가 믿는 사람들과 함께 현실을 마주하고, 좌절했음에도 존중받고 사랑받는다고 느꼈다.

나는 워크숍에 모인 여자아이들에게 종종 묻는다. 만일 친구가 괴로워하면서 자기 부모님이 있는 곳까지 차로 몇 시간 정도 운전해서 데려다줄 수 있겠냐고 부탁하면 어떻게 하겠느냐고. 대부분이 하겠다고, 친구를 부모님이 있는 곳까지 데려다주겠다고 한다. "친구가 내 도움이 필요하니까요" "친구가 하는 일이 그런 거죠" 같은 대답을 한다.

그런데 내가 질문을 반대로 돌려, 필요할 때 자신도 똑같은 부탁을 친구에게 하겠느냐고 물으면 조용해진다. 그리고 주로 이런 대답이 들린다. "의존적인 친구가 되고 싶지 않아요."

"짜증 나게 하고 싶지도 않고."

"부담 주고 싶지도 않고."

이 중 많은 여성들이 정작 본인은 친구를 위해서라면 거의 어떤 일이든 할 것이면서, 자신을 위한 거라면 작은 부탁을 한다는 '생각만으로도' 움츠러든다. 이것은 '착한 여자아이'는 받기보다는 주기만 하는 것이라고 가르치는 교육에도 일부 원인이 있다. 하지만 자기가 도움을 받을 만큼 가치가 없다고 믿는 이유도 있다.

잘리스는 학생들 대다수가 통학을 하는 작은 여자대학교에서 아동심리학을 전공한다. 정신과 병원에서 인턴으로 일하고 로펌에서 일해 학비를 벌고 있으며, 스텝댄스 팀의 팀장이고 학교에선 연구 조교다. 21세에 집안에서 처음으로 대학 졸업자가 될 것이다. 잘리스가 대학 공부를 시작하고부터 어머니와 여동생은 지역의 전문대학에서 수업을 들었다.

잘리스의 아버지는 아프리카계 미국인이고 어머니는 푸에르토리코 사람인데 잘리스는 대부분의 시간을 가까이에 사는 모계 쪽 친척들과 함께 보낸다. 8학년 때 부모는 대학 입시를 준비하기 위해 가는 별도의 공립고등학교에 잘리스를 보내면서 대학에 들어가 이 세상에서 하고 싶은 일을 찾는 것이 잘리스가 할 일이라고 말했다. 하고 싶은 일이 무엇이든, 그 과정에서 A를 몇 개나 받든 개의치 않는다고 했다. "그래서 많은 부담이 어깨에서 내려갔어요." 잘리스가 말했다.

잘리스는 대학에 입학하고 아주 활발히 지냈지만 종종 불안하고 버거운 기분이 들었다. 학교생활이 너무 바빠진 나머지 스스로를 돌보지 않게 되었다. 가끔은 허리 통증이 심했다. 너무 많이 먹었다. 운동은 아예 논외였다. "기숙사 우리 층 학생들을 위해 행사를 열 수 있을 시간에 왜 헬스장에 가겠어요?"

그리고 원칙적으로 남에게 거의 의지하지 않았다고 말했다. 나는 남들도 그만큼 바빠서 그랬냐고 물었다.

"차라리 제가 고생하고 마는 게 나아서요."

잘리스 스스로도 그 이유는 정확하게 몰랐다. 곰곰이 생각하며 이렇게 말했다.

"제가 완고한 성격이에요. 누가 책을 내 차로 옮겨주겠다거나 그래도 절대 못 하게 해요."

이런 잘리스의 습관은, 9남매의 막내였고 자신을 위해 목소리를 잘 내지 않던 어머니에게서 일부 배웠다. 그것이 푸에르토리코 문화에서 여성들의 "순종적인 역할"이라고 잘리스는 말했다. "어머니는 모두가 괜찮은지 챙기고 나서 자신을 챙기세요." 그리고 그 역할에서 상당 부분 자신의 가치를 찾는다고 했다. 연구에 따르면 전통적인 아프리카계 미국인 가정과 라틴계 가정에서는 여자아이들이 돌봄의 책임을 맡는 경우가 더 많다.

아프리카계 미국인 가정의 여자아이들은 책임을 짊어져야한다는 압박을 성인 여성들에게서 느낀다. 작가 앨리스 워커Alice Walker는 흑인 여성들이 '세상의 노새'라고 했다(조라 닐 허스턴Zora Neale Hurston의 《그들의 눈은 신을 보고 있었다》에서 처음 나온 표현이다). '왜냐하면 모두가, 정말이지 모두가 짊어지기를 거부한 짐이 우리에게 주어졌기 때문이다.' 첫째로는 노예제도의 억압 속에서 생겨났으며 종종 가정의 우두머리 역할을 하면서 만들어지기도 한 '강한 흑인 여성'의 이미지는 하나의 이상이 되었다. 절대로 상처받지 않을 것 같은 겉모습을 한 여성.

나는 잘리스에게 할 일이 얼마나 많은지 묻지 않고, 자기가 한 일들을 평가해달라고 부탁했다. 그러고 나니 잘리스와 잘리스처럼 많은 일을 성취해내는 여성들이 어째서 도움을 청하려 하지 않는지 이해가 되기 시작했다. 잘리스는 아주 자기비판적이었다. "제가 돌봐야 하는 사람들에게 충분히 잘하지 못한다는 기분이 항상 들어요." 잘리스는 자기가 하는 어떤 일도 충분히 잘했다고 느끼지 않았고, 자신에게 자주 가혹했다. 내 권유로 자기 자비 테스트를 하자, 잘리스는 고립 부분에서 높은 점수가 나왔고 남들과의 유대 부분에서는 낮은 점수가 나왔다.

돌봄도 담당하면서 동시에 비를 부르는 주술사 역할도 해야 한다고 배우면서 자란 여자아이들은 특수한 어려움을 겪는다. 1세대 방글라데시계 미국인으로서 아이비리그 대학에 다니는 사디아는 베푸는 역할을 하는 데는 문제가 없었다. 방학이면 뉴욕시에 있는 가족들의 작은 아파트로 가서 음식을 만들고 청소를 했다. 캠퍼스에서 아르바이트로 번 돈의 일부는 부모에게 주었다. 학교에서 아이들을 개인적으로 가르치는 일을 아주 좋아했다.

그런데 본인을 위해 도움을 청하는 일은 달랐다. 발목을 다쳤을 때 문까지 걸어가도록 도와달라는 부탁을 친구에게 차마 하지 못했다. "모르겠어요. 내가 도움을 바랄 만큼 가치 있는 사람이 전혀 아니라고 느껴요. 몸살을 앓아도 친구한테 수프를 갖다 달라고 부탁하지 않을 거예요. 나 말고 누군가가 나를 돕느라 부담을 느끼는 게 싫어요. 그러니까, '내가 뭐길래?' 하는 생각이에요. 나 때문에 사람들이 신경 써야 하는 게 싫어요. 차라리 내가 그 사람들을 돕는 게 나을 것 같아요."

도움을 청하지 않는 습관이 들면 이상한 일이 일어난다. 바로 남들이 날 돕는 데 관심이 없다는 짐작이 들기 시작하는 것이다. 딸에게 이 점을 알게 하라. "나에게 사람들이 중요한 것만큼 사람들에게 내가 중요하지는 않다는 느낌이에요." 왜 남들에게 도움을 청하지 않는지 답을 꼭 듣고 싶다고 하자 사디아가 조용히 한 대답이다. "그리고 그걸 실제로 확인하게 되면 힘들 거예요." 나는 내가 남을 위하는 마음과 남이 나를 위하는 마음에 차이가 있다는 증거가 있느냐고 물었다. 사디아는 고개를 저었다.

도움을 청하지 않을수록 도움을 더 적게 받게 되고 사람들의 침묵이 어떤 의미인지 머릿속에서 지어내게 된다.

도움 구하기의 이미지가 안 좋은 건 홍보 문제다. 딸들이 그 행동을 선입견 없이 볼 수 있도록 새로운 인상을 불어넣어 보자. 먼저, 도움을 구하는 것은 스스로를 소중하게 여기는 일임을 강조하자. 자기 존중과 자신감의 표현이다. 칸트는 싸워서라도 자신의 행복을 지켜내려면 먼저 자기가 행복할 자격이 있다고 느껴야 한다고 했다(또한 행복감을 즐긴다고 해서 당신이 나무늘보인 것은 아님을 믿어야 한다). 내게 필요한 게 뭔지 표현하는 것은 내가 그것을 가질 자격이 있다고 말하는 것과 같다. 그런 종류의 자존감은 우리가 이 세상을 더 용감하고 자신 있게 살게 하는 원료다. 근본적으로 자신이 중요한 존재라고

292

믿으면 시도한 일의 결과가 기대에 못 미쳐도 더 잘 감당할 수 있다.

당신이 "괜찮지 않아도 괜찮아"라고 말해준다고 해도 딸은 무능력해지지 않는다. 오히려 자기 삶에서 좀 더 균형을 찾아도 된다고, 자기를 돌보아도 된다고, 그리고 주변 자원을 최대로 활용해도 된다고 허가를 받는 셈이다. 또 자신의 약한 면을 드러낼 수 있는 기회도 얻는 것이다. '용기 훈련소'에서 고등학생 발레리나 조애나는 이렇게 말했다. "우린 지금 자기 목소리를 사용하라고 늘 격려하는 학교에 와 있어요. 전 제가 자신감을 갖는 기술이 원래 좀 있다고, 아니면 적어도 자신감 있어 '보이는' 기술은 있다고 생각했어요. 그런데 이곳에서 시각이 완전히 바뀐 부분이 있어요. 도움이 필요한 부분을 드러내고 도움을 청하는 게 진짜 용감한 일이라는 거, 그리고 혼자 다 하려고 하기보다는 멘토를 찾는 게 진짜 용기라는 거요."

스탠퍼드 교수 켈리 맥고니걸Kelly McGonigal은 스트레스를 받았을 때 타인과의 유대를 찾으면 회복이 더 빠르다고 했다. 스트레스를 받으면 옥시토신이 분비되는데, 옥시토신은 타인과의 소통 욕구를 높이는 유대 호르몬이라고도 한다. 켈리 맥고니걸이 테드 토크에서 한 말을 인용하면, '삶이 어려울 때면 날 생각해주는 사람들에게 둘러싸여 있어야 한다.' 다시 말해, 타인과 유대가 있을 때 우리는 힘든 일의 영향을 덜 받게 된다. 회복력이 높아진다.

위기 상황에서만 도움을 구하는 게 아님을 딸이 이해하도록 하라. 강력한 리더십 기술이기도 하다. 목표를 완수하기 위해 자기 주변의 자원들을 효율적으로 끌어오는 능력이 있으면 일을 더 효율적으로 할 수 있다. 오늘날의 정보산업 경제에서는 개별 프로젝트를 위해 모인 팀원들의 협동 능력이 점점 더 핵심 자원이 되고 있다. 도와줄 인력을 부르는 법, 위험할 때 경보음을 울리는 법을 아는 것은 핵심 기술이다. 2015년에 하버드 경영대학원에서 진행한 연구 결과, 조언을 구하는 사람들은 그러지 않는 사람보다 더 실력 있다는 인상을 준다고 한다. 특히 해내야 하는 과제가 어려울 때 누군가에게 개인적으로 물어보는 것이 좋고 그 분야 전문가와 상의하는 것이 좋다.

**

당신과 딸의 삶에서 각자 협력으로 얻을 수 있는 것들을 딸과 이야기해보라. 혼자 힘으로 이룬 성공이 어딘가 더 낫거나 더 가치 있다는 보편적 짐작에 의문을 제기하라. 우리가 솔직하게 힘들다는 것을 드러내고 혼자서는 못 하겠다고 말할 때 얻는 것은 무엇인가? 개인적 삶에서든 학교, 직장에서든 힘든 점을 드러냄으로써 이루어진 인간관계가 종종 가장 진실하고 오래 간다는 점을 딸에게 상기시키라.

마지막으로, 딸이 도움을 구할 수 있는 사람이 되길 바란다면 우리 자신부터 도움을 구할 수 있는 사람이어야 한다. 성인으로서 도움 구하는 법을 새로 배우는 일이 무척 힘들 수 있다는 것을 나는 안다. 내가 자랄 때 어머니는 풀타임으로 직장에서 일하고도 거의 모든 집안일을 했다. 남동생과 나는 딱 한 가지 집안일을 했다. 밥을 먹고 나면 그릇을 싱크대로 가져가는, 한 30초 걸리는 일. 나머지는 다 어머니가 했다. 어머니는 우리도, 그 누구도 부엌에서 자기를 돕지 못하게 했다.

그런데 나는 남이 다 해주는 데 익숙한 사람으로 크지 않았다. 나는 꼭 엄마처럼 되었다. 대단히도 독립적이고 도움은 대부분 거절하는 사람이 되었다. 서른여섯에 싱글이었던 내가 혼자 아이를 갖기로 결정한 것도 아마 우연은 아닐 것이다. 임신은 쉽게 되었고 나는 거의 아무것도 변하지 않은 것처럼 내 삶을 살아나갔다. 허리케인 아이린이 불어와 우리 집 주변 나무들이 마구 쓰러지고 전기와 난방이 다 끊겼을 때도 나는 헤드램프를 쓰고 긴 임산부 속옷을 입은 채 담요 밑에서 오들오들 떨었다. 무서웠지만 아무에게도 전화하지 않았다. 나 혼자서도 괜찮다고 스스로에게 말했다. 언제나 그랬다고.

몇 달 지나 출산일이 다가왔고 진통이 시작되었을 때, 나는 한 남성 친구가 소파에서 자는 동안 혼자 여섯 시간 동안 스마트폰 앱으로 자궁 수축이 진행되는 정도를 파악했다. 나이 든 테리어가 내 발치에 앉아서 나를 골똘히 쳐다보았다. 무서웠지만 친구를 깨우지 않았다. 도저히 도움 없이 안 될 때까지는 누구에게도 부담을 주고 싶지 않았다. 그런데 오늘 만일 내 딸이 그 같은 결정을 한다고 상상하면 나는 눈물부터 고인다. 나는 딸이 자기 삶에 필요한 도움을 불러들였으면 좋겠고, 남들에게 듬뿍 베푸는 관용과 사랑을 딸 스스로도 똑같이 받을 자격이 있다고 생각했으면 좋겠다. 그걸 돕기 위해, 나는 먼저 나를 돌아보아야 했다. 딸에게 본보기가 되는 법을 배워야 했다.

# 8

# 컨트롤 + 알트 + 딜리트,
# 진로 바꾸기의 장점

함정에 빠진 느낌이었어요. 아침에 일어나면
'아아, 내가 어째서 여기 있는 거지?' 하는
생각부터 들었어요.
—— 에마(18세)

나는 대학을 졸업하고 2년이 지나서 명망 있는 로즈 장학금을 받게 되었다. 로즈 장학금은 예비 대학원생이 탈 수 있는 가장 주목받는 상이고, 그 장학금을 둘러싼 일종의 미신까지 생겨나 있다. 로즈 장학금을 받는 학생은 나중에 대통령이 되고 프로 운동선수가 되고 노벨상을 탄다는 것이다. 그러니 그걸 타면 세상에 드문 특별한 사람이 된 것 같다. 주변 사람들이 거의 경이롭게 바라본다.

당시 내 상사였던 뉴욕시 시장은 기자들이 가득 찬 기자회견을 열어 나를 축하해주었다. 〈더 데일리 뉴스〉는 나를 시청의 '천재'라고 표현했다. 내가 졸업한 대학에서는 나를 학교 입학 홍보물 표지 주인공으로 삼았고, 나는 비용 전액을 지원 받고 영국의 옥스퍼드 대학으로 2년간 대학원 공부를 하러 떠났다. 자부심에 가득 차서 로즈 장학생 중 가장 훌륭한 학생이 되겠다고 결심하면서.

옥스퍼드 대학에 도착한 지 얼마 되지 않은 어느 날, 책상 앞에 앉아 안개 낀 뜰을 내다보고 있는 내 배 속이 두려움으로 조여들었다. 나는 그곳이 전혀 좋지 않았다. 수업 시간에 보는 자료는 교수진만큼이나 시대에 뒤떨어져 있었고 친구도 생기지 않았다. 몇 주가 지났고, 내게 대학원 생활은 견디기 힘들 정도로 외로웠다. 대부분의 시간을 동굴 같은 보들리언 도서관에서 보내거나 옥스퍼드의 안개 낀 길을 달리며, 나는 나에게 무슨 문제가 있는 것일까 생각했다. 학우들은 행복해 보이는데, 왜 나는 그렇지 않을까?

그러나 떠나는 것은 생각하기도 힘들었다. 로즈 장학금을,

그 드문 선물을 받아놓고 포기하는 사람이 어디 있단 말인가? 어떻게 가족을 실망시킬 수 있단 말인가? 내 엄마와 엄마 가족은 동유럽 난민으로, 아무것도 없이 이 나라에 온 사람들이었다. 나는 그들의 아메리칸 드림을 이뤄야 한다는 압박감과 약속을 오랫동안 짊어지고 있었다. 하지만 더는 내가 나 자신처럼 느껴지지 않았다. 나는 약했고 길을 잃었으며 두려웠다. 옥스퍼드에 도착한 지 9개월 만에 나는 대학원을 중퇴했고 다시 부모님 집으로 돌아갔다. 몇 시간씩이나 침대에 누운 채로 먼지 쌓인 어린 시절 트로피를 쳐다보며 우울과 수치심으로 꼼짝할 수 없었다. 모교의 총장에게 설명하려고 전화를 했더니, 내가 학교를 수치스럽게 했다고 말했다. 나는 대학 4학년 내내 그의 조교였다.

나는 상담을 받기 시작했고 항우울제를 먹기 시작했다. 오래 지나지 않아 두 가지 아픈 진실을 깨닫게 되었다.

첫째, 내가 로즈 장학생이 된 것은 옥스퍼드 대학에서 공부를 하고 싶어서가 아니라 그저 로즈 장학생이 되고 싶어서였다는 것이다. 내가 어떻게 느끼는지보다는 내 삶의 다음 단계가 남들에게 어떻게 보일지를 더 중요하게 생각하고 내린 결정이었다. 나는 그저 다음 성취를 갈망하며, 해야 한다고 생각한 일을 했던 것이다. 정말로 하고 싶은 일인지 스스로에게 물어볼 생각은 전혀 하지 않았다. 나는 언젠가부터 내가 누구인지, 나에게 무엇이 중요한지를 모르는 채로 살고 있었다.

둘째, 내 자신감의 기반은 내가 받은 상이었다는 것이다. 나는 나 자신을, 내 가치를 거의 완전히 내 성취를 바탕으로 규정했다. 그러니 갑자기 실패를 맞닥뜨렸을 때, 나는 산산조각이 났다. 그 실패에 대응할 수 있는 내적인 자원이 부족했다. 실패하는 법을 몰랐다.

그렇게 대학원을 그만두고 나서, 나는 이후 10년이 넘도록 내 삶의 이 어둡고 복잡한 부분을 이력서에서 감추었다. 내가 로즈 장학금을 받고 공부하다 중퇴한 것을 알면 사람들이 내 경력을 불신할 것 같았다. 오랜 노력들이 다 무효로 여겨지고, 그만두었다는 그 사실로만 내가 규정될 것 같았다.

이제 나는 그 짐작들이 틀렸다는 것을 안다. 청년기는 여러 변화로 가득하고, 나아가다 보면 잘못된 방향을 선택하기도 한다. 이번 장에서 나는 방향을 바꾸거나 학교를 중퇴하거나 무언가를 그만두기로 하는 결정이 (적절한 지원과 성찰이 있을 때) 후회할 일은커녕 그 반대가 될 수 있다는 점을 이야기할 것이다. 그것은 자기를 존중하는, 멋지도록 용감한 행동이 될 수 있다. 자신이 누구인지를 찾아가는 과정에서 길을 잘못 들었다 싶어도 그 길이 막다른 길인 경우는 거의 없다. 이유가 무엇이건(학교가 맞지 않든, 직장이 맞지 않든, 적당한 시기가 아니든) 변화라는 위기는 딸에게 방향을 새로 잡고 자신이 진정으로 어떤 사람이 되고 싶은지를 알아낼 기회가 될 수 있다.

## 버티는 게 항상 좋은 건 아니다

미국인들은 언제나 끈기를 귀하게 여겼지만 최근에는 일종의 숭배가 생겨났다. '근성grit'이라는 태도, 즉, 장기간 목표가 이루어질 때까지 버텨내는 태도가 굉장한 주목을 받고 있다. 심리학자 앤절라 더크워스Angela Duckworth가 광범위한 연구를 통해 평생의 교육적 성공을 가능하게 하는 것이 근성임을 보여주었다.

그러나 근성이 우리에게 나쁠 때도 있다. 청소년, 성인, 노인을 대상으로 한 연구에서 컨커디아 대학의 카스턴 로시Carsten Wrosch는 '이룰 수 없는 목표'를 포기하지 않으려 버틸 때 신체적, 감정적 고통이 생긴다는 결과를 얻었다. 능력과 목표가 서로 맞지 않을 때 목표를 달성하는 게 어려워진다. 나이와 관련된 문제나 삶에 일어난 갑작스런 사건 때문에 스트레스가 클 때도 그렇다.

카스턴 로시의 연구에 따르면, 그럴 때 기존의 진로를 바꾸지 않겠다고 고집한 청년기 여성들의 경우 C-반응성 단백질 수치가 높았는데, 이는 당뇨와 심장질환, 골다공증, 그 외 질병과 연관된 전신 염증의 표지다.

이에 반해, 기존 목표를 포기해서 손실을 줄이기로 한 여자아이들은 행복지수가 높고, 스트레스 호르몬이라 불리는 코티솔 분비가 낮았다. 또한 좀 더 실현 가능한 목표를 다시 잡고 목적의식이 높아질 확률도 컸다. 카스턴 로시는 이렇게 결론지었다. '핵심적인 삶의 목표를 이루지 못하는 상황에 처했을 때, 정신과 육체 모두 건강하기 위해서는 그 목표를 버리는 것이 가장 적절한 반응일 수 있다.'

교육자인 알피 콘Alfie Kohn은 근성에만 집중할 때 잃는 것

302

에 주목하며 다음과 같이 썼다. '중요한 것은 누군가가 얼마나 오래 어떤 일을 지속하느냐가 아니라, 왜 그렇게 하느냐다. 아이들이 지금 하고 있는 일을 좋아하는가? 아니면 자기 실력을 증명해야 하는 절박한 (그리고 불안을 일으키는) 필요성 때문에 그 일을 하는가? 아이들이 스스로를 계속 채찍질하기만 하면 우리는 잘한다고 고개를 끄덕여주어야 한다는데 그게 맞는가?' 그는 아이들이 부모가 시키는 대로 하는 것은 그러는 편이 '가장 덜 힘들기 때문'이라고 주장한다. 가로막는 것을 치우고 자기만의 길을 가는 데는 용기가 필요하다.

특히 여자아이들은 일찍부터 시키는 대로 따르도록 교육받으며 자란다. 남들이 원하는 바에 순응하면 또래와 어른들에게서 보상을 받고, 순응을 거부하면 벌을 받는다. 저항하는 여자아이들은 재빨리 이기적이거나 '잘난 척하는' 아이란 꼬리표가 붙는다. 그래서 여자아이들은 놀이터에서 자기가 타고 있던 그네를 포기하고, 주말에 볼 영화와 갈 쇼핑몰을 친구들이 고르게 하고, 심지어 자기 마음이 다쳐도 다른 데를 본다. 여자아이들은 단지 평화를 지키거나 사랑받거나, 집단에서 자기 자리를 지키기 위해서만 그렇게 하는 것이 아니다. 살아남기 위해서도 그렇게 한다. 그리고 그렇게 하는 것이 효과가 있다.

그렇게 큰 보상이 돌아오기 때문에, 그 습관은 여자아이들이 하는 다른 선택들로도 스며들게 된다. 여자아이들이 고르는 수업이나 전공, 학교, 직업에도. 그런 선택이 반복되다 보면, 계속 보상을 받으면, 여자아이들은 자기가 진짜로 원하는 것을 더는 생각하지 않게 된다. 자신들의 가장 강력한 욕망과 연결된 끈이 점점 닳고 가늘어져 녹아버린다. 여자아이들의 선택은 점점 더 자기 바깥의 힘에 좌우된다. 그리고 더 많은 것이 달린 선택일수록 잘 풀리지 않을 때 잃는 것도 크다. 행복과 시간은 물론, 이미 지불한 학비와 방세까지 생각해야 한다.

더구나 그저 잘 지내는 것처럼 보여야 한다는 압박이 있다. 그래서 많은 여자아이들이 어떤 결정을 이미 후회해도 거기 묶인 채 속으로만 괴로워한다. 심지어 소셜미디어에서는 해맑고 밝은 모습만을 계속 보여주면서 말이다.

근성을 최고로 여기는 사고방식에는 무엇을 가치 있게 여기느냐가 반영되어 있다. 즉, 새로운 것을 시도하고 실험하고 어떤 분야의 폭넓은 지식을 쌓는 일보다, 집중하여 임무를 완수하는 것이 더 중요하다는 시각이 담겨 있다. 이런 시각을 우리가 가장 뚜렷이 목격할 수 있는 곳은 '너의 열정 분야를 찾으라'는 압박이 만연한 대학 보내기 공장이다. 그러나 청년기 딸에게 가장 중요한 발달 과제는 자기 정체성을 만들어나가는 일이다. 그건 본질적으로 실험적인 성격을 지닌, 잘될지 그 결과를 알 수 없는 목표들을 추구하는 여정이다.

대학 보내기 공장은 학생들이 오류 없이 진화하기를 기대하지만 실제 삶의 과정은 그렇지 않다. 자신이 누구인지 알아내는 일은 첫 시도에 완벽히 끝내는 일이 아니라 계속해서 '진행 중' 상태에 머무는 일이다. 그렇기에 그 과정에서 무언가를 그만두는 일은 현명할 뿐 아니라 가장 적절한 일일 수 있다.

또한 대학 입학, 먼 도시로의 이사, 취업 같은 삶의 커다란 다음 단계에 얼마나 준비가 되어 있는지도 중요하다. 서류에 적힌 것과 딸의 내면은 일치하지 않을 수 있다. 새로운 기회와 함께 오는 모든 것을 감당할 준비가 되었는지는 평점으로 전혀 판단할 수 없다.

자녀들이 아주 어릴 때 부모는 아이들의 발달을 연속선상에서 바라보라는 말을 듣는다. 아이가 처음 일어나 앉는 때, 구르는 때, 걷는 때, 말하는 때가 다 따로 있다고 말이다. 그렇게 아이들을 키우는 과정에서 부모는 아이들이 언제 어떤 존재가 되어야 하는지에 관한 고정된 연대표를 품게 된다. 점점 자유 재량이 없어지고 남들과 발걸음을 맞추고자 하는 불안이 커진다. 고등학교 졸업반쯤 되면 중산층 가정 아이는 다음 해에 대학생이 되는 것으로 정해져 있고, 그 뒤 졸업식과 새 직장 따위 획일화된 진로가 이미 결정되어 있다. 그러나 아이들은 다 다르고, 부모가 아무리 소망하고 압박을 주고 물질적인 대가로 회유하고 상담을 받게 해도 자기가 나아갈 준비가 되지 않은 발달단계로는 나아갈 수 없다.


딸 에마 이야기

에마는 언제나 불안했다. 규격화된 시험들, AP 수업의 엄청난 과제량, 선수로 뛰고 있는 축구팀의 경쟁…… 무엇보다 대학이 걱정되었다. 에마는 집을 떠나는 데 성공한 이력이 별로 없다. 친구네 집에서 잠을 잔 일도 거의 없고 여름방학 캠프에 참가한 적도 없다. 어머니 줄리는 에마가 "집에 있기 좋아하는 아이"라고 나에게 말했다.

하지만 에마는 학업과 운동부 일정, 남자 친구와 보내는 시간까지 모두 소화해냈다. 그런데 지원한 명문 대학교에서 조기에 합격이 결정되자 깜짝 놀랐다. 합격할 거라는 기대를 하지 않았다. 에마는 이 소식을 성실하게 소셜미디어로 알렸다. 그리고 마음에 생겨나기 시작하는 두려움을 혼자 방 안에서 꾹 눌렀다. 이렇게 생각했다. '대학은 다들 가는 거니까 괜찮아. 실제로 갈 때쯤이면 나는 달라져 있을 거야.'

한 카페에서 나와 마주앉은 에마는 호리호리하고 차분한 모습이었는데, 내가 사겠다는 커피를 거절하고는 고등학교 3학년 내내 떨치지 못했던 두려움을 다시 떠올렸다. 스스로에게 이렇게 말했다고 한다. '대학 안 가는 사람 얘기 들어본 적 있어? 없잖아.' 대학을 가고 안 가고는 에마가 선택할 수 있는 사항이 아니라고 생각했다.

겨울은 봄이 되고 졸업이 있는 8월까지 한 학기가 남자 에마는 대학 갈 생각으로 신난 아이들의 기분에 자기도 휩쓸리기로 했다. 대학 합격 발표가 날 때마다 친구들과 그 가족들은 마치 서커스처럼 떠들썩하게 축하를 했다. 에마는 이렇게 말했다. "대학에 가면 곧바로 즐거운 생활의 시작이라는 보편적인 생각이 있어요. 너는 새로운 사람으로 태어날 거야! 새로운 친구들과 함께! 그리고 멋진 경험들을 할 거야!" 친구들이 자기 대학 합격 소식을 전할 때마다 에마는 앵무새처럼 그렇게 반응하려고 노력했다. "'모두가 이렇게 하잖아. 분명 이게 자연스러운 걸 거야' 하는 생각으로요."

어머니 줄리는 에마의 진짜 마음이 겉모습과는 다르리라는 것을 알았다. 에마가 그때까지 많은 성과를 낸 이유는 안전

지대 밖으로는 나가지 않았기 때문이라는 것을 알고 있었다. 대학은 급격한 변화가 될 터였다.

줄리는 딸에게 부드럽게 물었다.

"너 정말 확신해? 1년 쉬었다가 대학 가는 경우들도 있는데, 너도 그러는 건 어때?"

"절대 안 돼. 다른 애들은 다 대학 가는데 나만 집에 있는 거 얼마나 창피하겠어? 아무도 그렇게 안 해."

줄리는 더 주장하지 않았지만 속으로 딸을 걱정했다.

대학 개강 직전인 8월 말, 온 가족이 에마 짐을 싸서 차에 실을 수 있는 한계까지 실었다. 에마가 기숙사 방에 조심스럽게 첫발을 디뎠을 때, 에마의 룸메이트는 말이 없고 반기는 기색도 없었다. 줄리는 가슴이 내려앉는 것을 느꼈지만 내색하지 않아야 한다는 걸 알았다. 몇 시간 뒤, 줄리와 남편 조시는 에마가 자기 방식대로 대학 생활을 시작하도록 두고 기숙사 계단을 내려왔다.

3일 뒤, 에마는 더 부인할 수 없는 지점에 이르렀다. 잠에서 깨어났을 때, 이 새로운 삶이 자기 것이라는 사실을 깨달으면서 엄청난 두려움이 몸을 휘감았다. "함정에 빠진 느낌이었어요." 점점 커지던 불안은 에마의 마음을 완전히 뒤덮어버렸다. "아침에 일어나면 '아아, 내가 어째서 여기 있는 거지?' 하는 생각부터 들었어요."

에마는 자기 없이 생활해나갈 가족들을 그리며 기숙사 방에서 울었다. 공황발작을 겪었고 하루에 다섯 번이나 부모에게 전화해 울면서 말했다. "여기에 못 있겠어. 여기가 너무 싫어.

기숙사도 싫고 아이들도 싫고, 밥도 못 먹어. 여기 음식도 싫어."

신입생 오리엔테이션은 재앙이었다. 의무적인 친구 만들기 활동, 꽉 짜인 일정을 따라야 하는 날들이었다. 줄리는 '에마가 견딜 수 없는 모든 것'으로 가득한 일정이었다고 표현했다. 에마는 사람들 앞에서 울지 않으려고 노력하는 데 온 힘을 썼고, 곧 이 기간이 끝나 수업이 시작된다는 희망만을 붙들고 버텼다.

에마는 너무나 집으로 돌아가고 싶었지만 실제로 그렇게 하는 것은 상상할 수도 없었다. 에마는 내게 말했다. "그렇게 하는 사람 얘기 들어본 적 없잖아요." 부모님은 얼마일지도 모르는 엄청난 돈을 잃게 될 것이었다. 그리고 학교를 떠나면 에마는 어떻게 될까? 에마가 가장 두려운 것은 창피함과 남들의 평가였다. "'집으로 돌아가면 사람들이 날 어떻게 보겠어?' 하고 생각했어요. 나 자신이 너무 괴상한 아이처럼 느껴졌어요."

에마는 학교에 있는 상담사를 찾아갔다. 200킬로미터가 넘게 떨어진 집에서 에마의 부모는 어떻게 해야 할 것인지를 두고 다투었다. 아버지는 한 달 정도 버텨보는 것이 좋다고 했고, 어머니는 당장 집으로 데려오는 게 좋겠다고 주장했다. 개강하고 첫 수업들을 듣는 며칠 동안, 에마는 자기가 유령처럼 느껴졌다. 모두가 탐내는 대학에 에마가 조기 입학할 수 있는 원동력이었던 자기 단련과 의욕은 사라지고, 고장 나버린 듯한 에마가 있을 뿐이었다.

에마에게 신입생 학생처장과 상담을 해보라고 말해준 것

은 기숙사 학생지도사였다. 학생처장은 에마와 같은 경우를 자주 경험했다며 학교를 쉴 수 있는 교칙을 설명해주었다. 에마는 이렇게 떠올렸다. "제 상황을 전혀 이상한 일로 생각 안 하시는 거예요. 그래서 전 속으로 '잠깐만, 이게 나한테만 일어난 일이 아니야?' 하고 놀랐어요."

그렇다. 그 일은 많은 사람들에게 일어나는 일이었고, 에마는 학생처장의 설명을 통해 그걸 알았다. 그리고 학생처장은 에마가 한 학생을 만나보았으면 좋겠다고 권유했다. 대학에 입학하고 몇 주 안에 휴학을 결정했던 여학생이었는데, 1년 동안 생산적인 휴학 기간을 보내고 캠퍼스로 돌아와 지금은 아주 잘 지내고 있다고 했다. "그 학생 이야기를 들으니까 나도 돌아올 수 있다는 희망이 생겼어요. 나랑 똑같은 모든 감정을 그 학생도 느꼈더라고요."

학생처장은 부모님에게 전화를 해서 에마가 겪고 있는 힘든 상황을 이해가 가도록 설명해주겠다고 했다. 그는 이것이 예외적인 상황이 아니며, 휴학을 했다가 준비가 되었을 때 에마가 얼마든지 돌아올 수 있음을 부모에게 확실히 전했다. "그 부분 때문에 엄마 아빠가 생각이 바뀌셨어요." 에마는 말했다. 경제적인 손실은 아주 적었다.

캠퍼스에 처음 도착하고 3주 뒤, 에마의 가족은 조심스럽게 풀었던 짐을 다시 싸서 차에 실었다. 이제 에마는 두 가지를 알고 있었다. 자기가 혼자가 아니라는 것, 그리고 자기가 미치지 않았다는 것. 이러한 부담들에서 해방되어, 에마는 잠시 쉬기로 한 결정을 새로운 시각으로 바라볼 수 있었다. 도망치는 것과는 정반대일 수도 있음을 말이다. "내가 도망을 치는 게 아니라는 것, 그리고 나 자신을 위한 일을 하고 있다는 걸 깨달았어요." 에마는 처음으로 희망적인 기분을 느꼈다.

### 엄마 줄리 이야기

줄리는 대학 생활을 남들 하는 대로만 해야 한다는 압박을 거부한 딸이 자랑스러웠다. 다른 한편으로는 딸을 집으로 돌아오게 하는 것이 잘하는 일인지 의심스러웠다. 에마가 대학에 적응하는 데 실패하고 돌아온다는 소식이 가까운 친구들과 가족들에게 다 전해졌다. 절제된 반응만이 나온 것은 놀라운 일이었다. 줄리는 내게 말했다. "전통을 따르지 않는 사람들, 진보적이라고 여겨지는 사람들 중에서도 대학에 입학했다가 돌아오는 일을 충격으로 생각하는 사람이 얼마나 많은지 알면 놀라실걸요."

아무래도 상관없어, 하고 줄리는 생각했다. 진짜 중요한 질문에 초점을 맞추자. 에마가 언젠가 집을 떠날 수 있기는 할까? 끝내 둥지를 떠날 수 없는 어떤 문제가 에마에게 있는 건 아닐까?

그때 줄리는 딸과의 관계에서 경계선을 새로 정하자고 결심했다. 에마에게 휴학을 허락하되, 반드시 자기 불안을 마주하고 집을 떠나서도 잘 지낼 수 있도록 필요한 도움을 받는 것을 조건으로 걸었다. 엄마와 딸이 마주한 아주 중요한 순간이었다.

줄리는 말했다. "에마는 심리 상담을 받고, 자기 불안의 정체와 하고 싶은 일을 알아내는 것이 숙제였어요." 줄리는 에마가 그 과정을 성실히 수행하도록 지켜보겠다 결심했고 그게 쉽지 않을 것을 알았다. "한 걸음 뒤로 물러서야 했어요."

## 회복을 자신의 일로 받아들이기

청년기 두뇌의 가장 잔인한 속임수 중 하나는, 무엇이건 지금 겪고 있는 사건이 우리가 누구인지를 영원히 규정할 것처럼 느끼게 한다는 것이다. 과거와 미래는 중요하지 않을뿐더러 머릿속 계기판에서 완전히 지워져버리는 것 같다. 오로지 지금, 지금, 지금뿐이다.

집으로 돌아온 에마의 결심은 약해졌다. 이 혼란을 겪기 전 나는 어떤 사람이었는가? 한때 열심히 노력해 좋은 대학에 입학했다는 사실이나 자기가 창의적이고 똑똑하고 사교적이라는 것이 더는 하나도 중요하지 않은 것 같았다. 오직 앞으로도 영원히 고등학교와 대학교의 중간이라는 연옥에 묶인 채 살아갈지도 모른다는 공포만이 마음을 사로잡았다.

"저는 그 전까지 평생 작은 비눗방울 속에서 살았어요. '다음 할 일은 이거야, 이제 이 학교에서 이 학교로 옮겨가야 돼' 그런 것들이 다 정해져 있는 환경이요. 한 번도 직접 선택을 할 일이 없었어요. 다 쉬웠죠. 그런데 그때부턴 스스로에게 물어야 했어요. '앞으로 나아가기 위해 내가 할 수 있는 일은 뭘까?'"

청소년들은 집을 떠나 대학을 가는 것과 같은 통과의례를 거치는 것에서 크나큰 마음의 안정을 느낀다. 스트레스가 많고 불안정할 때면 그들은 반복해서 따를 수 있는 의례를 만든다. 자기 안의 힘이 점점 약해지면 청소년들은 사회적 압박에 밀려 앞으로 나아간다. 그러나 모두가 당연히 하리라 기대하는 일에 마침내 브레이크를 걸 수밖에 없는 여자아이들은 또 한 겹의 고통을 견뎌야 한다. 자기 의심과 고립, 그리고 수치심이다.

수치심은 극단적이고 해로운 자책의 표현이다. 실패를 겪은 사람이 수치심을 느낀다면 이중으로 괴롭다. 어떤 일을 하는 데 실패했다고 느낄 뿐만 아니라 자신으로서 실패했다고 느낀다. 에마의 경우 대학이 싫을 뿐 아니라 대학을 싫어하는 자신이 싫었다. 자기가 나쁜 사람이라고 생각하니 좌절에 대처하는 능력이 떨어졌다. 그러다 보니 에마는 한심하고 자격 없고 혼자인 자신이 등장하는 이야기 속에 스스로를 계속 묶어두었다.

회복을 위해 에마는 두 가지 과제를 직면해야 했다. 하나는 대학생의 삶으로 넘어가지 못한 원인인 자기 불안을 다루는 법을 배워야 했다. 또 하나, 자기 경험을 해석하는 시각을 바꾸어야 했다. 자기가 겪은 일 때문에 스스로를 비난하기를 멈추고, 이 일을 자신에게 이야기하는 방식을 바꾸어야 했다. 더 중요하게는 이 시기를 비극적인 종착지로서가 아니라 배울 수 있는 기회로 바라보아야 했다. 이 과정을 받아들이고 자신의 회복에 책임을 져야 했다. 누구도 그걸 에마 대신 해줄 수는 없었다.

학생처장을 만난 것과 휴학했다가 돌아와 잘 지내고 있는 학생을 만난 것은 건강한 첫 두 걸음이었다. '자기만' 그런 일을 겪는 게 아니고 그게 드문 일이 아니라는 것을 알게 되면서 에마는 무거운 자기 비난을 내려놓을 수 있었다. 자신을 용서하기 시작하면서 다시 앞으로 나아가는 데 필요한 정신적, 감정적 공간이 마음에 생겨났다. 끊임없이 높은 성취를 해내려는 계획을 내려놓고 도움을 구해도 좋다는 허가를 스스로에게 줄 수 있었다.

다음 디뎌야 하는 단계는 휴학을 하는 것이었다. 그러기 위해 에마는 자기가 대학에 다닐 준비가 되지 않았다는 사실을 받아들여야 했다. 대학은 지금으로서는 이룰 수 없는 목표가 되어버렸고, 그 경험으로 인해 에마는 스스로가 아는 자신에게서 아주 멀어져버렸다. 결국 에마는 그 고통스러운 순간이 지나간다고, 그 너머에 무언가가 더 있다고 믿어야 했다.

돌아온 집의 불안정한 고요함 속에 앉아서, 에마는 두 가지 질문이 생겨나는 것을 느꼈다. '내가 노력해서 해결해야 하는 부분이 있다는 걸 나는 받아들일 수 있을까? 나는 어떻게 앞으로 나아가 올해보다 나은 곳에 도달할 수 있을까?' 그러고는 낯익은 뭔가가 마음에 움트는 것을 느꼈다. 바로 단단한 결심이었다. 사라졌던 열의와 자기 단련 욕구가 다시 생겨나기 시작했다. 매주 심리 상담을 받기 시작했고 약물치료도 계속했다. 둥지를 떠나는 법을 배우는 일은 순차적으로 이루어져야 했다. 에마는 집에서 가까운 도시에 일자리를 구하고 버스로 통근했으며, 가족의 친구네 집에서 종종 묵었다.

몇 달 후, 먼 도시에 있는 친구 집을 방문하고 싶었던 에마는 혼자서 그렇게 먼 곳으로 간다는 생각만으로도 두려움을 느꼈다. 하지만 이번에는 이 난관에 다르게 접근했다. 감정을 꾹 눌러버리는 대신에 그 강한 두려움에 주의를 기울였다. 자신의 감정을 잘 다루기 위해 상담에서 배운 새로운 기술들을 집중해서 써보았다. "이런 일이 일어나면 그걸 하고, 그런 일이 일어나면 이걸 하면 돼" 하고 자신에게 되뇌었다. 이제 에마는 삶에서 마주한 어려움을 그저 '불안' 탓이라고 넘기지 않았다. 그 불안의 원천을 들여다본 것이다.

공항 짐 찾는 곳에서 친구들을 만났을 때 에마는 얼마나 기뻤는지 모른다. 전에 겪어본 적 없는 종류의 성취였다. 남들에게 완벽을 보여주기 위한 것이 아니라 겸허하고 진실한 동기와 맞닿은 성취. 쉽게 해내야 한다고 생각하지 않고 조심스럽게 한 걸음씩 나아가 이뤄낸 성공. 자기 한계를 온전히 받아들인 채 기준을 수정하고 모험을 한 것이다. 에마가 마음먹은 바를 실천할 수 있었던 용기는 자신의 약한 면을 더는 부인하지 않는 데서 왔다.

상처받을 수 있음을 인정함으로써 얻어지는 용기를, 평범한 사람이어도 좋다고 스스로에게 허락함으로써 얻어지는 성공을 에마는 발견하고 있었다. 에마는 학교로 돌아갈 준비를 할 때도 다시 한번 그러한 시각을 품었다. 기대를 한층 낮추었다. 한 학기만 더 다녀보기로 하고, 그래도 안 되겠다는 판단이 서면 집에서 좀 더 가까운 학교로 옮기고 자신을 용서하기로 말이다. 에마는 계속해서 상담을 받으며 자신의 두려움을 받아들이고 자신의 불안을 관리하는 힘든 일을 해냈다. 에마는 그때를 떠올리며 말했다. "모든 것을 부인하던 이전 여름하고는 아주 달랐어요. 계획을 실현하게 해주는 도구가 제게 하나하나 마련되어 있었고, 그 기분이 참 좋았어요."

지난해의 순탄하지 않았던 일들과 삶에 대한 에마의 새로운 접근 방식은 곁에서 지켜보는 에마 부모의 시각에도 영향을 미쳤다. 그들도 기대를 바꾸었다. 새로운 가치들을 기준으로 삼았고, 딸이 어떠해야 한다고 세상이 말해준 내용이 아니라 실제 자기 딸이 어떤 아이인지를 근거로 딸이 행복한가, 잘하고 있는가를 판단했다. 이제 그들은 아주 작은 승리마저도 축하하고 기뻐한다. 에마가 좋은 하루를 보냈는가? 낙제 위기에 처하지 않고 수업을 무사히 듣고 있는가?(A를 받을 것인가가 아니라, 그저 패스할 것인가가 기준이다.) 이런 것들이 새롭게 성공의 기준점이 되었다.

이 이야기를 나에게 하면서 에마는 쑥스러워하면서도 자랑스러워했다. 에마는 멋쩍게 말했다. "좀 슬프기도 했어요. 그런데 꽤 멋진 일이기도 했어요."


## 변화의 어려움을 겪을 때

잠시 딸의 처지가 되어 상상을 해보자. 대학에 들어가는 가을이면 17세에서 18세가 되는 나이에 딸은 일상 속 모든 유대 관계를 끊어야 한다. 진짜 가족뿐 아니라 심리학자들이 '두 번째 가족'이라고 부르는 또래들과의 따뜻한 관계망 역시 안녕이다. 오랜 시간 동안 만들어온 그 관계망은 사회적인 안전망이기도 했고, 활동의 파트너들이기도 했고, 학교 공부의 버팀목이기도 했다. 그런데 기후나 시간조차 다른 곳으로 떠나 새로운 일정과 버거운 학업 과제에 적응하는 법을 배워야 한다. 아는 사람 하나 없는 곳에서 새로운 사회 관계망을 만들어나가야 하고, '이전 관계망과의 작별이라는 어려운 일도 해내야 한다.

여자아이들에게 이 과정은 특히 만만찮을 수 있다. 여자아이들이 고등학교 시절 절친한 친구들과 나누는 친밀함을 생각해보라. 일대일의 유대 관계나 서로 솔직한 이야기를 터놓는 것이 특징인 그 우정을. 여자아이들은 남자아이들에 비해 친구의 어려움에 함께 속상함을 느끼고 친구의 고통을 자신의 고통처럼 느끼는 경향이 높다. 또한 여자아이들의 자존감이 친구 관계의 기복에 많은 영향을 받는다.

대부분의 여자아이들에게 기존 관계망에서의 분리와 개인화 과정은 물 흐르듯 자연스럽게 진행되지 않고, 스마트폰 시대인 오늘날에는 더욱 그러하다. 새 관계망을 만들어가야 할 바로 그 시점에, 여자아이들은 소셜미디어로 인해서 과거 어느 때보다 떠나온 관계망에 신경을 쓰게 된다. 집을 떠나는 여자아이들 대부분에게 그 분리는 빠르고 완전하게 이루어지기 어렵고, 이 과도기에 느끼는 감정의 짐이 기숙사 방을 채우는 짐보다 더 무거울 때도 있다.

집안 첫 대학생이거나 저소득층인 학생의 경우 집을 떠나 겪는 어려움에 관해 입을 더 꾹 다물 수 있다. 주로 자기 문제로 두려움을 느낀 에마와는 달리(에마가 가장 걱정한 것은 자신의 평판과 자신감이었다) 이런 학생들은 가족을 실망시키는 일을 두려워한다.

스미스 대학에서 1세대 대학생과 1학년들의 학생처장을 맡고 있는 마지 리치퍼드Marge Litchford는 이렇게 말한다. "스스로에게 힘들어해도 된다고 허락을 안 해요. 환경의 굴레에서 벗어나 대학에 온 학생들, 어깨에 (가족의 기대라는) 짐을 지고 있는 학생들이죠. 엄마를 실망시키지 않고 싶어 해요." 이런 학생들에게 진로를 변경하는 일은 거기까지 이르기 위해 이루어진 희생들을 하찮게 만드는 일로 느껴진다. 스스로를 가족들이 가난이나 노동자 계급에서 빠져나올 수 있는 '탈출구'로 바라본다면(실제로 많은 학생들이 그렇다), 힘든 티를 내는 것은 좋게 봐도 이기적인 일, 가장 나쁘게 보면 가족 전체를 위험에 빠뜨리는 일 같다. 이 학생들의 부모 역시 목소리를 내지 않는 성향일 수 있다. 그 어머니 아버지 들은 대학에 요구하는 게 너무 많아 보일까 봐 걱정한다. 자기 자녀를 대변하여 주저 없이 수화기를 드는 것으로 악명 높은 부유층 부모들과는 아주 다르다. 학교의 방침에 의문을 제기하기보다는 그대로 따르는 경향이 훨씬 높다. 마지 리치퍼드에 따르면 모순되게도 1세대 대학생의 부모와 저소득층 부모는 자녀의 성취에 가장 덜 집착한다고 한다. 그는 나에게 말했다. "그 부모들은 딸들이 행복하고 자기가 사랑하는 일을 하기를 바랍니다."

대학은 학생들이 학교생활을 힘들어할 때 부모에게서 이야기를 듣고 싶어 한다. 그러한 파트너십이 없다면 여자아이들은 도무지 조금도 더 나아갈 수 없을 지경으로 심신이 약해졌을 때에야 조치를 취할 것이기 때문이다. 청년기 후반 자녀 중에서 부모에게서 (감정적, 경제적, 또는 실용적인) '심도 있는 지원'을 일주일에 한 번 이상 받는 이들의 경우 그러지 않는 경우에 비해 삶에 대한 만족과 적응도가 더 높게 나타났다. 우리는 소위 헬리콥터 부모라는 비난을 쉽게 던지기도 하지만, 헬리콥터 부모란 부모 역할을 하는 '기간'이 아니라 '방식'의 문제를 지적하는 표현이다. 헬리콥터 부모는 자녀가 이미 스스로 할 수 있는 일을 대신 해주는 부모다. 과도기에 다음 단계로 나아가지 못해 힘들어하는 딸에게 필요한 부모 역할을 하는 것은 종류가 다른 일이다.

당신은 딸이 좌절했다는 것이 제 길에서 벗어난 것은 아님을 받아들일 필요가 있을 것이다. 좌절 역시 딸의 길에 포함된다. 이때는 딸이 마음의 안정을 찾고 다시 나아갈 준비를 하는데 도움이 될 세 가지 측면의 개입이 있다.

1  자기 비난에 짓눌려 있다면 자신을 용서하도록
   격려하라
6장에서 다룬 자기 자비를 실행하는 법을 딸에게 가르치라. 그런데 아무 일도 일어나지 않은 척하라는 말이 아니다. 자신을 미워하는 것은 생산적이지 않으며, 그런다고 해서 앞으로 나아갈 동기가 생기는 것도, 상황이 바뀌는 것도 아님을 딸에게 보여주라는 뜻이다.

2  딸이 자신에게 중요한 것들을 떠올릴 수 있도록 도와라
다른 그 누구나 무엇을 위해 어떤 사람이 되는 것이 아니라 실제 자기가 어떤 사람인지, 무엇을 느끼는지, 무엇을 지지하는

지를 그대로 받아들인 채 중심을 잡을 때 딸은 더 강하게 성장할 수 있을 것이다. 지금까지 이 상황에 대처하면서 스스로 잘했다고 생각하는 부분이 무엇인지 물어보는 것으로 시작하라. 그 잘한 일로 자신의 어떤 점을 알 수 있는 것 같은지 물어보라. 나는 옥스퍼드 대학교를 그만두었을 때 심리 상담을 받고 내가 한 선택들을 반성적으로 돌이켜본 일을 스스로 잘했다고 생각했다. 자기 장점에 초점을 맞추고 자랑스러워하는 일은 동기와 희망을 보충하는 일이다.

그리고 지금 당장 자기 삶에서 중시하고 싶은 세 가지 가치를 꼽아보라고 하라. 우정? 가족? 솔직함? 세상에 도움이 되는 것? 우선으로 생각하는 그 가치들을 삶에 그대로 반영할 수 있는 방법을 이야기 나눠보라. 딸이 꽤 낮아져 있을 자신감을 되찾고 자신이 어떤 사람인지 확신을 갖는 데 도움이 될 것이다. 이 대화의 목표는 딸을 다음 단계로 데려다 놓는 것이 아니다. 자기 중심을 잡아서 지금 있는 위치에서도 안정감을 느끼도록 돕는 것이다.


3 딸이 직접 대답하게 하라

지금 상황에서 무엇을 하고 싶은지 딸에게 물어보라. 브레인스토밍을 이용해 할 만한 일들을 꼽아보게 하라. 딸이 "모르겠어"라고 해도 그것은 대답으로 인정하지 마라. 이럴 때 적절한 부모 역할은 당신이 운전대를 잡은 것처럼 느껴지는 일일 수 있다. 사실 딸에게 가장 필요한 것은 스스로 자원을 구할 수 있는 능력을 다시 찾는 것이다. 또한 이런 시기가 영원히 지속되진 않는다는 것도 알아야 한다. 딸이 적극적이라면 몇 가지 방안을 계획해보라. 100퍼센트 실현 가능하다거나 아주 뛰어난 계획일 필요는 없다. 딸이 직접 만들고 받아들이는 계획이기만 하면 된다.

무조건 오냐오냐하라는 이야기가 아니다. 당신은 여전히 딸의 부모다. 부모로서 영향력을 행사하고, 옳다고 믿는 가치를 설명할 권리가 당신에겐 여전히 있다. 다른 일에서도 그렇듯이 경계를 정하고, "안 돼"라고 말하고, 기한을 결정하는 역할은 양육자인 당신의 몫이다. 과연 무엇이 맞고 무엇이 틀린지를 새롭게 알아내기 위해 씨름하면서 딸이 밀어내는 틀을 당신이 붙잡는 것이다. 하지만 우선 중요한 것은 딸이 불안에서 벗어나는 일이다. 딸을 어느 정도 안아주고 어느 정도 앞으로 미는 것이 적절한지 파악하는 데는 시간이 걸릴 수 있다. 당신이 이 시기에 딸을 보살피는 만큼 자극할 수도 있다면, 딸이 다시 자기 두 발로 서서 나아갈 자신감을 찾는 데 도움이 될 것이다.


## 딸이 당신에게서 들어야 할 말

대학 시절 한 여름날, 나는 메릴랜드의 부모님 댁 근처 포토맥 강에서 카약 수업을 받았다. 하얗게 부서지는 물살이 짜릿했지만 똑바로 서 있기가 어려웠다. 강사는 내게 파도 쪽으로 몸을 기울이는 것이 비밀이라고 말해주었다.

"파도 쪽으로요? 그러면 뒤집어지지 않을까요?"

"꼭 그럴 것 같죠. 그런데 안 뒤집어져요. 한번 해보세요."

몸을 조금 기울이자 당장 수면 위로 쓰러질 것 같았다. 나는 얼른 다시 몸을 세웠다. 강사는 말했다.

"또 한 번 해보세요."

결국에 나는 그가 가르쳐주려는 것을 체험했다. 몸이 하지 않으려는 그 행동을 하고서야 강물 위에서 가장 튼튼한 자세를 찾을 수 있었던 것이다.

과도기의 위기를 겪고 있는 딸에게 부모 역할을 할 때도 마찬가지다. 딸에게 당신이 줄 수 있는 가장 큰 선물 중 하나는 (특히 고도로 성취지향적인 또래나 동료들 사이에서 일상을 살아나가는 아이에게) 힘들어해도 된다는 허락이다. 딸을 있는 그대로 보고 사랑하라. 당신이 바라는 모습으로가 아니라.

딸이 슬픔 속에 빠져 있도록 두는 것은 언뜻 생각하면 해서는 안 될 일 같기도 할 것이다. 그러면 더 깊은 슬픔으로 자꾸 빠져드는 게 아닐까? 대답은 '그렇지 않다.' 누군가의 아픔을 인정하는 것과 부추기는 것은 다르다. 딸의 마음을 공감해주는 것은 딸이 어려움 속에서 자책하지 않고 뚫고 나아갈 기반을 마련해주는 것이다. 딸의 경험을 인정하라. 공감함으로써 딸이 미치지 않았음을 느끼게 해주고, 혼자가 아님을 알게 하라. 그래야 딸이 수면에 똑바로 설 가능성도 높아진다.

하지만 이 세상과 스마트폰에서는, 딸의 머릿속에서는 다른 이야기가 들려올 것이다. 대학 1학년생들 대부분은 또래의 눈부신 성취를 마주하게 된다. 수석 졸업자들, 회장이었던 학생들, 엘리트 운동선수들, 우수졸업생협회의 회원들이 수두룩하게 강의실에 앉아 있다. 딸은 삶의 단계마다 기대를 받는다. 잘 맞는 대학을 선택하고 완벽한 전공을 고르고, 인상적인 직업을 무사히 얻고, 가장 세련된 동네에서 가장 근사한 방을 얻고 가장 멋진 룸메이트를 만나고, 그런 삶을 한순간 한순간 사랑하리라는 기대를 받는다(적어도 소셜미디어에선 그렇다). 실패를 할 여유 공간이 없다.

부모가 할 수 있는 가장 효과적인 역할은 이 미신에 의문을 제기하고 그것이 얼마나 사기인지를 밝히는 것이다. 자녀를 대학으로 보내며 네 인생에서 가장 빛나는 4년이라는 기대가 허상일지 모른다는 조언을 건네는 부모들이 있다. 대학도 다른 어느 곳과 마찬가지로 좋을 때와 나쁠 때가 있고, 실망스러운 순간도 아름다운 순간도 있는 곳이라고 말해주는 것이다. 새로운 인간관계를 쌓을 때까지 시간이 걸릴 수 있다고, 끔찍한 파티에 가게 될 수도 있다고, 지루한 사람들을 만날 수도, 집이 엄청나게 그리울 수도 있다고 말해주는 것이다.

그런 부모는 옛날이 그립고 새로운 생활에 적응하기 어렵더라도 오직 너만이 그렇게 느낀다는 환상에 속지 말라고, 모두가 힘들다고 딸에게 말해준다. 다음 밟아야 할 삶의 단계를 놓고 갈팡질팡해도 되는 면허증을 딸에게 준다. 자신들의 대학 시절 이야기나 실제 세계로 갓 나갔을 때 겪었던 작은 사고들을 딸에게 털어놓는다. 행복한 기분이 안 든다고 해서 너에게 문제가 있는 것은 절대 아니라고 말해주고, 새로운 일을 할 때는, 특히 새로운 것을 '배우는' 경험을 할 때는 쉽지 않기 마련이라고 말해준다. 그래서 '배우는' 거 아니겠느냐고.

그런 부모는, 길을 잘못 드는 법 없이 곧장 나아가야 성공이라는 믿음이 사실이 아님을 딸에게 일러준다. 좋아하지 않는 일, 원치 않는 일을 알아내는 것이 좋아하는 일을 알아내는 것만큼이나 중요하다. 구부러진 길도 길의 일부이며 우리가 가기 싫은 곳이 어디인지 알게 되면 우리 마음의 지도는 그만큼 더 정확해진다.

남들과 나란히 발맞추지 못한다는 것이 끝내 목적지에 도착하지 못한다는 뜻은 아니다. 나는 워크숍에 온 학생들에게 속도에 비유하여 설명한다. 물론 목적지를 향해서 고속도로를 시속 130킬로미터로 달릴 수도 있지만 딱지를 떼거나 사고를 겪을 위험이 있다. 목적지에 10분이나 15분 늦게 도착하더라도 그렇게 해서 얻게 되는 안전, 돈, 온전한 정신 상태 들을 생각하면 제한속도 이하로 운전하는 일은 충분히 가치가 있다. 삶이라는 여정도 마찬가지 관점으로 생각해보자. 남과 같은 속도로 가는 것이 내 건강과 행복을 걸 만큼 가치 있는 일인가?

특별한 영향력을 지닌 부모라는 자리에서 당신이 딸을 평가하는 기준을 낮추는 것이 큰 결실을 낳는 때가 바로 이런 때다. 딸이 수업에 꼬박꼬박 가는 것을, 삶이 힘든 시기에 작은 노력들을 하는 것을 칭찬하라. 운동을 하러 간 것, 과제를 기한 안에 제출한 것, 쪽지시험을 잘 푼 것 등등. 그날이나 그 주에 딸이 이뤄낸 작은 성취들에 초점을 맞춰라.

또한 합당한 목표들(맞다, 작은 목표들 말이다)을 정하는 연습을 함께 해보라. 복도에서 만난 누군가와 처음으로 이야기

나누기. 혼자 누워 넷플릭스 보는 대신 친구와 함께 영화 보러 가기. 인정받을 만한 발걸음들이다. 학교에 들어가자마자 최고의 신입생 되기 따위를 추구하지 않아도 된다는 것을 딸이 알게 하라. 어쩌면 당신은 그런 걸 꼭 말로 해야 알겠냐고, 당연한 것 아니냐고 생각할지도 모르겠다. 그래도 말하라. 설사 딸이 어이없다는 표정을 짓더라도. 당신이 삶의 성취를 더 작은 곳에서 찾을 때, 딸은 자신도 그렇게 해도 좋다는 허락을 받는 셈이며 또한 그렇게 하는 구체적인 방법을 배우는 셈이다.

## 우회로가 내 길이 될 때

에마의 경우 자신의 불안을 다루는 법을 배우면서 치유가 시작되었다. 내 경우는 달랐다. 자신에게로 돌아오는 길을 찾기 위해 그때 내게 필요했던 것은 끝없는 성취의 러닝머신에서 내려서는 거였다. 정말 원해서 하는 마음, 내적 동기는 내 안에서 거의 사라지고 없었다. 변하려면 나에게 진실로 중요한 것을 알아내야겠다고 판단했다. 남이 원해서, 또는 상을 탈 수 있어서 하려는 일 말고, 내가 하고 싶은 일이 무엇인지를. 그 답은 빨리 찾아왔다. 내겐 오랫동안 잊지 못한 사건이 하나 있었다. 초등학교 3학년 때 애비라는 여자아이가 내 가장 친한 친구들을 나에게서 멀어지게 만들어, 운동장에서 아무도 나와 놀아주지 않게 된 일이었다. 그 일이 왜 그렇게 오래 마음에 남았을까?

나는 여자아이들의 공격 방식을 조사하기 시작했고, 이 주제에 관한 자료가 거의 없다는 것을 발견했다. 나는 내가 아는 여성들이 어린 시절 여자아이들에게서 겪었던 따돌림의 기억을 인터뷰했다. 이때 나는 여전히 슬펐고 여전히 앞으로 어찌 살아야 하는지 혼란스러웠지만, 나는 누군가한테 칭찬을 받기 위해서가 아니라 어떤 기술을 숙달하고 싶은 내적 욕망에서 나온 배움 목표를 세웠다.

부모님 집으로 돌아와 잔인한 절망의 시간을 보내기 시작하고 몇 달이 지났을 때, 내 연구에 관심을 보이는 한 출판 편집자를 만났다. 그리고 머지않아 그 편집자가 일하던 출판사에서 약간의 긍정적인 반응을 얻었다. 나는 당시 입학하기로 되어 있던 로스쿨에 가지 않기로 결정했고, 이번에 부모님은 분노했다. 아버지는 소리쳤다. "너는 기회가 오는 족족 다 던져버리는구나."

나는 흔들렸지만 계속 내 결심대로 나아갔다. 이 책을 쓰는 일이 나를 치유하고, 나를 다시 내게로 데려다줄 것 같았다. 돈을 벌기 위해서 단기 일자리를 구했다. 브루클린의 쥐가 들끓는 집을 얻어 이사를 했고 신용카드 빚이 쌓였다. 하지만 나는 내가 세상에서 가장 사명감을 느끼는 일이 무엇인지 알았고, 그 일을 하고 있었다. 그때 나에게는 그것으로 충분했다.

내가 진심으로 중요하게 느끼는 일을 열심히 했을 때, 그리고 (성공해야 한다는 마음이 아니라) 내 솔직한 마음을 길잡이 삼았을 때 나는 진짜 성공을 찾았다. '동기'에 관한 연구 결과들도 이 현상을 뒷받침한다. 외적 보상을 없애면 우리 내면이 무엇에 움직이는지 찾을 수밖에 없다고 한다. 로체스터 대학 교수 에드워드 디시Edward Deci와 리처드 라이언Richard Ryan이 졸업하고 2년이 지난 졸업생들을 추적한 결과 삶의 목적의식, 즉, '타인의 삶이 나아지도록 돕고 배우고 성장하고 싶은' 욕구를 추구한 학생들은 대학을 다니던 때보다 더 행복하고 만족을 느끼며, 불안과 우울을 덜 느낀다는 결과가 나왔다. 돈이라는 외적 보상을 추구한 학생들은 우울과 불안을 더 느꼈고, 행복과 관련된 부정적인 지수가 몇 가지 더 관찰되었다. 《드라이브》*의 저자 대니얼 핑크Daniel Pink는 '외적 보상을 추구하려는 동기가 가장 적은 이들이 결국 외적 보상을 받는다' 고 주장했다.

군이 이룰 가치가 없는 성공도 있다는 것, 그만두는 것이 부끄러운 일이 아니라는 것을 깨닫기까지 나는 좀 더 오랜 시간이 걸렸다. 카스턴 로시에 따르면 포기할 때를 아는 것은 자기 관리의 중요한 한 형태이며, 목표를 내려놓음으로써 따라오는 여파가 비교적 가벼운 청년기가 그것을 배우기에 가장 좋은 시기다.

내가 느낀 괴로움은 내 삶의 무언가가 반드시 바뀌어야 한다는 중요한 신호였다. 지금 나는 그때에 감사한다. 마음에서 괴로움의 신호가 울릴 때 딸이 할 수 있는 세 가지 선택이 있다. 모른 척하는 것. 자신에게 문제가 있다는 신호로 받아들이는 것. 또는 어떤 일이 잘못되어가고 있다는 신호임을 깨닫는 것.

정신적 괴로움을 '자신'이 문제라는 신호로 해석한다면, 진짜 필요한 것을 깨닫고 지혜롭게 행동할 기회를 잡지 못한다. 또한 사회적 비교를 하여 어째서 다른 사람들은 자기처럼 불행하거나 불운해 보이지 않는지에 집착하게 될 수도 있다. 이런 상황에서 부모는 딸이 다른 사람들이 다들 얼마나 행복해 보이는가를 걱정하는 것이 아니라, 자기 삶과 자기 선택에 집중하도록 인도해야 한다. 모두가 다르고, 자기만의 길 위에 있다. 비교는 무의미하며 고통스럽다.

대신 내면의 신호에 귀를 기울이고, 그저 어딘가 바로잡을 부분이 있다는 의미로 받아들이면 된다. 부모로서 우리가 방향성을 주도해야 한다. 즉, 딸이 수치심과 자기 비난에 붙들리지 않도록 돕는 것은, 딸이 제 선택들을 더 현명하게 평가 내리고 존재론적 위기를 기회로 바꿀 수 있도록 돕는 일과 같다. 쓰는 언어를 잘 선택하는 데서부터 출발할 수 있다. '중퇴하다' '그만두다' 같은 표현 대신 '진로를 바꾸다' 또는 그저 '잠시 쉬다'와 같은 표현을 쓰는 것이다.

학업을 잠시 쉬는 것은 도움이 되는 결정일 수 있다. 미국 갭협회에 따르면, 학생들이 고등학교 졸업 후 곧바로 대학에 가지 않고 학업을 일시 정지하기로 하는 가장 큰 두 가지 이유는 고등학교 시절 입시 준비로 진이 빠져버렸다는 것과 '자신을 더 알고 싶다'는 욕구 때문이다. 그리고 학업을 잠시 쉬면서 얻는 이득으로 가장 상위를 차지한 세 가지 중 하나가 '한 인간으로서 내가 누구인지, 그리고 나에게 무엇이 중요한지를 더잘 깨닫게 된 것'이라고 한다.

애초에 대학이라는 것을 어떻게 생각하는지 딸에게 물어보는 것도 가치 있는 일이다. 자기가 대학을 정말로 가고 싶은가 하는 자문은 대체로 대학에 가기 위해 가장 애써야 하는 학생들만 한다. 그러나 딸에게 대학이란 그저 당연하게 느껴지는 다음 단계더라도 왜 대학에 가고 싶은지, 무엇을 위해서인지 생각해볼 필요는 있다. 정답이 꼭 'x, y, 또는 z라는 직업을 갖기 위해서'는 아니다. 그건 아직 몰라도 된다. 그보다는 대학이라는 경험이 자기에게 어떤 가치 있는 경험이 되리라 진심으로 생각하고 있음을 보여주는 답이어야 할 것이다. 딸이 대답을 못 한다면 그냥 넘기지 말고 딸과 함께 이 질문을 마음에 띄워놓고 더 생각해볼 기회로 삼아야 한다.

몇 년 전, 남아프리카의 한 고등학교 졸업식에서 연설을 하게 된 나는, 그 자리에서 처음으로 로즈 장학생을 포기한 이야기를 공공연하게 하기로 결심했다(그렇다. 나는 이야기를 공개하는 것이 너무 두려웠던 나머지 지구 반대쪽에 가서야 할 수 있었나 보다). 내 연설이 끝나고 잠깐 동안 마치 끝나지 않을 것 같은 정적이 흘렀다. 그리고 그때 학생들과 학부모들이 자리에서 일어나 환호성을 보냈다.

그때가 바로 내가 '성장 진행 중'인 사람으로서 롤모델이 되고 싶다고 생각한 순간이다. 지금 나는 학생들과 내 딸에게 삶을 평가하는 기준은 수치도 아니고, 우리 문화 속 보편적인 성공의 이미지를 얼마나 잘 재현하느냐도 아님을 보여주고자 하는 다짐이 결연하다. 인생은 우리가 계속 나아가기 위해서 하는 선택들로 가득하고, 어리석은 선택도 현명한 선택도 있다. 훨씬 더 중요한 건 자기가 지금 도착한 지점을 어떻게 해석하느냐다. 그리고 때로, 우리는 포기함으로써 자유로워진다.

# 9

## 우리에게 없는 건
## 아이들에게도 줄 수 없다

청년기 자녀의 부모 역할을 한다는 건 고맙다는 말 한마디 듣기 어려운 일일 수도 있다. 그 나이 자녀가 할 일이 바로 당신의 가치를 거부하는 일이고 당신의 행동을 민망하게 느끼는 일이고, 보는 사람 속 터지도록 자신에게만 몰두하는 일이다. 어릴 땐 당신을 우러러볼 때도 많던 아이가 이제 당신의 행동을 보면서 어이없다는 표정을 짓는다. 당신을 성가셔하는 시기가 찾아온 것이다.

더 작았을 때 아이는 당신에게 안정적으로 즉각적인 반응을 해주었다. 이것 하라 저것 하라고 하면 잘 따르는 편이었다. 그러나 청소년기부터는 다르다. 설사 지구에 좀 더 산 사람으로서 온당한 조언을 해주어도 아이는 당신에게 어리석다고 한다. 그러다 보니 당신은 자신이 진짜 어리석은가 의심이 들기도 한다. 어리석지 않다는 걸 다른 사람에게 확인받는다.

심리학자 리사 더무어Lisa Damour는 《여자아이의 사춘기는 다르다》*에서 다음과 같이 썼다. '딸에게 퇴짜를 맞는 것 자체만도 기분이 안 좋은 일이지만, 딸에게 당신이 가장 필요한 때인 것 같은데 그렇게 나오니 더 속상하다.' 청년기 자녀의 부모 역할을 하기란 종종 몇 달, 또는 몇 년 동안 매일같이 지혜와 본보기, 훈육, 그 밖에 줄 수 있는 모든 걸 끌어모아 주고도 보상이 없는 일이다. 어느 대학에 가서건 넌 행복하게 지낼 수 있으리라 말해도, '좋아요' 수가 너의 가치를 결정짓지 않는다고 말해도 딸은 결코 고마워하지 않을 것이다. 오히려 당신에게 아무것도 모르는 소리 한다고 쏘아붙이거나 그보다 더욱 심한 말을 할 확률이 높다. 부모 역할이 언제나 자녀에게 인기 있는 일이 아닌 건 당신도 알았을 것이다. 하지만 인기가 없어도 이렇게 없을 줄은 몰랐을 것이다. 보상은 거의 언제나 나중에 온다. 완연히 성인이 되고 나서, 당신은 이미 잊은 것들을 기억하면서 한때는 불평했던 일을 두고 마침내 고마웠다고 할 것이다.

그러므로 청년기 자녀의 부모 역할을 하는 데는 대단한 중심축이 필요하다. 먼저, 딸이 어렸을 때와 다르게 이제는 당신이 딸의 어려움을 해결해줄 수 없다는 사실을 받아들여야 한다. 딸은 당신보다 훨씬 일찍 그것을 깨달았다. 이미 한참 전부터 딸은 자기 문제를 해결해주는 당신의 능력보다는 자기 문제가 얼마나 힘든지를 당신이 알아주느냐에 더 관심이 있었다. 어린이는 대체로 당신의 도움을 원하지만 더 자란 딸은 당신의 공감을 원한다. 자기가 느끼는 감정이 인정받기를 바라고 자기를 보아주길 바란다. '진짜 말도 안 되는 일인 것을' 당신도 알아주길 바란다. 늘 당신의 조언을 원하지는 않는다.

청년기 자녀들은 여자아이들이 즐겨 하는 표현처럼 '온 세상 모든 감정'을 느낀다. 숨기는 감정이 있고, 온라인 장터에 팔 수 있는 감정도 있다. 청년기의 뇌에선 고농도의 감정이 예상치 못하게 쏟아져나오고, 딸들은 그 감정을 부모인 당신에게 배출하고 싶어 한다. 리사 더무어에 따르면 '청소년이 마주하는 어려움 중 상당수는 그에 대한 감정을 밖으로 쏟아내는 것 자체가 치료가 된다.' 속에 담긴 걸 다 비워낸 후 개운해진 마음으로 앞으로 나아갈 수 있다. 부모는 아이들보다 회복력이 낮다. 번민에 찬 딸의 전화를 받고 나면, 쾅 하고 방문을 닫는 소리를 듣고 나면 꼭 만화 속에 나오는 것처럼 별들이 머리 위를 뱅글 뱅글 돈다. 좀 나은 경우엔 멍한 기분이고 최악의 경우엔 인간 샌드백이 된 기분이다.

이러한 변화 속에서, 당신은 부모로서 무언가를 하려는 열의를 '내가 해결해줄게' 식의 대화 대신 공감 중심의 소통에 쏟을 필요가 있다. 딸이 느끼는 아픔을 함께 느끼고, 바로 해결할 방법은 없을지도 모른다는 사실을 그저 받아들이는 일을 포함해서 말이다. 개념으로는 간단한 전략인데 실제로 하기는 생각보다 어렵다. 아이가 괴롭다는데 부모로서 보고만 있기가 어려운 것이다. 우리는 무언가를 해결해주면서 부모 역할을 배우고 자녀의 삶을 잘 만들었는지를 가지고 그 역할에 성공했는지를 판단하게 된다. 아이의 고통을 치료해주려 시도하지 않고 버티기가 쉽지 않다.

우리가 부모 역할을 더 잘하기 위한 가장 효과적인 길은 언제나 우리 자신에게서 시작된다. 이 시기에 딸의 롤모델로서 나는 어떤 사람이고 딸과의 관계에서 나는 어떤 부모인지 자신의 습관과 행동을 돌이켜보는 일은 부모로서 열의를 쏟을 수 있는 좋은 방향일 것이다. 그러나 당신 자녀가 차별을 겪는다거나 하는, 정체성과 관련된 특수한 어려움을 겪는다면 당신이 어찌할 수 있는 부분이 많지 않다. 그런 상황을 해결할 책임은 부모보다는 학교와 같은 관계 기관에 더 많을지도 모른다. 이번 장에서 더 짚겠지만, 이런 경우 당신이 초점을 맞출 부분은 좀 다를 수 있다.

그래도 나는 '우리에게 없는 건 아이들에게도 줄 수 없다'는 브레네 브라운의 말에 계속해서 감동을 받는다. 우리가 모르는 건 딸들에게도 못 가르친다. 삶이란 완벽하지도 않고 복잡한 단면이 있는 것임을 딸이 이해하기 바란다면, 우리 스스로가 먼저 포용하는 마음과 자기 자비를 보여주어야 한다. 딸이 기꺼이 시도하고 실패할 수 있기를 바란다면 우리의 실패 경험을 솔직히 나누어야 한다. 그러니 부모도 자기 불안을 다스리고 야망을 지혜롭게 조절하는 법을 딸들과 함께 배워야만 한다. 그럼 이제부터 청년기 중반에서 후반까지를 탐험해나가는 딸들을 감정적으로 지원하는 데 필요한 중요한 전략들을 소개하겠다.

## 딸은 여전히 당신을 보고 있다

최근 내 딸의 유치원 교사가 들려준 일화가 있다. 짜증이 난 내 딸이 옆에 있는 친구에게 고개를 돌리더니 고압적으로 이렇게 경고했다고 한다. "너 계속 그 말투로 말하면 잠깐 쉬게 한다." 선생님과 나 둘 다 웃었고, 나는 얼굴이 붉어졌다. 우리 모두에게 그런 이야기가 있다. 우리 딸들이 우리를 아주 웃기게, 종종 부끄럽게 따라 하는 순간.

아이들이 자라면서 우리는 아이들이 곁에 있을 때 하는 말을 점점 덜 조심하게 된다. 이미 전에 들었을 텐데 뭐 어때, 하고 생각해버린다. 또 자녀가 부모를 모방한다는 점을 더는 생각하지 않는 부모도 많다. 하지만 생각해야 한다. 좀 더 차원 높은 모방이 여전히 일어나고 있다. 우리가 스트레스에 대응하고 모험을 감수하는 방식을, 우리가 실수하고 나서 스스로를 대하는 방식을, 우리가 자신의 외모에 관해 말하는 방식을 딸은 다 보고 있다.

딸이 걷기를 배우던 때를 기억하는가? 술에 취한 해적처럼 흔들거리고 바닥으로 털썩 넘어지던 때를 말이다. 넘어지면 딸은 제일 먼저 당신을 보았다. 딸의 눈 속에는 질문이 있었다. 여기에 어떻게 반응해야 하지? 이거 나쁜 건가? 만일 그때 당신의 얼굴이 두려움으로 일그러진다면, 넘어진 딸을 보고 깜짝 놀라 숨을 헉 들이키거나 입을 가린다면, 딸은 그 신호를 받는다. 울음이 시작된다. 당신이 차분하고 편안해 보인다면, 괜찮다는 걸 보여준다면 딸은 동요하지 않는다.

그리고 여러 해가 지난 뒤에도 우리는 딸들에게 자기도 모르게 신호를 보낸다. 우리가 스트레스에 대응하는 방식을 딸들이 보고 배운다. 부모와 딸 사이의 연결고리는 10대 후반에도, 아니 그때 특히 강하다. 아니 청소년기에 특히 강하다. 원하는 만큼 높은 성적을 받지 못해서, 원하는 대학에 합격하지 못해서, 원하는 일자리를 얻지 못해서 마음이 무너질 때 딸은 여전히 엄마의 신호에 주의를 기울인다. 여기서 어떻게 반응해야 하지? 이거 나쁜 건가? 차이점은 설사 당신이 딸에게 괜찮다고 말해주어도 딸은 그렇지 않다고 되받아친다는 점이다. 뭐가 어떻게 되건 너를 무조건 사랑한다고 말해도 딸은 마치 화난 말처럼 콧방귀를 뀌고 머리카락을 휙 넘길 것이다. 그 나이에는 그렇게 하는 것이 딸의 일이다. 하지만 그러면서도 딸은 보고 있다. 듣고 있다.

점점 성인에 가까워지는 딸에게 당신이 본을 보이고 싶은 특징이나 습관은 무엇인가? 세상을 살아가는 좀 다른 방법을 일상 속에서 어떻게 전략적으로 보여줄 수 있을지 생각해보라. 이 책에서 여자아이들이 털어놓는 이야기들을 읽으며 내 얘기 같다고 느꼈다면(많은 부모들이 그렇게 느낀다), 당신 자신부터 달라질 수 있도록 같은 노력을 해야 한다. 내 워크숍에서 한 어머니는 실수를 할 때면 자기도 모르게 소리 내어 자책했다고 말했다. 그저 유머 있고 자조하는 태도라고만 생각했지, 건강하지 않은 자기 비난을 딸에게 가르치고 있다고는 생각하지 못했다.

나하고 같이 노력하는 과정에서 그 어머니는 딸이 보는 앞에서 스스로가 실수에 반응하는 방식을 다시 생각해보았다. "앞으론 학교 갈 때 열쇠를 못 찾더라도 정신머리가 없다며 나를 비난하지 말아야겠어요." 설사 속으로 그렇게 생각해도 내뱉지는 않겠다고 어머니는 결심했다. "일단 숨을 크게 쉬고 나서, 열쇠가 없어서 초조하다고 말할 거예요. 그래도 자책은 안 할 거예요."

다이엔은 자기 딸이 대학에서 친구 간의 복잡한 관계 문제에 휘말린 것을 눈치챘을 때, 딸이 너무 이해심 없고 성급하게 친구들에게 화를 내는 것은 아닌가 하는 생각이 들었다. 다이엔은 딸과 전화 통화를 하면서 자기가 유독 관계 맺기 어려웠던 한 친구를 수용한 방식을 이야기해주었다. 그게 얼마나 어려웠는지, 또 누군가를 있는 그대로 받아들이면서 자신이 얻은 가치에 관해 들려주었다.

또 나에게 도움을 받은 한 어머니는 딸이 힘든 일이 있어도 도움을 구하지 않는 것을 걱정스러워했다. 그래서 도움을 청하는 일을 딸이 보는 앞에서 하겠다는 목표를 세우고 19세 딸에게 말했다. "나 너희 이모한테 할머니 돌보는 일 좀 도와달라고 부탁하려고. 내가 혼자 하기에는 너무 힘들어서." 자기는 강하고 능력 있는 사람이지만 필요할 때 도움도 청할 수 있다는 것을 딸에게 보여주고 싶었다.

청년기 자녀들은 자기 삶에 스스로 통제할 수 있는 부분이 많지 않다는 기분을 자주 이야기한다. 그런데 딸이 이야기하는 일상 속 좋고 싫은 일들에 하나하나 반응하려다 보면 부모도 종종 같은 기분이 된다. 부모로서 본을 보이고 싶은 면모를 한 가지 선택한다면 당신은 그 혼란 한가운데에서도 좀 더 안정을 느끼고 집중할 수 있다.


## 실수하고 좌절하는 본보기를 보여라

내가 매년 가는 서부 해안 지역의 한 학교에서 워크숍을 열 때였는데, 워크숍 참가자 가운데 종종 걱정스러운 얼굴을 하던 한 남자가 있었다. 그가 발언권을 얻어 말했다. "저하고 제 아내가 굉장히 잘못한 것 같습니다." 그의 이야기에 따르면 그와 아내 모두 성공한 변호사였다. 어느 날 밤, 고등학교에 다니는 딸이 과학 시험에서 C를 받고는 위로할 수 없는 지경으로 괴로워했다. 남자와 아내는 딸에게 괜찮을 거라고, 넓은 관점으로 볼 때 시험 점수 하나가 그렇게 중요하지 않다고 딸을 다독였다.

그런데 딸은 화를 냈다.

"딸이 '아빠 엄마는 뭐든 완벽하게 하잖아. 실수 같은 거 안 하잖아' 하고 말하더라고요. 그런 생각을 딸이 하고 있다는 게 믿기지가 않았습니다. 그건 사실과는 거리가 멀어도 한참 멀거든요. 우리가 얼마나 잘못을 많이 하는데요." 남자와 그의 아내는 능력 있는 딸로 키우려면 능력 있는 모습을 보여주어야 한다고 믿었다. 자기들 실수를 딸에게 드러내지 않은 것이 실수하는 게 괜찮지 않다는 의미로 다가가리라고는 생각지도 못했다.

메리언 라이트 에덜먼Marian Wright Edelman●이 한 유명한 말을 나는 좋아한다. '우리는 우리가 보지 못한 것은 될 수 없다.' 선거에서 사회적 소수자를 리더로 지지할 때 사용하는 말이다. 같은 소수자 집단의 사람들이 멀리서 보고 영감을 받거나 가까이서 보고 배울 수 있기를 바라는 마음이 담겨 있다. 이 말은 우리의 좌절에도 똑같이 적용된다. 뭔가 망친 적이 있음을, 가던 길이 아니다 싶어 방향을 바꾼 적이 있음을 아무도 드러내지 않는다면 실수하고 헤매도 괜찮다는 것을 딸들이 어떻게 알겠는가? 주변 누구도 그런 모습을 보이거나 그에 관한 이야기를 하지 않는다면, 좌절을 뒤로하고 앞으로 나아가는 방법을 어떻게 배우겠는가?

많은 부모가 성공의 역할 모델들만 보여주려고 대단히 애쓴다. 성공에 이르기까지 부자연스럽게 직선으로 뻗은 길은 말

●  어린이 인권 운동가로서 미국에서 가장 유명한 아동보호단체인 아동보호기금(Children's Defense Fund) 설립자. 예일 법학 대학원에 진학해 흑인 여성으로서는 최초로 미시시피주에서 변호사 자격을 얻었다.

할 것도 없다. 그래서 우리도 모르는 사이에 딸들은 더욱 침묵하고 자기를 비난하기 쉽다. 안 그래도 그런 성향이 높은 여자아이들인데 말이다. 또한 그들이 이 세상과 자기 스스로의 요구를 감당하는 데 필요한 내면의 뼈대를 세울 기회도 뺏기는 셈이다. 평생에 걸쳐 딸은 계속해서 당신 얼굴을 보고 질문을 할 것이다. 이거 괜찮은가? 하지만 딸이 자라면서, 당신은 그 질문에 훨씬 많은 것으로 대답할 수 있다. 아주 생생한 당신 삶의 진짜 이야기로 말이다.

그런데 적절한 경계선은 꼭 필요하다. 딸이 오히려 부모 역할을 해야 할 것 같은 기분이 들도록 이야기를 해선 안 된다. 여자아이들은 불가사의할 정도로 이야기를 잘 들어주는 청자이며, 기꺼이 기댈 수 있는 어깨가 되어주고자 한다. 당신의 목표는 당신의 불완전한 면들을 솔직히 공유하는 것이지 딸에게 연약한 존재로 다가가는 것이 아니다. 딸이 당신의 솔직한 면을 목격하면서도 불편하거나 거부감을 느끼지 않게 하는 것이 중요하다. 부모가 여전히 부모로 느껴지는 그 유대의 안정감 속에서 딸은 자기가 혼자가 아니라는 것을 알 수 있을 것이다. 그건 힘든 순간을 보내는 딸에게 당신이 줄 수 있는 가장 중요한 선물 중 하나다.


## 나이가 몇이든 성질부리기는 성질부리기다

딸은 화가 났을 때 당신이 "내가 조언을 해줄까, 아니면 그냥 얘기를 해서 속을 풀고 싶어?" 하고 묻는 것을 진심으로 고마워한다. 딸에게 그 선택권을 주는 것이 당신에겐 재미없게 느껴질 수도 있겠지만, 딸은 당신이 자신을 이해하려 한다는 느낌이, 이해받는다는 기분이 들 수 있다. 그러나 이 질문을 하려면 실제로 귀 기울여 들을 준비가 되어 있어야 한다. 한 고등학교 여학생은 나에게 말했다. "엄마는 분명 듣고만 있겠다고 말해놓고, 조금 지나서 '그럴 때 어떻게 하면 되는지 조언해줄까?' 하세요." 나는 그 어머니가 무척 공감되기는 하지만, 계속 그런다면 딸은 어머니 말을 더는 진심으로 받아들이지 않을 것이다.

동요한 딸과의 대화는 선을 넘어 더는 대화가 아니게 되는 경우가 많다. 많은 부모들이 딸이 할 일이 너무 많은 나머지 스트레스로 무너져버리는 때가 많다고 토로한다. 그런 일은 밤에 자주 일어나고 특히 일요일 밤이 많으며, 과제나 일의 마감이 가까워졌을 때가 많다. 딸의 기분이 분노와 절망과 슬픔 사이를 왔다 갔다 한다. 딸은 이성적인 말이나 다정한 말에 반응하지 않는다. 당신이 무슨 말을 해도 그저 당신은 절대 이해 못 한다고만 한다. 무슨 말을 해도 위로의 효과가 없다.

유아의 투정을 너무 받아주면 안 되듯이 이때도 마찬가지다. 그런 태도인 딸과 말로 풀어보려고 노력하는 것은 암묵적으로 그 행동에 보상을 해주는 것이다. 화가 나면 이런 식으로 의사소통해도 괜찮다고 말하는 것과 다름없고, 네가 어떤 식으로 행동하건 무조건 지원해주겠다고 말하는 것이나 다름없다. 또한 타인이 이런 식으로 행동할 때 받아주어야 한다고 딸에게 가르치는 일과 같다. 사실 이럴 때 딸은 대개 수치심의 나락에 빠져 있다. 당신을 포함한 모든 이를 공격하는 방식으로 그것을 드러낼지라도 말이다(이와 정반대로 내면으로 침잠하는 경우도 있다). 이유가 무엇이든 이러한 상태에서 딸은 생산적으로 생각할 수도 없고, 마음을 추스르고 다시 동기를 품을 수도 없다.

나이가 몇이든 성질부리기는 성질부리기일 뿐 정당화될 수 없다. 이런 상황에서 가장 좋은 조언은 딸이 예의와 자기 절제 능력을 가지고 의사소통할 수 있을 때까지 자기만의 시간을 가지라고 하는 것이다.

딸에게는 고통스러운 일을 거의 혼자서, 그러나 필요할 때 지원해줄 당신을 가까이에 둔 채 해결해나가는 경험이 필요하다. 여전히 딸과 함께 살 때 이것을 할 수 있다면 운이 좋다고 생각하라(물론 늘 그게 운 좋은 일처럼 느껴지진 않겠지만). 대학생들을 대상으로 한 워크숍에서 나는 집에서 멀고 먼 곳에서 처음으로 혼자 커다란 어려움을 마주하는 젊은 여성들을 많이 만난다. 장담하건대 그런 경우가 딸과 부모 모두에게 훨씬 더 힘들다.

자녀가 고통스러워하는 것을 보고 마음 아프지 않은 부모는 없다. 특히 다 자라서 자기가 얼마나 아픈지를 가슴 저리도록 분명하게 말로 표현할 수 있는 딸의 부모라면 더욱 그럴 것이다. 그러나 부모로서 마주하기가 힘들더라도, 어느 나이건 자녀의 성장에는 아픔이 따르기 마련이다. 성인이 되고 한참 후에도 우리는 고통스럽고, 심지어는 마음이 부서지는 듯한 경험을 통해 삶의 가장 중요한 배움을 얻었음을 깨닫곤 한다. 그로 인해 더 현명하고 강하고 더 능력 있게 성장했음을 말이다. 배움을 얻는다고 해서 괴로워하는 자녀를 내버려두는 것이 공공연히 용인되는 경우는 없다는 점 역시 부모에게는 곤란한 부분이다. 그러나 한 가지 예외가 있는데, 바로 논란거리이기도 한 아기의 수면 훈련이다. 바로 아기가 '울 만큼 울다 그치도록' 내버려두는 방식. 이 방법을 지지하는 사람들에 따르면 아기가 울 때마다 부모가 즉시 달래주고 싶은 것을 참으면 아기들이 중간에 깨지 않고 밤새 잠을 자는 '기술'을 습득한다고 한다. 수면 훈련에서 부모들은 미리 아기를 잘 먹이고 기저귀도 깨끗한지 확인해야 한다. 아기가 자다가 우는 이유가 배가 고파서나 기저귀가 젖었기 때문이 아님을 확신할 수 있어야 하기 때문이다. 아기가 울면 부모는 아무것도 하지 않아야 한다. 결국에 아기는 포기하고 다시 잠들고, 머지않아 아침까지 깨지 않고 자는 습관이 생긴다.

이제 이 시나리오를 청년기 딸이 성질을 부릴 때에 적용해 상상해보라. 딸은 당신이 가르쳐줄 수 없는 새로운 기술을 배워야 한다. 여기에서 그 기술이란 스트레스를 받는 상황에서도 당신과의 소통에는 예의를 지킬 수 있을 만큼 자기 마음을 진정시키는 능력이다. 딸이 무언가를 스스로 터득하게 내버려두면서도 기본적인 욕구는 확실히 충족되도록 하려면 어떻게 해야 할까? 우선 딸에게 할 수 있는 말의 예시다. "네가 그렇게 힘이 들어서 속상해. 왜 그렇게 느끼는지 나도 정말 이해가 되고, 나도 그런 경험 해봤어(실제로 그런 경우에 이렇게 말하자). 네가 겪고 있는 게 어떤 건지 하나하나 다 이해할 수는 없지만 내가 너를 사랑하고, 어떤 식으로든 곁에 있을 거라는 건 알았으면 좋겠다. 그리고 ('하지만'이 아니라 '그리고') 네가 이런 상태일 때는 내가 너한테 도움 주기가 정말 어려워. 그러니까 나는 내 방에 잠시 가 있을 거다. 이따가 다시 보러 올게."

그리고 자리를 뜨라. 정말로 뜨라. 방문 앞에 서 있거나 하지 말고. 그리고 10분을 기다리라. 큰 숨을 쉬고 친구와 전화로 이 상황을 이야기해도 좋다. 블로그 포스트를 하나 읽고 와인 한 모금을 해도 좋다. 그다음에 돌아와 딸이 어떻게 하고 있는지를 보고, 다시 딸의 스트레스에 대한 당신의 공감을 표하라. 간식을 가져다주라.

## 비극적 해석을 멈추도록 돕는 대화

이야기를 나눌 수 있을 만큼 진정이 되면, 딸은 보통 그때부터 상황을 비극적으로 풀이한다. 일어날 수 있는 가장 나쁜 상황을 예상하는 것이다. "이 시험 낙제할 거야. 이 수업 B 받고 ○○ 대학에는 못 들어갈 거야. 내 인생 끝났어." 딸이 이렇게 하는 데는 몇 가지 이유가 있다. 우선은 또래들 사이에서 이런 표현 방식을 많이 쓰기 때문이다. 이러한 언어들을 주고받으며 좌절을 받아들이고 그것으로 유대감을 쌓는다. 둘째, 어떤 일이 얼마나 끔찍한지를 과장하면 실제로 일어나는 일에서 거리를 두기가 쉬워진다. "너무 실망했고 불안하고 무섭고, 내일 수업 시작하기 전에 자료 20쪽 읽을 방법을 찾아야 해"라는 말 대신에 "난 대학 못 들어갈 거야"라고 말하는 것이다. 전자는 확실한 대책을 짚어야 하는 말이지만 후자는 지금 당장 손쓸 수 없는 훗날로 시선을 돌릴 수 있는 말이다.

'내 인생이 끝났다'는 생각의 밑바탕에 숨어 있는 것 또 하나는 이런 일이 나한테 일어날 수는 없다는 믿음이다. 나는 마땅히 더 나은 것을 얻을 자격이 있고 더 잘할 수 있어야 한다는 믿음 말이다. 많은 것을 성취하는 여자아이들은 자기가 충분히 열심히 하기만 하면 원하는 것을 얻을 수 있어야 한다고 믿는 경우가 많다. 놀라운 일은 아니다. 바로 부모와 교사들에게서 반복해서 들은 이야기이기도 할 테니까. 딸에게 자기 잠재력을 믿도록 격려하는 것은 중요하지만, 그 과정에서 자신에 대한 잘못된 기대를 심어주는 수도 있다. 잘할 줄로만 알았던 일을 잘하지 못할 때 우리는 더 큰 절망감을 느끼게 된다.

셰릴 스트레이드Cheryl Strayed는 자신의 유명한 조언 칼럼 '디어 슈거Dear Sugar'에서 불안에 사로잡혀 꼼짝 못하는 기분을 느끼는 20대의 한 우울한 작가에게 조언한 적이 있다. 그 여성 작가는 이런 질문을 보내왔다. '저는 왜 글을 쓸 수가 없을까요? 그리고 제가 쓴 글에 아무도 관심을 안 가지면 어떡하죠?' 격려의 이야기를 하는 대신 셰릴 스트레이드는 이렇게 지적했다. '당신은 당신을 아주 미워하고 있어요. 그러면서도 자기가 얼마나 중요한 사람인지 과장된 생각에 사로잡혀 있죠. 자신을 너무 높게 띄우고 동시에 너무 낮게 떨어뜨려요. 두 위치 다 우리가 뭔가를 해낼 수 있는 위치가 아니에요. 우리가 뭔가를 해낼 수 있는 높이는 1층 높이예요."

상황을 실제보다 훨씬 나쁘게 받아들이는 딸에게도 같은 관점으로 접근할 수 있다. 나올 수 있는 최악의 결과를 상상하면서 너무 낮게 내려가고, 자신에게서 완벽함을 기대하면서 너무 높게 올라가고 있으니 말이다. 딸이 1층 높이로 올 수 있도록 돕자. 딸에게 대응할 때 마음을 응시하려 노력해보라. 딸의 감정과 생각을 평가하지 않고 관찰해보는 것이다. 마음을 응시할 수 있는 두 가지 방법의 대화를 당신이 주도할 수도 있다.

첫 번째는 "지금 어떤 일이 일어나고 있니?"라는 질문으로 시작하는 대화다. 딸이 "내 인생은 끝났어"라고 답한다면 그 안에 담긴 감정에 초점을 맞추어보자. 예를 들어 이런 대답을 할 수도 있겠다. "지금 네가 많이 버겁고 불안한 거 알겠어. 그래서 나도 마음이 아파." 딸의 말을 다른 말로 바꾸어 해볼 수도 있다. "대학 입학이 진짜 많이 걱정된다는 거구나." 또 딸에게 공감을 표할 수도 있다. "왜 그렇게 속상한지 정말 이해가 돼." 이 대화의 초점은 반드시 딸이 과장된 판단에서 한 발짝 물러서도록 돕는 것이어야 한다. 노골적으로 그렇게 말하지는 않으면서 말이다. 현재에 관해서만 이야기하라. 즉, 앞으로 다 괜찮을 거라는 식으로 예측하고 앞을 내다보거나 과거를 돌아보지 말라(그래, 좀 더 열심히 공부했으면 좋았을 텐데 말이야, 하는 식으로). 딸의 감정에 반문하지 말라(이 일이 왜 그렇게까지 속상한데?). 또는 감정을 분석하지 말라(넌 항상 이런 반응이더라). 딸이 지금 하고 있는 생각에서 벗어나게 하려고 근거를 들지 말라(네 평균 성적을 좀 봐. 당연히 대학 들어갈 수 있지!). 딸이 느끼는 감정을 부인하거나 별일 아닌 것으로 축소하지 말라.

그저 격한 태도를 일으키는 감정과 생각이 무엇인지 이름을 붙이라. 그러면 당신은 과장하지 않고 (또는 부인하지 않고) 있는 그대로의 감정과 생각을 받아들이는 법을 딸에게 가르치는 것이다.

두 번째 방법은 더 날카로운 질문을 해볼 수 있는 대화다. 바로 '이 상황이 의미하는 바가 무엇인지' 이야기하는 것이다. 딸이 일어난 일을 과장 없이 합리적으로 해석할 수 있도록 도울 수 있는 방식이다. 예를 들면 다음과 같은 말을 할 수 있다. "그래, 이번 시험 점수가 네 최종 성적에 영향을 미칠 거고, 왜 걱정하는지 알겠어. 그래, 이 점수 때문에 그 학교에 입학하는 게 더 어려워질 수도 있지. 그런데 그렇다 해도 너는 좋은 학교에 들어갈 수 있어. 그 학교는 아닐 수도 있겠지만." 딸이 일을 지나친 비극으로 해석할 때, 어떤 경우에도 동조하거나 암묵적으로 동의함으로써 그런 행동을 계속하게 만들지 말라. 뒤틀린 해석 대신 있는 그대로의 진실을 마주하도록 도와라. 딸의 발이 1층에 머무르도록 도와라.

늘 그렇듯 고맙다는 반응은 기대하지 않는 게 좋다. 딸은 당신이 '이해를 못 한다'며 화를 낼 수도 있지만 그래도 괜찮다. 이 대화의 목적은, 스트레스는 보편적이며 꽤나 지속적인 것이지만 우리가 어떻게 대처하느냐에 따라 많은 것이 달라질 수 있음을, 야심과 열정의 영역이 넓어지는 만큼 좌절도 따라오는 것임을 딸이 알게 하려는 것이다. 또한 실패를 해석하는 방법역시 중요함을 알게 하자. 실패를 0 아니면 100의 시각으로 받아들인다면, 나쁜 성적이 곧 '내 인생의 끝'이라고 여긴다면, 마음이 두려움과 수치심으로 범벅이 되어 게임을 계속 해나갈 능력이 줄어든다는 것을 말이다. 이런 대화를 통해 당신은 딸이 자기 삶에 일어난 일들의 의미를 좀 더 건강한 방식으로 받아들이도록 이끌 수 있다. 바라건대 딸은 결국에는, 언젠가는 당신을 모방할 것이다. 걸음마를 배우던 아기 시절 그랬던 것처럼 말이다.

## 다 딸의 책임은 아니라는 것을 알게 하라

인종차별, 성차별, 성소수자 차별이 여전히 만연한 문화 속에서 어떤 부분이 자신들 손에 달려 있고, 어떤 부분이 그렇지 않은지를 아는 일은 여자아이들에게 중요하다. 좌절 앞에서도 건강하게 회복하기 위한 핵심 요소다.

이 부분에 관해서는 아프리카계 미국인 부모들의 교육법에서 배울 점이 있다. 여러 세대 동안 흑인 자녀들은 부모에게서 인종차별을 날카롭게 인식하는 능력을, 선입견과 차별을 마주하는 방법의 틀을 배우며 자랐다. 우리 사회에서 어른이 되어가면서 거의 예외 없이 마주하게 될 영혼의 독소들에 대응할 수 있는 예방주사를 맞은 것과 같다. 타-너하시 코츠Ta-Nehisi Coates는 《세상과 나 사이: 흑인 아버지가 아들에게 보내는 편지》*에서 자기 아들에게 이렇게 썼다. '나는 네가 너 혼자만의 꿈속으로 빠져들어 가도록 하지 않겠다. 나는 네가 이 끔찍하고도 아름다운 세상에서 의식 있는 시민이 되게 하겠다.'

흑인 부모들은 자녀가 어릴 때부터 인종차별과 성차별을 비판적으로 바라보는 법을 교육시키고, 잔인한 고정관념과 모욕에 대처할 수 있게 가르친다. 너희가 동등하지 않은 대우를 받는 것은 너희 잘못이 아니며, 너희는 그 누구보다 낮은 존재가 아니라고 가르친다. 너희는 소중한 존재들인데 너희가 자라는 세상이 문제 있고 불공평한 것뿐이라고 말이다.

　　이러한 자녀 교육법은 아프리카계 미국인 여자아이들이 또래들과 뚜렷하게 대조적인 태도를 보이는 이유 중 하나다. 청년기 여성은 자존감이 낮아진다고 알려져 있지만 그 정도가 가장 덜한 것이 흑인 딸들이다. 백인 여자아이들보다 흑인 여자아이들이 자존감이 더 높다는 연구 결과가 계속 나온다. 흑인 여자아이들은 모든 청소년 리더 집단을 통틀어 가장 야심이 크고, 이 경향은 성인이 되어서도 이어진다.

　　샬럿 제이콥스Charlotte Jacobs 박사는 연구 결과, 흑인 부모들이 인종차별에 관한 경각심을 심어주는 것뿐 아니라 딸들에게 흑인 여성으로서의 자존감과 자신감을 높여주어서 딸들을 보호한다고 했다. 연구에 참가한 러네이는 백인 학생이 대다수인 고등학교에 다니는 12학년 흑인 여학생으로, 어머니가 자주 '네 신념대로 행동해라. 너답게 살라'고 말했다고 했다. 러네이는 일부 또래들에게서 들어야 했던 비난을 이야기하고 나서 이렇게 덧붙였다. "있는 그대로의 저로도 괜찮아요. 날 지지해주는 사람들이 있고 친구들이 있고. 모두가 날 마음에 들어 하지 않아도 뭐 괜찮아요. 이게 그냥…… 이게 그냥 나니까."

　　모든 것이 바로잡힐 순 없고 (적어도 지금 당장은) 우리 사회에 그들의 포부로도 어찌할 수 없는 부분이 있음을 인식하게 하는 것은 딸을 자유롭게 하는 일일 수 있다. 오하이오에 있는 한 학교에서 워크숍을 한 뒤, 나는 학생들이 내 워크숍에서 얻은 가장 큰 배움으로 꼽은 것이 무엇인지를 교감에게서 전해 듣고 감동을 받았다. 전화를 걸어 교감은 말했다. "대학에 들어가기 위해 온갖 지독한 스트레스와 광기를 겪어야 하는 게 너희 잘못은 아니라고 학생들한테 얘기하셨잖아요. 그리고 그에 대응하기 위해서 자신을 고치려 할 필요 없다고요. 학생들한테 그 이야기가 정말 큰 의미였다고 해요. 그 얘기를 듣고 애들이 마음이 얼마나 가벼워졌는지가 저한테도 보였어요."

## 부모 스스로를 규제하라

《기회의 시대》에서 심리학자 로런스 스타인버그Laurence Stein-berg는 청년기의 중심 과제가 목표를 이루기 위해서 '자기 규제', 또는 충동을 통제하는 법을 배우는 것이라고 주장했다. 교내 심리상담사인 마리사 라듀카 크랜들 박사는 청년기 자녀를 키우는 부모들도 같은 기술이 반드시 필요하다고 했다. 그는 딸이 마주하는 어려움들에 하나하나 겉으로 반응하지 않는 법을 배우는 것이 '가장 어려운 일'이라며 다음과 같이 말했다. "부모도 아주 많이 불안을 느끼죠. 자기가 한 일, 안 한 일, 자식이 하길 바라는 일, 안 하길 바라는 일, 자식이 뭐 하나를 잘못하면 생길 수 있는 많은 일들 따위를 잔뜩 걱정하죠. 비극적 상상이 뻗어나가서 자식이 나중에 강가에 승합차를 대어두고 살아갈 장면을 떠올리기도 하고요."

불안은 가족끼리 전염될 수 있다. 특별한 불안 문제를 겪지 않는 어머니에게 아기와 함께 있을 때 낯선 사람이 나타나면 차분하게 행동하기와 걱정하기, 이 두 가지 반응을 훈련시켰다. 어머니가 불안해하는 것을 본 뒤 아기는 낯선 사람을 두려워하고 기피하는 행동을 보였다. 아이들과 어른들이 불안을 겪는 이유는 아주 많다. 유전, 타고난 기질, 정신적 충격 등등. 그러나 본보기가 큰 영향을 미치는 것 역시 사실이다.

린 라이언스Lynn Lyons는《불안한 자녀, 불안한 부모》에서 걱정을 싹 지우는 건 목표가 아니라고 말했다. 목표는 '가족이 두려움에 지배되지 않는 것'이라고 말이다. 그의 책에 따르면 확실성과 편안함을 바라는 마음이 불안이다. 문제는 불안이 '그 확실성과 편안함을 즉시, 그리고 계속 요구하기 때문에' 우리는 어떻게 될지 알 수 없는 부분을 어떻게 해서든 없애고 싶어진다는 점이다.

자녀를 키우는 일이란 예측 불가능한 변화가 끝없이 이어지는 긴 여정이다. 자연히 그 여정의 모든 모퉁이에서 부모는 불확실한 것을 묻게 된다. 이 아이는 어떤 사람이 될까? 아이가 우유를 엎지르려는 모습이나 식탁 위에 숙제를 놓고 가는 것을 상상해보자. 우린 그걸 보고 생각한다. 저 행동이 내 아이에게 어떤 의미일까? 우유 컵을 붙잡아주고 숙제를 가져다주는 것으로 불안을 쉽게 달랠 수도 있다. 아이들이 어릴 때는 그러고 싶은 우리의 충동에 따르기가 쉽다.

그런데 다음번에도 숙제가 식탁 위에 있고 그다음에도 또 그러면, 그러다 학교 선생님한테 이메일까지 받고 나면 좀 더 두려움을 자극하는 질문들이 솟아오른다. 보편적인 질문들이다. 이 일이 내 아이의 성격, 잠재력, 미래에 관해 무엇을 말해주는가?

그리고 그 질문들은 아이들이 자란 후 바뀐다. 딸이 집안에서 처음 대학에 입학했다면 학업에서 어려움을 겪을 때 이런 생각이 든다. 아이가 대학을 무사히 다니지 못하면 어떡하지? 그리고는 또 이런 생각이 든다. 이건 얘가 앞으로 성공한 삶을 살 가능성이 흔들린다는 의미일까? 딸이 새로운 도시에서 새 친구 사귀기를 어려워할 때는 이런 걱정을 할지 모른다. 이건 딸이 사람 사귀는 방법에 문제가 있다는 뜻은 아닐까? '만약에'로 시작되는 질문들이 금세 뒤를 따른다. 만약에 사람들이 딸을 안 좋아하면 어떡하지? '나는 왜'로 시작되는 자책들도 따라온다. 나는 왜 어릴 때 친구들과 노는 기회를 더 안 만들어주었을까? 그때 여름 캠프에 억지로라도 보내야 했나?

부모들의 걱정 관리 워크숍에서, 나는 부모들에게 자기 딸에 관한 보편적인 두려움을 들려달라고 했다. 그 걱정들은 컸고 슬펐다. '만약 내 딸이……?'라는 문장을 부모들은 다음과 같이 완성했다.

…… 열정을 품은 분야에서 성공을 못 하면 어쩌나?
…… 두렵고 자신이 없어서 시도하지 않는 삶을 살면 어쩌나?

351

…… 학업에서 기대치보다 낮은 성적을 내면 어쩌나?

…… 스트레스를 감당 못 해 스스로 결정하기를 어려워하면 어쩌나?

…… 난관을 만나면 낙담하는 성향 때문에 자꾸 하는 일을 그만두면 어쩌나?

…… 정말로 다른 여자아이들이 볼 때 짜증 나는 아이면 어쩌나?

많은 부모들이 이런 질문들을 발판 삼아 또 다른 단계의 질문으로 뛰어오른다. 그 자기비판적이면서도 번뇌에 찬 질문은 바로, '이건 내가 어떤 부모라는 뜻일까?' 하는 것이다. 그 걱정을 '만약 내가……'라고 시작하는 문장으로 적어달라는 부탁에 부모들은 다음과 같이 썼다.

…… 인내심이 없어서 아이에게 도움이 안 되고 걱정이 너무 많은 부모면 어쩌지?

…… 아이의 의존심을 너무 키우고, 아이에게 실패를 허락하지 않는 부모면 어쩌지?

…… 아이의 기분을 나아지게 만들지 못하는 부모면 어쩌지?

…… 너무 엄하고 지독해서, 미래에 순종적인 여자가 되게 하는 부모면 어쩌지?

…… 부정적인 행동을 하게끔 영향을 주는 부모면 어쩌지?

…… 옳은 답을 모르는 부모면 어쩌지?

352

‥‥‥ 자존감이 너무 낮은 부모면 어쩌지?

‥‥‥ 잔소리를 너무 하는 부모면 어쩌지?

부모가 힘들 만도 하다. 채워지지 않으면 견딜 수 없이 불편한 확실성의 강한 욕구가 미지로 뻗어가는 생각들로 채워진다.

　부모는 이런 불확실성을 어떻게 진압할까? 첫째, 딸의 문제를 대신 해결해준다(걱정되는 일을 고치고 없애주고 숙제를 학교로 가져다준다). 둘째, 화를 낸다(자신의 불안을 딸에게 화내는 것으로 표현한다). 셋째, 내면으로 침잠한다(조용히 자신의 불안을 부인하거나 수치스럽게 느낀다). 우리가 이렇게 하는 것은(나는 이 세 가지를 다 해보았다) 우리가 밧줄 끝에 매달려 있기 때문이거나, 우리 딸을 보호하고 싶기 때문이거나, 우리 자신을 진정시키기 위해서다.

　이렇게 하여 우리는 아이들에 대해 불신임 결의를 하는 셈이다. '그렇게 해서 우리는 지금이 아니라 앞으로 일어날 수도 있는 일과 과거에 일어났어야 하는 일에 마음을 빼앗긴다'고 셰팔리 차바리Shefali Tsabary 박사가 《아이만큼 자라는 부모》*에 썼다. 또한 '우리는 아이들의 자연스러운 존재 방식을 외면하고 대신 우리의 조건, 가치관, 두려움 들을 아이들에게 내세운다.' 우리는 아이들에게 네가 스스로 해낼 수 있다고 믿지 않는다는, 네가 너에 대해 품은 두려움이 옳다는 메시지를 보낸다.

　앞으로 다시 이런 두려움에 사로잡히면 스스로에게 다음과 같은 세 가지 질문을 해보라.

○ 딸이 이 기술을 갖는 것이 (또는 특정 수준으로 갖는 것이) 지금 당장 얼마나 중요한가?

○ 이 기술을 당장 갖지 못하면 딸이 발전하고 잘 살 수 있는 전반적인 가능성에 지장이 있는가?

○ 딸이 이 기술을 이 정도로 능숙하게 하게 되는 것이 '나'한테는 왜 중요한가?

내 경우 이 질문들에 답하면 마음이 안정된다. 두려워서 떠오르는 부풀려진 생각과 실제 사실을 구분하는 데 도움이 되고 나 자신과 내 딸을 분리하게 된다. 이 질문에 답을 하려면 어쩔 수 없이 잠시 멈추어서 내가 딸에게 바라는 성공이 어떤 것인지, 발전하고 잘 산다는 게 어떤 것인지 생각해보게 된다. 또한 내 딸이 과연 나와 똑같은 것을 원하고 필요로 하는지도 생각해보게 된다.

이 질문들이 나를 자리에 앉히고는 내 눈을 들여다보며 이렇게 말하는 것 같다. '이게 너하고 딸이 속상해할 가치가 있는 일이야? 전체적인 시각에서 볼 때 이게 중요한 일이야?' 여기서 핵심은 포기해버리거나 부모 역할을 멈추는 것이 아니다. 한 걸음 물러나서 경계하는 시각으로 자신을 돌이켜보는 것이다. 부모인 우리의 불안은 심지어 가장 무관심해 보이는 10대 자녀에게도 강한 인상을 준다는 것을 기억하면서 말이다. 셰팔리 차바리는 이렇게 썼다. '두려움으로 인해 부모로서 우리가 목표로 하는 것과 정반대의 결과를 얻게 된다.' 부모로서 당신은 계획에 차질이 생기거나 연기된 일이 저절로 해결되거나 생각보다 훨씬 쉽게 풀리는 경험을 수도 없이 했을 것이다. 지금 역시 그런 때인지 자문해보라.


## 불확실성을 편안하게 받아들이는 법을 가르치라

당신과 딸 모두가 정답을 모를 때, 모르는 것도 자연스러운 일로 받아들이는 본보기를 보여라. 꼭 불확실성에서 벗어나야 한다고 생각하기보다는 설사 좀 불편하더라도 불확실성을 삶의 평범한 일부로 바라보는 법을 딸에게 알려주어야 한다.

그 방법 하나는, 확실하지 않으면 장담하지 않도록 노력하는 것이다. 다시 말해 딸의 바람대로 될 것이라는 게 100퍼센트 확실하지 않은 한 딸에게 그렇게 될 거라고 말하지 말라는 뜻이다. 물론 장담하는 잠깐은 딸의 마음이 안정될 수 있겠지만, 그때 딸은 두 가지 중요한 삶의 기술을 연마할 기회를 잃게 된다. 첫째는 자기 삶이 어떻게 펼쳐질지를 다 통제할 순 없음을 받아들이는 기술, 둘째는 당장 정답을 알 수 없는 일이 있음을 받아들이는 기술이다. 딸은, "나는 모르겠어"라고 말하고는 그 모름을 평화롭게 받아들인 당신의 모습을 목격할 필요가 있다.

삶이 앞으로도 늘 지금과 같을 것이라 믿는 딸을 부모로서 대처하기란 참 어렵다. 앞으로 일어날 일은 당신도 알 수 없지만, 삶이 변하기 마련이라는 것은 딸에게 말해줄 수 있다. 불확실성을 받아들이는 부모가 된다는 건 지금 이 순간도 지나가리라는 것을 기억하는 것이다. 당신과 딸 모두에게서 말이다. 딸은 순간이 지나가지 않는다고 느낄 때가 많을 것이다.

부모 역할을 하다가 불안에 조이는 느낌이 들 때 이렇게 자문해보라고 나는 부모들에게 조언한다. '만일 내가 두렵지 않았다면 부모 역할을 어떻게 했을까?' 다시 말하면 무슨 일이 일어나건 결국에는 딸이 아무 탈 없이 잘 자랄 것을 미리 안다면, 그래서 두려워할 이유가 하나도 없었다면 나는 이 순간 부모로서 어떤 말을 하고 어떤 행동을 했을까?

부모들 거의 대부분은 그렇게 상상하자마자 부모로서의 전략이 바뀐다. 오래된 걱정과 미래에 관한 파괴적인 생각들을 치워버리고 열린 마음과 낙관주의를 품을 여유가 생긴다. 자기 두려움에 납치되는 것이 아니라 딸과 함께 지금 이 순간에 머무를 수 있게 된다.

불확실성이 두려울 때는 당신 마음을 안정시키는 삶의 의례들을 계속해나가라. 통제할 수 있는 부분은 통제하라. 딸이 좋아하는 식사를 준비해보라(그리고 함께 식사하는 동안에는 어떤 스트레스 받는 이야기도 하지 말라). 무언가 재미있는 일을 함께해보라. 딸에게 필요하다면 정신 건강을 위한 날을 하루 선사하라.


## 내게 있었으면 하는 딸이 아닌
## 실제 내 딸의 부모가 되라

자녀보다 더 큰 야심을 품은 부모들도 있다. 자기 딸을 우등생 프로그램에 받아주지 않겠다는 대학의 결정에 항의하고, 자기 딸이 불공정한 대우를 받았다고 목소리를 높인다. 그런데 부모가 자기 딸의 대단함을 세상이 충분히 알아주지 않는다며 따진다고 해서 딸이 더 존중받거나 사랑받는 기분을 느끼는 것은 아니다. 오히려 딸은 자기 그대로는 부모에게 부족한지도 모른다고 생각할 수 있다. 또 지금 보다 더 많은 걸 할 수 있는 아이가 되어야 한다고 생각할 수도 있다. 이것은 부모가 자녀를 비난하는 간접적인 방법, 즉 딸을 비난하는 대신에 딸을 둘러싼 주변 모든 사람들을 비난하는 것이 될 수 있다.

그 결과 자녀는 자기가 최고가 되어야만 부모가 자랑스러워할 거라고 믿게 된다고, 수니야 루서와 배리 스워츠는 썼다. 또한 '자녀는 자기가 성취하지 못하는 일이 하나라도 있으면 부모가 자기를 받아들이고 존중하는 데 심각한 지장이 생긴다고 느끼게 된다.'

딸을 언제, 어떻게 비판해야 할지 정하는 것은 과학기술로 하는 일이 아니다. 또 부모로서 당신이 가진 권리이기도 하다. 그렇기는 하나 성취지향적인 청소년들을 대상으로 10년 넘게 이루어진 한 연구에 따르면, 실패한 일을 두고 부모의 비판을 지속해서 들은 아이들에게서는 우울이나 불안, 약물 오남용, 비행(범죄) 같은 문제가 나타났다. 수니야 루서에 따르면 부모가 친절이나 타인을 존중하는 마음과 같은 내 성격 특징보다 내가 이룬 성공을 훨씬 더 가치 있게 생각한다고 믿는 자녀들의 경우, 그러한 문제들이 더 심각하게 나타난다.

에밀리의 어머니는 에밀리의 학교생활에서 작은 부분까지

도 다 관여했다. 주기적으로 딸의 책가방을 열어 정리 안 된 종잇장들을 정리했다. 10학년이 시작될 때, 에밀리 어머니는 에밀리가 지나가는 말로 관심 있게 언급했을 뿐인 웨스트포인트 학교에 입학하기 위해 에밀리가 해야 하는 모든 노력이 담긴 2년 계획을 세웠다. 두 사람은 에밀리의 공부 방식을 놓고 자주 다투었고, 에밀리는 매서운 북동부의 겨울을 보내는 동안 우울증으로 힘들었다. 에밀리는 화가 날 때면 휴대용 칼로 발포 고무 의자를 베었다.

엄마와 싸우는 것이 힘드냐는 내 물음에 에밀리가 했던 대답에 많은 것이 담겨 있었다. "저는 (그 모든 공부를) 다 엄마를 위해서 하거나, 학교를 위해서 하거나, 뭐 그런 것 같아요. 한 번도 내가 하고 싶으니까 이걸 해야 해, 그랬던 적이 없어요. 저도 성취감을 느끼면서 뭔가를 하고 싶어요. 그런데 전 지금 오로지 엄마 야단을 피하기 위해 모든 걸 해요."

엄마와 말다툼에 끝이 없자 에밀리는 있는 그대로의 자신을 엄마가 보지 않는다고 느꼈다. "내가 날 생각하는 것보다 엄마가 내 인생을 훨씬 더 심각한 태도로 생각했어요. 초라한 기분이었어요. 모멸감 같은 게 들고, 꼭 내가 충분히 심각하지 않아서 진짜 세상을 (삶이 어떤 건지를) 이해 못 하는 것처럼요. 내가 너무 아이처럼 느껴졌어요."

부모로서 자녀에 대한 기대를 조정하는 것은 조율attune-ment 작업, 또는 자녀가 보내는 신호를 주의 깊게 듣고 그에 반응하는 작업이다. 조율을 통해 자녀는 자기만의 고유한 욕구를 부모가 알아채고 응답한다고 느낄 수 있다. 딸이 당신과 맺는 관계에서, 그리고 앞으로 살아가며 모든 타인과 맺는 관계에서 신뢰와 공감, 이해를 쌓는 바탕이 되는 것이 건강한 애착인데, 조율이 멈추거나 더는 신뢰할 수 없게 되면 애착 역시 지속되지 않는다. 그러니 당신이 특정 조건에서만 조율을 한다면, 자녀는 점점 더 불안해진다. 자녀가 행동을 바꿀 수도 있지만 그건 오로지 당신과의 그 유대를 다시 얻기 위해서다.

아주 경쟁적이고 성취지향적인 환경에 놓인 딸이 있다면 부모가 조율을 하기란 쉽지 않다. 하교해서 집에 온 딸이 입학 지원서를 보강하기 위해 AP 수업이나 리더십 경험이 더 필요하다고 말한다. 하나쯤 더 한다고 큰 무리가 되진 않을 거라고, 자기는 할 수 있다고 말이다. 그러면 부모는 할 일을 더 늘리는 것이 아니라 휴식할 틈을 늘려야 한다는 판단이 들어도 그냥 '네 뜻대로 해'라고 해버리기 쉽다.

그것은 계속 찾아오는 딜레마다. 부모로서 당신은 딸이 충분히 휴식하는 것도 바라지만, 또래들에게 뒤처지지 않기도 바라기 때문이다. 딸이 느끼는 압박은 스스로가 자초한 것이라고 말하는 부모도 있다. 내가 그렇게까지 열심히 하라고 압박하지 않는데, 아이 스스로 그렇게 하는 거라고 말이다. 그러나 러네이 스펜서Renée Spencer와 동료들의 2016년 연구에 따르면, 바로 그렇게 주장하는 부모들 중 다수가 자녀를 성공시키려면 부모로서 '최선'을 다해야 한다고 스스로를 압박하고 있음을 인정했다.

이 같은 혼란 속에서 딸들을 잘 지원하는 방법이라는 주제로, 나는 미국 곳곳 다양한 지역사회의 부모들을 만나 많은 대화를 나눈다. 부모들이 하는 질문 중에서 내가 가장 대답하기 어려운 종류 중 하나는 이것이다. "아이가 이렇게 심한 압박 속에서 사는 걸 보기가 힘듭니다. 그게 참 싫어요. 제가 어떻게 해야 할지 모르겠어요. 아이가 이 환경에서도 잘해나갈 수 있도록 제가 어떻게 도울 수 있을까요?"

이 질문에 나는 늘 곧바로 대답하지 못한다. 딸이 그렇게 고생하는 데 부모의 책임은 없다고, 우리 문화와 시스템과 학교가 문제라고 내가 말해주기를 바라고 한 질문이라는 느낌이 든다. 그 마음을 나는 이해한다. 자식이 삶에서 가장 좋은 기회들을 얻기를 바라지 않는 부모가 어디 있겠는가? 부모로서 그것을 바라는 것에 왜 죄책감을 느껴야 하겠는가?

가족이 하는 결정에는 그 가족이 우선으로 여기는 가치가 무엇인지가 반영되어 있다. 어떤 부부가 앞으로 살아갈 지역으로 특정한 교외나 도시를 선택했다면 그 선택에는 자신들의 직업적 성공에 대한 계획이 반영된 경우가 많은 것처럼, 어떤 부모가 딸을 특정 명문 학교에 입학시키는 선택을 했다면 딸에게 특정한 경쟁력을 얻게 하려는 욕구가 있었을 수 있다.

하지만 그래서 부모가 아무것도 할 수 없는 것은 아니다. 지나친 성취 중심 환경의 가장 해로운 요소들로부터 자녀를 보호할 수 있는 방법들은 있다. 부모는 자기가 중요시하는 가치를 자녀에게 간접적으로 드러내는 경우가 많은데, 그래서 심리학자들은 부모들 스스로 내리는 평가와는 별개로 자녀의 눈에 비친 부모의 가치관을 연구했다. 예를 들면 말로는 남들에게 친절을 베푸는 게 무엇보다 중요하다고 하면서, 행동으로는 높은 성취와 지위에 초점을 맞추고 있는 아버지가 있을 수 있다. 그럴 때 자녀는 아버지가 실제로 더 중요하게 여기는 가치를 알아챈다고 연구자들은 말한다.

2017년, 루시아 시시올라와 동료들은 주로 백인으로 이루어진 상위 중산층 중학생 500명 이상을 대상으로 그 아이들이 부모의 가치관을 어떻게 인식하는가와 관련된 연구를 발표했다. 부모가 성취를 '덜' 중요시한다고 판단한 아이들이 지속적으로 더 건강하다는 결과가 나왔다. 반면 부모가 남을 친절하게 대하는 일보다 성공을 더 중요하게 여긴다고 감지한 아이들은 할 일을 해내는 능력이 줄어들었다. 이 아이들은 품행 문제에서부터 학습의 어려움, 낮은 자존감, 비행, 공격성, 불안에 이르기까지 여러 문제를 겪었다. 가장 좋은 결과가 나온 아이들은 어떤 아이들이었을까? 부모가 친절함과 성공을 똑같이 중요하게 여긴다고 인식하거나, 친절함을 가장 중요한 가치로 여긴다고 인식한 아이들이었다.

성취를 중요시하는 것 자체는 문제가 아니다. 문제는 부모가 성취를 중요시하면서 아이를 강도 높게 비판할 때, 그리고 친절함이나 함께하는 마음보다 성취를 훨씬 더 중요시할 때다. 실제로 이 연구의 결과를 보면 성취를 가장 중요하게 여기는 부모 중 다수가 자녀를 자주, 때로는 심하게 비난하는 부모였다. 그런 부모를 둔 딸들은 불안과 우울을 겪었다.

성취를 덜 중요시하는 부모의 자녀들이 학업에서 뒤처지지 않았다는 점이 흥미롭다. 오히려 그 반대였다. 부모가 성취를 덜 중요시하는 경우 자녀의 성적과 교사 평가가 좋았다. 심지어 부모 중 한 명이 성취를 '다른 무엇보다 훨씬' 중요시하는 경우의 자녀들보다도 나은 결과였다.

## 너 그대로 충분하다

〈뉴욕타임스〉 칼럼니스트 프랭크 브루니Frank Bruni가 쓴 대학 입시 열병에 관한 책 제목은 《네가 가는 대학이 네가 무엇이 될지 말해주진 않는다》이다. 여기에 나는 이렇게 덧붙이고 싶다. 딸이 어떤 대학을 가는지, 또는 못 가는지가 당신이 어떤 부모인지를 말해주지는 않는다. 딸의 성공이나 실패가 딸의 가치나 잠재력의 척도가 아니라 믿는다면 부모인 자신도 같은 식으로 보아야 한다.

대학 입학 때문에 불안을 겪는 딸들을 돕기 위한 부모 워크숍에서 나는 어머니와 아버지 들을 두 명씩 짝지은 다음 이 책 1장에서 설명한 '나는 ……를 사랑해' 연습을 하게 한다. 끊지 않고 한 번에 60초씩, 부모들은 자신이 사랑하는 딸의 면모들을 잔뜩 이야기했다. "그 애의 유머 감각이 좋아요. 딸이 집 안을 돌아다닐 때 혼자 노래를 흥얼거리는 게 좋아요. 딸이 할머니를 대하는 방식이 좋아요." 그리고 나서 나는 부모들에게 방금 말한 면모들 중에 대학에 가는 데 도움이 되는 것이 몇 개나 있느냐고 물었다. 부모들은 0개라고 답했다.

딸이 지금의 딸로 자라기까지는 당신의 여러 가치관이 큰 역할을 했다. 당신이 딸에게 준 것들을 믿어보라. 이미 좋은 것들을 주었음을 말이다. 우리가 다른 부모들과 경쟁하고 자신을 비교하는 이유 중 하나는, 우리 가족이 추구하는 가치에 의문이 생겼거나, 그것이 무엇인지 희미해졌기 때문이다. 그 나침반과 연결이 끊어졌을 때 우리는 방향과 밸러스트를 잃는다. 매일같이 최신 평균 점수와 시험 성적의 맹렬한 공격을 마주하다 보면 무엇이 중요한지 잊어버리기 쉽다. 내가 부족한 게 아닌가 의심하다 보면 자신도 모르게 딸에게도 똑같은 의심의 눈초리를 보내게 된다. 그러나 딸은 당신에게서, 어떤 성취를 이루었는가와 관계없이 바로 지금의 너로, 너 그대로 충분하다는 말을 들을 필요가 있다. 딸이 있는 그대로 충분한 존재라는 것을 당신만큼 잘 알 수 있는 사람은 없다.

# 10

# 졸업반의 좌절,
# 대학 이후의 삶

더는 새 학교나 새 학년으로
올라가지 않을 땐
날 행복하게 하는 게 뭔지,
내가 어디서 성장하고 싶은지,
내가 어떤 사람이 되고 싶은지를
어떻게 알까요?
—— 페이스(25세)

대학을 졸업하는 날, 딸은 대학 보내기 공장의 규칙과는 완전히 반대인 규칙들을 만난다. 그때까지는 성공한 삶을 위해 따를 수 있는 뚜렷한 길이 있었다. 어떤 수업을 들으면, 어떤 봉사활동을 하면, 어떤 논문을 쓰면, 어떤 인턴십에 지원하면 이력서는 좋아 보이고 삶은 잘 풀리리라.

'그 길'이 무엇보다 중요했다. 때로 자신보다 자신이 무엇을 하고 있느냐가 더 중요했다. 노골적으로 또는 암시적으로, 그들은 딱 맞는 일들을 하지 않으면, 이력서에 특정 항목을 채워넣지 못하면 모두가 이기는 방법을 파악한 이 게임에서 지리라는 메시지를 받았다. '그 길' 중심주의는 '그 길'에서 벗어나면 만족스럽지 못하고 불행한 삶을 살지도 모른다고 경고하는 교수와 부모, 진로 상담사의 목소리가 더해져 더욱 심화되었다.

'그 길' 중심으로 살아가는 일에는 어딘가 위안이 되는 구석이 있었다. 목표가 다 마련되어 있었다. 성적, 인턴십, 활동들이 차곡차곡 쌓이고, 그것으로 자기를 평가할 수 있었다. 무언가를 제대로 할 때마다 즉각적인 피드백을 얻었다.

그러나 '그 길'만을 걸어오느라 아마 얻지 못했을 것들도 있다. 불확실성을 편안하게 받아들이는 마음. 여러 선택지 가운데 확실하게 하나를 고르는 능력. 전기요금 내는 법처럼 실용적인 기술이 필요한 오프라인 세상에서 보낸 시간. 지속적인 피드백 없이도 내 할 일을 계속해나가는 연습. 전화 받기나 복사하기처럼 기본적인 수준의 일도 마다하지 않는 겸손. 자기가 밟는 모든 단계가 그 자체로 가치 있지는 않다는(때로는 불편하고 고마워하는 사람도 없는 일자리에서 당분간 버티거나 더 나은 다음 단계를 위한 디딤돌을 찾아야 할 때도 있다는) 만만찮은 현실에 대한 인정.

졸업반이 되면 알람이 울린다. 25세 알리야는 그것을 '4학년이 맞는 따귀'라고 표현했다. 지금까지 알았던 '그 길'이 곧 끝난다는 것을 자각하는 시기라는 뜻이다. 마음에 수많은 질문들이 솟는다. '직장을 못 얻으면 어떡하지? 내 직장이 내가 원하는 곳으로 나를 데려다주지 않으면? 막상 입학해 보니 대학원이 싫으면 어쩌지? 잘못된 선택을 하면 어떻게 될까? 어째서 나는 이걸 하는 법을 모를까?' 길이 없어서가 아니라 '단 하나의' 길이 있을 것 같다는 생각 때문에 여성들은 헤맨다. 정해지지 않은 날들 앞에서 호기심과 사색이 찾아오기보다는 불안만이 밀려온다.

이 시기에 여학생들의 불안감은 급격히 치솟는다. 이를 누가 탓할 수 있겠는가? 다수가 지난 4년을, 또는 평생을 그 학생들과 졸업생들 스스로도 '비눗방울'이라고 부르는 작은 틀 속에서 살아왔으니 말이다. 27세 셰런은 말했다. "그 작은 세계 안에서는 만사가 일정한 방식으로 돌아가고, 모든 것이 눈앞에 있고 닿을 수 있어요. 많은 것들이 저절로 해결되죠." 식단도 학교 식당에서 다 짜주었을 수 있고 집은 캠퍼스 기숙사였을 수도 있겠다. 직접 일정을 만들어본 적이 없었을 수도 있겠다. 22세 모건이 말했다. "그런데 이제 집주인, 가스회사 직원, 회사 고용인들과 소통해야 해요. 갑자기 혼자 다 알아서 해야 하는 거예요."

경제적으로 어려운 형편 속에서 자란 학생들에게는 대학

이후의 삶이 갑작스러운 불운의 시작처럼 느껴질 수도 있다. 브리애나는 등록금을 마련할 수 있었던 공립대학에 입학했고 평점 3.8로 우수 졸업생이 되었다. 학생회 봉사활동도 하고 개인 연구소에서도 일했으며 개인 강사로도 일했다. 졸업을 하고 단 며칠 만에 브리애나는 호텔과 가정집의 청소부로 일하고 있었고, 치매가 있는 자신의 90세 할머니를 돌보고 있었다. "모든 과제들을 완수하는 대단한 성취자처럼 느끼며 지내다가 삶이 갑자기 나를 뱉어내 집으로 돌아온 거예요. 이젠 대학 복도 끝 취업 상담실에서 다음으로 뭘 할지 물어볼 수가 없어요. 그냥 혼자인 거죠. 빠져나갈 수 없는 곳에 갇힌 기분이에요."

애니메이션 〈루니 툰〉에서 로드 러너를 잡으려고 쫓아다니던 코요테를 기억하는가? 대학 졸업 후 첫해를 묘사하는 젊은 여성들의 이야기를 들을 때면 나는 절벽에서 미끄러져 민망한 표정으로 공중에 찰나 동안 떠 있다가 땅으로 추락하던 그 코요테의 모습이 떠오른다.

"취업을 해서 부모님과 살던 집에서 이사를 나오고 나면, 그때부턴 할 일 목록이나 따야 할 점수 같은 게 없는 삶을 사는 거예요. 그냥 자기 삶인 거죠." 22세 매디가 내게 한 말이다. "이제 전 이직을 언제 할지 정해야 하고, 하는 일을 앞으로도 할 것인지 다시 생각해야 해요." 하지만 내내 주어진 길을 정확히 따라야 했고, 그래서 스스로 길을 만들어야 할 필요가 없었던 사람이 삶의 다음 단계를 알아내는 것이 어떻게 쉬운 일이겠는가.

어차피 실수는 한다. 중요한 부분이자, 차이가 생기는 이유는 그 실수들을 어떻게 해석하느냐다. 너무나 많은 여성들이 일이 계획대로 풀리지 않으면 반사적으로 '내가 충분하지 않아서'라고 반응한다. 자책한다. "될 거라고 생각했던 일이 전부 잘못되었어요, 전부 다요." 23세 재스민이 말했다. "내가 충분히 준비되어 있지 않았구나 깨닫고 정말 불안했어요. 뭔가를 잘못한 것 같았어요." 그들은 대학 졸업 후 당연히 일어날 수밖에 없는 삶의 기복을 개인적인 실패로 해석한다.

부모로서 당신이 딸에게 할 첫 번째 일은 불확실성이나 길을 잘못 드는 일 따위가 앞으로 딸이 겪을 5~7년간 시기의 특징이라고 말해주는 것이다. 딸이 마주할 현실은 무서운 동시에 딸을 자유롭게 한다. 열심히 하는 것만으로 통제할 수 없다. 이 회색의, 정해진 것 없어 뿌연 이 20대에서 살아남는 것이 딸의 발달단계상 과제다. 답을 늘 알고 있진 않은 것도, 하는 일에 어설픈 것도 딸의 일이다. 그리고 그런 딸을 지지하는 것이 당신의 일이다. 딸이 수치심에 빠져 있게 두지 않고, 모든 것이 계획되고 틀 속에 있던 (대학의) 삶에서 그렇지 않은 삶으로 나아가는 일이 누구에게나 어렵기 마련임을 딸에게 계속 상기시키는 것이 당신의 일이다.

천천히 답을 찾고 마침내는 도달할 것이라고, 그리고 언젠가는 지금을 뒤돌아보며 모든 과정이 너를 네가 있어야 할 곳으로 조금씩 데려다주는 단계들이었음을 알게 될 거라고 딸에게 말하라.

"왜 아무도 나한테 경고를 안 해줬지?" 하고 딸은 물을 것이다. 그런데 사실 아무도 해줄 수 없다. 부모가 되는 일과 마찬가지로 '진짜 세상'으로 나아가는 일은 그렇게 많은 준비를 할 수 있는 일이 아니다. 당신이 부모가 되고 나서야 그에 따르는 온갖 실수와 자기 의심, 예상하지 못한 기쁨과 성취 따위를 겪었던 것처럼 딸도 스스로 겪어서 알아낼 일이다. 오늘날 젊은이들이 과거 어느 시대보다도 더 많은 불확실성을 이 시기에 겪는다. 몇십 년 전까지만 해도 그 또래 젊은이 대다수가 20대때 맞이할 일들이 정확하게 계획되어 있었다. 결혼, 자녀, 그리고 안정적이고 장기적인 직업까지. 로런스 스타인버그는 '청년기가 인류 역사상 오늘날 가장 길다'고 썼다. 20대에 이미 배우자와 자녀가 생겼던 한 세대 전과 달리, 오늘날의 20대는 심리학자들이 '신생 성인기emerging adults'라고 부르는 시기다. 이독특한 기간을 표현하는 새로운 발달단계가 생겨난 것이다.

그리고 부모 역할이 그러하듯이, 졸업 이후의 '진짜 세계' 역시 흔히 짐작되는 멋진 이미지보다 훨씬 실망스러운 경우가 많다. '인생 최고의 4년'을 기대하고 대학에 들어갔다가 그것이 사실과 거리가 멀다는 것을 깨닫는 딸들도 있듯이 대학 이후의 삶이 자유와 모험으로 가득할 것이라고 믿었다가 실망하는 딸들도 있을 것이다. 죽어라 열심히 공부해서 성적을 받는 일을, 말하자면 계약상 약속된 내 역할을 다 했는데도 졸업 이후 기대했던 일자리가 주어지지 않는다는 (혹은 전혀 주어지지 않는다는) 쓰디쓴 배신을 깨닫기도 한다.

지금은 당신과 딸 모두에게 달콤하기도 하고 쓰기도 한 순간이다. 둘 모두에게 독립이 찾아왔으며, 두려움과 함께 자유가 찾아왔다. 재스민은 이 딜레마를 우아하게 표현했다. "내가 내 삶을 스스로 이끌어가는 성인이라는 걸 생각하면 아주 힘이 나요. 그러면서도 내가 다 책임져야 한다는 게 아주 무섭기도 해요."

성공의 계산 방식이 바뀐다. 거의 모든 부분에서 그렇다. "또 다른 학교에 입학해야 하는 것도 성적을 얻어야 하는 것도 아닐 때, 내가 무엇으로 행복해지고, 어디에서 성장하고 싶고, 누가 되고 싶은지를 어떻게 생각하죠?" 25세 페이스는 말했다. 딸이 마주하는 이러한 극적인 변화들을 잘 알 때, 당신은 학교와는 다른 삶을 시작하고 소위 말하는 '진짜 세계'의 과제들을 포용해야 하는 딸에게 힘이 되어줄 수 있을 것이다.


## 대학 이후의 삶은 결코 직선이 아니다

이 책 전체에서 우리는 자기가 하는 일에 이중 스크린과 같은 사고를 하는 청년기 여성들을 볼 수 있었다. 즉, 지금 하는 일에 집중하면서도 다음 해야 할 일을 생각한다. 그저 멀티태스킹일 뿐인데 뭐 어떠냐고 생각할 수도 있겠지만, 이런 사고는 앞으로 다가올 일을 늘 알아야만 하는 습관을 부른다는 점에서 문제다. 각 단계가 늘 완벽하게 다음 단계로 이어지고, 다음 단계가 무엇인지를 아는 것이 곧 통제력이며 효율성이라 생각하는 것이다.

하지만 졸업 후에는 이 추론이 더는 통하지 않는다. 다음 단계가 무엇인지 아는 것을 핵심적으로 중요한 일이라고 생각한다면, 딸은 자기가 정말 원하지도 않고 준비되지도 않은 선택을 할 수도 있다. 그 선택은 단기적으로는 편안한 것 같아도 장기적으로는 많은 비용을 치를 수 있다.

'다음 디디는 걸음이 무엇인지 알고 있어야 한다'는 딸의 짐작 속에는 대학을 졸업할 때 마치 제우스의 머리에서 튀어나가는 아테나처럼 완전한 상태로, 완전히 무장되고 싸울 준비가 된 채로 대학에서 세상으로 튀어 나가야 한다는 믿음이 깔려 있다. "저는 대학 시절에 자기 정체성을 완전히 확립하고 나서 진짜 세계로 들어가는 거라고 생각했어요." 페이스가 말했다. 그 생각에 따르면 앞으로 어떻게 살아갈지를 졸업반까지 알아내지 못하면 자기 잘못이다. 그렇게 믿을 때 이 여성들은 가장 양호한 경우 스스로를 비난하고, 가장 나쁜 경우 도움을 선뜻 구하지 못한다.

이자벨은 모교 동문들과 소통해야 하는 것이 민망했다. "전 제가 어디에 지원하면 바로 고용될 줄 알았어요. 그런 마음을 갖고 있었어요. 나는 훈련이 되었다, 준비가 되었다, 나는 이걸 혼자 할 수 있어야 한다."

이 모든 이유들로 여성들은 확실하지 않은 단계로 나아가는 것을 두려워하게 된다. 스미스 대학 라저루스 직업개발센터의 책임자 스테이시 헤이건보Stacie Hagenbaugh는 말했다. "불확실한 부분들로 가득한 삶을 시작해야 한다는 사실에 위축되는 모습들을 많이 목격했어요. 지금 세대는 '확실히 그 직업을 갖게 되는 게 아니면, 확실히 어디 도착하는 게 아니면 나는 그 도약을 하지 않겠다'고 생각하는 세대예요." 예를 들면 어떤 도시로 이사를 간 '다음에' 거기에서 일자리를 구하는 선택은 하지 않는다. 그 지역에 사는 것이 취업의 기회를 높여주더라도 말이다.

일부는 두려움이 너무 큰 나머지 취업 상담실에도 가지 않는다. 스테이시 헤이건보는 말했다. "절벽 끝에 다다라 꼼짝하지 못하는 거예요. 아예 소통을 닫아버리는 학생도 많아요. 미지의 영역, 두려움, 다음이 무엇일지 모른다는 것 따위에 압도되어버린 거예요." 이때 연민이 가장 필요하다. 내가 인터뷰한 많은 고등교육 전문가들의 말과 같은 맥락인데, 스테이시 헤이건보는 이런 말을 덧붙였다. "그들은 과도하게 프로그래밍 된 거예요. 이전까지 그 아이들 삶의 모든 것이 결정되어 있었어요. 다음이 뭔지 아는 삶만 살았어요."

결과를 모른 채 삶의 애매한 시기에 들어섰던 당신의 이야기를 딸에게 해줄 필요가 있다.

두렵다고 해서 경기장 대신 벤치에만 앉아 있는 선수가 될 필요는 없다는 것을, 그리고 일이 옆길로 샌다면 당신이 곁에서 감정적으로 지원해줄 것임을 딸에게 알리라. 만약 그 지원에 딸이 잠시 다시 집으로 이사 오는 것도 포함된다면, 옳은 이유 때문이어야 한다. 생각할 시간이 필요하고 돈을 아껴야 하고 지친 몸과 마음을 회복해야 한다는 이유로는 괜찮다. 하지만 불확실성을 마주하고 싶지 않아서 집으로 오는 것이어선 안 된다. '알지 못함'이라는 근육을 사용하는 일을 피하려는 선택이어선 안 된다.

# 좋은 점만 있는 일은 거의 없다

학교에서 많은 것을 성취한 학생들은 자신들의 첫 번째 일자리를 로맨스의 환상과 비슷한 시나리오로 생각하는 경향이 있다. 디즈니 세상과 로맨틱 코미디를 보면 진실한 사랑은 첫눈에 알아보고 영원히 이어지지 않나. 자기가 선택한 첫 직장 역시 그런 직장일 것이라 믿는 것이다.

여기서 지지직 하고 레코드판 긁히는 소리가 나와야 한다. 첫 직장은 거의 대부분 그것과는 다르기 때문이다. 자신만의 왕자나 공주를 찾기 전에 여러 개구리에게 입을 맞추어보아야 하는 것처럼 첫 직장은 보람을 느끼지 못하거나, 지나치게 힘들거나, 지루해 견디기 어렵거나, 안 맞아도 너무 안 맞거나, 그외에도 온갖 가능성이 있다. 그건 딸의 잘못이 아니다. 성인으로서 겪는 삶의 현실일 뿐이다. 삶은 우리에게 예상치 못한 커브볼들을 던진다. 때로는 더 할 말도 거의 없다.

이것이 딸에게 좀 더 무거운 난관일 수 있는 이유는, 대학에서 한 일들은 대체로 그 자체에 뚜렷한 가치가 있었기 때문이다. 직장 일로 힘들어하는 젊은 여성들과 이야기를 나눌 때면 질문이 잘못된 경우가 많다. "이 직업은 왜 내게 필요한 걸 주지 않을까요?" "내가 어디서 잘못한 걸까요?" 그러나 다음과 같이 물어야 도움이 된다. "이 직업은 내가 다음 가고 싶은 곳으로 가는 데 어떻게 도움이 될까?" "이 일로 나는 내가 원하는 것과 원하지 않는 것을 어떻게 배우고 있을까?"

로맨스의 비유를 이어가자면, 우리는 상처를 받음으로써

375

우리가 진짜 원하는 것, 우리에게 진짜 필요한 것을 배운다. 어처구니없게 느껴지는 일자리들도 마찬가지다. 그리고 로맨스에서 상대가 완벽하기만을 기대하는 것은 불공평한 일이듯이 어떤 직업도 우리의 모든 욕구를 만족시킬 수는 없다. '딱 맞는' 직업이 아닌 것 같아 포기한다면 결국 여러 기회를 포기하게 되기도 하고, 꽤 좋을 수도 있는 일을 놓치기도 한다. 20대 초반에 '꽤 좋은' 일이면 아주, 무척 좋은 일이다.

그러나 이 얘기가 끔찍하게 느껴지는 일을 반드시 계속해야 한다는 뜻은 아니다. 다만 취업 활동을 하는 동안 새로운 도시에서 돈 버는 일을 시도해본다거나, 원하는 일자리에 딱 들어맞진 않아도 일부가 맞다면 받아들이는 것도 좋은 방법이 될 수는 있다는 뜻이다. 비유하자면, 할 일 목록의 맨 위에 늘 결과와 목적지를 적어두지 않아도 좋으리라는 뜻이다. 딸의 길을 여정으로 이해해라. 구부러지기도 하고 상처를 주기도 하는 길이다. 하지만 결국 자기가 가야 하는 곳에 데려다주리라 믿어야 하는 길이다.

모건은 미국 봉사단에 참가하는 기회를 버리고 아이 돌보는 일자리에 취직했다가 이내 후회했다. 처음에는 나쁜 결정을 했다고 스스로를 책망했다. 그러나 시간이 흐르면서 그 일을 통해 자기에게 꼭 필요한, 그러나 필요한지 미처 몰랐던 것들을 배우고 있음을 깨달았다. 감정보다는 논리를 기준으로 결정을 내리는 법. 결정을 내릴 때 스스로에게 끝까지 솔직하기. 어려운 자기소개서를 쓸 때 도움을 청하는 법. 그리고 모건은 이런 현실을 받아들이게 되었다고 한다. "때로 원하는 곳으로 가는 과정에서 희생을 할 때도 있어요. 늘 내 마음에 드는 것을 얻지는 않는다는 거죠. 그다지 끌리지 않는 일을 할 때도 있겠지만 그 일들을 하는 시간은 내가 원하는 일을 위해 준비하는 시간이 될 거예요.”

주택 매매 시장에서 부동산 전문가들은 새로운 집에 꼭 있길 바라는 세 가지 조건을 생각해보라고 조언한다. 없이 살 수 없는 (혹은 없이 살고 싶지 않은) 것들 말이다. 여기서도 같은 질문이 유용하다. 당신이 일자리에서 원하는 가장 중요한 세 가지는 무엇인가?

나는 경제학을 전공한 대학 졸업반이자 크로스컨트리 선수이기도 하고, 내 베이비시터 중 한 명이기도 한 22세 애비에게 같은 질문을 했다. 우리는 내 개와 함께 뉴잉글랜드의 얼음같이 추운 숲에서 함께 달리고 있었다. 한참 숨을 몰아쉬던 애비는 이렇게 말했다. “저는 친구들 곁에 있고 싶어요. 고등학교 친구들이건 대학 친구들이건. 그리고 환경 관련된 일을 하고 싶어요. 그리고 사람들 삶에 직접적으로 영향을 미치는 뭔가를 하고 싶어요. 누군가에게 살 곳을 찾아준다든지.” 애비의 조건들은 타당했다. 몇 가지 직업만 해당될 만큼 너무 구체적이지도 않고, 맞는 직업이 없을 만큼 너무 조건이 많지도 않았다.

이 질문에 답을 해보면 가장 중요한 것이 무엇인지를 생각할 수 있으면서도, 집을 구할 때와 마찬가지로 직업 하나가 모든 걸 갖출 순 없음을 깨닫게 된다.

# 직장은 우리가 통제할 수 없는
# 변수들로 가득하다

고등학교와 대학교 시절에는 공부를 아주 열심히 하면 삶을 상당 부분 통제할 수 있다. 공부를 얼마나 할 것인지를 포함해 대부분의 일을 성적 중심의 시스템 안에서 결정 내렸다. 그 시스템에서는 노력과 지성이 꽤 예상 가능한 방식으로 보상을 받았다.

'진짜 세계'에서는 설사 더할 나위 없이 능력 있고 성실한 여성이라도 그의 지성이나 노력만으로는 통제할 수 없는 부분 때문에 시련을 겪을 수 있다. 23세 재스민은 한 대학 평의원에게 채용되어 워싱턴에서 홍보 일을 하게 되었다. 취업 면접을 볼 때 회사에서 꺼림칙한 위험 신호를 아주 많이 발견했지만 그냥 그 일을 하기로 했다. 그리고 3개월도 지나지 않았을 때, 재스민은 "학벌 때문에 네가 여기서 제일 잘났다고 생각하는 거 아는데 말이야, 너 잘나지 않았거든" 같은 말을 하는 상사에게서 괴롭힘을 당하고 있었다.

재스민은 아프리카계 미국인이었고, 상사가 자기를 대하는 태도에는 인종차별이 깔려 있다고 생각했다. 재스민은 두려워서 아무 말도 못 했다. 대출금을 갚을 기한도 다가오고 저축해둔 돈도 없었지만 결국은 부모님의 격려를 받아 직장을 떠날 용기를 냈다. 학생 지위를 얻기 위해서 수업을 들었고, 인턴 일자리를 구했으며 그 인턴 일이 결국에는 백악관 취업으로 이어졌다.

378

만일 재스민이 이처럼 변수 가득한 상황에서 자기를 믿지 못했다면 그 직장을 떠나지 않았을지도 모른다. "만약 거기 계속 있었거나, 내가 부족하다고 했던 상사 말을 믿었더라면 결코 여기(백악관) 오지 못했을 거예요."


## 손을 잡아주던 날들이 끝났다

대학에서는 시험을 치르거나 논문을 쓰는 일과 같이 자기가 하는 일에서 최선을 다하면 교수들에게서 빠른 피드백이 왔다. 모건의 표현에 따르면, 어떤 일에 지원했는데 합격이 되지 않으면 교수가 적어도 연락을 해서 '너 그 자리에 안 됐다. 유감이구나'와 같은 말을 해주었다.

그러나 취업 시장에서는 기운을 북돋우는 말 같은 건 들을 수 없다. 손을 잡아주지도 않는다. 앨리사는 뉴잉글랜드의 한 대학에서 미국학을 전공하고 우등생으로 졸업했다. 졸업식에서 연설을 하고 국가를 불렀다. 나와 만나 커피 한 잔을 놓고 대화를 했을 때 앨리사는 말했다. "졸업하면서는 정말 희망에 부풀어 있었어요. 어떤 고용자가 제 이력서를 보고 거절할 일이 있을 거라고는 생각도 안 했어요. 정말로 제가 무엇이든 할 수 있을 거라 생각했어요."

앨리사는 지원서를 보내고 또 보냈다. 아무런 응답이 없었다. 몇 달이 지나면서 앨리사의 희망과 함께 자존심도 꺼졌다. "제가 하는 일이 세상에서 가치나 의미가 있기는 한 건지 의문이 들었어요."

'진짜 세상'에서는 입사 지원서를 보내고 전화를 걸어도 참담한 침묵만이 응답으로 돌아올 수 있다. 나 자신을 내밀었는데 "저쪽 목소리는 들을 수 없어요. 아예 대답을 안 해줘요" 하고 이자벨은 말했다.

이자벨은 이력서를 보내고 나서 받은 메일함을 끝없이 새로고침 했다. 이것이 자기 잘못이고 자기가 실패자라는 두려운 생각이 머릿속에 뿌리내리지 않도록 애써 떨쳐냈다. 계속해서 거절이나 침묵이 응답으로 돌아오다 보니, 구직활동을 하는 데 필요한 끊임없는 자기 홍보를 해나가기가 어려웠다. "(대학에서) 성적도 좋고 여러 경력을 쌓았지만 그걸 자신 있게 이야기하기가 어려워요. 특히나 그것들이 어떤 좋은 결과로 이어지지 않았다면요." 페이스는 말했다. 수없이 많은 여성들이 내게 이런 종류의 거절을 '참담하다'고 표현했다.

취업 시장에서 거절을 당하면서, 여성들은 자기 가치를 바라보는 방식을 재평가하게 된다. 오랫동안 성적과 점수는 명확한 가치의 척도였고, 소셜미디어에서 '좋아요' 수는 명확한 인기의 척도였다. 그러한 숫자가 증발해버릴 때 만족을 느끼고 내가 가치 있는 존재임을 확인할 방법도 사라진다. "성공하기 위해서 성취 목록을 쌓는 데 몰두했는데, 그 성취 목록이 사라지니까 내면에서 저를 지탱해주는 것이 없는 거예요." 페이스는 말했다.

모건과 이자벨은 나와 함께 한 가지 훈련을 했다. 자신들이 보낸 입사 지원서에 어떤 응답이 오는가와 관계없이 자신들이 가치 있는 존재임을 스스로 되새기는 훈련이었다. 이자벨은 "이건 내 잘못이 아니야"라는 말을 소리 내어 해보는 노력을 했다. 힘 나는 긍정적인 말이 필요할 때는 가족에게 연락해 도움을 구했다. 모건은 마음속으로 자신에게 긍정적인 이야기를 하기 위해 노력했다. 자기가 왜 자신으로서 충분한지를 다시 깨달을 수 있도록 말이다. 모건은 나에게 말했다. "내가 여전히 좋은 사람이고 가치 있는 존재라고 스스로 계속 상기하는 노력을 해야 해요. 학교에선 노력할 필요가 없었죠. 항상 곁에서 손을 잡아주는 사람이 있었으니까요."

《나는 더 이상 휘둘리지 않기로 했다》*에서 테라 모어는 상대방이 나에게 피드백을 하면 내가 한 일이나 나를 규정하는 말로 받아들이기보다 그 상대방에 관한 정보로 받아들이라고 여성들에게 조언한다. 취업 지원에서도 같은 조언이 적용될 수 있는데, 지원한 회사에서 응답이 없을 경우를 두고 이자벨은 이렇게 말했다. "내 능력에 문제가 있다고 생각하기보다는 그 고용자가 따로 찾는 것이 있다고 생각하는 게 좋아요. 그러지 않으면 내가 그 수많은 일자리 중 어떤 일에도 충분하지 못한 사람이라고 받아들이게 되니까요."


## 인재들도 복사를 하고 전화를 받는다

기성세대는 젊은 세대의 노동관을 많이 비난한다. 뻔뻔하다거나 당연히 지불해야 할 것을 지불하기 싫어한다, 거만하다 따위 딱지가 젊은 세대에게 계속 붙는다. 오늘날 젊은이들은 하급 일자리에 망설인다. 한 대학 취업지원센터 책임자는 이런 말을 했다. "이렇게 열심히 노력했는데, 그 많은 것을 성취했는데 전화나 받는 일을 할 수는 없다고 생각하지요." 나도 비슷한 경험을 했다. 내가 공동 창립한 비영리단체에서 사람을 고용할 때 도착한 자기소개서들의 내용을 보고 놀랐다. 이제 막 학위의 잉크가 말라가는 22세 지원자들이 자신을 사회학자라고 소개했다. 다양한 경험과 전문성이 나열된 그 내용들로만 판단했다면 나는 대학을 졸업한 지 20년쯤 된 지원자들의 자기소개서라고 여겼을 것이다.

그러나 놀랄 일이 아니다. 지금 젊은이들은 과거 그 어느 때보다도 자신을 완벽히 포장된 브랜드로 만들어야 한다는 압박을 받으며 자랐다. 최대한 합격할 자격을 갖춘 인재로, 대단하고 특출해 보이도록 이력서를 꾸며야 한다고 배웠다. 좋은 의도를 가진 부모와 대학의 지도교사에게서, 취업지원센터에서 그렇게 해야만 한다고 배웠다. 그러니 졸업을 하고 나면 더 좋은 일자리를 얻고 더 특별한 무언가가 되기를 기대하는 것이 어떻게 당연하지 않겠는가? 자신을 가장 특별한 인재로 소개하라고 배우며 자란 사람이 서류를 정리하고 전화를 받고 회의 때 필기만 하는 직업을 왜 택하겠는가?

첫 직장을 찾는 딸의 마음에서 겸손은 공급 부족 상태일 수 있다. 하지만 현실 세계로 나아가는 과도기에 있으니, 당신은 이에 조소하기보다는 연민을 가지고 인내할 일이다. 만일 직장에서 자기는 이런 단순한 일을 할 사람이 아니라는 생각을 대놓고 드러낸다면, 승진의 기회도 멀어진다는 점을 조언하라. 또한 그런 태도로는 첫 직장이 견딜 만해지는, 어쩌면 즐거워지는 이유가 되는 동료들과의 관계를 잃을 수도 있음을 조언하라.

## 모두가 저마다의 방식으로 힘들어한다

대학 시절에 소셜미디어의 힘이 컸다면 대학 졸업 후에는 더욱 커진다. 뿔뿔이 저마다의 길로 흩어지면서 그 친구들끼리의 소통을 사진과 노트북에 의존하게 되기 때문이다. 입사 지원서도 컴퓨터로 보내고, 비디오 채팅으로 면접이 이루어진다. 많은 이동이 일어나고 사람들의 관계망이 흩어지기 때문에, 이전까지 맺었던 인간관계를 잃어버리게 된다. 그리고 이를 보상하는 역할을 온라인이 하곤 한다. 23세 탈라는 말했다. "교수님들 30명과 친구들 20명한테서 끊임없이 피드백을 얻으며 지냈는데 더는 그럴 수 없어요. 제가 소셜미디어에 접속하는 이유는 정말 그 사람들이 곁에 없기 때문이에요. '좋아요' 수만 보는 게 아니라 누가 '좋아요'를 누르는지도 봐요."

　그러나 대학 졸업 후 몇 년간 소셜미디어는 새 직장, 새집, 새로운 도시로의 이사, 대학원 합격 따위 좋은 소식들로 가득하기 때문에 오히려 잔인할 수도 있다. 전형적으로 이런 게시물들이 올라오는 시기다. '기쁘게도 졸업 후 벌써 취업이 되었습니다. 이 기회로 무엇을 경험할지 정말 기대되고, 여기에 이르기까지 제가 받은 가르침과 도움말들에 정말 감사합니다.' 소셜미디어의 게시물들은 대체로 신중하게 선택되고 꾸며진 것이기에 그것으로만 판단한다면 삶이란 대학 졸업 후엔 완벽한 직장이나 도시로, 완벽한 학교나 룸메이트, 새 거처로 매끄럽게 이동하는 일이고 그 후에는 결혼, 또는 아이, 학위 같은 다음 단계가 당연하게 기다리고 있는 일처럼 보인다. 나만 빼고 모두에게 말이다. 대학 보내기 공장에서 받은 메시지와 아주 닮은 압박이 되곤 한다.

과도기를 힘들어하는 딸이라면 더 아플 수 있다. 모건은 말했다. "페이스북에서 예쁜 필터가 씌워진 장밋빛 버전의 삶을 보면, 꼭 그 사람들은 새로 이사 간 도시에서 늘 파티를 하며 보내는 것 같죠. 화려한 환경에서 최고의 삶을 사는 것 같아요. 그러면 '나는 뭘 잘못하고 있는 거지?' 하는 생각이 들어요." 자신과 남을 비교하면서 나는 어떻게 저만큼 할 수 있을지 고민하는 것이다. 재스민은 말했다. "이런 질문이 들어요. 내가 지금 내 나이다운 일을 하고 있나? 내가 제대로 된 길에 서 있나?" 이때 대부분의 젊은 여성들이 깨닫지 못하는 것은, 알맞은 각도로 서면 팔이 더 얇아 보이게 만들 수 있는 것과 마찬가지로, 삶에서의 결정도 자신 있고 '딱 맞는' 것처럼 보이게 만들 수 있다는 점이다. 보여주는 방식에 달려 있는 일이고, 소셜미디어에는 사실과 다른 이미지를 보여주는 수많은 방식이 있다.

소셜미디어로 이루어진 공동체는 가짜인 부분이 많다. 대학을 졸업한 지 얼마 안 된 여성들에게는 이와 정확히 반대인 것이 필요하다. 바로 나와 닮은 삶, 닮은 감정을 지닌 사람들과의 진실한 소통이다. 여드름을 없앤 사진처럼 홈이 지워진 사진과 게시물만 볼 때 고립감은 더욱 깊어진다. 셰런은 말했다. "모두가 잘 지내고 있는 것처럼 보이니까 안 좋은 이야기는 못 해요. '나는 잘 못 지내'라는 소식을 전하는 단 한 사람이 되고 싶진 않은 거예요."

소셜미디어가 나, 나, 나라면, 이 시기에 청년기 여성에게 필요한 것은 '나도'이다. 타인과 얼굴을 직접 마주할 때 진짜 대화가 열린다. 모건은 친구들과 만나 솔직한 대화를 나누자 그들의 인스타그램과 페이스북에서 본 것과는 아주 다른 이야기여서 놀랐다. "제 친구들은 사실 아주 괴로워하고 있었어요. 근무시간이 너무 길다거나, 신입 사원이 모든 일을 하기 바라는 상사와 사이가 나쁘다거나. 친구들의 실제 삶은 사진과 다르게 행복하지 않은 순간이 많았어요." 진짜 대화로 실제 일어나는 일을 나눌 때 수치심도, 자기가 부족하다는 생각 속으로 침잠하려는 충동도 줄어든다. 백인이 아닌 여성, 저임금을 받는 여성, 성소수자 여성, 그리고 집안의 1세대 대학생인 여성들의 경우 특히 그렇다.


## 마음이 이끄는 다음 단계로

대학 보내기 공장에 들어갔다 나오는 사이에 너무 많은 청소년들이 자기가 정말로 하고 싶고 배우고 싶고 되고 싶은 것들에 무심해진다. 자기 삶에서 연기자보다는 삶을 직접 지휘하는 감독으로 성장해야 하는 시기에 이런 일이 일어난다. 타인들의 기대에 부응해야 한다고 교육받으면서 마음속 나침반과 연결이 끊어진다. '이걸 할 때면 시간 가는 줄 모르겠어' '이 실험실에서 밤새 일하고 싶지 않아' '이런 책은 하루 종일 읽을 수 있어' 같은 내면의 속삭임을 듣지 못하게 되는 것이다. 그중 일부는 자신의 직감 대신에 세상의 성공 규칙을 따르기도 한다. 또 일부는 울퉁불퉁하고 짜릿한 길보다 안전한 길을 택하기도 한다. 또 어떤 아이들은 자기가 어떤 사람인지, 무엇을 추구하는지를 모르게 되기도 한다.

대학을 나오고 나면 일부는 자신에 대한 무지를 꾹 눌러둔 채 맹목적으로, 주어진 다음 단계로 나아가기도 한다. 더 현명하고 운 좋은 일부는 자기가 아무것도 모른다는 것을 자각하고 어지러워 비틀거리는 시기를 맞이한다. 이때 스스로에게 어려운 질문을 던지도록 허락한다면, 그들은 마음이 이끄는 방향의 다음 단계로 나아갈 수 있다.

많은 또래들과 마찬가지로 이자벨의 마음은 한때 주로 외부에 초점을 맞추고 있었다. 친구들이 어떤 성취를 했는지 온라인으로 관찰하고 부모를 기쁘게 해야 한다는 초조함을 느꼈다. 그러나 이제 이자벨은 지원하고 싶은 기회가 있을 때 가만히 앉아 그 일에 대한 자신의 느낌에 주의를 기울인다. 자신에게 물어본다. "내가 정말 원하는 일이어서 하려는 걸까? 아니면 부모님이 좋아할 것 같아서? 아니면 내 친구들이 자랑스러워할 것 같아서? 모교에서 인터뷰를 하자고 전화를 할 것 같아서?"

이자벨은 자신의 동기가 외부적인지 내부적인지를 알려고 애쓴다. 이 일을 나를 위해 하는가, 아니면 남 때문에 하는가? 핵심은 자신의 목소리를 진지하게 받아들이고 존중하는 것이다. 내가 원하는 바가 다른 어떤 사항 못지않게 중요하다는 믿음이 필요하다. 여자아이들에게 이것은 아주 큰 문제다. 특히 부모를 기쁘게 해야 한다는 강박과 씨름하는 여성들에게 더욱 그렇다. 페이스는 어느 재단에서 3년간 일했다. 한국에서 온 이민자 1세대인 어머니를 기쁘게 하고 싶은 마음은 지독히도 컸지만, 성공을 보는 어머니의 보수적 시각 앞에 망설였다. 페이스는 내게 물었다. "엄마한테 어떻게 설명할까요? 성장이란 반드시 졸업장을 쌓는 것이나 회사 간부가 되는 게 아니라는 것을요. 저는 제가 보람을 느낄 일을 찾고 있어요." 고생했던 이전 세대가 누리지 못한 많은 기회를 누리는 이민자 가족의 딸들에게서 나는 집안 어른들 기준에 맞는 삶을 살아야 한다는 압박을 떨칠 수 없다는 괴로움을 많이 듣는다.

대학 이후의 삶은 아주 힘들기도 하지만 장점도 있다. 더 많은 자유 시간이 있다. 학교에 다니지 않는다면 퇴근 후에는 일을 떠나 있다. 처음에 잘못된 직업을 택했던 모건은 자유 시간을 활용해 자신의 자주성을 되찾았다. 그림을 다시 그리기 시작했고 규칙적으로 산책을 했다. 내가 진행하는 '반항아를 위한 리더십' 과정의 한 졸업자는 매일 밤 스스로 마음을 점검했다. "저녁 시간과 주말이면 내가 지금 하는 일을 좋아하는지를 느껴보려고 의식적으로 노력했어요. 좋아하지 않는다면 바꾸는 거예요." 새로운 일자리에 지원했다가 거절당하는 일은 아팠지만 덕분에 모건은 훨씬 강해졌다. "이젠 원하는 걸 얻지 못할 때도 합격 여부와 관계없이 내가 가치 있는 사람인 걸 알아요. 지원을 함으로써 나에 관해 무언가를 배우게 되었다는 걸 기억하고, 살다 보면 이기는 일도 지는 일도 있기 마련이란 걸 기억하려 애써요." 그리고 모건은 행복하게 말했다. "하면 할수록 더 쉬워져요."

## 나가며—"사랑하는 딸, 네 마음속을 들여다보렴"


중간고사 공부를 하다가 잠깐 쉬는 시간을 보내고 있는 아이들 곁에 앉아서, 밤샘 공부 이야기며 너무 많은 시험 이야기 들을 듣던 나는 머릿속에 질문이 하나 떠올랐다.

"너희는 행복한 삶이란 어떤 삶이라고 생각해?"

내 물음에 기숙사 거실이 낯설도록 고요해졌다.

한 아이가 마침내 대답했다.

"저는 그냥 밖에 있는 게 좋아요."

"저는 사람들하고 좋은 관계를 맺고 살고 싶어요. 친구들과 가족과, 더 큰 공동체 사람들과요."

"어딜 가든 가족과 자주 연락하면서 지내고 싶어요."

"제가 사는 곳을 탐험할 시간이 있으면 좋겠어요. 그냥 앉아서 온갖 책을 다 읽고 싶어요. 어디에 가든지 그곳에 몰입할 수 있으면 좋겠어요."

"고양이 너무 키우고 싶어요."

"무슨 일이든 제가 세상에 좋은 일을 하고 있다고 느낄 수 있었으면 좋겠어요. 그 세상이라는 게 어떤 크기이건 간에요. 다른 사람들에게 좋은 일, 환경에 좋은 일…… 그런 긍정적인 영향을 미치고 싶어요."

소파에 축 늘어져 있기도 하고 의자에 앉은 채 슬리퍼 신은 발을 달랑거리기도 하며 이 이야기들을 하는 아이들 모습을

389

보면서, 그 공간의 무언가가 변하는 것이 느껴졌다. 지금까지 이 질문의 답을 곰곰이 생각해본 아이가 거의 없는 것이 분명했다. 이야기를 할수록 아이들의 목소리는 점점 더 커지고 생동감에 찼다. 그들의 희망과 부푼 마음이 만져질 듯 생생했다.

이 책을 쓰면서 나는 자기 일에 열심이고 의욕 넘치는 많은 여자아이들을 만났지만, 자기 행복을 기준으로 미래를 이야기하는 아이는 거의 없었다. 대신 다들 '좀 더'를 요구하는 사회의 메시지와 끊임없이 씨름하고 있었다. 미래 어디쯤에서 무언가를 '좀 더' 해야만 한다고 느꼈다. 내일은 러닝머신에서 좀 더 뛰어야지, 다음 학기에는 도서관에 좀 더 오래 있어야지, 토요일 밤에는 좀 더 볼만한 것을 소셜미디어에 올려야지. 아이들은 자기들이 만들어낸 것도, 진정으로 원하는 것도 아닌 '좀 더'를 미래로 보아야 한다고 배우고 있었다.

딸들이 '좀 더'라는 우리 문화의 해로운 목소리 대신에 스스로가 꿈꾸는 만족스러운 삶의 비전을 따르도록 우리가 돕자. 자기만의 목적의식과 사람들과의 관계를 포기하고 외부적 보상을 선택하는 삶을 사는 대신에 자신이 자신으로서 충분하다고 느낄 수 있도록 돕자. 우리는 여자아이들이 자기 감정을 억누르고 남들이 좋아하는 착한 아이가 되라는 교육을 받으며 큰다는 것을 오래전부터 알았지만, 내가 이 책을 쓰며 처음 알게 된 것은 여자아이들이 성공 또한 남의 정의를 따라야 한다고 강요받는다는 것이다. 파우스트식 거래다. 애나 퀸들런Anna Quindlen•은 이렇게 썼다. '우리의 성공이 우리 방식대로의 성공이 아니라면, 세상에는 좋게 보여도 우리 가슴에서는 좋게 느

껴지지 않는다면, 그건 전혀 성공이 아니다.'

하버드 대학에서 가장 인기 있는 강의 중 하나는 열심히 공부하는 그곳 학생들이 갖지 못한 것에 관해서다. 바로 행복. 긍정심리학 분야의 선도자인 탈 벤 샤하Tal Ben-Shahar 교수는 그 강의에 완전히 몰입해 있는 학생들에게 삶의 최고 통화는 행복이라고 말했다. 부와 성취, 또는 물질적 소유보다도 더 가치 있는 것이라고. 그리고 그것을 최대화하는 방향으로 삶을 살아야 한다고.

그는 행복이란 두 부분으로 된 공식이라고 했다. 우리가 적절한 비율의 '의미'와 '즐거움'을 찾을 때, 그리고 '현재'와 '미래' 모두에 이로움을 주는 활동을 할 때 행복을 얻을 수 있다고 말이다. 그것들을 추구하며 우리는 몰입하게도 되고, 동시에 우리 자신 너머의 세상에도 기여하게 된다(스탠퍼드 대학의 윌리엄 데이먼 교수는 이것을 목적의식이라고 불렀다).

이 책을 쓰기 위해 대학 보내기 공장에 살고 있는 고등학생들과 막 거기에서 벗어난 대학생들을 인터뷰하며, 나는 그들 삶의 조건들이 우리가 행복에 관해 아는 모든 것과 반대라는 점에 놀랐다. 삶의 의미를 찾아가는 대신에 끝없는 외부 보상만을 추구해야 한다. 결과에 집중하기 위해 배움의 과정은 무시해야 한다. 실패를 해선 안 되기에 도전을 멀리하게 되고, 그러니 배우는 경험의 정점인 '흐름'을 겪기도 어렵다. 고유한 자기 자신으로서 사랑받는 것이 아니라, 무엇을 해냈는지에 따라

---

● 　퓰리처상을 수상한 미국의 칼럼니스트이자 베스트셀러 작가.

사랑받는다고 느낀다. 성공과 대학 입시에 도움 되지 않는다고 여겨지는 남다른 관심사는 무시당하며 평가절하된다.

나는 학생들에게 자신들이 날마다 하는 활동을 이 행복 '공식'에 넣어 평가해보라고 자주 청한다. 탈 벤 샤하는 우리에게 행복을 느끼며 사는 삶의 구체적인 레시피를 제공한 셈이다. 진실한 기쁨과 의미가 있는 일을 하루에 얼마나 하는가? 해야 하기에 하는 일과 하고 싶어 하는 일의 비율은 일주일에 몇 대 몇쯤 되는가? 내 학생들의 일정은 '해야 하는' 일들이 압도적으로 많았다.

다섯 살인 내 딸은 퍼즐 맞추기를 정말 좋아한다. 거실 바닥에 몇 시간이고 앉아서 공주와 유니콘, 정글 동물들의 모습을 짜 맞춘다. 나는 가끔 같이 앉아서 퍼즐 조각 하나를 이리저리 돌리며 맞는 자리를 찾는 딸을 지켜본다. 딸은 그럴 때 신기할 정도로 인내심 있고 집중한다. 마침내 조각에 맞는 자리를 찾았을 때 딸의 입에서 '그렇지!'라는 말이 열정적이고 거세게 터져나온다.

그런 '그렇지'보다 더 좋은 소리가 있을까? 자기가 직접 선택한 도전을 하여 나오는 소리이고, 당당히 모험을 감수하여 나오는 소리다. 인내심을 가지고 전념하여 얻은 보상이다. 그 '그렇지'는 제 것이며, 다른 누구도 아닌 자신을 위한 것이다.

모든 여자아이들이, 여성들이 자기만의 '그렇지'에 닿을 수 있으면 좋겠다. 내 딸이 그걸 잃지 않으면 좋겠다. 부모로서 우리의 일은 딸들이 그럴 수 있도록 치울 것을 치우고 공간을 만들어주는 것이다. 자신들을 향한 해로운 메시지가 가득한 이

392

사회에서 딸들이 그나마 가장 믿을 수 있는 것이 우리다. 딸이 분노를 토로하는 저녁 식탁에서든, 소중한 '하고 싶은 일'을 포기하지 말라고 딸을 격려할 때든 우리가 딸을 지지해야 한다.

이것은 딸이 무언가를 뛰어나게 잘하는 것을, 성취를 말리라는 이야기가 아니다. 오히려 그 반대다. 나는 학생들에게 계속해서 경쟁하고 빛나라고 말한다. 하지만 그 어떤 여자아이도 남들에게서 인정받기 위해 자기가 가치 있는 존재라는 믿음과 행복, 호기심 들을 희생해선 안 된다. 아이들이 그런 끔찍한 선택을 하지 않도록 돕는 데 이 책이 도움이 되기를 나는 희망한다.

세상이 얼마나 변하든, 여자아이들을 잘 키워내는 일의 기반은 변함없이 아주 중요하다. 첫째로, 기꺼이 딸의 이야기에 귀를 기울이고 공감하려는 당신의 태도는 당신이 딸의 문제를 해결하기 위해서 '해'주는 그 무엇보다 중요하다. 모든 여자아이들이 어른들에게서 원하는 것은 그들이 마주하는 난관을 평가하려는 태도 없이 그대로 인정해주는 것, 그들의 감정에 공감해주는 것, 그들의 힘듦에 연대감을 가져주는 것이다. 그것을 딸은 기억할 것이다. 바깥세상이 딸에게 강요하는 의무들은 당신 힘으로 거의 바꿀 수 없더라도.

둘째, 이 문화가 얼마나 해롭고, '좀 더 하라'는 메시지가 딸의 귓가에 얼마나 요란하건 딸은 여전히 당신 말에 귀를 기울일 것이다. 딸의 행동이나 한숨, 답답하다는 표정을 보면 꼭 그렇지 않은 것 같을지라도 딸에겐 당신이 어떻게 생각하는지가 언제나 중요하다. 그리고 딸에게 그 무엇보다도 알려주어야 하는 것은, 지금의 딸 그대로 당신에게 충분하다는 것이다. 나는 우리가 딸들을 위해 이룰 수 있는 가장 혁명적인 것까지는 아니더라도 가장 의미 있는 성공은 바로, 그들이 정확히 자신 그대로 충분하다는 것을 느끼도록 돕는 일임을 알게 되었다. 지금 삶에서 어떤 곳에 이르렀건, 좋은 친구이거나 자매이기 때문에, 점심시간에 혼자 앉은 아이와 눈인사를 하기 때문에, 다들 잊고 있을 때 개한테 밥을 주기 때문에, 쓰러져도 포기하지 않기 때문에, 결국 딸은 자신 그대로 충분하다.

만일 오늘 당장 우리 딸들이 자기 그대로를 받아들이고 귀중하게 여길 수 있게 된다면 어떤 일이 일어날까? 무슨 일이 있어도 자신은 변함없이 중요한 존재라는 것을 기억할 수 있다면 어떻게 될까? 나에게는 그것이 진짜 성공의 시작이다.

# 인터뷰 대상자 정보

| 이름 | 나이 | 인종 |
| --- | --- | --- |
| 그레이스 | 17세 | 백인 |
| 나탈리아 | 18세 | 백인 |
| 노라 | 19세 | 백인 |
| 니콜 | 21세 | 히스패닉 |
| 로런 | 16세 | 백인 |
| 리 | 19세 | 아프리카계 미국인 |
| 리베카 | 16세 | 백인 |
| 릴리 | 16세 | 백인 |
| 마야 | 18세 | 백인 |
| 매기 | 22세 | 백인 |
| 매디 | 22세 | 백인 |
| 모건 | 22세 | 백인 |
| 브리아나 | 22세 | 백인 |
| 비비언 | 20세 | 남아프리카계 미국인 |
| 비앙카 | 17세 | 히스패닉 |
| 사디아 | 19세 | 방글라데시계 미국인 |
| 셰런 | 27세 | 백인 |
| 실비아 | 19세 | 멕시코계 미국인 |
| 아누 | 27세 | 스리랑카 출신 미국 이민자 |
| 아미라 | 17세 | 인도계 미국인 |
| 아베샤 | 16세 | 스리랑카계 미국인 |
| 아이아나 | 17세 | 흑인 |
| 알렉시스 | 20세 | 백인 |
| 알리야 | 25세 | 아프리카계 미국인 |
| 애나 | 19세 | 혼혈(중국인과 백인) |

| | | |
|---|---|---|
| 애비 | 22세 | 백인 |
| 앨리사 | 23세 | 백인 |
| 앨리슨 | 17세 | 백인 |
| 에마 | 18세 | 백인 |
| 에밀리 | 16세 | 백인 |
| 에이미 | 16세 | 한국계 미국인 |
| 이자벨 | 27세 | 쿠바 출신 미국 이민자 |
| 잘리스 | 21세 | 혼혈(아프리카계 미국인과 푸에르토리코인) |
| 재스민 | 23세 | 아프리카계 미국인 |
| 제니 | 20세 | 백인 |
| 제시 | 19세 | 백인 |
| 제시카 | 16세 | 백인 |
| 조 | 16세 | 백인 |
| 조던 | 22세 | 백인 |
| 조애나 | 17세 | 백인 |
| 줄리아 | 21세 | 히스패닉 |
| 카비아 | 16세 | 남아시아계 미국인 |
| 케이시 | 20세 | 백인 |
| 케이틀린 | 24세 | 백인 |
| 케이티 | 19세 | 백인 |
| 케일라 | 19세 | 백인 |
| 켈시 | 21세 | 백인 |
| 클레어 | 22세 | 백인 |
| 탈라 | 23세 | 레바논계 미국인 |
| 페이스 | 25세 | 한국계 미국인 |
| 피비 | 21세 | 중국계 미국인 |
| 하디아 | 19세 | 아랍계 미국인 |
| 하퍼 | 16세 | 백인 |
| 해나 | 19세 | 백인 |
| 헤일리 | 26세 | 백인 |

# 참고 문헌

Afifi, Tamara, Walid Afifi, Anne F. Merrill, Amanda Denes, and Sharde Davis. "'You Need to Stop Talking About This!': Verbal Rumination and the Costs of Social Support." *Human Communication Research* 39, no. 4 (2013): 395-421.

Archard, Nicole. "Adolescent Girls and Leadership: The Impact of Confidence, Competition and Failure." *International Journal of Adolescents and Youth 17*, no. 4 (2012): 189-203.

Armstrong, Elizabeth A., and Laura T. Hamilton. *Paying for the Party: How College Maintains Inequality.* Cambridge, MA: Harvard University Press, 2013.

Aronson, Joshua, Carrie B. Fried, and Catherine Good. "Reducing the Effects of Stereotype Threat on African American College Students by Shaping Theories of Intelligence." *Journal of Experimental Social Psychology 38*, no. 2 (2002): 113-125.

Asser, Eliot S. "Social Class and Help-Seeking Behavior." *American Journal of Community Psychology 6*, no. 5 (1978): 465-475.

Atlantis, Evan, and Kylie Ball. "Association Between Weight Perception and Psychological Distress." *International Journal of Obesity 32*, no. 4 (2008): 715-721.

Bagrowicz, Rinako, Chiho Watanabe, and Masahiro Umezaki. "Is Obesity Contagious by Way of Body Image? A Study of Japanese Female Students in the United States." *Journal of Community Health: The Publication for Health Promotion and Disease Prevention 38*, no. 5 (2013): 834-837.

Baker, Buffy, Katy Bowers, Jess Hill, Jenny Jervis, Armistead Lemon, Maddie Waud, and Adam Wilsman. "How an Online Gradebook May Impact Student Learning, Development and Mental Health at

Harper Hill." Harpeth Hall School. Unpublished manuscript, last modified 2016.

Barstead, Matthew G., Laura C. Bouchard, and Josephine H. Shih. "Understanding Gender Differences in Co-Rumination and Confidant Choice in Young Adults." *Journal of Social and Clinical Psychology* 32, no. 7 (2013): 791-808.

Ben-Shahar, Tal. *Happier: Learn the Secrets to Daily Joy and Lasting Fulfillment.* New York: McGraw-Hill, 2007.

Bettina, Spencer, Caitilin Barrett, Gina Storti, and Mara Cole. "'Only Girls Who Want Fat Legs Take the Elevator': Body Image in Single-Sex and Mixed-Sex Colleges." *Sex Roles 69*, no. 7-8(2013): 469-479.

Blattner, Meghan C. C., Belle Lang, Terese Lund, and Renee Spencer. "Searching for a Sense of Purpose: The Role of Parents and Effects on Self-Esteem Among Female Adolescents." *Journal of Adolescence 36*, no. 5 (2013): 839-848.

Bluth, Karen, Rebecca A. Campo, William S. Futch, and Susan A. Gaylord. "Age and Gender Differences in the Associations of Self-Compassion and Emotional Well-Being in a Large Adolescent Sample." *Journal of Youth and Adolescence 46*, no. 4 (2017): 840-853.

Boepple, L., and J. K. Thompson. "A Content Analytic Comparison Of Fitspiration And Thinspiration Websites." *International Journal of Eating Disorders 49*, no. 1 (January 2016): 98-101.

Booth, Alison L., and Patrick Nolen. "Gender Differences in Risk Behaviour: Does Nurture Matter?" *Economic Journal 122*, no. 558 (2012): F56-F78.

boyd, danah michele. "Taken out of Context: American Teen Sociality in Networked Publics." *Dissertation Abstracts International Section A: Humanities and Social Sciences 70*, no. 4-A (2009): 1073.

Brougham, Ruby R., Christy M. Zail, Celeste M. Mendoza, and Janine R. Miller. "Stress, Sex Differences, and Coping Strategies Among College Students." *Current Psychology 28*, no. 2 (2009): 85-97.

Brown, Brené. *Daring Greatly: How the Courage to Be Vulnerable Trans-*

*forms the Way We Live, Love, Parent, and Lead.* London: Penguin, 2013.

——————. *The Gifts of Imperfect Parenting: Raising Children with Courage, Compassion and Connection.* Louisville, CO: Sounds True, 2013. Audiobook, 2 compact discs; 2 hrs., 6 mins.

Brown, Z., and M. Tiggemann. "Attractive Celebrity and Peer Images on Instagram: Effect on Women's Mood and Body Image." *Body Image* 19 (2016): 37-43.

Byrnes, James P., David C. Miller, and William D. Schafer. "Gender Differences in Risk Taking: A Meta-Analysis." *Psychological Bulletin* 125, no. 3 (1995): 367-383.

Calmes, Christine A., and John E. Roberts. "Rumination in Interpersonal Relationships: Does Co-Rumination Explain Gender Differences in Emotional Distress and Relationship Satisfaction Among College Students?" *Cognitive Therapy and Research* 32, no. 4 (2008): 577-590.

Calogero, Rachel M., Sylvia Herbozo, and Kevin J. Thompson. "Complimentary Weightism: The Potential Costs of Appearance-Related Commentary of Women's Self-Objectification." *Psychology of Women Quarterly* 33, no. 1 (2009): 120-132.

Carlson, Cassandra L. "Seeking Self-Sufficiency: Why Emerging Adult College Students Receive and Implement Parental Advice." *Emerging Adulthood* 2, no. 4 (2014): 257-269.

Chang, Janet. "The Interplay Between Collectivism and Social Support Processes Among Asian and Latino American College Students." *Asian American Journal of Psychology* 6, no. 1 (2015): 4-14.

Chou, Hui-Tzu Grace, and Nicholas Edge. "'They Are Happier and Having Better Lives Than I Am': The Impact of Using Facebook on Perceptions of Others' Lives." *Cyberpsychology, Behavior, and Social Networking* 15, no. 2 (February 2012): 117-120.

Ciciolla, Lucia, Alexandria S. Curlee, Jason Karageorge, and Suniya S. Luthar. "When Mothers and Fathers Are Seen as Disproportionately

Valuing Achievements." *Journal of Youth and Adolescents 46*, no. 5 (2017): 1057-1075.

Ciesla, Jeffrey A., Kelsey S. Dickson, Nicholas L. Anderson, and Dan J. Neal. "Negative Repetitive Thought and College Drinking: Angry Rumination, Depressive Rumination, Co-Rumination, and Worry." *Cognitive Therapy and Research 35*, no. 2 (2011): 142-150.

Clance, Pauline R., and Suzanne Imes. "The Imposter Phenomenon in High-Achieving Women: Dynamics and Therapeutic Intervention." *Psychotherapy Research and Practice 15*, no. 3 (1978).

Clonan-Roy, Katie, Charlotte E. Jacobs, and Michael J. Nakkula. "Toward a Model of Positive Youth Development Specific to Girls of Color." *Gender Issues 33*, no. 2 (2016): 96-121.

Coffman, Katherine Baldiga. "Evidence on Self-Stereotyping and the Contribution of Ideas." *Quarterly Journal of Economics 129*, no. 4 (2014): 1625-1660.

Cokley, Kevin, Germine Awad, Leann Smith, Stacey Jackson, Olufunke Awosogba, Ashley Hurst, Steven Stone, Lauren Blondeau, and David Roberts. "The Roles of Gender Stigma Consciousness, Imposter Phenomenon and Academic Self-Concept in the Academic Outcomes of Women and Men Coping with Achievement Related Failure." *Sex Roles 73*, no. 9–10 (2015): 414-426.

Damon, William. *The Path: How Young People Find Their Calling in Life.* New York: Free Press, 2009.

Damour, Lisa. *Untangled: Guiding Teenage Girls Through the 7 Transitions to Adulthood.* New York: Penguin Random House, 2016.

Dariotis, Jacinda K., and Matthew W. Johnson. "Sexual Discounting Among High-Risk Youth Ages 18-24: Implications for Sexual and Substance Use Risk Behaviors." *Experimental and Clinical Pharmacology 23*, no. 1 (2015): 49-58.

Davila, Joanne, Rachel Hershenberg, Brian A. Feinstein, Kaitlyn Gorman, Vickie Bhatia, and Lisa R. Starr. "Frequency and Quality of Social Networking Among Young Adults: Associations with Depressive

Symptoms Rumination and Corumination." *Psychology of Popular Media Culture 1*, no. 2 (2012): 72-86.

Deci and Ryan cited in Henderlong, Jennifer, and Mark R. Lepper. "The Effects of Praise on Children's Intrinsic Motivation: A Review and Synthesis." *Psychological Bulletin 128*, no. 5 (September 2002): 774-795.

De Vries, Dian A., and Jochen Peter. "Women on Display: The Effect of Portraying the Self Online on Women's Self-Objectification." *Computers in Human Behavior 29*, no. 4 (2013): 1483-1489.

Dixon, Wayne A., Kimberly G. Rumford, Paul P. Heppner, and Barbara J. Lips. "Use of Different Sources of Stress to Predict Hopelessness and Suicide Ideation in a College Population." *Journal of Counseling Psychology 39*, no. 3 (1992): 342-349.

Dunkley, David M., Kirk R. Blankstein, Jennifer Halsall, Meredith Williams, and Gary Winkworth. "The Relation Between Perfectionism and Distress: Hassles, Coping, and Perceived Social Support as Mediators and Moderators." *Journal of Counseling Psychology 47*, no. 4 (2000): 437-453.

Dweck, Carol S. "Is Math a Gift? Beliefs That Put Females at Risk." In *Why Aren't More Women in Science?: Top Researchers Debate the Evidence*, edited by Stephan J. Ceci and Wendy M. Williams. Washington, DC: American Psychological Association, 2007.

_____. *Mindset: The New Psychology of Success*. New York: Random House, 2006.

Eagon, Kevin, Ellen Bara Stolzenberg, Joseph J. Ramirez, Melissa C. Aragon, Maria Ramirez Suchard, and Cecilia Rios-Aguilar. *The American Freshman: Fifty-Year Trends, 1966–2015*. Los Angeles: Higher Education Research Institute, UCLA, 2016.

Economos, Christina D., Lise M. Hildebrandt, and Raymond R. Hyatt. "College Freshman Stress and Weight Change: Differences by Gender." *American Journal of Health Behavior 23*, no. 1 (2008): 16-25.

Elliot, Andrew J., and Marcy A. Church. "A Motivational Analysis of Defensive Pessimism and Self-Handicapping." *Journal of Personality* 71, no. 3 (2003): 369-396.

Engeln-Maddox, Renee, and Rachel H. Salk. "The Demographics of Fat Talk in Adult Women: Age, Body Size, and Ethnicity." *Journal of Health Psychology 21*, no. 8 (August 2016): 1655-1664.

Flanagan, Caitlin. "How Helicopter Parenting Can Cause Binge Drinking." *The Atlantic*, September 2016.

Florin, Todd A., Justine Shultz, and Nicolas Stettler. "Perception of Overweight Is Associated with Poor Academic Performance in US Adolescents." *Journal of School Health 81*, no. 11 (2011): 663-670.

Frazier, Patricia A., and Laura J. Schauben. "Stressful Life Events and Psychological Adjustment Among Female College Students." *Measurement and Evaluation in Counseling and Development 27*, no. 1 (1994): 280-292.

Fredrickson, Barbara L., Tomi-Ann Roberts, Stephanie M. Noll, Diane M. Quinn, and Jean M. Twenge. "That Swimsuit Becomes You: Sex Differences in Self-Objectification, Restrained Eating, and Math Performance." *Journal of Personality and Social Psychology 75*, no. 1 (1998): 269-284.

Gay, Robin K., and Emanuele Castano. "My Body on My Mind: The Impact of State and Trait Objectification on Women's Cognitive Resources." *European Journal of Social Psychology 40*, no. 5 (2010): 695-703.

Gentile, Brittany, Shelly Grabe, Brenda Dolan-Pascoe, Jean M. Twenge, Brooke E. Wells, and Alissa Maitino. "Gender Difference in Domain Specific Self-Esteem: A Meta-Analysis." *Review of General Psychology 13*, no. 1 (2009): 34-45.

"Girls' Attitudes Survey," Girlguides UK: London, 2014.

Gnaulati, Enrico. "Why Girls Tend to Get Better Grades Than Boys Do." *The Atlantic*, September 18, 2014.

Goswani, Sweta, Sandeep Sachdeva, and Ruchi Sachdeva. "Body Image and Satisfaction Among Female College Students." *Industrial Psy-*

*chiatry Journal 21*, no. 2 (2012): 168-172.

Grabe, Shelly, and Janet Shibley Hyde. "Body Objectification, MTV, and Psychological Outcomes Among Female Adolescents." *Journal of Applied Social Psychology 39*, no. 12 (2009): 2840-2858.

_____. "Ethnicity and Body Dissatisfaction Among Women in the United States: A Meta-Analysis." *Psychological Bulletin 132*, no. 4 (2006): 622-640.

Grabe, Shelly, Janet Shibley Hyde, and Sara M. Lindberg. "Body Objectification and Depression in Adolescents: The Role of Gender, Shame, and Rumination." *Psychology of Women Quarterly 31*, no. 2 (2007): 164-175.

Hankin, Benjamin L., Lindsey Stone, and Patricia Ann Wright. "Co-Rumination, Interpersonal Stress Generation, and Internalizing Symptoms: Accumulating Effects and Transactional Influences in a Multiwave Study of Adolescents." *Development and Psychopathology 22*, no. 1 (2010): 217-235.

Harackiewicz, Judith M., and Andrew J. Elliot. "Achievement Goals and Intrinsic Motivation." *Journal of Personality and Social Psychology 65*, no. 5 (November 1993): 904-915.

Haydon, Katherine C. "Relational Contexts of Women's Stress and Competence During the Transition to Adulthood." *Journal of Adult Development 22*, no. 2 (2015): 112-123.

Hesse-Biber, Sharlene, Patricia Leavy, Courtney E. Quinn, and Julia Zoino. "The Mass Marketing of Disordered Eating and Eating Disorders: The Social Psychology of Women, Thinness and Culture." *Women's Studies International Forum 29*, no. 2 (2006): 208-224.

Hicks, Terrence, and Samuel Heastie. "High School to College Transition: A Profile of Stressors, Physical and Psychological Health Issues That Affect the First-Year On-Campus College Student." *Journal of Cultural Diversity 15*, no. 3 (2008): 143-147.

Hicks, Terrence, and Eboni Miller. "College Life Style, Life Stressors and Health Status: Differences Along Gender Lines." *Journal of College*

*Admission 192* (2006): 22-29.

Hinkelman, L. "The Girls' Index: New Insights Into The Complex World Of Today's Girls." Ruling Our Experiences, Inc. Columbus, OH: 2017.

Holland, Grace, and Marika Tiggemann. "A Systematic Review of the Impact of the Use of Social Networking Sites on Body Image and Disordered Eating Outcomes." *Body Image 17* (2016): 100-110.

Holt, Laura J. "Attitudes About Help-Seeking Mediate the Relation Between Parent Attachment and Academic Adjustment in First-Year College Students." *Journal of College Student Development 55*, no. 4 (2017): 418-423.

Homan, Kristen, Daniel Wells, Corrinne Watson, and Carolyn King. "The Effect of Viewing Ultra-Fit Images on College Women's Body Dissatisfaction." *Body Image 9*, no. 1 (2012): 50-56.

Homayoun, Ana. *Social Media Wellness: Helping Tweens and Teens Thrive in an Unbalanced Digital World.* Newbury Park, CA: Corwin Press, 2017.

Hudd, Susan S., Jennifer Dumalao, Diane Erdmann-Sager, Daniel Murray, Emily Phan, and Nicholas Soukas. "Stress at College: Effects on Health Habits, Health Status and Self-Esteem." *College Student Journal 34*, no. 2 (2000): 217-227.

Kalpidou, Maria, Dan Costin, and Jessica Morris. "The Relationship Between Facebook and the Well-Being of Undergraduate College Students." *CyberPsychology Behavior and Social Networking 16*, no. 7 (2011): 183-189.

Kay, Katty, and Claire Shipman. *The Confidence Code: The Science and Art of Self-Assurance—What Women Should Know.* New York: HarperCollins, 2014.

Klein, C. K., S. Sherman, L. Galinsky, R. Kaufman, and B. Bravo. *Work on Purpose Curriculum.* New York: Echoing Green, 2013.

Krueger, Katie S., Meghana Rao, Jeanna Salzer, and Jennifer C. Saucerman. "College-Age Women and Relational-Aggression: Prevalence and Impact." In *Wisconsin Women's Studies Consortium Women and Gender Studies Conference*, Madison, WI: 2011.

Lahey, Jessica. *The Gift of Failure: How the Best Parents Learn to Let Go So Their Children Can Succeed*. New York: HarperCollins, 2015.

Lam, Desmond, and Bernadete Ozorio. "The Effect of Prior Outcomes on Gender Risk-Taking Differences." *Journal of Risk Research* 16, no. 7 (2013): 791-802.

Laudricella, A. R., D. P. Cingel, L. Beaudoin-Ryan, M. B. Robb, M. Saphir, and E. A. Wartella. "The Common Sense Census: Plugged-In Parents of Tweens and Teens." San Francisco: Common Sense Media, 2016.

Leadbeater, Bonnie J., Sidney T. Blatt, and Donald M. Quinlan. "Gender-Linked Vulnerabilities to Depressive Symptoms, Stress and Problem Behaviors in Adolescents." *Journal of Research on Adolescents* 5, no. 1 (1995): 1-29.

Leary, Mark R., et al. "Self-Compassion and Reactions to Unpleasant Self-Relevant Events: The Implications of Treating Oneself Kindly." *Journal of Personality and Social Psychology* 92, no. 5 (May 2007): 887-904.

Liang, Belle, Terese J. Lund, Angela M. Desilva Mousseau, and Renee Spencer. "The Mediating Role of Engagement in Mentoring Relationships and Self-Esteem Among Affluent Adolescent Girls." *Psychology in the School* 53, no. 8 (2016): 848-860.

Liang Belle, Terese Lund, Angela Mousseau, Allison E. White, Renee Spencer, and Jill Walsh. "Adolescent Girls Finding Purpose: The Role of Parents and Prosociality." *Youth & Society* (2017).

Lim, Lina. "A Two-Factor Model of Defensive Pessimism and Its Relations with Achievement Motives." *Journal of Psychology* 143, no. 3 (2009): 318-336.

Lisker, Donna. "Effortless Perfection." Unpublished manuscript, last modified March 2017. Microsoft Word file.

Luthar, Suniya S., Samuel H. Bankin, and Elizabeth J. Crossman. "I Can,

405

Therefore I Must: Fragility in the Upper-Middle Class." *Development and Psychopathology: A Vision Realized* 25, no. 4 (2013): 1529-1549.

Luthar, Suniya S., and Lucia Ciciolla. "What It Feels Like to Be a Mother: Variations by Children's Developmental Stages." *Developmental Psychology* 52, no. 1 (2016): 143-154.

Luthar, Suniya S., and Adam S. Goldstein. "Substance Use and Related Behaviors Among Urban Late Adolescents." *Development and Psychopathy* 20, no. 2 (2008): 591-614.

Luthar, Suniya S., Phillip J. Small, and Lucia Ciciolla. "Adolescents from Upper Middle Class Communities: Substance Misuse and Addiction Across Early Adulthood." *Development and Psychopathy* (2017): 1-21

Lyman, Emily L., and Suniya S. Luthar. "Further Evidence on the 'Costs of Privilege': Perfectionism in High-Achieving Youth at Socioeconomic Extremes." *Psychology in the Schools* 51, no. 9 (2014): 913-930.

Lythcott-Haims, Julie. *How to Raise an Adult: Break Free of the Over-Parenting Trap and Prepare Your Kid for Success.* New York: Henry Holt and Company, 2015.

Maatta, Sami, Jari-Erik Nurmi, and Hakan Stattin. "Achievement Orientations, School Adjustment and Well-Being: A Longitudinal Study." *Journal of Research on Adolescents* 17, no. 4 (2007): 789-812.

Mahalik, James R., Rebekah Levine Coley, Caitlin McPherran Lombardi, Alicia Doyle Lynch, Anna J. Markowitz, and Sara R. Jaffee. "Changes in Health Risk Behavior for Males and Females from Early Adolescence Through Early Adulthood." *Health Psychology* 32, no. 6 (2013): 685-694.

Marsh, Imogen, Stella W. Y. Chan, and Angus MacBeth. "Self-Compassion and Psychological Distress in Adolescents: A Meta-Analysis." Unpublished manuscript, last modified July 13, 2017. Microsoft Word file.

Martin, Andrew J., Herbert W. Marsh, Alan Williamson, and Raymond L.

Debus. "Self-Handicapping, Defensive Pessimism, and Goal Orientation: A Qualitative Study of University Students." *Journal of Educational Psychology 95*, no. 3 (2003): 617-628.

Martin, Courtney E. *Perfect Girls, Starving Daughters: The Frightening New Normalcy of Hating Your Body.* New York: Free Press, 2007.

Meier, Evelyn, and James Gray. "Facebook Photo Activity Associated with Body Image Disturbance in Adolescent Girls." *CyberPsychology Behavior and Social Networking 17*, no. 4 (2014): 199-206.

Mensinger, Janell Lynn, Deanne Zotter Bonifazi, and Judith La Rosa. "Perceived Gender Role Prescriptions in Schools, the Superwoman Ideal, and Disordered Eating Among Adolescent Girls." *Sex Roles 57*, no. 7-8 (2007): 557-568.

Merianos, Ashley L., Keith A. King, and Rebecca A. Vidourek. "Body Image Satisfaction and Involvement in Risky Sexual Behaviors Among University Students." *Sexuality and Culture 17*, no. 4 (2013): 617-630.

Mohr, Tara. *Playing Big: Find Your Voice, Your Mission, Your Message.* London: Penguin Publishing Group, 2015.

Neff, Kristin. *Self-Compassion: The Proven Power of Being Kind to Yourself.* New York: HarperCollins, 2011.

Niederle, Muriel, and Lise Vestserlund. "Gender and Competition." *Annual Review of Economics 3* (2011): 601-630.

Niemiec, Christopher P., Richard M. Ryan, and Edward L. Deci. "The Path Taken: Consequences of Attaining Intrinsic and Extrinsic Aspirations in Post-College Life." *Journal of Research in Personality 73.3* (2009): 291–306. PMC. Web. 30 Oct. 2017.

Nolen-Hoeksema, Susan. *Women Who Think Too Much.* New York: Henry Holt and Company, 2004.

Orenstein, Peggy. *Girls & Sex: Navigating the Complicated New Landscape.* New York: HarperCollins, 2016.

Peralta, Robert L. "Alcohol Use and Fear of Weight Gain in College: Reconciling Two Social Norms." *Gender Issues 20*, no. 4 (2006): 23-42.

Pink, Daniel H. *Drive: The Surprising Truth About What Motivates Us.* London: Penguin, 2011.

Pittman, Laura D., and Adeya Richmond. "University Belonging, Friendship Quality, and Psychological Adjustment During the Transition to College." *Journal of Experimental Education 76*, no. 4 (2008): 343-361.

Pomerantz, Shauna, and Rebecca Raby. *Smart Girls: Success, School, and the Myth of Postfeminism.* Oakland, CA: University of California Press, 2017.

Poon, Wing-Tong, and Sing Lau. "Coping with Failure: Relationship with Self-Concept Discrepancy and Attributional Style." *Journal of Social Psychology 135*, no. 5 (1999): 639-653.

Recalde, Camila Tili. "Keep It Casual: A Sexual Ethics for College Campus Hookup Culture." Senior honors thesis, Wesleyan University, 2016.

Rose, Amanda J. "Co-Rumination in the Friendships of Girls and Boys." *Child Development 73*, no. 6 (2002): 1830-1843.

Rose, Amanda J., Rebecca A. Schwartz-Mette, Gary C. Glick, Rhiannon L. Smith, and Aaron M. Luebbe. "An Observational Study of Co-Rumination in Adolescent Friendships." *Developmental Psychology 50*, no. 9 (2014): 2199-2209.

Rutledge, Christina M., Katherine L. Gillmor, and Meghan M. Gillen. "Does This Profile Picture Make Me Look Fat? Facebook and Body Image in College Students." *Psychology of Popular Media Culture 2*, no. 4 (2014): 251-259.

Salk, Rachel H., and Renee Engeln-Maddox. "'If You're Fat, Then I'm Humongous!': Frequency, Content, and Impact of Fat Talk Among College Women." *Psychology of Women Quarterly 35*, no. 1 (2011): 18-28.

Sax, Linda. *The Gender Gap in College: Maximizing the Development Potential of Women and Men.* San Francisco: John Wiley & Sons, 2008.

_____. "Her College Experience Is Not His." *Chronicle of Higher Education 55*, no. 5 (2008): A32.

Sheu, Hung Bin, and William E. Sedlacek. "An Exploratory Study of Help-Seeking Attitudes and Coping Strategies Among College Students by Race and Gender." *Measurement and Evaluation in Counseling and Development 37*, no. 3 (2004): 130-143.

Skelton, Christine. "Gender and Achievement: Are Girls the Success Stories of Restructured Education Systems?" *Educational Review 62*, no. 2 (2010): 131-142.

Slater, Amy, and Marika Tiggemann. "A Test of Objectification Theory in Adolescent Girls." *Sex Roles 46*, no. 9-10 (2002): 343-349.

Smith, Rhiannon L., and Amanda J. Rose. "The 'Cost of Caring' in Youths' Friendships: Considering Associations Among Social Perspective Taking, Co-Rumination, and Empathetic Distress." *Developmental Psychology 47*, no. 6 (2011): 1792-1803.

Spencer, Renée, Jim Walsh, Belle Liang, Angela M. Desilvia Mousseau, and Terese J. Lund. "Having It All? A Qualitative Examination of Affluent Adolescent Girls' Perceptions of Stress and Their Quests for Success." *Journal of Adolescent Research* (2016).

Steiner-Adair, Catherine. "The Body Politic: Normal Female Adolescent Development and the Development of Eating Disorders." *Journal of The American Academy of Psychoanalysis 14*, no. 1 (1986): 95-114.

Stress in America™: Are Teens Adopting Adults' Stress Habits? 2014, American Psychological Association.

Taylor, Julia V. *The Body Image Workbook for Teens: Activities to Help Girls Develop a Healthy Body Image in an Image-Obsessed World.* Oakland, CA: New Harbinger Press, 2014.

Taylor, Kate. "Sex on Campus: She Can Play That Game." *New York Times*, July 12, 2013.

Thompson, Sharon H., and Eric Lougheed. "Frazzled by Facebook? An Exploratory Study of Gender Differences in Social Network Communication Among Undergraduate Men and Women." *College Student Journal 46*, no. 1 (2012): 88-98.

Tompkins, Tonya L., Ashlee R. Hockett, Nadia Abraibesh, and Jody L.

Witt. "A Closer Look at Co-Rumination: Gender, Coping, Peer Functioning and Internalizing/Externalizing Problems." *Journal of Adolescence 34*, no. 5 (2011): 801-811.

Tsabary, Shefali. *The Awakened Family: How to Raise Empowered, Resilient, and Conscious Children.* New York: Penguin, 2016.

Twenge, Jean M. *iGen: Why Today's Super-Connected Kids Are Growing Up Less Rebellious, More Tolerant, And Less Happy—And Completely Unprepared for Adulthood.* New York: Atria, 2017.

Van Zalk, Maarten, Herman Walter, Margrett Kerr, Susan J. T. Branje, Haka Stattin, and Wim H. J. Meeus. "Peer Contagion and Adolescent Depression: the Role of Failure Anticipation." *Journal of Clinical Child and Adolescent Psychology 39*, no. 6 (2010): 837-848.

Weiner, Jessica. *Life Doesn't Begin 5 Pounds from Now.* New York: Simon Spotlight Entertainment, 2006.

White, Erica Stovall, and Danielle M. Boyd. "Where and When I Enter: A Study of the Experiences of African-American Girls in All-Girls' Independent Schools." Laurel Center for Research on Girls, 2015.

Wilson, Reid, and Lynn Lyons. *Anxious Kids, Anxious Parents: 7 Ways to Stop the Worry Cycle and Raise Courageous and Independent Children.* Deerfield Beach, FL: Health Communications Inc., 2013.

Yamawaki, Niwako, Brian Tschanz, and David Feick. "Defensive Pessimism, Self-Esteem Instability, and Goal Striving." *Cognition and Emotion 18*, no. 2 (2004): 233-249.

Yarnell, Lisa M., Rose E. Stafford, Kristin D. Neff, Erin D. Reilly, Marissa C. Knox, and Michael Mullarkey. "Meta-Analysis of Gender Differences in Self-Compassion." *Self and Identity 14*, no. 5 (2015): 499-520.

Zhang, Kaili Chen. "What I Look Like: College Women, Body Image, and Spirituality." *Journal of Religion and Health 52*, no. 4 (2013): 1240-1252.

옮긴이 강나은

또 하나의 고유한 생각과 이야기를, 노래를 매번 기쁘게 전할 수 있었으면 좋겠다.
좋은 영미권 책을 한국에 소개하는 일에도 열의를 가진 번역가. 《나의 고래를 위한
노래》《깨지기 쉬운 것들의 과학》《발칙한 예술가들》《고갱: 끝없는 변신》《루이스
헤이의 나를 치유하는 생각》 같은 여러 책을 번역했으며, 한국 다큐멘터리 영화
〈간지들의 하루〉〈잔인한 나의, 홈〉 영어 자막을 담당했다.

소녀는 어떻게 어른이 되는가

1판 1쇄  2021년 2월 9일
1판 3쇄  2023년 1월 3일

글쓴이  레이철 시먼스
옮긴이  강나은
펴낸이  조재은
편집  김명옥 김원영
표지디자인  김동신
본문디자인  육수정
마케팅  조희정 유현재

펴낸곳  (주)양철북출판사
등록  2001년 11월 21일 제25100-2002-380호
주소  서울시 영등포구 양산로 91 리드원센터 1303호
전화  02-335-6407
팩스  0505-335-6408
전자우편  tindrum@tindrum.co.kr
ISBN  978-89-6372-345-7 03180
값  17,000원

잘못된 책은 바꾸어 드립니다.